KB068623

MANAGEMENT

ACCOUNTING

관리회계

안일준 · 김정연

박영사

머리말

이 책의 처음 탄생 시기는 1990년이다. 관리회계는 기본적인 개념, 단계적인 학습, 체계적인 지식이 무엇보다 필요하기에 이 책을 처음 저술할 때는 관리회계학 분야를 읽기 쉽고, 이해하기 좋고, 풍부한 내용을 담으면서 간결하게 기술하려고 노력하였다. 그동안 고도 산업화, 국제화하면서 선진기업들이 새로운 관리회계시스템의 도입을 필요로 하게 하였다. 이에 이 책을 수정 보완하는 과정에서, 동태적인 기업 경영환경에 목적적합한 관리회계정보를 공급하는 관리회계시스템을 설계할 때 필요하다고 판단한 내용, 즉 혁신(innovations)과 첨단(frontiers of knowledge)에 바탕을 둔 의사결정이론과 불확실성, 전략적 원가관리, 전략적 관리회계시스템 등을 국내 교과서에 처음 소개하는 성과가 있었다. 본서를 교재로 채택하여 주신 교수님들께 감사를 표한다.

공인회계사시험을 포함한 각종 전문자격시험을 준비하는 수험생은 물론 사회에 나가서 회사, 금융, 관청 등 각종 조직체의 경영자가 되려는 경영학도에게 작은 도움을 주고자 첨단 원가 관리회계의 전략적 접근(strategic approach to cost and managerial accounting)내용을 수록하였다.

그러나 학부에서 한 학기 관리회계학 과목으로 강의하기에 벅찬 내용이라는 것을 느꼈다. 이에 정보경제학 측면에서 다루었던 정보시스템, 대리인 이론의 관점에서 본 정보 불균형 문제 등을 삭제하자는 많은 교수님들의 조언에 따르기로 하였다.

이번에 출간하는 본서의 중요한 내용은 다음과 같다.

첫째, 제1장은 관리회계의 기초로서 관리회계의 본질과 아울러 새로운 관리회계의 방향을 전략적 측면에서 다루었다. 이를 제10장 활동기준원가회계에서 좀 더 심층적으로 분석하였다.

둘째, 관리적 의사결정과 성과를 평가할 때 목적적합한 회계정보의 산출과 활용 측면을 고객중심사고에서 다루었다. 물론 이와 같은 내용을 전 분야에서 다루었지만 제9장 성과평가와 책임회계의 균형성과표에서 더욱더 심층적으로 다루었다.

셋째, 관리회계의 접근방법이 통계학이나 수학을 기초로 하고 있지만 가능하면 소프트웨어를 이용한 내용을 소개하였다. 이는 제3장 원가추정에 잘 나타나 있다.

여러 차례 교재를 출간할 때마다 이 책을 사랑하시는 경영학도는 물론 이 책을 통하여 과업을 이룬 많은 독자에게 보답하는 길이라고 생각되어 출판하였다. 저자들만의 생각의 오류가 아니길 기대한다.

2023년 7월
안 일준, 김 정연

차 례

PART 01
관리회계의 기초

PART 02

원가의 본질과 분류

PART 03
원가추정

PART 04
원가 조업도 이익분석

PART 05
종합예산

PART 06
표준원가와 예산통제

PART 07
관련원가와 특수의사결정

PART 08
자본예산

PART 09

책임회계와 성과평가

PART 10
활동기준회계

PART 11
재고자산관리

PART 12
가격과 이전가격의 결정

부 록
연습문제 해설

PART **01**

관리회계의 기초

관리회계의 기초

1. 관리회계의 본질

1) 회계의 목적과 체계

　기업이란 동태적인 환경에서 영리추구라는 목적을 달성하기 위하여 고객이 필요로 하는 제품이나 용역을 생산하여 판매하는 조직이다. 이에 따라 기업의 경영자 또는 관리자들은 기업가치의 극대화를 위하여 경영계획을 수립하고 이를 실행하게 된다. 기업의 성과 및 재무상태에 관하여는 많은 이해관계자들이 관심을 갖고 있다. 기업의 성과 및 재무상태에 관한 정보는 현재 및 미래의 투자자, 채권자, 공공기관 등 다양한 정보이용자들의 의사결정에 이용된다.

　회계는 정보이용자들이 그들의 부(wealth)를 증대시키기 위하여 합리적 판단이나 경제적 의사결정을 하는데 필요한 재무적 정보를 식별·측정·전달하는 과정이다. 즉 회계는 정보이용자들의 의사결정 유용성을 제고시키기 위하여 기업의 영업성과 및 재무적 상태와 그 변화 등에 관한 정보를 전달하는 정보시스템이다.

　회계는 회계정보를 이용하는 집단에 따라 [그림 1-1]과 같이 크게 재무회계와 관리회계로 구분한다. 재무회계는 기업의 외부 정보이용자들이 자신의 부(individual wealth)를 증대시키기 위한 의사결정에 유용한 정보를 제공하는 회계영역이다. 재무회계는 다양한 외부 이해관계자들이 정보욕구를 보편적으로 충족시킬 수 있는 재무상태표·손익계산서 등의 기본적 재무제표작성과 법인세 등을 계산하기 위한 세무회계가 주된 구성요소이다.

　반면에 관리회계는 기업의 부를 증대시키기 위하여 기업 내부 경영자들의 관리적 의사결정 및 통제활동에 유용한 정보를 제공하여 주는 것이다.

✧ 그림 1-1 회계의 체계

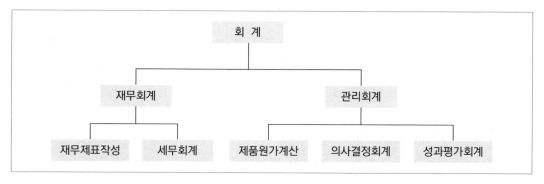

즉 관리회계는 기업의 인적·물적 자원을 효율적이고 효과적으로 배분하고 활용할 수 있도록 관리자의 의사결정에 도움을 주는 회계분야이다. 관리회계는 제품원가계산, 의사결정회계, 성과평가회계 등이 주된 구성요소이다.

2) 관리회계의 성격

(1) 관리회계의 의의

관리회계(managerial accounting 또는 management accounting)는 경영자의 관리활동, 즉 계획과 통제 활동의 과정에서 필요로 하는 각종 정보를 수집·분류·계산·요약·분석하여 경영자에게 제공하는 회계영역이다.

이와 같이 경영자의 의사결정과 성과평가 등에 유용한 정보를 관리회계정보라고 하며, 관리회계정보를 생산·제공하는 체계를 관리회계시스템이라고 한다. 관리회계시스템은 내부 정보이용자인 경영자가 경영관리과정에서 당면하는 수많은 의사결정에 필요한 정보를 제공하는 역할을 담당한다.

경영자의 경영의사결정은 자기 자신의 부가 아닌 기업의 부를 증대시키기 위한 것이다. 이에 따라 관리회계는 경영관리를 위한 회계이며, 내부 보고 지향적 회계이다. 즉 관리회계의 기본적 기능은 기업의 부를 증대시키는 과정에서 경영자에게 도움을 주는 것이며 회계보고의 대상은 기업 내부의 경영자에 국한된다.

관리회계의 목적을 달성하는 사람들은 관리회계담당자 또는 관리회계사이며, 이들은 정보의 제공과 관리과정에 참여한다.

(2) 재무회계와 관리회계의 비교

재무회계와 관리회계의 가장 큰 차이는 누구를 위하여 회계정보를 제공하는가이다. 이에 따라 회계시스템의 두 축을 이루는 재무회계와 관리회계는 정보이용자 집단이 상이함에 따라 여러 가지 측면에서 차이를 보인다. 두 회계시스템의 차이들을 요약하면 다음과 같다.

❶ 정보이용자 : 재무회계는 현재 및 미래의 투자자, 채권자, 공공기관, 노동조합 등 외부 정보이용자를 대상으로 한다. 반면에 관리회계는 기업의 경영자 및 관리자들인 내부 정보이용자를 대상으로 한다.

❷ 회계원칙 : 재무회계는 일반 목적의 재무제표를 작성하기 때문에 일반적으로 인정된 회계원칙(GAAP: Generally Accepted Accounting Principles)에 따라야 한다. 그러나 관리회계는 정보생산을 위하여 통일된 회계기준을 필요로 하지 않고 의사결정의 내용과 기업의 내·외적 상황에 따라 다양한 유형의 정보가 산출·제공된다.

❸ 정보의 특징 : 재무회계는 이미 발생한 역사적 원가를 측정기준으로 하여 복식부기시스템에 의하여 산출되는 화폐적 정보를 산출·제공한다. 반면에 관리회계는 주로 미래원가를 측정기준으로 미래 사건을 대상으로 하며 복식부기시스템에 그다지 의존하지 아니한다. 또한 관리회계는 미래를 예측하기 위하여 역사적 원가정보뿐만 아니라 미래에 발생가능한 사건에 대한 추정이나 예측에 관한 정보가 중심이 되며, 화폐적 정보뿐만 아니라 비화폐적인 정성적 정보도 포함한다.

❹ 정보의 정확성 : 정보이용자가 다양한 재무회계는 정보의 정확성·객관성·신뢰성이 중요하다. 특히 기업의 주식이나 채권에 투자하고자 하는 경우 보다 높은 수익률을 얻기 위하여 기업들이 제공하는 회계정보를 믿고 기업 간 비교를 통하여 특정 기업의 주식이나 채권을 구입하려 한다. 이에 따라 재무회계는 측정상 오류를 최소화하고 정보의 정확성을 제고하기 위하여 외부 감사제도를 도입하고 있다. 반면에 관리회계는 미래 지향적인 의사결정에 목적적합한 정보의 제공이 핵심이다. 이에 따라 정보 자체의 정확성과 객관성보다는 적시성이나 신속성이 보다 더 강조된다.

❺ 회계의 대상 : 재무회계는 기본적으로 기업 전체의 경영활동을 대상으로 회계보고서를 작성한다. 예외적으로 부문별 회계정보를 공시하기도 하나 기본재무제표는 기업 전체를 대상으로 작성한다. 그러나 관리회계는 기업 전체보다는 기업 내 부문, 즉 책임단위를 대상으로 회계보고서를 작성한다. 책임단위는 제품별, 판매지역별, 프로젝트별,

공장별 등 기업조직을 분할할 수 있는 어떤 단위도 가능하다. 이에 따라 관리회계에서는 기업 전체의 자료도 중요하나 그보다 책임단위별 자료가 보다 더 강조된다.

이상에서 설명한 내용 이외에도 재무회계의 회계보고서는 1년 또는 반기별로 작성되나 관리회계의 회계보고서는 경영자가 필요로 할 때마다 수시로 작성된다. 또한 재무회계보고서는 정형화된 양식을 이용하나 관리회계보고서는 정형화된 양식이 없다. 재무회계와 관리회계의 차이점을 요약하면 [표 1-1]과 같다.

✦ 표 1-1 재무회계와 관리회계의 비교

구분	재무회계	관리회계
목적	외부 보고	내부 보고
회계보고서	일반 목적의 재무제표	특정 목적의 재무제표
정보이용자	불특정 다수인의 외부 정보이용자	내부 정보이용자
특성	결산보고	의사결정과 업적평가를 위한 보고
성격	타율적 · 수동적 · 소극적	자율적 · 능동적 · 적극적
정보의 속성	객관성 강조	목적적합성 강조
회계기간	1년 또는 반기	월별, 분기별, 1년
회계대상	기업 전체	기업 전체 및 책임단위
강제성	법에 의한 강제	유용성에 따른 자발성
측정기준	역사적 원가	역사적 원가 및 미래원가
정보내용	과거에 대한 보고	미래 지향적 보고
준거기준	GAAP	특별한 원칙이 없음
정보범위	화폐적 정보	화폐적 · 비화폐적 정보
제공시기	정기적	필요시마다
보고서 양식	정형화된 양식 이용	정형화된 양식 없음
인간관계	중요시하지 않음	중요시 함
인접학문과의 관계	교류가 거의 없음	교류가 많음

(3) 원가회계와 관리회계의 비교

원가회계(cost accounting)란 무엇인가에 대한 설명은 크게 두 가지로 나누어진다. 전통적 원가회계는 제품 또는 용역의 생산에 소비된 경제적 가치를 계산하는 제품원가계산을 말한다.

반면에 현대적 원가회계는 제품원가계산뿐만 아니라 경영자의 의사결정에 필요한 원가정보의 산출과 활용으로 본다. 현대적 원가회계는 관리회계와 구분하지 않고 동일한 것으로 본다. 즉 현대적 원가회계는 외부 보고목적의 재무제표작성과 경영관리활동을 위한 의사결정과 성과평가에 필요한 원가자료를 집계·분석하여 정보이용자에게 제공한다. 이에 따라 원가회계는 [그림 1-2]에서 보는 바와 같이 재무회계와 관리회계를 연결시키는 가교역할을 한다.

✧ 그림 1-2 원가회계의 역할

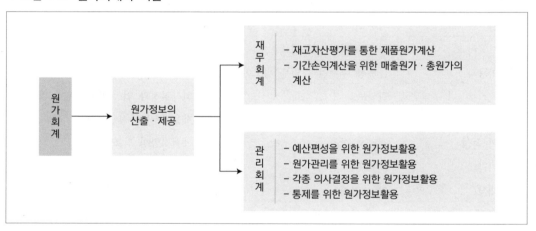

전통적 원가회계는 제품원가계산을 통한 외부 보고용 재무제표작성에 주로 기여하는 것으로 보았으나, 현대의 원가회계는 오히려 경영관리활동을 위한 원가정보의 산출·제공을 중요시하여 관리회계를 위한 회계영역으로 분류되고 있다.

즉 광의의 개념으로 원가회계는 관리회계와 동일한 것으로 보아 원가관리회계(cost and managerial accounting)라는 용어를 사용하기도 한다. 그러나 원가회계와 관리회계를 구분한다면 원가회계는 원가의 측정과 계산을 다루는 반면에 관리회계는 계산된 원가정보를 의사결정과 성과평가에 활용하는 내용을 다룬다. 두 회계영역을 비교한다면 [표 1-2]와 같이 요약된다.

✦ 표 1-2 원가회계와 관리회계의 비교

구분	원가회계	관리회계
목표	원가극소화	이익극대화
강조점	통제 측면	계획 측면
정보이용자	외부와 내부 정보이용자	내부 정보이용자
초점	원가의 집계 · 배분 · 요약 · 분석	효율적인 자원배분문제
주된 기능	원가정보의 집합 · 산출	산출된 원가정보의 이용

결국 관리회계는 단순한 원가계산을 넘어서 계획 · 통제 등의 관리적 활동에 필요한 정보의 산출과 활용을 촉진하는 것을 지향한다.

더불어 조직이론, 행동과학이론, 정보이론, 관리경제학 등으로부터 다양한 기법을 이용하여 학제 간의 과학으로 발전되고 있다.

(4) 관리회계의 기본적 사고

관리회계시스템의 설계 및 실행에 있어 고려해야 하는 기본적 사고로는 다음의 다섯 가지를 들 수 있다.

❶ 원가-효익의 사고 : 대부분의 관리활동상 의사결정은 대체안의 원가와 효익의 비교를 통하여 행한다. 즉 원가보다 효익이 높은 대체안을 선택하며, 다양한 대체안들 중에서는 원가와 효익의 차이가 가장 큰 대체안을 선택한다. 원가-효익분석(cost-benefit analysis)은 주어진 목표를 달성하기 위하여 최소의 원가를 수반하는 방법을 발견하며, 주어진 원가로 최대의 효익을 얻을 수 있는 방법을 발견해가는 기법이다.

❷ 효과와 효율의 측정 : 성과평가의 대상은 포괄적으로 효과와 효율이다. 효과란 적절한 목표를 선택하고 그 목표를 달성하였는가를 파악하는 것이다. 효율은 능률이라고도 하며 투입과 산출의 관계개념이다. 즉 효율은 목표달성의 과정에서 불필요한 낭비가 없었는가의 여부를 파악하는 것이다.

경영자는 효과와 효율에 모두 관심을 두어야 하지만 효율보다 효과가 보다 중요하다. 예를 들어, 대형 냉장고의 수요가 증대하고 있는 때에 중 · 소형 냉장고만을 생산하는 것은 아무리 효율적으로 생산하더라도 비효과적이다. 대부분의 기업들이 성과평가 시 효과보다 효율을 강조하고 효과의 측정은 등한시하는 경향이 있다. 그러나 어떤 일을 할 것인가에 대한 의사결정인 효과의 적정성을 전제로 얼마나 효율적으로 실행하였는가를 평가하여야 한다.

❸ 행동적 사고 : 경영관리활동은 관리자·종업원 등 사람에 의하여 수행된다. 따라서 구성원들에 대한 행동적 측면의 배려는 매우 중요하다. 구성원들의 행동적 사고는 기업의 효과와 효율, 즉 성과수준에 직접 영향을 미친다. 행동적 사고의 핵심은 동기부여이다. 동기부여란 행동을 유발시키고 지시하며 유지시키는 개인의 내적인 추동력(driving force)을 말한다. 동기부여의 문제는 상이한 개성과 욕구를 지닌 구성원들이 어떻게 기업목표달성에 최선을 다할 수 있도록 유인할 것인가이다. 동기부여를 위해서는 행동과학론의 다양한 관리기법이 활용될 수 있어야 하며 성과평가는 반드시 보상제도와 연결되어야 한다.

❹ 예외의 관리 : 관리회계시스템은 책임회계제도를 바탕으로 하며, 책임회계제도는 권한의 위양을 전제로 한다. 권한의 위양은 특정 활동을 수행할 공식적인 의사결정권리를 하위자에게 이전시키는 것이다. 권한의 위양을 전제한 책임회계제도는 책임단위의 목표관리를 가능하게 할 뿐만 아니라 예외의 관리가 가능하다.

예외의 관리(management by exception)는 특정의 활동이 계획대로 수행되지 않는 경우 중요한 차이에만 경영자의 주의를 집중시켜 신속히 그리고 적절히 통제를 하는 것이다. 다시 말해서, 계획과 실제가 불일치하는 모든 차이를 대상으로 하는 것은 아니며 예외적인 차이, 즉 중요하다고 판단되는 차이만을 대상으로 한다. 어떠한 차이가 중요한지는 차이의 크기, 차이발생의 계속성, 항목의 속성, 차이의 통제가능성 등을 기준으로 평가한다.

❺ 정보의 원가-효익분석 : 경영자의 관리적 의사결정은 정보를 필요로 한다. 정보가 의사결정의 질을 향상시킬 수 있을 때 정보는 가치를 갖는다. 관리적 의사결정 시 얼마만큼의 정보를 이용할 것인가는 정보의 원가-효익분석에 의하여 결정된다.

정보의 원가, 즉 정보를 수집·처리·보고하는 데 소요되는 원가는 비교적 정확하게 측정할 수 있다. 그러나 정보의 효익을 객관적으로 측정하는 데에는 많은 어려움이 따른다. 왜냐하면 정보의 효익은 정보의 양, 정보의 질, 정보의 적시성, 정보의 적합성 등에 의하여 달라지기 때문이다. 그럼에도 불구하고 정보의 원가-효익분석의 사고는 의사결정을 할 때 반드시 고려되어야 한다.

2. 관리통제시스템

1) 관리순환과정

관리통제시스템이란 기업의 목표를 달성할 수 있도록 설정한 전략 및 계획을 수행하기 위한 모든 방법·절차·수단 등의 집합을 말한다. 즉 관리통제시스템은 기업의 경영관리활동을 통제하는 시스템으로 경영통제시스템이라고도 한다. 관리회계는 관리통제시스템에서 필요로 하는 정보를 제공하는 것을 목적으로 한다.

경영활동 또는 관리활동이란 기업의 목적을 능률적으로 달성하기 위하여 기업의 모든 활동을 계획·지휘·통제·조정하는 조직적 과정이다. 관리활동은 기본적으로 계획·조직·조정·통제 등의 순환적 과정을 거치게 되며 이를 관리순환과정이라고 한다. 관리순환과정은 단속적이 아닌 연속적으로 수행되며 가장 중요한 과정은 계획과 통제의 과정이다. 관리순환과정을 그림으로 나타내면 [그림 1-3]과 같다.

[그림 1-3]에서 보는 바와 같이 기업의 유지·발전을 위해서는 ① 기업목표를 설정하고, ② 목표달성을 위한 장·단기 계획을 수립하며, ③ 계획을 실행하기 위하여 활동을 조직화하며 인원을 배치하고 지휘하며, ④ 실제성과를 측정하여 보고한 후 계획과 성과를 비교하고, ⑤ 마지막으로 중요한 차이에 대한 수정조치 등 일련의 연속된 순환과정을 거치게 된다.

✧ 그림 1-3 관리순환과정

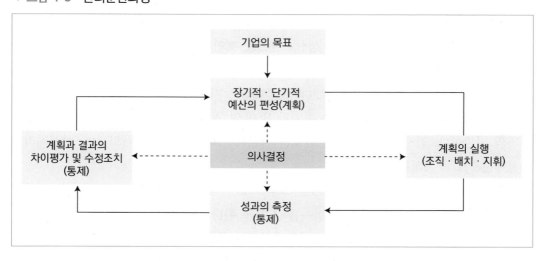

특별히 의사결정은 다양한 대체안들 중 가장 바람직한 대체안을 선택하는 것으로 계획, 조직, 배치, 지휘 및 통제 등 모든 관리순환과정은 의사결정을 필요로 한다. 이러한 관리적 의사결정은 정보를 필요로 하며, 관리회계시스템은 보다 좋은 의사결정이 가능할 수 있도록 보다 정확한 정량적·정성적 정보를 적시에 제공하여야 한다.

2) 계획과 통제

(1) 계획

관리순환과정에서 가장 중심적인 과정은 계획과 통제의 과정이다. 계획이란 목표를 설정하고 목표를 달성하기 위하여 누가, 언제, 무엇을, 어떻게 실행할 것인가를 미리 결정하는 과정이다. 관리순환과정은 계획의 수립에서부터 출발한다. 이는 기업의 목표를 실현하기 위한 단계들을 설정하는 과정이다.

대부분의 기업은 기업의 장기적인 목표를 설정하는 전략계획을 수립하고, 전략계획을 어떻게 성취할 것인가에 관한 세부사항을 정하는 활동계획을 마련한다. 활동계획은 반복성에 따라 임시계획과 상시계획으로 구분한다. 임시계획은 비반복적인 활동에 대한 계획으로 특수한 의사결정이나 설비투자에 대한 계획들이 포함된다. 반면에 상시계획은 일상적·반복적 활동에 대한 계획이다.

한편 임시계획이든 상시계획이든 모두 보다 구체적인 실행계획을 수립한다. 실행계획은 비교적 단기간 내의 구체적인 목표달성을 위한 계획이며, 어떤 자원을, 어디에, 언제, 얼마만큼 사용하여 어떤 재화나 용역을 생산·판매할 것인가를 나타낸다. 실행계획은 제품계열, 개별 제품, 특정 책임단위, 특정 프로젝트 등을 대상으로 수립된다.

한편 계획은 예산편성으로 구체화된다. 예산편성은 기업이 수행하고자 하는 계획을 화폐금액으로 계량화하는 것이다. 예산은 수익과 원가 및 현금흐름 등에 대한 계량화이며 성과평가의 기준이다. 임시계획은 특별예산 또는 자본예산의 편성으로 구체화되며, 상시계획은 종합예산으로 구체화된다.

이상에서 설명한 계획들 간의 관계를 그림으로 나타내면 [그림 1-4]와 같다. 계획수립과정은 어떠한 계획이든 유사한 절차를 거치게 된다. 계획수립절차는 ① 기회의 발견, ② 목표의 설정, ③ 정보의 수집, ④ 행동대안들의 탐색, ⑤ 행동대안들의 평가, ⑥ 최적행동대안의 선택, ⑦ 성과표준의 설정, ⑧ 실행계획의 수립, ⑨ 예산의 편성으로 구성된다.

♦ 그림 1-4　계획들 간의 관계

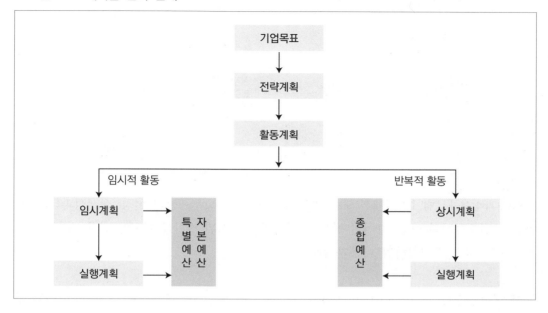

　　관리회계시스템 중 계획수립에 대한 회계정보의 산출·제공·이용 측면을 계획회계(planning accounting)라고 한다. 또한 계획수립과정은 본질적으로 기업의 내부적 경영관리를 위한 관리적 의사결정과정과 동일하다. 이에 따라 계획회계는 의사결정회계(decision-making accounting)라고도 한다.

(2) 통제

　　통제란 계획과 계획된 활동이 실제와 일치할 수 있도록 하기 위하여 사용하는 모든 방법과 절차 및 수단을 말한다. 즉 통제란 실제의 결과가 계획하였던 것과 일치하는가를 확인하고 실제결과가 계획으로부터 이탈하거나 그럴 가능성이 있을 경우 필요한 조치를 취하는 일련의 과정이다. 관리순환과정은 이러한 통제활동으로 끝난다.

　　통제는 계획을 출발점으로 하며, 적절한 정보에 기초하여 행하여진다. 통제는 대개 성과보고서를 작성하며 성과평가의 과정이다. 이에 따라 통제활동을 위한 회계정보의 산출·제공·이용 측면을 통제회계 또는 성과평가회계라고 한다.

◇ 그림 1-5 통제의 기본적 절차

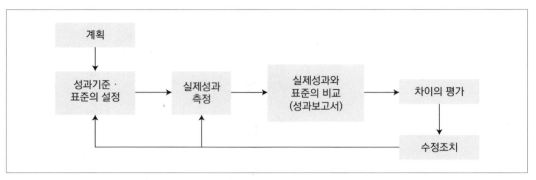

통제과정은 [그림 1−5]에서 보는 바와 같이 기본적으로 표준의 설정, 실제성과의 측정, 표준과 실제성과의 비교, 차이의 평가, 수정조치의 연속된 절차를 거치게 된다. 통제과정을 보다 구체적으로 설명하면 다음과 같다.

❶ 표준설정은 계획에 따라 실제성과가 달성하여야 하는 목표 또는 기준을 마련하는 것이다. 표준은 시간적 차원을 고려하여 구체적으로 설정되어야 한다. 표준설정은 성과평가기준을 마련하는 과정이며, 통제활동 중 가장 어렵고 중요한 과정이다.

표준은 그 내용에 따라 계량적 표준과 비계량적 표준으로 나눌 수 있다. 계량적 표준은 물리적 또는 화폐적 단위로 계산될 수 있는 것들이다. 이에는 물량적 표준(예 : 제품단위당 원재료소비량, 제품단위당 작업시간, 기계가동시간당 생산량 등), 수익표준(예 : 매출액, 고객 1인당 매출액 등), 자본표준(예 : 자본이익률, 재고자산회전율, 순운전자본 등)이 포함된다. 반면에 비계량적 표준은 물량 및 화폐단위에 의하여 특정하기 어려운 무형적 기준에 관한 것으로 종업원의 사기, 고객 관계의 개선 등 주로 인간관계에 관한 내용들이다.

❷ 실제성과의 측정은 실행결과에 대한 계량화이다. 실제성과측정은 추후 설명할 통제의 유형에 따라 활동과정의 각 단계에서 실시된다. 흔히 성과측정과 성과평가를 동일한 개념으로 사용하나 양자는 구분되어야 한다. 즉 성과측정은 성과평가의 하위개념으로 객관적 과정이다. 반면에 성과평가는 성과측정을 포괄하며 평가대상이 처해 있는 환경을 고려한 주관적 과정이다.

❸ 실제성과와 표준의 비교를 통해 일치 여부와, 불일치 시에는 그 차이의 크기를 계산한다. 이는 성과보고서를 작성하는 과정이다.

❹ 차이에 대한 평가를 한다. 이 과정은 수정조치를 필요로 하는 중요한 차이에 대한 결정을 하는 과정이다. 비록 차이가 발생하여도 차이의 크기가 중요하지 않다고 판단되

면 반드시 어떤 수정조치를 취하여야 하는 것은 아니다.

❺ 수정조치는 피드백의 과정이며 중요한 차이에 대한 경영자의 주의를 집중시키는 기능을 수행한다. 수정조치의 예로는 표준의 변경, 의사결정방법의 변경, 활동과정의 변경, 보상제도의 변경 등을 들 수 있다.

한편 통제의 유형은 여러 가지 측면에서 분류할 수 있으나, 경영자의 통제정보이용시점에 따라 다음의 세 가지 유형으로 나눌 수 있다.

❶ 사전통제 : 이는 특정한 행위가 완료되기 전에 표준과의 차이를 탐지하고 수정조치를 행하는 유형으로 조종통제(steering control)라고도 한다. 예를 들어, 제품생산과정에서 원재료 또는 노무용역을 투입하기 전에 원재료 또는 노무용역의 질이 표준과 일치하는가를 확인하는 것이다. 이는 물적 · 인적 · 재무적 투입자원이 관리순환과정에 투입되기 전에 그 질과 양을 통제하는 것이다.

❷ 예 · 아니오 통제 : 이는 통제의 대상활동을 몇 단계로 구분하고 승인이나 동의 및 수정조치가 다음 단계로 이전되기 전에 행하여지는 유형이다. 예를 들어, 생산과정을 몇 가지 공정으로 구분하고 각 공정마다 품질검사를 수행하는 것이나, 예산편성 시 연속예산제도 등이 이에 속한다. 이 통제는 변형 또는 처리과정에 대한 단계적인 심사의 과정이기 때문에 심사통제(screening control)라고도 한다.

❸ 사후통제 : 이는 계획된 행위가 모두 완료된 후에 최종 산출물에 대하여 수행되는 유형이다. 예를 들어, 1년 단위의 책임중심점에 대한 성과평가나 완성품에 대한 품질검사 등이며 성과평가목적의 가장 대표적인 통제유형이다.

이와 같이 관리자의 정보이용시점에 따라 [그림 1-6]과 같이 통제유형을 세 가지로 구분하였으나, 거의 모든 기업은 단일의 통제시스템이 아닌 복수의 통제시스템을 이용하고 있다. 또한 통제는 성과보고서를 작성함으로써 이루어지는 것이 아니라 관리시스템의 실행에 의하여 이루어진다. 그러므로 수정조치 없이 통제는 결코 올바르게 수행되지 아니한다.

❖ 그림 1-6   통제유형들의 상호관계

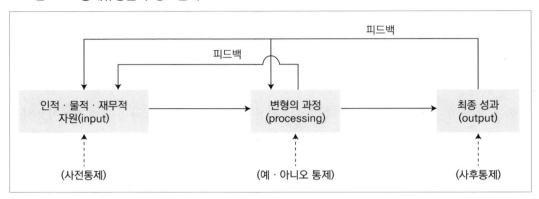

3) 관리통제시스템의 발전

대부분의 기업들은 나름대로의 관리통제시스템을 마련하고 있으며 관리통제시스템은 대개 점진적인 발전단계를 거치게 된다. 관리통제시스템의 발전단계는 물리적 관찰, 역사적 기록, 예산제도, 책임회계제도로 구분할 수 있다.

(1) 물리적 관찰

물리적 관찰은 관리활동에 대한 경영자의 개인적 관찰에 의하여 계획과 통제의 의사결정을 하는 것이다. 이는 소규모 기업의 경우에 이용되는 가장 초보적인 관리통제시스템이다. 이는 체계적인 회계장부를 작성하지 아니하고 단지 최소한의 비망적인 기록만을 이용하는 단계이다.

(2) 역사적 기록

역사적 기록은 회계장부를 이용하여 관리활동에 대한 체계적 기록을 통한 관리통제시스템이다. 이것의 가장 대표적인 것이 재무상태표 · 손익계산서 등 재무제표를 이용한 통제이다. 재무제표통제는 기업의 각 기능 및 활동분야에 대한 수익성 · 유동성 · 활동성 · 안전성 등의 재무적 조건을 통제할 수 있다. 특히 당기의 수익 · 원가 · 이익 및 현금흐름 등은 전기의 성과와 비교되며, 차기의 계획을 수립함에 유용하게 이용될 수 있다.

(3) 예산제도

예산은 일정한 기간의 계획된 활동을 계량화한 것이다. 즉 예산이란 장래를 위해 계획된 수익과 비용, 현금의 유입과 유출 등을 나타내며 미래 성과를 평가하는 표준이 된다. 예산통제는 주로 예산과 성과의 비교를 통한 성과보고서를 작성하여 이용한다. 통제수단으로의 예산은 고정예산과 변동예산으로 구분할 수 있으며 변동예산제도가 보다 합리적인 통제활동을 수행할 수 있다.

(4) 책임회계제도

책임회계제도는 책임단위별로 책임부여와 권한위양을 한 후 책임단위의 모든 활동에 대한 성과를 분석·평가함으로써 기업성과를 증대시키려는 관리통제시스템이다. 책임단위 또는 책임중심점은 부여된 책임의 내용에 따라 원가단위, 수익단위, 이익단위, 투자단위 등 네 가지로 구분된다.

관리통제시스템은 위와 같은 단계를 거치면서 순차적으로 발전한다. 또한 각 시스템은 병용하여 실시될 수 있다. 그러나 한 시스템이 다른 시스템을 대신할 수는 없다. 그러므로 회계담당자들은 관리통제시스템을 설계함에 있어서 보다 효과적인 관리적 의사결정을 촉진시키고, 보다 공정한 성과평가를 행할 수 있도록 다양한 통제기법들을 효율적으로 통합할 수 있어야 한다.

갈수록 치열해지는 기업의 경쟁환경은 정확한 원가정보의 산출과 원가의 관리 그리고 전략적인 성과측정치의 선택을 통하여 전략적인 관리통제시스템을 요구하고 있다. 그러므로 기업은 경영환경변화에 적절히 대응할 수 있는 전략적 관리통제시스템을 구축할 수 있어야 할 것이다.

3. 관리회계담당자

1) 콘트롤러

기업에서 관리회계를 책임지는 사람을 콘트롤러(controller 또는 comptroller)라고 하며, 회계담당중역이다. 콘트롤러는 최고경영자의 스태프(staff)이며, 회계부문의 라인 관리자이다. 콘트롤러는 생산·판매기능을 수행하는 라인부문과 인사·연구 등의 기능을 수행하는 스태프부문에 대하여 회계정보를 제공하는 회계부문의 최고책임자이다. 즉 콘트롤러는 최고경영자에게 각 부문의 재무보고를 행하며, 각 부문관리자들의 계획과 통제활동에 필요한 회계정보를 수집·분류·요약하여 제공하는 서비스를 담당한다.

콘트롤러의 지위와 업무는 기업에 따라 상이하다. 다만 콘트롤러는 어느 기업에서든 기업 전체에 대한 계획·분석·통제의 임무를 수행한다. 단지 라인권한적인 통제기능이 아닌 관련정보의 보고·해석·평가를 통하여 최고경영자 및 각 부문의 관리자가 보다 적합한 의사결정을 할 수 있도록 영향력을 행사하는 스태프적인 통제기능만을 수행한다.

한편 콘트롤러는 각 부문이나 사업부 또는 공장별로 하위의 콘트롤러인 부문 콘트롤러 또는 공장 콘트롤러(plant controller)에 대한 상위자이다. 기업에 따라 콘트롤러는 수석재무 담당자(CFO: Chief Financial Officer)의 역할을 수행하기도 한다. CFO는 회계와 재무관계를 총괄하는 임원이다. 즉 CFO는 회계와 재무에 관한 최종 의사결정권자이며 회계에 대한 지식과 정보를 바탕으로 기업의 경영전략을 수립하는 사람이며 원가관리활동을 주도하는 사람이다.

2) 관리회계담당자의 역할변화

기업의 경우 회계부·기획실·종합관리실·기획조정실 또는 심사부 등에서 관리회계를 담당한다. 앞서 설명한 콘트롤러가 회계부문의 최고책임자이기 때문에 콘트롤러는 일반회계, 원가의 계획과 분석, 특수의사결정, 세무, 내부 감사 등의 업무에 따라 개별적인 기능을 수행하는 회계담당자들의 라인의 책임자이다. 즉 회계 또는 관리회계부문의 조직은 콘트롤러를 정점으로 [그림 1−7]과 같이 조직된다.

✧ 그림 1-7 회계담당부문의 조직도

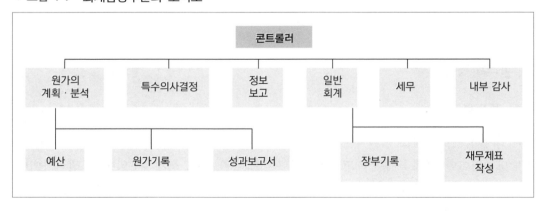

일반적으로 회계담당자 또는 관리회계담당자의 역할은 성과기록, 주의환기, 문제해결의 세 가지로 나누어진다.

❶ 성과기록 : 성과기록은 경영활동에 대한 자료를 수집하여 측정 · 기록 · 정리하는 역할
이다. 성과기록은 회계시스템에 의하여 회계장부를 체계적으로 작성하여 정확한 회
계정보를 산출하는 과정이다. 이는 회계담당자의 가장 기본적인 성과기록자로서의
역할이다.

❷ 주의환기 : 주의환기(attention directing)는 기록한 성과에 근거하여 경영자가 보다 주의
를 기울여야 하는 문제점, 비효율성 등을 지적하는 역할이다. 주의환기의 대상은 주
로 경상적 · 반복적인 영업활동에서 나타나는 문제점들이다. 이는 회계기능의 경영활
동 방어적 기능에 따른 주의환기자 또는 감시자로서의 역할이다.

❸ 문제해결 : 문제해결은 의사결정에 필요한 정보를 분석하고 평가하여 대체안을 선택하
도록 도와주는 역할이다. 이는 주로 비경상적 · 전략적인 계획에 따른 의사결정을 대
상으로 한다. 이는 최고경영자의 의사결정에 대한 경영조언자로서의 역할이다.

위와 같은 세 가지 역할은 중복 · 혼합될 수 있으며, 관리회계담당자의 직위에 따라 세
가지 역할이 구분되기도 한다. 그간의 회계담당자의 주된 역할은 자료를 처리하여 회계보
고서를 작성하는 성과기록자였다. 그러나 경영자의 의사결정이 목적적합한 정보에 근거할
수 있도록 하기 위하여 주의환기자와 경영조언자로서의 역할이 보다 증대되고 있다. 관리
회계담당자의 역할을 그림으로 표시하면 [그림 1−8]과 같다.

✧ 그림 1-8　관리회계담당자의 역할

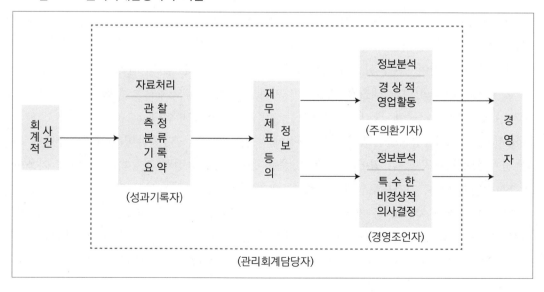

3) 정보의 다각화

기업의 제조·판매환경의 변화에 따라 전통적 관리회계시스템운영에 많은 문제점들이 지적되고 있다. 그 중 가장 대표적인 것은 관리회계담당자들이 제공하는 정보의 문제이다. 즉 관리회계담당자들은 어떤 정보가 어떤 가치를 제공하는지에 대하여 정확하게 알지 못하였으며 오히려 부정확하고, 불필요한 정보를 제공하기까지 하였다.

이에 따라 관리회계시스템이 경영자의 계획 및 통제활동에 보다 적합하기 위하여 제공되는 정보는 다음과 같은 방향으로 전환되어야 할 것이다.

첫째, 그동안의 정보는 대부분 거래처리 관련 정보, 즉 내부 성과와 관련된 정보였다. 그러나 관리회계담당자는 내부 지향적 정보뿐만 아니라 시장 및 고객별로 세분화된 정보를 제공할 수 있어야 한다. 즉 시장과 고객 지향적 정보의 유형으로 회계정보의 내용이 변화되어야 할 것이다.

둘째, 그동안의 정보는 과거 지향적 정보가 주종을 이루었다. 그러나 의사결정이 불확실한 미래를 대상으로 한다면 미래 지향적 정보의 비중이 한층 증대되어야 한다. 미래 지향적 정보란 기술변화, 국가 및 특정 산업의 경제규모변화, 제조공정의 진보, 원재료시장의 변화, 경쟁기업의 현황, 고객욕구의 변화, 제품의 진부화속도 등 장래의 의사결정 시 유용성을 갖는 정보를 말한다.

셋째, 그동안의 정보는 화폐단위에 의하여 측정가능한 재무적 정보였다. 재무적 정보의 대부분은 단기적 성과인 이익과 관련되는 수익·원가 등에 관한 것이었다. 그러나 변화하는 생산·판매환경에서는 보다 장기적이고 실질적인 성과치를 측정할 수 있어야 한다. 즉 제품품질, 탄력성, 납기준수, 고객의 불만회수, 종업원의 사기 및 태도 등 비재무적인 정보를 제공할 수 있어야 한다. 실질적 성과평가 시 중요한 요소인 품질, 납기, 가격, 고객, 종업원 등 비재무적 측정치를 새롭게 개발하고 이를 의사결정과 통제활동에 활용할 수 있도록 하기 위한 시스템구축에 관리회계담당자는 관심을 기울여야 한다.

넷째, 관리회계담당자들은 변화하는 환경에 부응할 수 있는 다양한 원가계산시스템에 의한 원가정보를 제공할 수 있어야 한다. 다품종 소량생산, 공정의 자동화, 컴퓨터를 이용한 통합시스템의 활용, 직접노무원가의 감소와 제조간접원가 증대로 인한 원가구성의 변화, 국가 간 자유경쟁의 치열화 등 제조·판매환경의 변화는 경영관리에 필요한 새로운 원가·관리시스템을 필요로 한다. 이에 따라 JIT원가계산(Just In Time costing), 활동기준원가계산(activity based costing), 품질원가계산(quality costing), 제품수명원가계산(product life cycle costing), 원가테이블(cost table)의 작성 등 새로운 원가계산 및 관리시스템들이 그 중요성을 인정받고 있다. 따라서 관리회계담당자들은 기업환경변화에 대처할 수 있도록 새로운 원가계산시스템을 적극적으로 도입할 수 있어야 할 것이다.

4. 환경 변화와 전략적 관리회계시스템

생산기술이 안정적인 과거에는 일정기술에 의해 대량생산기법을 통하여 제품을 생산하였다. 이때 제품의 원가관리는 전통적인 원가회계모형에 의해 이루어졌다. 제조공정이 자동화됨에 따라 제조과정에 투입되는 노무원가는 점점 감소하는 데 반해 새로운 공정의 기계설비투자에 소요되는 기계가동관련 원가가 증가하게 된다.

전통적인 원가관리회계는 소수 표준화된 제품을 대량생산하는 것으로 가정하였다. 대량생산은 원가절감의 수단으로 이용되었으나 자동화는 한 제품라인에서 다른 제품라인으로 제품라인을 바꿀 때 드는 원가를 절감시킨다. 따라서 제조공정의 자동화는 단기 소량 다품종을 생산하는 시스템에 유리하다. 이러한 변화는 새로운 원가회계시스템을 요구한다. 원가관리개념은 원가정보가 산출될 때 원가구조의 변화를 잘 인식해야 한다. 제품의 추정원가는 제품설계 및 신제품에 대한 의사결정에도 영향을 미친다. 또한 제품원가는 가격결정에도 중요한 역할을 한다. 이는 제품의 제조단계뿐만 아니라 기업의 가치사슬의 각 단계에서 창출하는 부가가치에도 영향을 미친다는 것을 의미한다. 그래서 많은 기업들은 제조공정단계뿐만 아니라 가치사슬의 모든 단계를 분석하는 관리회계시스템을 발전시키고 있다.

1) 전략적 관리회계

전략적 관리회계란 장·단기적 관점에서 경영목적(재무적 우위와 경쟁적 우위)을 달성하기 위하여 고안된 회계제도로 원가정보를 전략적 의사결정에 적용하기 위해 개발된 원가관리제도로서 경영계획 및 경영통제의 수정된 방법이다. 전략적 관리회계시스템의 제품의 모든 활동은 가치사슬로 연결된다는 특징이 있다.

2) 가치사슬과 전략적 원가분석

(1) 가치사슬

가치사슬이란 기업의 제품이나 용역에 고객의 유용성을 부가하는 일련의 경영활동집합을 의미한다. 즉, 가치사슬은 제품의 연구개발활동부터, 원재료매입, 제조과정, 판매유통단계, 고객에게 용역을 제공하는 활동을 일컫는다. 이 사슬의 활동들은 제품이나 용역에 가치를 부가하여야만 한다. 부가가치활동은 기업이 매입한 재화나 용역의 효용가치를 부가하여 (증가시켜) 고객에게 제공하는 것이다. 경영자는 제품의 용역, 품질, 가격(원가)에 기여한 활동들을 평가한다.

가치사슬의 활동단계는 [그림 1-9]와 같다.

✧ 그림 1-9   가치사슬

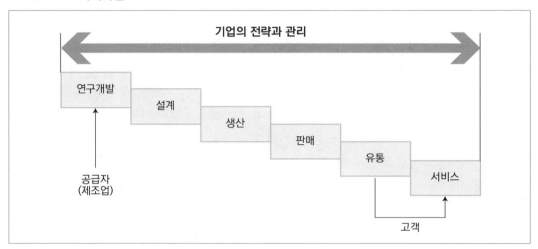

대부분의 기업은 R&D, 생산 및 유통과정에서 부가가치를 창출한다. 생산을 구상하기 이전단계에서는 가치가 존재하지 않지만 구상이 확립되면 상당한 가치가 발생하고 제품에 대한 연구개발이 시작되면 가치는 증가한다. 제품의 설계활동에 이르면 계속적으로 가치는 증가하고 생산활동단계에서도 역시 지속적으로 가치는 증가한다.

여기서 주목할 것은 관리기능이 가치사슬에 나타나지 않는다는 점이다. 관리기능은 가치사슬의 각 활동단계에 모두 포함되어 있기 때문이다. 예컨대 인적자원관리는 각 가치사슬단계에서 모두 이루어진다.

(2) 전략적 원가분석

각 가치사슬단계에서 경영활동에 대한 원가정보와 기타 여러 가지 정보를 활용함으로써 시장에서 회사는 가격경쟁과 고품질을 유지할 수 있는 전략적 이점을 인식할 수 있다. 즉 회사가 비부가가치활동을 제거하면 제품가격의 감소 없이 원가를 절감할 수 있다. 원가절감을 함으로써 회사는 제품가격을 낮게 책정할 수 있기 때문에 경쟁회사보다 원가 측면에서 경쟁우위에 있을 수 있다.

비부가가치활동을 제거함으로써 자원을 절약하여 고객에게 보다 좋은 용역을 제공할 수 있다. 이 사고는 간단하다. 부가가치를 창출하지 못하는 활동을 찾아내면 된다. 그러면 기업의 경영성과도 좋아지고, 다른 회사에 대하여 경쟁우위에 있게 된다.

(3) 비부가가치활동

낭비를 인식하고 제거하기 위한 기업경영철학은 비부가가치활동을 인식하고 제거하는 데에서부터 출발한다. 제조현장에서 비부가가치시간은 운송, 이동, 검사에서 나타난다. 낭비(비부가가치)는 제조공정에서 나타나는 것이 아니라 고객을 위한 제품가치가 창출되지 않기 때문에 발생한다. 제품가치의 비효율성은 비부가가치활동에 기인한다. 비부가가치활동은 과도한 재고품의 저장활동, 재공품의 불필요한 이동활동, 상이한 제품을 생산하기 위한 생산라인의 불필요한 준비활동 등이다. 이러한 비부가가치활동은 제조공정을 재설계함으로써 제거될 수 있다.

제조소요시간은 부가가치시간과 비부가가치시간을 합한 것이다. 제조소요시간은 재료투입으로부터 고객에게 완제품을 인도하기까지 제조공정에 체류하는 기간이다. 수익을 증가시키기 위해 원가회계담당자는 제조소요시간을 감소시킬 방법을 모색하여야만 한다.

3) 유연생산시스템

유연생산시스템은 컴퓨터제어기기에 의해 제조공정을 통제할 수 있는 시스템이다. 즉 조직화된 컴퓨터기능을 활용하여 주요 생산요소를 통제하고 여러 가지 자동기술과 생산관리기법을 통합한 탄력성이 높은 생산시스템이다. 유연생산시스템은 공정라인을 설치하거나 바꾸는 기간을 단축시킬 수 있기 때문에 소량 다품종을 효율적으로 제조할 수 있다.

제품수명주기(PLC: Product Life Cycle)는 신제품을 설계·도입하여 그 제품의 수요가 감퇴되어 시장에서 소멸되는 기간이다. 이 PLC가 점차 짧아지고 기술이 변화하는 정도(기술변화율) 역시 계속 증가하는 추세이다. 따라서 기업은 PLC가 짧아지면 짧아질수록 제조라인을 보다 자주 변경해야만 한다. 따라서 조직화된 컴퓨터제어기기들은 제품의 품질과 신뢰도를 높여주고, 이 기기들에 의해 계획을 설정하고 보고함으로써 제조과정을 단축시키고 재고수준을 낮출 수 있게 되며 원가는 절감된다.

4) 총체적 품질관리

기업이 총체적 품질관리(TQM: Total Quality Management) 제도를 도입함으로써, 고객만족도를 높일 수 있다. 품질관리는 기업에서 고객의 요구에 맞는 제품을 경제적으로 생산하기 위하여 통계적 기법을 통하여 제품의 품질분석·기술검토 등을 하는 과학적인 관리기법이다. TQM은 통계적으로 허용된 한계범위 내에 기대하는 제품의 품질이 존재하도록 하거나 제조과정상 검사를 받기 위해 대기하는 것보다는 차라리 모든 낭비요소를 제거하는 것이다. TQM의 목표는 원가를 최소화하기보다는 낭비요소 그 자체를 제거하는 것이다. 낭비는 최소화된 노무원가, 재료원가, 기계설비원가 등 이외의 원가를 의미한다.

원가회계담당자는 성과평가기준을 무결점(ZD: Zero Defect) 기준에 둔다. 제품에 결함이 존재할 경우 품질 관리자에게는 책임을 지우고 품질 검사자에게는 책임을 지우지 않는다.

따라서 품질 관리자는 제공공정이나 제품의 오류나 결점을 발견하면 이를 근본적으로 해결하기 위해 제조공정을 중단시키기도 한다.

5) 린생산

일본에서 창안되어 성공한 JIT생산은 린생산(lean production: 간소화 생산)의 일부이다. 이 린생산은 수요요인(demand-pull)생산시스템으로서 생산라인의 각 부품은 생산라인의 다음 단계에서 필요할 때 그리고 필요한 경우에만 생산된다.

JIT는 필요한 품목을 필요한 수량만큼 필요로 하는 시점에 생산·판매하는 시스템을 말한다. 이는 기업의 모든 활동에 있어 최소한의 원재료, 설비 및 인력을 이용하도록 하여 불필요한 활동을 줄이는 것을 목표로 한다.

따라서 JIT시스템은 요구되는 활동을 적시에 최소한으로 수행하는 관리기법으로 생산매입 과정에 JIT방법을 적용하면 원가회계시스템에 영향을 미친다. 그 이유는 원재료의 구매시점부터 제품을 고객에게 인도하는 시점까지의 시간을 최소화할 수 있고, 제품을 필요한 시기에 필요한 양만큼 최저의 원가로 생산하기 때문이다.

회계담당자는 제품가격이 낮아지면, 외부 제품가격평가보고에 드는 시간을 절감하고 관리활동에 시간을 할애할 수 있는 효과를 갖게 된다.

JIT시스템이 원가관리활동을 수행하면서 목표로 추구하는 것은 다음 네 가지로 요약된다.

❶ 재화에 가치를 부가하지 않는 비부가가치활동의 제거
❷ 비부가가치활동을 인식하기 위한 통찰력과 단순화의 강조
❸ 높은 품질수준의 유지
❹ 활동의 효율성을 위한 지속적인 개선

6) 벤치마킹과 지속적인 개선

급변하는 환경에서 기업은 경쟁에서 살아남거나 경쟁우위를 확립하기 위해서 성과를 개선해야만 한다. 개선은 이전보다 더 좋아야 하고 경쟁자보다 더 좋아야 한다. 벤치마킹은 기업 내·외부의 최고 수준과 비교하여 기업의 제품, 용역 및 활동을 지속적으로 개선해 나가는 것이다. 지속적 개선은 고객에게 가치를 이전할 때 이전보다 가치를 증식시키는 것을 의미한다.

지속적 개선은 낭비제거, 품질개선, 원가절감 등을 통하여 효율성을 증가시키는 방법을 모색하는 것을 의미한다.

7) 제약이론

제약이란 어떤 주체가 원하는 것을 얻고자 할 때 방해가 되는 요인이다. 모든 조직과 개인은 다양한 형태의 제약하에 놓여있다.

모든 경영관리시스템에는 그 능력에 제약이 있다. 따라서 시스템의 종합적인 총산출물을 제한할 수도 있는 과정이나 자원을 뜻하는 것을 말하며 시스템제약을 병목(bottleneck)이라고도 한다. 경영관리시스템의 능력을 향상시키려면 병목의 능력을 향상시켜야 한다.

기업은 다양한 형태의 자원이 필요한데 그 자원은 매우 제한적이다. 제약이론은 기업의 목표를 달성시키기 위해서는 당면한 여러 가지 자원의 제약을 잘 관리하여야 한다는 것이다. 따라서 제약이론은 제조 또는 비제조활동을 지속적으로 개선시켜 가는 과정의 기법이다. 기업의 가치사슬의 능률과 수익성을 향상시키려면 취약한 연결고리(사슬마디)를 발견해 내고 그 취약한 연결고리의 능력을 증진시켜야 한다. 제약이론에 따르면 경영자는 취약한 연결고리를 튼튼하게 하는 조치를 취하도록 한다.

8) 전사적 자원관리

경영혁신의 새로운 도구로서 전사적 자원관리(ERP: Enterprise Resource Planning)는 기업자원을 전사적으로 통합관리해주는 경영기법으로 기업의 다양한 활동들을 연계시켜 총체적

관리를 가능하게 하는 집적된 정보시스템이다. 다시 말해 모든 경영활동을 관리하기 위해 설계된 소프트웨어 프로그램이다.

ERP시스템의 도입은 정보의 가치를 증대시키고 정보기술의 원가는 감소시킨다. 이 시스템은 기업 내의 생산, 회계, 인사 등의 업무프로세스들을 지원하고 이를 통해 발생된 모든 정보들을 상호공유하고 새로운 정보 생성 및 신속한 의사결정을 지원하는 시스템으로 고객정보, 상품정보, 제품개발정보 등의 정보자원까지 포괄하고 모든 자원흐름을 부서단위가 아닌 기업 전체의 흐름에서 최적 관리를 가능하게 하는 통합시스템이다.

ERP시스템은 생산 및 생산관리업무는 물론 설계, 재무, 회계, 영업인사 등 순수관리부문과 경영지원기능을 포함하고 있다. 즉 기업의 모든 시스템을 집적화한 것이다. 따라서 ERP는 가치사슬의 사업기능 간의 활동을 조정하고, 신속하게 변화시킨다.

9) 활동기준경영관리

대부분의 원가회계담당자들은 재화와 용역을 제공하거나 소비하는 것은 활동과 관련이 있다고 인식하고 있다. 그래서 그들은 제조간접원가의 왜곡을 방지하기 위해 전통적인 조업도 배부기준의 제조간접원가배부방법(VBC: Volume Based Costing)과는 달리 활동과 원가대상 간의 인과관계에 관심을 갖는다. 원가동인에 따라 제조간접원가를 배부하는 것이 VBC보다 제품이나 서비스의 원가를 정확하게 산출한다.

활동에 초점을 두는 활동기준경영관리(ABM: Activity Based Management)는 활동기준원가회계(ABC: Activity Based Accounting)에서 강조하는 제품원가산정의 정확성을 위한 원가계산제도는 아니다.

ABM은 ABC로부터 도출되는 정보를 활용하는 경영관리과정으로서 공정 및 업무처리과정의 개선을 중시하는 개념이다. 즉 ABM은 재화나 용역을 제공하기 위한 활동에 소요된 원가와 경영성과를 얻기 위한 활동에 필요한 자원소비와도 관련이 있다. 따라서 ABM은 이들 관련성을 통제하거나 측정하기 위해 ABC를 이용한다.

ABC는 제품에 직접부과 할 수 없는 모든 원가를 그러한 원가를 발생시키는 활동에 부과하고, 각 활동의 원가는 활동을 필수적인 것으로 요청하는 제품에 부과한다. 따라서 ABC는 개선기회를 발견하기 위한 활동분석을 중시하고 비효율성을 발생시키는 요인을 원가동인(cost driver)의 관점에서 찾고 고객에 의해 받아들여지는 가치와 이 가치를 제공함으로써 달성할 수 있는 이익을 개선시키기 위한 활동관리를 포괄하는 개념이다. ABM은 ABC와 밀접한 관련을 갖고 있으며 그 주요 정보원으로 ABC를 활용하고 있다.

10) 제품수명주기원가계산

제품수명주기원가계산은 최초 제품의 연구개발에서부터 시장도입기, 성숙기, 쇠퇴기에 이르기까지 각 제품에 해당된 원가들을 수집·측정·분석하는 것이다. '요람에서 무덤까지 원가계산'이라고도 한다. 제품수명주기원가계산은 컴퓨터 소프트웨어개발업체라든지 자동차산업과 같이 실제 고객에게 인도되는 제품생산 이전에 많은 투자비용과 개발비가 소요되고 제품수명주기가 한정되어 있는 경우에는 제품의 고안 및 생산도입단계에서부터 쇠퇴기에 이르기까지의 총괄적인 제품관련원가를 추적·계산함으로써 전체제품수명주기 동안의 수익성을 판단하는 데 도움을 준다.

한편 제품수명주기(PLC: Product Life Cycle)는 사전제품원가와 사후제품원가를 구분하게 된다. 예컨대 예비부품의 원가와 제품에 부과된 원가를 추정하는 경우 제품의 고안 및 설계단계에서 원가추정 노력이 많으면 많을수록 부품의 수를 줄일 수 있고 표준부품의 사용을 늘릴 수 있게 되어 결국 원가를 낮출 수 있는 기회를 제공하기도 하며, 전체제품수명주기 동안의 원가를 고려하여 경쟁적인 가격정책을 수립하는 데 도움을 준다.

11) 목표원가계산

제품수명주기원가계산은 목표원가계산을 촉진시킨다. 목표원가계산은 제품가격이나 애프터서비스 등 용역의 대가를 포함한 판매가격에서 목표이익을 차감하여 목표원가를 계산하는 방법이다.

추정판매가격 또는 추정매출액 − 목표이익 = 목표원가

전통적 원가가산방법보다 목표원가계산방법은 매출가격과 원가와의 관계를 시장에서의 경쟁상황을 고려하는 시장추세방법이다. 목표원가계산은 소비자가 어떤(특정) 제품에 대해 지불하려고 의도하는 수준 또는 경쟁제품의 가격 등을 고려하는 시장조사방법을 이용하여 산출한 추정판매가격에서 허용이익을 차감한 목표원가와 실제생산에 소요될 것으로 예상되는 기대원가를 비교한다. 만약 기대원가가 목표원가를 초과하면 기업은 ① 제품계획, 제조 및 시장활동을 변경하거나 ② 목표이익을 낮추거나 ③ 바람직한 이익을 기대할 수 없는 이러한 용역이나 제품은 채택하지 않는다.

12) 성과평가측청치의 변화

경영자들은 JIT, PLC, ABC 등과 같이 원가계산방법을 다양화하여 작업능률과 품질개선을 위한 경영혁신을 꾀하여 왔다. 따라서 전통적 원가계산에서 사용하던 성과평가측정치는 적절하지 않다.

특히 전통적 성과시스템은 재무적 결과인 이익지표를 너무 강조하고 이익의 주요한 동인인 고객이나 기업의 프로세스 측면은 별반 고려대상이 되지 않고 있다.

균형성과표(BSC: Balanced Score Card)는 주로 기업 전체를 대상으로 한 다원적 평가의 방법으로 제시되고 있다. 즉 균형성과표는 기업 전체나 책임단위가 장기적인 이익의 원인이 되는 다양한 측면에서의 균형을 이룰 수 있도록 기업의 활동을 통제하는 시스템이라 할 수 있다. 균형성과표는 성과평가의 척도를 재무적 관점에 한정하지 않고 고객 관점, 내부 프로세스 관점, 학습과 성장(또는 혁신과 학습) 관점의 네 가지로 구분하여 성과평가의 영역을 확장하고 있다. 또한 균형성과표는 성과평가지표의 설계 시 단기적 지표와 장기적 지표, 재무적 지표와 비재무적 지표, 후행적 지표와 선행적 지표, 내부 지표와 외부 지표 등과 같은 측면에서의 상호균형과 조화를 추구한다.

연습문제

1   재무회계와 관리회계는 유사한 점과 상이한 점을 동시에 내포하고 있다. 재무회계와 관리회계의 유사점과 차이점은 무엇인가를 설명하시오.

2   원가회계의 현대적 개념은 관리회계와 동일한 것으로 간주된다. 그러나 원가회계를 보다 협의의 개념인 원가계산으로 본다면 관리회계와의 차이를 살펴볼 수 있다. 원가계산을 위주로 한 원가회계와 관리회계는 어떠한 측면에서 어떻게 차이를 보이고 있는가?

3   관리회계시스템은 기본적인 경영통제의 과정에 따라 설계된다. 통제는 계획과 실제성과의 차이를 측정하고 차이의 발생원인을 규명하고 필요한 수정조치를 취하는 경영관리의 한 과정이다. 보다 바람직한 관리회계시스템을 구축하기 위한 통제의 원칙을 설명하시오.

4   오랫동안 구청공무원으로 근무하였던 도영씨는 퇴직을 하고 새로이 개인사업을 시작하였다. 새로운 사업은 치킨 체인점을 운영하는 것이다. 지난 1년 동안 영업은 기대 이상으로 잘 되는 것으로 판단되었다. 그러나 도영씨는 관리회계에 대한 지식이 없기 때문에 울릉대학교에서 회계학을 공부하고 있는 그의 아들 도준에게 조언을 구하기로 하였다. 체인점의 영업을 보다 효율적으로 운영하기 위하여 도준은 어떤 종류의 정보를 조언서에 담아야 하는가?

5   제조환경의 변화에 따라 전통적인 관리회계시스템은 그 목적적합성을 상실하고 있다는 비판을 받고 있다. 변화하는 환경에 대처할 수 있는 관리회계시스템의 구축은 어떻게 이루어지는 것이 바람직한가?

PART 02

원가의 본질과 분류

원가의 본질과 분류

1. 원가의 본질

1) 원가의 의의

기업의 일상적인 활동을 보면 기업활동에 필요한 재화나 용역을 구입한 후 이를 바탕으로 수익창출을 위한 재화나 용역을 생산·판매하게 된다. 즉 수익창출을 위해서는 재화나 용역을 취득하여 이용하는 과정을 거치게 되는데 이때 재화나 용역의 취득 및 이용에 따른 경제적 희생이 나타나게 된다.

원가에 대한 개념은 원가를 파악하는 목적에 따라 다르다. '상이한 목적에 따른 상이한 원가(different costs for different purposes)'라는 말처럼 원가의 개념은 의사결정의 목적에 따라 달라진다. 따라서 원가란 무엇인가에 대한 설명은 다양하게 나타난다. 가장 일반적인 견해는 원가란 급부창출을 위하여 소비되거나 소비될 경제적 가치를 뜻한다. 즉 원가는 급부창출이란 목적을 달성하기 위하여 희생되는 경제적 자원을 화폐액으로 측정한 것이다.

원가계산의 대상은 원가이다. 기업에서 일상적·반복적으로 행하는 제도적 원가계산은 특정의 원가대상에 대하여 원가를 확인·집계·분류하는 절차이다. 원가대상이란 원가를 분리하여 측정할 필요가 있는 어떤 활동, 제품, 부문, 공정, 작업시간 등을 말한다.

제도적 원가계산시스템은 원가를 보다 구체적으로 제한한다. 이에 따라 원가는 경영에 있어서 일정한 급부에 관련하여 파악된 재화 또는 용역의 소비를 화폐가치로 표시한 것이며 경영목적 이외의 경제가치의 소비나 이상상태하의 경제가치의 감소는 포함하지 않는다.

제도적 원가계산의 입장에서 원가의 특성을 살펴보면 다음과 같다.

❶ 원가는 경제가치의 소비이다. 경제가치란 유형·무형의 재화나 용역으로서 화폐가치로 계량화할 수 있는 것을 말한다.

❷ 원가는 일정한 급부에의 가치이전이다. 즉 원가는 급부창출의 과정에서 희생 또는 포기된 것이다. 급부란 기업이 만들어내는 재화나 용역을 말하며 급부창출의 궁극적 목적은 수익의 획득·현금의 유입 등이다.

❸ 원가는 과거뿐만 아니라 현재 또는 미래 시점을 대상으로도 파악할 수 있다. 즉 원가는 과거에 소비된 것뿐만 아니라, 현재 시점에 소비되고 있거나 미래에 소비될 것을 모두 포함한다.

❹ 원가는 기업의 주된 경영활동인 구매·제조·판매 및 일반관리활동과 관련하여 나타나는 재화 및 용역의 소비액이다. 이에 따라 기업회계기준상 영업외비용, 특별손실, 법인세비용, 이익잉여금처분 등은 제도적 원가계산 시 원가에 포함되지 않는 비원가항목이다.

❺ 원가는 정상적으로 발생한 것에 한한다. 정상성에 대한 판단은 반복성을 기준으로 한다. 즉 이상상태하에서 나타나는 경제적 가치의 소비(예: 재해손실)는 원가로 보지 않는다.

한편 원가에 대한 경제적 가치의 해석은 두 가지 견해가 있다.

❶ 원가를 투입가치 또는 희생가치로 보는 견해이다. 즉 원가를 경제적 재화 및 용역의 희생가치를 화폐액으로 측정한 것으로 보는 것이다. 이는 원가를 유출원가로 이해하는 것으로 일반적인 견해이다.

❷ 원가를 산출가치 또는 효용가치로 보는 견해이다. 이는 경제적 가치를 특정 목적을 위하여 희생된 경제적 재화 및 용역을 다른 용도로 이용할 경우에 얻게 될 효용을 화폐액으로 측정한 것으로 보는 것이다. 이는 원가를 기회원가(opportunity cost)로 이해하는 것이다.

제도적 원가계산하에서는 기회원가의 개념은 이용되지 않으며, 유출원가의 개념을 이용하여 경제적 가치를 측정한다. 다만, 기회원가개념에 대한 경제적 가치의 측정은 임시적이고 비반복적인 특수의사결정을 할 때 이용되기도 한다.

2) 원가와 비용의 구분

원가와 비용은 많은 경우 동일한 개념으로 사용되고 있으나 양자는 구분된다. 원가(cost)는 급부창출을 위한 경제적 가치의 소비이나 비용(expense)은 일정 기간 동안 수익을 창출하기 위하여 소비된 경제적 가치를 의미한다. 또한 원가는 원가계산상의 개념임에 반하여 비용은 손익계산상의 개념이다. 즉 원가가 되기 위해서는 경제적 자원의 소비에 따라 반대급부가 창출되어야 한다. 그러나 비용은 기간손익을 계산하는 과정에서 수익실현에 기여한 부분이다. 따라서 경제적 가치의 희생으로 원가가 발생하였다 하더라도 창출된 급부의 용역잠재력이 소멸되지 않았다면 비용으로 전환되지 아니한다.

비용은 기업의 영업활동에 소요되는 모든 경제가치의 소비라는 점에서는 원가와 동일하나 원가가 주로 생산활동을 위하여 발생하는 반면에 비용은 수익창출이라는 판매활동의 결과로 발생한다.

원재료와 노무용역을 구입하여 생산과정을 거치면 제품이 완성된다. 이와 같이 제품생산시까지의 경제적 가치소비는 제품원가를 구성하며, 이는 판매시점까지 재고자산으로 기록된다.

제품이 판매되면 판매된 부분은 수익에 대응되는 매출원가(cost of goods sold)라는 비용이 된다. 즉 제조과정상 재공품이나 제품의 생산을 위하여 원가가 발생하고 판매를 통하여 원가는 비용으로 전환된다.

≫ 예제 1

(주)홍지는 공기청정기를 생산·판매하는 회사이다. 지난 5월 중 공기청정기를 150대 생산하여 100대를 판매하였다. 총제조원가는 ₩75,000,000이 발생했으며 판매원가는 ₩3,000,000, 일반관리원가는 ₩12,000,000이다. 또한 특별손실이 ₩2,000,000 발생하였다. 공기청정기의 대당 판매가격은 ₩800,000이었다.

|물음|
다음을 계산하시오.
  1. 제품원가
  2. 매출원가

|풀이|
  1. 제품원가 : ₩75,000,000

2. 매출원가 : ₩ 50,000,000

$$₩\,75,000,000 \times \frac{100대}{150대} = ₩\,50,000,000$$

2. 원가의 일반적 분류

원가를 구성하는 요소를 원가요소라고 하며, 이는 원가를 구성하는 부분적인 요소를 의미한다. 원가요소는 원가의 분류기준이 무엇인가에 따라 다양하게 나눌 수 있다. 즉 원가는 원가계산의 대상이 되기 때문에 원가계산의 목적에 따라 다양하게 분류할 수 있다.

원가의 분류기준을 무엇으로 하느냐에 따라 원가를 분류하면 [표 2 - 1]과 같이 요약할 수 있다.

✦ 표 2-1 원가의 일반적 분류

분류기준	분류
원가의 형태	재료원가, 노무원가, 경비(기타원가)
경영활동	제조원가, 판매원가, 일반관리원가
개별적 추적가능성	직접원가, 간접원가
자산과의 관련성	소멸원가, 미소멸원가
원가의 측정시기	실제원가, 미래원가
통제(관리)가능성	통제가능원가, 통제불능원가
수익과의 대응	제품원가, 기간원가
원가의 행태	변동원가, 고정원가, 혼합원가

1) 원가의 형태별 분류

원가를 그 발생형태에 따라 분류하면 재료원가, 노무원가, 경비(기타원가)로 나눌 수 있다. 원가의 발생형태에 따른 재료원가, 노무원가, 경비를 기본적인 원가의 3요소라고도 한다. 즉 원가요소별 분류는 일반적으로 원가의 형태별 분류를 의미한다. 원가의 형태별 분류는 외부보고용 재무제표작성을 위한 분류이며, 원가계산과 재무회계를 연결시키는 기초가 된다.

(1) 재료원가

재료원가(material costs)는 재료·원료 등의 물리적 형태를 갖는 물품을 소비함에 따른 원가이다. 즉 일반적으로 원재료(이는 재고자산임)로 분류되는 재료, 원료, 매입부분품, 소모품, 소모성 공구기구비품 등의 소비에 따라 재료원가가 발생한다.

(2) 노무원가

노무원가(labor costs)는 노무용역을 소비함으로써 발생하는 원가이다. 즉 노무원가는 종업원의 노동력을 사용하는 대가로 지급하는 임금, 급료, 잡급, 제수당, 상여금, 퇴직급여 등을 말한다.

(3) 경비

경비(overhead costs)는 재료원가와 노무원가 이외의 나머지 원가를 말하며, 기타원가라고도 한다. 감가상각비, 수선비, 보험료, 수도광열비 등이 이에 속한다.

2) 경영 활동별 분류

기업의 경영 활동을 기능별로 분류하면 제조활동, 판매활동, 일반관리활동으로 구분할 수 있으며 이에 따라 원가는 제조원가, 판매원가, 일반관리원가로 나눌 수 있다. 판매원가와 일반관리원가는 제품의 생산활동과 관련 없이 나타나는 원가이기 때문에 비제조원가라고 한다.

(1) 제조원가

제조원가(manufacturing costs)는 제품의 제조과정에서 발생하는 원가이다. 제조원가는 제조활동을 수행하는 공장에서 발생하는 원가이기 때문에 공장원가 또는 생산원가라고도 한다.

(2) 비제조원가

비제조원가(nonmanufacturing costs)는 제품의 제조활동과 관계 없이 발생하는 원가로 판매원가와 일반관리원가로 구성된다.

❶ 판매원가 : 판매원가(marketing costs 또는 selling costs)는 고객으로부터 주문을 받아 제품을 고객에게 판매함에 따르는 원가이다. 판매원가는 주문획득원가와 주문이행원가로 구분하기도 한다. 주문획득원가는 시장조사비·광고선전비·판매촉진비 등 고객으로부터 주문을 얻기 위하여 나타나는 원가이며, 주문이행원가는 수주된 판매를 이행하기 위하여 제품의 출하·운송·대금회수 등과 관련된 원가이다.

❷ 일반관리원가 : 일반관리원가(general administrative costs)는 기업조직을 전반적으로 관리함에 따라 발생하는 원가로 제조원가와 판매원가에 속하지 아니하는 모든 원가를 말한다. 예를 들어, 본사 스태프의 노무원가, 본사 건물의 감가상각비, 본사의 운영경비 등이 이에 속한다. 일반관리원가에는 재료원가가 거의 나타나지 않는다.

3) 추적가능성에 따른 분류

원가는 특정의 원가대상에 대하여 그 발생을 직접적으로 추적할 수 있는가의 여부에 따라 직접원가와 간접원가로 구분할 수 있다. 직접원가와 간접원가의 구분은 어떠한 원가대상(예 : 제품, 부문, 공정, 사업부 등)을 원가계산의 기준으로 하느냐에 따라 달라질 수 있다. 즉 어떤 원가대상에는 직접원가가 되지만, 다른 원가대상에는 간접원가가 될 수 있다. 예를 들어, 제품 A, B를 생산하는 부문의 관리자에 대한 급료는 생산부문의 직접원가이나 제품 A, B의 간접원가이다.

(1) 직접원가

직접원가는 특정의 원가대상에 직접적으로 추적가능한 원가이며, 개별원가라고 할 수 있다. 예를 들어, 자동차의 엔진, 가구업의 목재 등은 특정 제품과 관련하여 용이하게 추적될 수 있는 직접원가이다.

(2) 간접원가

간접원가는 특정의 원가대상에 직접적인 추적가능성이 없는 원가이다. 이는 개별원가계산대상과 간접적인 관련성을 가지며 공통적으로 인식되는 원가로 공통원가라고 할 수 있다. 제품별 계산 시 공장장의 급료, 건물의 감가상각비, 수도광열비 등이 그 예이다. 만일 제품라인별로 전력계량기를 설치하였다면 전력비는 직접원가로 구분되나, 공장 전체에 1대의 전력계량기를 설치하였다면 전력비는 간접원가로 구분된다. 간접원가는 원가배분의 과정을 거쳐 개별원가대상에 부과된다.

(3) 제조원가의 분류

원가계산을 통한 원가정보의 관리적 이용 시 가장 중요한 것은 제조원가이다. 경영활동별 분류 중 제조원가만을 대상으로 원가의 형태별 분류와 추적가능성에 따른 분류를 결합하면 [그림 2-1]에서 보는 바와 같다. 즉 원가는 직접재료원가, 직접노무원가, 제조간접원가로 나누어진다.

✧ 그림 2-1 제조원가의 일반적 구분

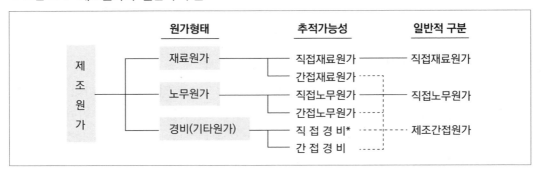

* 직접경비의 예(특정한 제품만을 생산하는 설비의 감가상각비·보험료)는 아주 드물기 때문에 일반적으로 직접경비는 별도로 구분하지 않고 제조간접원가에 포함시킨다.

한편 [그림 2-2]에서 보는 바와 같이 직접재료원가와 직접노무원가의 합계를 기초원가(prime costs), 기본원가, 주요원가, 또는 제1원가라고 부른다. 또한 직접노무원가와 제조간접원가의 합계는 가공원가(conversion costs) 또는 전환원가라고 부른다.

✧ 그림 2-2 기초원가와 가공원가

이러한 구분은 직접재료원가와 직접노무원가는 제조활동의 가장 기본이 되는 원가로 특정 제품에의 추적가능성이 크기 때문이며, 직접노무원가와 제조간접원가는 직접재료를 제품으로 전환(가공)함에 필요한 원가이기 때문이다. 기초원가는 제품별 원가계산 시 특정 제품에의 직접적인 추적이 가능한 제조원가이다. 그러나 제조간접원가는 특정 제품에의 직접적인 추적이 어렵기 때문에 배분의 과정을 거쳐 제품별로 할당된다.

4) 자산과의 관련성에 따른 분류

자산이란 과거의 경제적 사건에 따라 기업이 취득하여 그 지배하에 둠으로써 미래에 효익을 얻게 될 경제적 자원이다. 즉 자산은 미래의 경제적 효익 또는 미래의 용역잠재력이다. 자산을 원가 측면에서 나누어 보면 소멸원가와 미소멸원가로 구분한다.

(1) 소멸원가

소멸원가(expired costs)는 자산의 용역잠재력이 소멸된 원가이다. 이는 미래에 더 이상 용역잠재력을 제공할 수 없으며 이미 경제적 소비가 나타난 원가이다. 예를 들어, 설비를 구입하여 이용하고 있는 경우 감가상각비의 누계액을 나타내는 감가상각충당금은 소멸원가를 의미한다. 소멸원가는 그것이 수익창출에 기여하였는지의 여부에 따라 기여원가와 상실원가로 나눈다. 기여원가는 수익창출에 기여한 소멸원가로 비용(expenses)으로 기록될 수 있는 부분이다. 반면에 상실원가(lost costs)는 수익창출에 전혀 기여하지 못하고 나타난 소멸원가로 손실(losses)로 기록되는 부분이다.

(2) 미소멸원가

소멸원가가 자산의 사용부분이라면 미소멸원가는 자산의 미사용부분을 말한다. 미소멸원가(unexpired costs)란 미래에 경제적 효익을 제공할 수 있는 부분으로 용역잠재력의 소비가 미래로 이연되는 원가이다. 즉 미소멸원가는 현재 자산으로 계상될 수 있는 부분이며, 자산가치 또는 자산의 장부가치를 말한다. 예를 들어, 재고자산의 원가는 재고자산을 보유하고 있는 동안은 미소멸원가이며 설비의 취득원가에서 감가상각누계액을 차감한 장부가액도 미소멸원가이다.

자산과의 관련성에 따른 원가의 분류를 요약하면 [그림 2-3]과 같다.

◇ 그림 2-3 자산관련성에 따른 원가의 분류

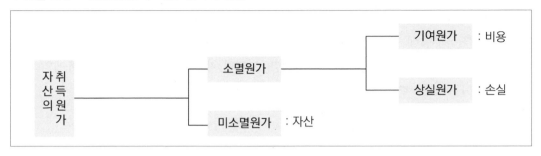

5) 원가측정시점에 따른 분류

원가는 발생한 후에 계산할 수도 있고 발생하기 전에 예측을 통하여 계산할 수도 있다. 이와 같이 원가의 측정시점에 따라 원가는 실제원가와 미래원가로 분류한다.

(1) 실제원가

실제원가(actual costs)는 사후적으로 실제 발생한 원가를 말한다. 이는 재화나 용역의 소비가 이미 발생한 시점에서 교환가격 등으로 결정된 원가이다. 실제원가는 역사적 원가(historical costs), 사후원가 또는 과거발생원가라고도 한다.

(2) 미래원가

미래원가(future costs)는 특정 사상이 발생하기 전에 사전적으로 분석 및 예측 등을 통하여 발생할 것으로 기대되는 원가이다. 즉 미래원가는 미래의 상황을 바탕으로 주관적으로 결정되는 원가이며, 계획설정 등을 위하여 사전적으로 계산되는 원가이다. 미래원가는 예정원가 또는 사전원가라고도 한다.

미래원가의 가장 대표적인 것이 표준원가와 예산원가이다. 표준원가는 제조활동수행 전에 사전적으로 표준 또는 목표가 되는 원가로 설정한 것이며 이는 제품단위당 개념으로 사전설정된다. 반면에 예산원가는 제조활동뿐만 아니라 판매활동, 일반관리활동 등을 대상으로 일정기간 동안에 발생할 것으로 기대되는 원가이다. 예산원가는 예산편성 시 이용되며, 제조예산원가는 표준원가를 기준으로 설정된다. 예산원가는 제품단위당의 개념이 아니라 일반적으로 일정기간의 총액개념으로 설정된다.

실제원가와 미래원가를 혼합한 원가개념이 정상원가이다. 정상원가(normal costs)는 제조원가계산을 하면서 직접원가는 실제원가를 이용하고 제조간접원가는 미래원가를 기준으로 예정배부하는 절차에 따라 계산되는 원가이다. 정상원가는 평준화원가라고도 한다.

6) 통제가능성에 따른 분류

통제가능성 또는 관리가능성에 따른 원가의 분류는 관리자 또는 부문의 성과평가를 목적으로 하는 경우 중요한 개념이다. 부문 경영자의 성과평가를 위해서는 그가 통제할 수 있는 원가와 통제할 수 없는 원가로 구분하고, 통제할 수 있는 원가만을 기준으로 성과평가를 하여야 한다.

(1) 통제가능원가

통제가능원가(controllable costs)는 특정 관리자가 특정 원가를 관리할 수 있어 그 원가의 발생 여부 및 금액의 크기 등에 영향력을 행사할 수 있는 원가이다. 영향력의 행사란 특정 비용을 승인할 수 있는 권한이 있음을 말한다. 즉 통제가능원가는 특정의 관리자 자신이 관리할 수 있는 원가를 의미한다.

(2) 통제불능원가

통제불능원가(uncontrollable costs)는 특정 관리자가 그 원가의 발생을 통제할 수 없는 원가이다. 기업에서 발생되는 모든 원가는 궁극적으로 통제가능하기 때문에 통제불능원가는 타인에 의하여 통제가능한 원가이다.

(3) 구분의 전제

통제가능원가와 통제불능원가의 구분은 획일적인 것이 아니다. 이는 특정 관리자에게 위양된 권한의 정도에 따라 달라지는 상대적인 개념이다. 동일한 원가라 하더라도 권한의 위양정도가 큰 경우에는 통제가능원가가 되지만 그렇지 않은 경우에는 통제불능원가가 된다. 또한 관리자의 직위가 높을수록 통제가능한 원가의 범위는 넓어진다. 통제가능성에 따른 분류는 시간적 차원도 고려되어야 한다. 왜냐하면, 단기적으로 통제불가능한 원가일지라도 장기적으로 통제가능할 수 있기 때문이다.

통제가능성에 따른 분류는 책임회계제도를 이용하는 경우 매우 중요한 개념이다. 즉 특정 부문 또는 특정 부문관리자의 성과평가 시 그 관리자가 통제할 수 있는 원가만을 기준으로 평가하는 것이 합리적이다. 왜냐하면, 통제불능원가를 성과평가에 포함시킨다면 그 평가는 부당하다고 판단하기 때문이다. 또한 부문별 원가관리의 대상도 그 부문의 관리자

가 통제할 수 있는 원가에 국한시켜야 한다. 따라서 각 경영자의 성과보고서에는 통제가능
원가와 통제불능원가를 반드시 구분하여 표시하여야 한다.

7) 자산화 여부에 따른 분류

우리는 앞서 경영활동에 따라 원가를 제조원가와 비제조원가로 구분하였다. 이때 제조원
가는 제품이라는 재고자산으로 전환되고, 판매원가와 일반관리원가는 발생시점에서 비용
화된다. 이와 같이 원가는 자산(구체적으로 재고자산)화되는지의 여부에 따라 제품원가와 기간
원가로 구분된다.

(1) 제품원가

제품원가(product costs)는 판매목적으로 생산하는 제품에 부과시킬 수 있는 원가이다. 제
품은 판매될 때까지 재고자산으로 계상되며 판매 또는 처분되는 시점에서 매출원가라는 비
용으로 대체된다. 제품원가는 제조과정에서 발생된 원가로 재고자산화가능원가(inventoriable
costs)이며, 직접재료원가, 직접노무원가, 제조간접원가 등의 제조원가가 이에 속한다.

(2) 기간원가

기간원가(period costs)는 제품원가화될 수 없는 원가로 그것이 발생한 기간에 비용으로
처리되는 원가이다. 기간원가에는 판매원가와 일반관리원가가 포함된다. 기간원가는 제품
이라는 재고자산의 원가를 구성하지 못하고 발생과 동시에 기간비용화되기 때문에 재고자
산화불능원가(noninventoriable costs)라고도 한다. 이에 따라 일반적으로 판매원가는 판매비,
일반관리원가는 일반관리비라고도 부른다. 원가를 자산화 여부에 따라 제품원가와 기간원

◇ 그림 2-4 제품원가와 기간원가

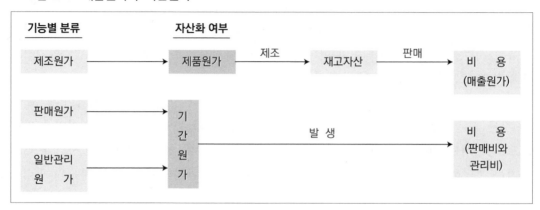

가로 분류하면 양자는 [그림 2-4]와 같이 처리된다.

>> 예제 2

다음은 (주)홍지의 지난 8월 중 생산·판매관련 자료 중 일부이다.

• 직접재료원가	₩ 1,000,000	• 광고비	₩ 550,000
• 직접노무원가	₩ 500,000	• 판매원급료	₩ 200,000
• 제조간접원가	₩ 300,000	• 사장실경비	₩ 400,000
• 생산량	1,000개	• 판매량	800개

|물음|
다음을 계산하시오.
1. 소멸원가   2. 미소멸원가   3. 제품원가   4. 기간원가
5. 손익계산상 기간비용

|풀이|
1. 소멸원가

$$\left[(₩1,000,000 + ₩500,000 + ₩300,000) \times \frac{800개}{1,000개} \right] + ₩550,000$$
$$+ ₩200,000 + ₩400,000 = ₩2,590,000$$

2. 미소멸원가

$$(₩1,000,000 + ₩500,000 + ₩300,000) \times \frac{200개}{1,000개} = ₩360,000$$

3. 제품원가

$$₩1,000,000 + ₩500,000 + ₩300,000 = ₩1,800,000$$

4. 기간원가

$$₩550,000 + ₩200,000 + ₩400,000 = ₩1,150,000$$

5. 손익계산상 기간비용

매출원가	₩1,440,000	(제품원가×0.8)
판매원가	750,000	(₩550,000 + ₩200,000)
일반관리원가	400,000	
합계	₩2,590,000	

8) 원가행태에 따른 분류

원가행태(cost behavior)란 조업도(생산량, 판매량, 작업시간 등)의 수준에 따라 원가가 변화하는 모양을 말한다. 원가행태에 따라 원가는 변동원가, 고정원가, 혼합원가로 구분된다. 원가행태에 따른 원가분류의 내용은 제3장에서 자세하게 설명하기로 하고 여기서는 간략히 개념만 소개하기로 한다.

(1) 변동원가

변동원가(variable costs)는 조업도의 변동에 직접적으로 비례하여 증감하는 원가이며, 비례적(또는 순수) 변동원가, 체증적 변동원가, 체감적 변동원가 등으로 나눌 수 있다. 회계학상 변동원가는 비례적 변동원가를 말하며 직접재료원가와 직접노무원가 등이 이에 속한다. 변동원가는 조업도가 0인 수준에서는 원가가 나타나지 않으며 조업도가 증가함에 따라 총원가도 증가하는 행태를 띤다. 변동원가는 대부분 활동원가로 구성된다.[1]

(2) 고정원가

고정원가(fixed costs)는 일정기간 동안 조업도가 변하여도 항상 일정하게 발생하는 원가이다. 고정원가는 조업도가 0인 상태에서도 일정한 원가가 나타나지만 조업도가 증가하여도 총원가는 변하지 않는 행태를 띤다. 총원가가 일정하게 유지되는 조업도구간을 관련범위(relevant range)라고 한다. 고정원가는 설비의 보유 및 이용에 따라 나타나는 원가가 많기 때문에 많은 부분이 설비원가로 구성된다. 고정원가의 예로는 설비의 감가상각비, 재산세, 보험료, 임차료 등을 들 수 있다.

(3) 혼합원가

혼합원가는 조업도의 증감과 관계 없이 발생하는 일정액의 고정원가와 조업도의 변화에 따라 증감하는 변동원가로 구성된 원가를 말한다. 따라서 혼합원가는 조업도가 0인 상태하에서도 일정한 고정원가가 발생하며 조업도가 증가함에 따라 총원가는 증가하는 행태를 띤다. 혼합원가의 예로는 수도료, 전력료, 수선유지비 등의 제조간접원가를 들 수 있다. 혼합원가는 준변동원가라고도 한다.

---

1) 변동원가와 고정원가는 원가행태에 따른 분류이며, 활동원가와 설비원가의 구분은 원가발생원천에 따른 것이다.

9) 원가의 구성

앞서 설명한 원가분류 중 원가행태별 분류, 경영활동별 분류, 추적가능성에 따른 분류, 자산화 여부에 따른 분류를 바탕으로 원가가 집계되는 과정을 보면 원가는 제조직접원가, 제조간접원가, 총원가로 나눌 수 있다. 이러한 원가의 집계과정은 [그림 2-5]와 같은 원가의 구성도로 표시된다.

[그림 2-5]에서 보면 제조원가 중 직접원가인 직접재료원가, 직접노무원가, 직접경비의 합계를 제조직접원가라고 하며, 제조직접원가에 제조간접원가를 합한 것이 제조원가이다. 제조원가에 판매원가와 일반관리원가의 합계인 비제조원가를 합한 것을 총원가라고 한다. 총원가는 판매가격결정의 기준이 되기 때문에 판매원가라고도 한다.

총원가는 기업의 기본적인 구매·제조·판매·일반관리활동을 대상으로 계산한다. 이에 따라 복식부기의 구조하에서 일상적인 업무로 원가계산을 행하는 제도적 원가계산하에서 총원가를 계산한다.

◇ 그림 2-5 원가의 구성도

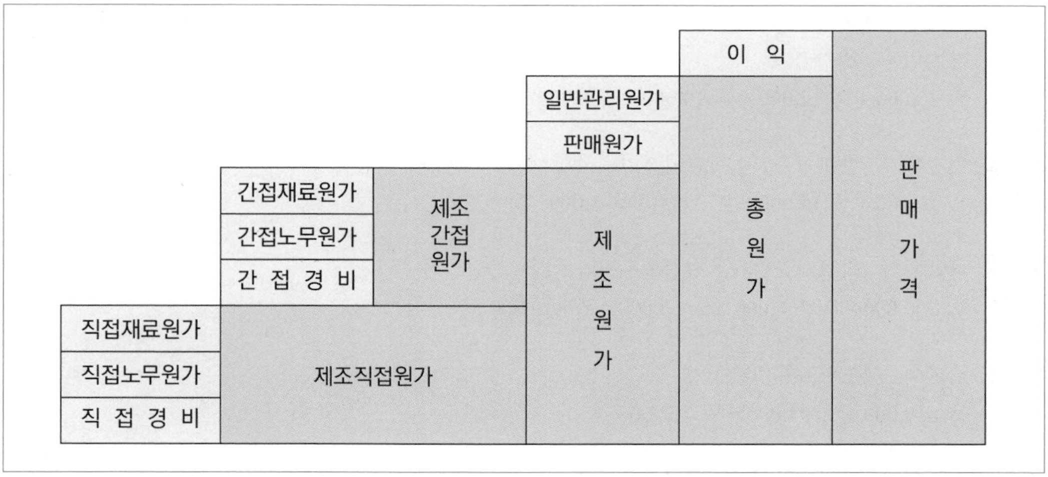

* 직접경비는 제조간접원가에 포함시키기도 한다.

>> 예제 3

다음은 (주)홍지의 지난 8월 중 원가자료이다.

• 직접재료원가	₩ 300,000	• 공장수도광열비	₩ 10,000
• 직접노무원가	₩ 250,000	• 본사건물감가상각비	₩ 5,000
• 공장건물감가상각비	₩ 30,000	• 광고선전비	₩ 15,000
• 판매원급료	₩ 70,000	• 간접재료원가	₩ 8,000
• 기계감가상각비	₩ 12,000	• 수선유지비(공장)	₩ 2,000
• 사장실경비	₩ 3,000	• 공장장급료	₩ 7,000

|물음|

다음을 계산하시오.

1. 제조직접원가   2. 제조간접원가   3. 기간원가   4. 제품원가
5. 총원가   6. 기초원가   7. 가공원가

|풀이|

1. 제조직접원가 : 직접재료원가 + 직접노무원가
   ₩ 300,000 + ₩ 250,000 = ₩ 550,000

2. 제조간접원가 : 공장건물감가상각비 + 기계감가상각비 + 공장수도광열비 + 간접재료원가 + 수선유지비 + 공장장급료
   ₩ 30,000 + ₩ 12,000 + ₩ 10,000 + ₩ 8,000 + ₩ 2,000 + ₩ 7,000 = ₩ 69,000

3. 기간원가 : 판매원급료 + 광고선전비 + 사장실경비 + 본사건물감가상각비
   ₩ 70,000 + ₩ 15,000 + ₩ 3,000 + ₩ 5,000 = ₩ 93,000

4. 제품원가 : 직접재료원가 + 직접노무원가 + 제조간접원가
   ₩ 300,000 + ₩ 250,000 + ₩ 69,000 = ₩ 619,000

5. 총원가 : 제조원가 + 기간원가
   ₩ 619,000 + ₩ 93,000 = ₩ 712,000

6. 기초원가 : 직접재료원가 + 직접노무원가
   ₩ 300,000 + ₩ 250,000 = ₩ 550,000

7. 가공원가 : 직접노무원가 + 제조간접원가
   ₩ 250,000 + ₩ 69,000 = ₩ 319,000

3. 의사결정관련원가

이미 설명한 원가의 본질 및 분류는 반복적으로 수행되는 경영관리활동의 이용을 전제로 한 것이다. 그러나 특수한 목적의 경영의사결정을 위해서는 예외적·임시적 필요에 따른 제도외 원가계산을 행하게 된다. 특수한 의사결정을 위한 제도외 원가계산 시 대상이 되는 원가를 관련원가라고 한다.

1) 관련원가의 의의

경영의사결정 시 경영자는 의사결정목적에 따라 대체안들 간의 원가를 비교하게 된다. 이때 모든 원가가 의사결정에 목적적합성을 갖는 것은 아니다. 즉 경영자는 의사결정에 관련 있는 원가들만을 이용하여 대체안을 선택하게 된다. 관련원가(relevant costs)란 경영의사결정에 영향을 미칠 수 있는 원가를 말하며 특수원가(special costs) 또는 의사결정원가라고도 한다. 관련원가의 반대개념으로 경영의사결정에 전혀 영향을 미치지 못하는 원가는 무관련원가(irrelevant costs) 또는 비관련원가라고 한다.

관련원가가 되기 위해서는 미래원가(future costs)이면서 차액원가(differential costs)이어야 한다. 즉 관련원가는 대체안들 간에 차이를 가져올 것으로 기대되는 미래원가이다. 미래원가란 어떠한 행위가 이루어지는 경우 미래에 발생할 것으로 기대되는 원가이다. 미래원가는 과거원가를 기초로 예측의 과정을 통해 계산된다. 경영의사결정은 과거가 아닌 미래를 대상으로 한다. 그러므로 과거원가 그 자체는 목적적합성이 없으나 미래원가의 예측자료로 이용될 수 있기 때문에 그 의의를 갖게 된다. 또한 차액원가는 대체안들 간에 차이를 나타내는 원가를 말한다.

2) 매몰원가의 무관련성

매몰원가(sunk costs)는 일정한 상황에서 과거 의사결정의 결과로 나타나는 역사적 원가이며 미래의 의사결정에 관계가 없는 원가이다.

예를 들어, 구 설비를 새로운 설비로 대체하고자 하는 의사결정을 하는 경우 구 설비의 장부가액(미상각잔액)은 새로운 설비로의 대체여부의사결정 시 고려할 필요가 없는 매몰원가이다. 또 다른 예를 들어, 신제품개발에 이미 투입된 연구개발비는 신제품의 시판여부결정 시 고려해서는 안되는 매몰원가이다. 즉 연구개발비는 신제품판매의사결정에 아무런 관련이 없으며, 신제품의 제조원가, 예상판매가격, 예상판매수량 등이 주요한 의사결정요소가 된다.

　매몰원가는 과거의 의사결정결과로 이미 발생한 원가이므로 경영자가 더 이상 통제할 수 없는 부분이기 때문에 미래의 의사결정에 영향을 미치지 아니한다. 의사결정관련원가의 조건은 미래원가와 차액원가이다. 그러나 매몰원가는 역사적 원가이며 의사결정 시 어느 대체안을 선택하여도 변화하지 않는 원가이기 때문에 무관련원가이다. 그러나 매몰원가가 미래에 납부할 법인세액에 영향을 미칠 수 있는 경우에는 세액증감에 따른 영향은 고려하여야 한다.

>> 예제 4

(주)홍지는 구 기계를 신 기계로 대체할 것을 검토하고 있다. 구 기계는 5년 전 ₩600,000에 구입하였다. 구 기계 구입시 잔존가치는 없으며, 내용연수는 6년으로 추정하였다. 신 기계의 취득원가는 ₩1,000,000, 내용연수는 5년, 잔존가치는 ₩200,000으로 예상된다. 이 회사는 정액법을 이용하여 감가상각을 행하였으며, 구 기계의 처분가치는 ₩30,000으로 예상된다.

|물음|
신 기계 구입의사결정 시 매몰원가는 얼마인가?

|풀이|
구 기계의 장부가액은 ₩100,000이다. 그러므로 매몰원가는 구 기계의 장부가액 ₩100,000이다. 다만 일부 학자는 구 기계의 처분가치를 차감한 ₩70,000 (₩100,000 − ₩30,000)을 매몰원가로 보기도 한다.

3) 관련원가의 분류

　관련원가는 미래의사결정의 목적에 따라 상이한 원가들이 된다. 따라서 의사결정의 목적에 따라 관련원가는 차액원가, 기회원가, 부가원가, 현금지출원가, 회피가능원가, 연기가능원가 등으로 나눌 수 있다. 어떠한 원가라도 관련원가이기 위해서는 기대되는 미래원가이어야 한다.

(1) 차액원가

　차액원가(differential costs)는 대체안들 간에 발생하는 원가차이를 말한다. 차액원가는 원가요소별로 계산할 수도 있고 총원가의 차이로 계산할 수도 있다. 차액원가는 일반적으로 증분원가로 계산하나 증분원가뿐만 아니라 감분원가도 포함된다. 증분원가는 기준안에 대해 비교되는 안의 원가의 증가액이며, 감분원가는 기준안에 대해 비교되는 안의 원가의 감소액이다.

의사결정의 기준은 원가뿐만 아니라 수익까지 고려한 이익이나 순현금흐름을 이용하는 것이 일반적이다. 이때 차액수익도 증분수익 또는 감분수익으로 나눌 수 있으며, 차액이익도 증분이익 또는 감분이익으로 나눌 수 있다.

대부분의 의사결정은 차액원가를 기준하기보다는 차액수익에서 차액원가를 차감한 차액이익을 기준으로 한다. 의사결정의 방법은 대체안의 총액을 기준한 총액분석법과 대체안들 간의 차이만을 기준으로 하는 차액분석법으로 나눌 수 있다. 총액분석법은 대체안들 간에 차이를 가져오는 항목뿐만 아니라 차이를 보이지 않는 항목의 금액까지 모두 합계한 총액을 기준으로 의사결정하는 방법이며, 차액분석법은 대체안들 간에 차이를 가져오는 항목만을 이용하여 의사결정을 하는 방법이다.

>> 예제 5

(주)홍지는 품질수준이 동일하다고 판단되는 상품을 구입하기로 하고 A, B 두 구입처의 조건을 검토하고 있다. 두 구입처로부터 상품구입조건은 다음과 같으며, 예상구입량은 100개이다.

항목	A 구입처	B 구입처
단위당 구입원가	@₩ 500	@₩ 480
운반비	₩ 7,000	₩ 10,000
수수료	₩ 2,000	₩ 3,000

| 물음 |
1. 차액원가를 계산하고, 의사결정을 하시오.
2. 만일 구입처에 따라 단위당 판매가격이 상이하다면(구입처 A : @₩ 600, 구입처 B : @₩ 630) 어떻게 의사결정을 하여야 하는가?

| 풀이 |
1.

	A 구입처	B 구입처	차액원가
구입원가	₩ 50,000	₩ 48,000	(₩ 2,000)
운반비	7,000	10,000	3,000
수수료	2,000	3,000	1,000
합계	₩ 59,000	₩ 61,000	₩ 2,000

A 구입처를 기준으로 하고 B 구입처를 비교하는 안으로 차액원가를 계산하였다. 구입원가는 ₩ 2,000 감분원가이며, 운반비와 수수료는 각각 ₩ 3,000, ₩ 1,000씩 증분원가로 나타난다. 이에 따라 총차액원가는 ₩ 2,000만큼의 증분원가로 계산되므로 A 구입처에서 상품을 구입하여야 한다.

2.

	A 구입처	B 구입처	차액원가	구분
매출액	₩ 60,000	₩ 63,000	₩ 3,000	증분수익
원가	59,000	61,000	2,000	증분원가
이익	₩ 1,000	₩ 2,000	₩ 1,000	증분이익

A 구입처를 기준으로 하고 B 구입처를 비교하는 안으로 차액수익, 차액원가를 계산하였다. 이에 따라 증분수익 ₩ 3,000과 증분원가 ₩ 2,000의 계산으로 증분이익 ₩ 1,000이 계산된다. 따라서 B 구입처에서 구입하는 안을 선택하여야 한다.

(2) 기회원가

기회원가(opportunity costs)는 재화·용역 및 설비 등 제자원을 선택된 용도가 아니라 차선의 용도에 사용하였더라면 얻을 수 있었던 최대의 효익액을 말한다. 즉 기회원가는 한 대체안의 선택으로 다른 대체안을 포기하는 경우, 포기된 대체안으로부터 상실되는 효익의 원가를 말한다. 따라서 기회원가는 대체안이 두 가지 이상인 경우에만 나타나며 자원의 대체적 이용에 다른 효익의 측정가치이다. 기회원가측정의 기준이 되는 효익으로는 순현금흐름이 주로 이용된다. 또한 기회원가는 정규적인 회계시스템상에는 기록되지 않는다.

예를 들어, 모회사가 장부가액이 ₩ 300,000인 진부화된 기계를 가지고 있다. 만일 ₩ 100,000을 들여 이 기계를 수리한다면 ₩ 180,000에 판매할 수 있다. 그러나 그대로 처분하는 경우에는 ₩ 30,000에 매각할 수 있다. 이때 수리 후 처분안의 기회원가는 ₩ 30,000이며, 그냥 처분하는 안의 기회원가는 ₩ 80,000이다. 기계의 장부가액 ₩ 300,000은 매몰원가로 의사결정 시 고려할 필요가 없다.

기회원가는 모든 대체안별로 계산할 수 있다. 또한 포기된 대체안이 두 가지 이상인 경우에는 포기된 대체안들 중 상실되는 최대의 효익(순현금흐름)이 선택된 대체안의 기회원가가 된다. 가장 합리적인 의사결정을 한 경우 포기된 대체안이 두 가지 이상이라면 포기된 대체안들의 기회원가는 모두 동일하다. 즉 포기되는 대체안들의 기회원가는 선택된 대체안으로부터 얻을 수 있는 효익이다.

한편 각 대체안의 순현금흐름에서 기회원가를 차감한 값은 순차액손익이다. 따라서 대체

안의 순현금흐름이 기회원가보다 큰 경우에는 순차액이익이 나타나며, 순현금흐름이 기회
원가보다 작은 경우에는 순차액손실이 나타난다. 다양한 대체안들 중 최적의 대체안은 순
차액이익이 나타나는 대체안이며, 순차액이익이 나타나는 대체안은 항상 하나뿐이다.

≫ 예제 6

(주)홍지는 노후화된 설비를 보유하고 있다. 이 설비의 장부가액은 ₩ 300,000이며 잔존내용연수
는 1년, 잔존가치는 없다. 이 회사의 사장 도준씨는 기계의 대체적 용도에 대한 분석을 하고 다음
과 같은 네 가지 대체안을 마련하였다.

대체안 A : 즉시 ₩ 200,000에 판매한다.

대체안 B : 홍길동에게 ₩ 160,000에 임대한다.

대체안 C : 설비를 이용하여 제품 X를 생산·판매한다. 이로 인한 수익은 ₩ 600,000, 현금지출비용
은 ₩ 450,000으로 예상된다.

대체안 D : 설비를 이용하여 제품 W를 생산·판매한다. 이로 인한 수익은 ₩ 750,000, 현금지출비
용은 ₩ 500,000으로 예상된다.

| 물음 |

기회원가와 순차액손익을 계산하고, 의사결정을 하시오.

| 풀이 |

설비의 장부가액 ₩ 300,000은 대체안들 간에 차이를 가져오지 않는 무관련원가이다.

항목	A	B	C	D
현금유입	₩ 200,000	₩ 160,000	₩ 600,000	₩ 750,000
현금유출	−	−	450,000	500,000
순현금흐름	₩ 200,000	₩ 160,000	₩ 150,000	₩ 250,000
기회원가	250,000	250,000	250,000	200,000
순차액손익	(₩ 50,000)	(₩ 90,000)	(₩ 100,000)	₩ 50,000

따라서 대체안 D를 선택한다. 대체안 D는 순현금흐름(₩ 250,000)이 기회원가(₩ 200,000)보다 커
서 순차액이익(₩ 50,000)이 계산된다. 그러나 대체안 A, B, C는 모두 기회원가가 순현금흐름보다
커서 순차액손실이 계산된다.

(3) 현금지출원가

현금지출원가(outlay costs 또는 out of pocket costs)는 의사결정에 따라 현재나 가까운 장
래에 현금의 지출이 요구되는 원가이다. 현금지출원가는 예산편성 시 현금흐름에 대한 계

획을 수립하는 경우 중요시된다.

현금지출원가와 반대되는 개념이 비현금지출원가이다. 비현금지출원가(non-cash costs)는 감가상각비, 부가원가 등과 같이 원가가 발생하여도 지출을 수반하지 아니하는 원가이다. 감가상각비와 같이 과거에 현금의 지출이 이루어진 원가는 현금지출원가가 아니다.

(4) 회피가능원가

회피가능원가(avoidable costs)는 특정의 대체안을 선택하지 않는 경우 회피할 수 있는 원가이다. 즉 회피가능원가는 어떠한 대체안을 포기하는 경우 더 이상 나타나지 아니하는 원가이다. 반면에 어떠한 대체안을 포기하여도 계속해서 나타나는 원가를 회피불능원가(unavoidable costs)라고 한다.

예를 들어, 해변의 리조트 호텔이 동절기에는 손실이 발생하므로 겨울 동안의 폐쇄 여부를 결정하고자 한다. 이때 객실 및 식음료의 판매에 따른 직접재료원가나 직접노무원가는 회피가능하지만, 건물의 감가상각비나 관리인의 급료 등은 호텔을 한시적으로 폐쇄하여도 계속적으로 나타나는 회피불능원가이다. 결국 회피가능원가는 대체안을 포기하는 경우 절약할 수 있는 원가이나 회피불능원가는 대체안을 포기하는 경우에도 절약할 수 없는 원가이다.

(5) 연기가능원가

연기가능원가(postponable costs)는 현재의 영업활동능률을 그대로 유지하면서도 장래로 그 발생을 연기할 수 있는 원가이다. 연기가능원가는 일시적으로 원가발생을 미래로 미룰 수 있으나 원가발생을 피할 수 없다는 점에서 회피가능원가와 차이가 있다. 설비의 수선유지비가 대표적인 예이다. 반면에 현재의 영업활동능률을 유지하기 위해서 가까운 장래로 그 발생을 연기할 수 없는 원가를 연기불능원가(unpostponable costs)라고 한다.

연습문제

1 다음은 본 장에서 소개한 용어들에 대한 설명이다. 다음의 각 문항에 가장 적합한 용어를 말하시오. 용어는 한 번 이상 사용될 수 있다.

① 원재료 창고에서 원재료의 입고와 출고를 취급하는 사람의 급여를 (　　　)이라 한다.

② 특정한 원가대상(제품, 부문 등)에의 직접추적이 어려운 원가를 (　　　)라 한다.

③ 회사는 신제품개발을 위한 연구투자를 하려고 한다. 연구개발비로 ₩1,000,000이 소요된다. 한편 재무담당자는 신제품연구개발을 위한 소요액으로 유가증권투자를 고려하고 있다. 이때 유가증권투자로 인한 이자 및 시세차익은 신제품연구개발평가 시 고려되어야 하는 (　　　)이다.

④ 고정원가의 총액이 변동하지 않을 것으로 기대되는 조업구간을 (　　　)라고 한다.

⑤ 회사는 구형 486컴퓨터를 생산하였으나 이제는 판매가능성이 전혀 없는 것으로 판단된다. 이미 생산된 구형 컴퓨터의 제조원가는 (　　　)이다. 고정원가의 총액이 변동하지 않을 것으로 기대되는 조업구간을 (　　　)라고 한다.

⑥ 학생들이 학교를 그만두고 취업을 하는 경우 더 이상 등록금은 발생하지 아니한다. 취업시 등록금은 (　　　)이다.

2 다음은 (주)홍지의 지난 12월 중 원가자료이다.

직접재료비	₩100,000	공장의 감가상각비	₩60,000
직접노무비	380,000	간접노무비	47,000
판매원급료	125,000	광고선전비	30,000
공장설비재산세	8,000	영업권상각비	2,000
공장수도광열비	6,000	판매촉진비	4,000
이자비용	8,000	공장잡비	2,000
공장설비처분손실	7,500	배당건설이자상각	3,500
특허권(제품관련)상각비	1,500	비정상적 재고자산감모손실	7,000

|물음| 다음을 계산하시오.

1. 전환원가　　　**2.** 제조원가　　　**3.** 기간원가　　　**4.** 총원가

3 **다음 자료는 (주)홍지의 5월 중 생산관련 자료이다.**

(가) 5월 중 제품제조원가는 ₩6,200,000이다.

(나) 5월 말 재공품평가액은 ₩2,800,000이며 이는 5월 초 재공품평가액의 125%에 해당된다.

(다) 제조간접원가는 직접노무원가의 70%가 배부된다.

(라) 기초원가(prime cost)는 ₩4,800,000이다.

|물음| 다음을 계산하시오.

1. 5월 중 직접재료원가는 얼마인가?
2. 5월 중 가공원가는 얼마인가?

4 **다음은 (주)홍지의 지난 8월 중 생산관련 자료이다.**

(1) 월 초와 월 말의 재고자산

	직접재료	재공품	제품
월 초 재고액	₩60,000	₩850,000	₩730,000
월 말 재고액	90,000	500,000	770,000

(2) 8월 중 직접재료의 매입액은 ₩1,500,000이었다.

(3) 8월 중 기초원가는 ₩3,270,000이었다.

(4) 8월 중 전환원가는 ₩2,500,000이었다.

(5) 8월 중 매출총이익률은 20%이었다.

|물음| 8월 중 매출액은 얼마인가?

5 **다음의 자료는 (주)홍지의 지난 8월 중 영업활동관련 자료들이다.**

(1) 원재료의 월 초 재고액은 ₩20,000, 월 중 매입액은 ₩300,000, 월 말 재고액은 ₩50,000 이며, 월 중 직접재료비는 ₩250,000으로 파악되었다.

(2) 9월 중 급여지급내역은 다음과 같다.

생산직 근로자	₩600,000	판매담당임원	₩60,000
공장관리자	50,000	판매부문근로자	500,000
생산담당임원	40,000	기타부문근로자	200,000
공장경비원	30,000	사장비서실 직원	20,000

(3) 기타의 비용내역은 다음과 같다.

공장감가상각비	₩ 25,000	대손상각비	₩ 28,000
본사감가상각비	10,000	재고자산평가손실	5,000
판매수수료	70,000	유형자산처분손실	7,000
영업권상각비	15,000	공장수도광열비	8,000
기계설비보험료	3,000	경상연구비	32,000

| 물음 | 다음을 계산하시오.

1. 간접재료원가   **2.** (제조)간접노무원가   **3.** 기본원가

4. 제조간접원가   **5.** 가공원가   **6.** 제조원가

7. 총원가

6 **(주)홍지는 제품 K를 생산·판매하고 있다. 지난 8월 중의 영업활동관련 자료는 다음과 같다.**

(1) 완성품수량은 800개이며 기말재공품수량은 500개, 진척도는 40%이다. 기초재공품은 없었다. 또한 기초제품도 없었다.

(2) 직접재료의 구입단가는 연중 안정적이었으며, 제품단위당 직접재료소비량은 2kg이다. 직접재료를 포함한 모든 제조원가는 공정 중 균등하게 소비된다.

(3) 8월 중 원가발생은 다음과 같다.

항목	금액	원가행태
직접재료비	₩ 1,000,000	변동원가
직접노무비	700,000	변동원가
간접재료비	300,000	변동원가
간접노무비	200,000	고정원가
수도광열비	50,000	변동원가
기타제조간접비	80,000	변동원가
기타제조간접비	100,000	고정원가
판매·관리비	600,000	변동원가
판매·관리비	500,000	고정원가

(4) 월 초 직접재료의 재고는 없었으며, 월 말 직접재료의 재고량은 500kg이다.

(5) 8월 중 매출액은 ₩ 2,926,000이며 8월 중 제품판매량은 770개이다.

(6) 월간 발생하는 제조고정비 중 60%는 설비·감독자 등과 관련된 원가이며 고정판매·관리비 중 70%는 설비원가, 판매원의 기본급여 등이다. 이들 원가는 조업도가 0이라도 발생할 수밖에 없는 원가이다.

| 물음 | 다음을 계산하시오.

1. 기초원가
2. 가공원가
3. 회피가능원가
4. 8월 말 제품재고액
5. 매출원가율
6. 8월의 영업손익

7 (주)홍지는 5년 전에 ₩1,000,000을 주고 구입한 기계를 보유하고 있다. 이 기계구입 시 내용연수는 8년, 잔존가치는 없을 것으로 추정하였다. 감가상각은 정액법을 이용하였다. 이 기계는 생각보다 일찍 노후화되어 그동안 생산하던 제품 W를 더 이상 생산할 수 없게 되었다. 회사는 기계에 대한 세 가지 대체안을 고려하고 있다.

제1안 : 고물상에 ₩100,000에 처분한다.
제2안 : 수리비용 ₩200,000을 주고 수리한 후, 중고시장에서 ₩350,000에 매각한다.
제3안 : 기계를 이용하여 제품 W 대신에 부분품 R을 생산·판매한다. 부분품 R은 연간 200단위 생산할 수 있으며, 이를 생산·판매하기 위해서는 ₩300,000의 현금지출 비용이 발생할 것으로 예상된다. 부분품 R의 단위당 판매가격은 ₩1,800이다. 기계는 부분품 R을 2년간 생산할 수 있을 것이다.

| 물음 | 다음을 계산하시오.

1. 매몰원가는 얼마인가?
2. 기회원가와 순차액손익은 얼마이며, 어느 대체안을 선택하여야 하는가?
3. 회피가능원가와 현금지출원가는 각각 얼마인가?

PART 03

원가추정

원가추정

1. 원가추정의 본질

회계담당자의 역할은 경영목적을 달성하기 위하여 수행하는 다양한 의사결정에 보다 목적적합한 정보를 산출하여 제공하는 것이다. 의사결정은 미래를 대상으로 하기 때문에 보다 정확한 미래원가의 추정은 합리적 의사결정의 출발점이 된다. 그러나 미래의 경영활동에 대한 완전한 원가정보를 얻는다는 것은 실질적으로 불가능하다. 왜냐하면 미래에 대한 의사결정은 불확실성이나 위험을 전제로 하기 때문이다.

투자의사결정, 표준원가제도의 실시, 가격결정, CVP분석, 예산편성 등 미래에 대한 계획의 과정은 미래원가의 계산을 통하여 이루어진다. 이에 따라 역사적 원가를 분석함으로써 미래에 발생될 것으로 기대되는 원가를 추정하게 된다.

미래원가의 추정은 기업의 계획수립과 통제활동을 위한 출발점이다. 미래원가의 추정은 원가의 발생원인과 원가크기의 상관성 파악을 바탕으로 이루어진다. 즉 원가추정은 과거의 성과를 보다 정확히 평가하고 미래원가를 보다 정확히 예측하여 관리의 정확성을 확보하고자 한다.

1) 원가행태와 원가함수

원가행태(cost behavior)란 생산량, 판매량, 작업시간 등과 같은 조업도에 따라서 원가가 변화하는 모습을 말한다. 또한 원가함수란 원가행태를 함수로 표현한 것이다. 원가함수는 특정 변수와 원가의 관계를 방정식으로 나타낸 것으로 원가방정식이라 한다. 즉 원가함수는 독립변수인 조업도의 변동에 따라 종속변수인 원가가 어떻게 변화되는가를 나타내주는 함수이다.

원가함수를 추정하기 위해서는 우선 독립변수인 원가동인을 결정하여야 한다. 원가동인은 관련된 원가대상의 총원가를 변화시키는 모든 요소를 말하며 원가요인이라고도 한다.

가장 일반적인 원가동인은 생산량, 판매량, 작업시간, 기계가동시간 등의 조업도이다. 또한 원가함수를 추정하기 위해서는 원가분석을 행하여야 한다. 원가분석이란 원가동인에 따라 원가의 가변성(cost variability)을 파악하는 것으로 원가분해라고도 한다. 원가는 원가의 가변성에 따라 고정원가, 변동원가, 혼합원가 등으로 분류된다.

따라서 원가행태 또는 원가함수를 추정하기 위해서는 다음과 같은 기본적인 의사결정이 이루어져야 한다.

❶ 예측될 원가의 요소, 즉 종속변수의 범위를 결정해야 한다. 예측될 원가의 범위는 개별원가항목(예 : 수선비), 제조간접원가, 제조원가, 총원가 등과 같이 다양하다.

❷ 독립변수인 원가동인을 선택해야 한다. 가장 일반적인 원가동인은 생산량, 판매량, 작업시간, 매출액 등의 조업도를 나타내주는 요소들이다.

❸ 독립변수인 원가동인의 수를 결정해야 한다. 원가수준에 영향을 미치는 원가동인은 다양하다. 따라서 다양한 원가동인 중 독립변수를 하나로 할 것인가 또는 두 개 이상으로 할 것인가를 먼저 결정해야 한다.

❹ 원가동인, 즉 조업도의 관련범위를 결정해야 한다. 조업도의 관련범위(relevant range)란 일정기간 중 조업가능하다고 판단되는 조업도의 구간을 의미한다.

원가함수는 조업도의 변동에 따라 어떠한 행태를 보이는가에 따라 기본적으로 고정원가, 변동원가, 혼합원가로 구분하며 이는 다시 [그림 3−1]과 같이 세분할 수 있다.

◇ 그림 3-1 **원가행태의 분류**

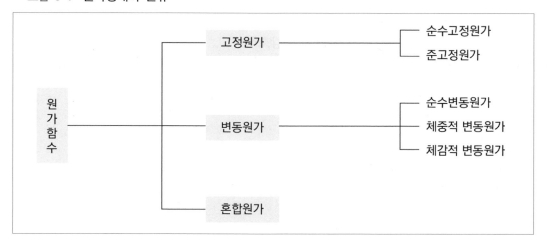

2) 고정원가

고정원가는 일정한 기간과 일정한 조업도의 관련범위 안에서 고정되어 있는 원가를 말한다. 고정원가는 조업도가 0인 상태에서도 일정한 금액이 나타난다.

고정원가는 순수고정원가와 준고정원가로 구분된다.

(1) 순수고정원가

순수고정원가란 조업도수준에 관계 없이 항상 일정하게 발생하는 원가이다. 예를 들어 설비의 감가상각비, 보험료, 조세공과, 공장장의 급료, 이자비용 등이다. 순수고정원가는 다음 식으로 나타낼 수 있으며 원가행태를 도시하면 [그림 3-2]와 같다.

$$Y = a$$

Y : 총원가[*]

a : 특정 기간의 고정원가

[*] 총원가는 총고정원가를 뜻하며 제조원가에 판매원가 및 일반관리원가를 합한 총원가)를 말하는 것이 아니다. 즉 총원가는 누적조업도의 원가총액을 말한다.

일반적으로 고정원가라고 하면 순수고정원가를 의미하며, 순수고정원가는 다음과 같은 특성이 있다.

❶ 이는 조업도가 0인 경우에도 일정한 원가(a)가 나타난다.
❷ 이는 조업도가 0부터 최대 조업도까지를 단일의 관련범위로 파악한다.
❸ 총원가는 조업도가 증가하여도 일정하다.
❹ 단위당 원가는 조업도가 증가할수록 감소한다.
❺ 이는 특정한 조업수준에서의 활동을 위한 기본적인 설비와 관련된 설비원가가 많은 부분을 차지한다.

✧ 그림 3-2 순수고정원가의 행태

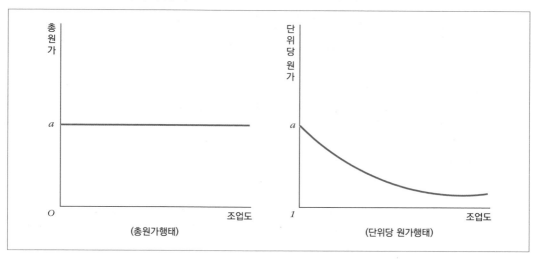

(2) 준고정원가

준고정원가는 특정 범위의 조업도에서는 일정한 금액이 발생하지만 조업도가 특정 범위를 벗어나면 일정액만큼 증가 또는 감소하는 원가를 말한다. 즉, 준고정원가는 관련범위 내에서 일정한 금액이 발생되는 고정원가이며 계단원가(step costs) 또는 비약원가라고도 한다.

따라서 준고정원가는 관련범위를 전제로 한다. 관련범위란 일정기간 동안 조업도가 증감하여도 총원가가 변화하지 않는 조업도의 범위이다. 즉 관련범위는 의사결정시 고정원가의 총액이 일정하게 유지될 것으로 판단되는 최저 조업도와 최고 조업도의 구간을 말한다.

예를 들어, 설비의 생산량이 제한되어 매출수량을 현재의 설비로 모두 생산할 수 없는 경우, 추가설비투자를 하여 새로운 설비를 구입하는 경우의 설비감가상각비와 같은 것이다. 또한 감독자가 관리할 수 있는 종업원의 수가 제한되는 경우 종업원의 증가에 따라 감독자가 늘어나는 경우 감독자급료도 준고정원가로 분류된다.

준고정원가를 방정식으로 표현하면 다음과 같으며, 준고정원가형태를 그림으로 나타내면 [그림 3-3]과 같다.

$$Y= \begin{cases} a_1 & 0 \leq X \leq X_1 \text{인 경우} \\ a_2 & X_1 < X \leq X_2 \text{인 경우} \\ a_3 & X_2 < X \leq X_3 \text{인 경우} \end{cases}$$

Y : 총원가 X : 조업도

X_1, X_2, X_3 : 총원가가 변화하는 경계점의 조업도

◇ 그림 3-3 준고정원가의 행태

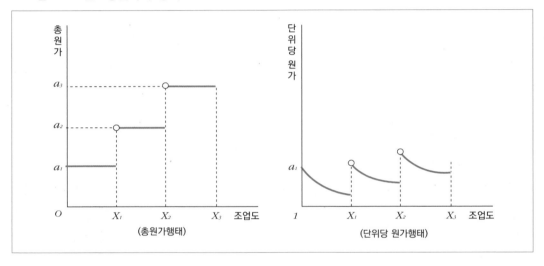

(총원가행태)

(단위당 원가행태)

준고정원가는 다음과 같은 특성을 가진다.

❶ 이는 조업도가 0인 경우에도 일정한 원가(a_1)가 나타난다.

❷ 이는 조업도에 따라 복수의 관련범위를 전제한다.

❸ 총원가는 관련범위 내에서만 일정하며, 관련범위가 증가할수록 단계적으로 증가한다.

❹ 단위당 원가는 관련범위 내에서 조업도가 증가할수록 감소한다.

❺ 단위당 원가는 관련범위의 경계점에서는 증가한다.

❻ 실제로 대부분의 조업관련원가는 준고정원가의 행태를 띤다.

(3) 고정원가의 분류

고정원가는 주로 경영활동을 위하여 기본적인 설비를 보유함에 따라 나타나는 설비원가

로 구성된다. 이는 대부분의 고정원가가 기업의 생산·판매·일반관리활동을 위한 기본적 설비를 보유하는 과정에서 발생하기 때문이다. 기업의 설비는 기계·건물·비품 등과 같은 물적 설비, 감독자나 관리자와 같은 인적 설비, 현금이나 운전자본 등과 같은 재무적 설비로 구분할 수 있다.

고정원가는 그 관리 측면에 따라 기초고정원가와 자유재량고정원가로 분류할 수 있다.

❶ **기초고정원가** : 기초고정원가(committed fixed costs)는 기업활동을 위한 기본적인 설비 (대개는 물적 설비임)를 구입하고, 보유함에 따라 발생하는 원가이다. 기초고정원가는 주로 장기적 생산능력의 필요성이나 장기적 판매예측에 따라 수반되는 원가이다. 이는 설비의 유지를 위하여 발생하는 원가로 설비유지원가이며, 공장문을 닫는 경우에도 나타나는 원가로 휴업원가라고도 한다. 예를 들어 설비의 감가상각비, 재산세, 보험료, 임차료 등이 이에 속한다. 기초고정원가는 설비투자를 한 후에는 필연적으로 나타날 수밖에 없는 제거불능고정원가이다. 기초고정원가는 정형적 고정원가 또는 제약고정원가라고도 한다.

❷ **자유재량고정원가** : 자유재량고정원가(discretionary fixed costs)는 특정의 조업도수준을 유지하기 위하여 대개의 경우 발생할 수밖에 없는 원가이지만 그 발생 여부 및 금액의 크기가 경영자의 자율적인 의사결정에 따라 변화할 수 있는 고정원가이다. 예를 들면, 광고비, 연구개발비, 감독자급료, 교육훈련비 등이 이에 속한다.
자유재량고정원가는 단기적인 의사결정에 따라 관리가능하기 때문에 관리가능고정원가 또는 계획고정원가라고 할 수 있다. 자유재량고정원가는 임의적 고정원가라고도 한다.

3) 변동원가

변동원가란 조업도의 변동에 따라 총원가가 변화하는 행태를 보인다. 변동원가는 조업도가 0인 상태에서는 원가가 발생하지 않으나, 조업도가 증가함에 따라 총원가는 증가한다. 변동원가는 조업도 증가에 따른 원가총액의 증가모습에 따라 다음과 같이 구분된다.

(1) 순수변동원가

순수변동원가는 조업도의 변동에 따라 직접적으로 비례하여 변동하는 원가이다. 이는 비

례적 변동원가 또는 완전변동원가라고도 한다. 직접재료원가, 직접노무원가 등이 대표적인
예이다.

순수변동원가는 선형함수이기 때문에 선형변동원가라고도 한다. 선형함수의 기울기는
조업도단위당 순수변동원가를 나타낸다. 단위당 순수변동원가는 조업도가 증감하여도 항
상 일정하며, 일반적으로 변동원가라 하면 순수변동원가를 뜻한다.

순수변동원가를 방정식으로 표현하면 다음과 같으며, 원가행태는 [그림 3-4]와 같다.

$$Y = bX$$

　　　Y : 총원가　　　X : 조업도

　　　b : 단위당 변동원가

✧ 그림 3-4　순수변동원가의 행태

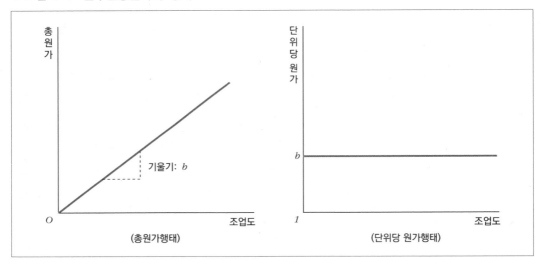

(2) 체증적 변동원가

체증적 변동원가는 조업도가 증가함에 따라 단위당 변동원가의 기울기가 커지는 행태를
보인다. 즉 조업도가 높아질수록 총원가함수의 기울기가 커지는 모습을 보인다. 체증적 변
동원가의 총원가와 단위당 원가의 행태는 [그림 3-5]와 같다.

✧ 그림 3-5 체증적 변동원가의 행태

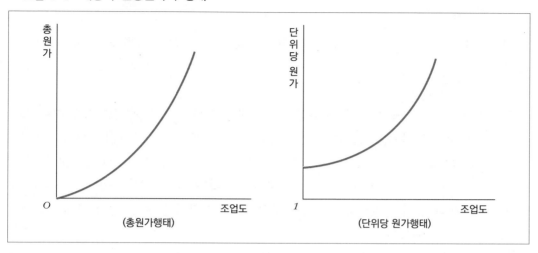

(3) 체감적 변동원가

체감적 변동원가는 조업도가 증가함에 따라 단위당 원가가 감소하는 원가이다. 학습현상을 고려한 직접노무원가가 대표적인 예이다. 체감적 변동원가는 조업도의 증가에 따라 총원가선의 기울기는 작아지는 행태를 보인다. 체감적 변동원가의 총원가와 단위당 원가의 행태는 [그림 3-6]과 같다.

✧ 그림 3-6 체감적 변동원가의 행태

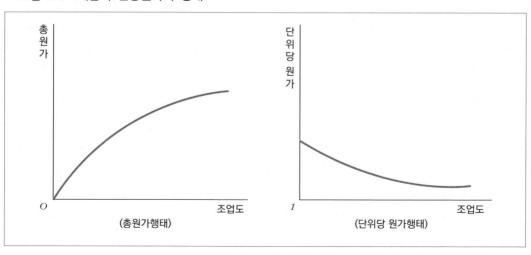

(4) 변동원가의 분류

변동원가는 그 관리의 정도에 따라 공학적 변동원가와 자유재량변동원가로 구분할 수 있다.

❶ 공학적 변동원가 : 공학적 변동원가는 제품생산량이라는 조업도와 원가요소 간에 생산과정에서의 투입·산출관계가 일정하게 유지되는 변동원가이다. 예를 들어, 제품단위당의 원재료소요량이나 작업시간 등은 거의 일정하므로 직접재료원가와 직접노무원가가 대표적인 공학적 변동원가이다. 따라서 공학적 변동원가는 물리적 관찰이나 시간 및 동작 등의 작업측정에 의하여 과학적으로 객관적인 투입·산출 관계성을 관측할 수 있는 원가이다.

❷ 자유재량변동원가 : 자유재량변동원가는 원가와 조업도 간의 투입·산출상관성이 분명하지는 않으나 경영자의 자율적인 의사결정에 의하여 원가와 조업도 간의 비례적 상관성을 인정하는 변동원가이다. 예산편성 시 매출액의 일정비율을 예산액으로 하는 광고선전비, 판매촉진비, 연구개발비 등은 자유재량변동원가로 분류된다.

4) 혼합원가

혼합원가(mixed costs)는 조업도의 변화와 관계 없이 발생하는 일정액의 고정원가와 조업도의 증가에 따라 증가하는 변동원가로 구성된 원가이다. 즉 혼합원가는 고정원가와 변동원가의 두 가지 요소를 모두 가지고 있는 원가로 준변동원가라고도 한다. 혼합원가는 변동원가가 어떻게 나타나는가에 따라 다르나, 일반적인 혼합원가는 변동원가가 순수변동원가(비례적 변동원가)행태를 보이는 것을 의미한다.

혼합원가는 조업도가 0일 때도 일정한 원가가 나타나는 고정원가의 특성과 조업도가 증가함에 따라서 총원가가 증가되는 변동원가의 특성을 동시에 갖는 원가이다. 혼합원가를 방정식으로 나타내면 다음과 같으며, 원가행태를 그려보면 [그림 3−7]과 같다. [그림 3−7]에서 보는 바와 같이 혼합원가의 단위당 원가는 1단위 조업도에서 $a+b$로 가장 크다. 그러나 조업도가 증가할수록 고정원가부분의 단위당 원가는 감소하기 때문에 혼합원가의 단위당 원가는 계속 감소한다. 혼합원가의 단위당 원가는 조업도가 아무리 크다 하여도 단위당 변동원가(b)보다는 크게 나타난다.

$$Y = a + bX \begin{cases} Y : 총원가 & X : 조업도 \\ a : 고정원가 & b : 단위당 \ 변동원가 \end{cases}$$

◇ 그림 3-7 혼합원가의 행태

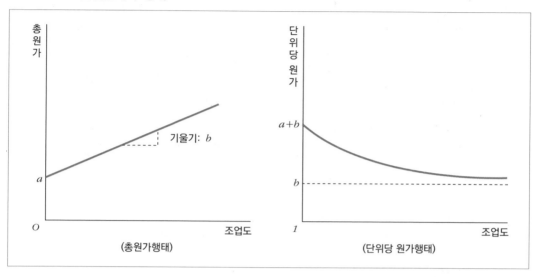

혼합원가의 예로는 전기료, 전화료, 판매원 수당 등을 들 수 있다. 전기료 및 전화료는 전혀 사용하지 않는 경우에도 부과되는 기본요금(고정원가)과 사용량에 따라 추가되는 요금(변동원가)으로 구성된다. 또한 일반적으로 판매원 수당도 기본급(고정원가)에 판매수량에 따라 지급하는 성과급(변동원가)으로 구성된다.

>> 예제 1

(주)홍지는 수선유지비에 대한 원가추정을 하고자 한다. 수선유지비는 작업시간에 따라 변화하는 것으로 보고 지난 3개월 동안의 작업시간과 수선유지비자료를 이용하고자 한다.

작업시간	수선유지비
100시간	₩130,000
200시간	160,000
500시간	250,000

|물음|
1. 수선유지비의 고정원가와 작업시간당 변동원가를 계산하고 원가방정식을 설정하시오.

2. 3월 중 예상작업시간이 450시간일 때 수선유지비의 예상액은 얼마인가?

3. 수선유지비의 총원가 및 단위당 원가행태를 그림으로 나타내시오.

|풀이|

1.

조업도	차이	총원가	차이
100시간		₩ 130,000	
	100시간		₩ 30,000
200시간		₩ 160,000	
	300시간		₩ 90,000
500시간		₩ 250,000	

단위당 변동원가 : ₩ 30,000÷100시간＝₩ 300

또는 ₩ 90,000÷300시간＝₩ 300

고정원가 : ₩ 130,000−(₩ 300×100시간)＝₩ 100,000

∴ 원가방정식 : $Y＝₩ 100,000＋₩ 300X$ (Y : 수선유지비, X : 작업시간)

2. $Y＝₩ 100,000＋(₩ 300×450시간)＝₩ 235,000$

3.

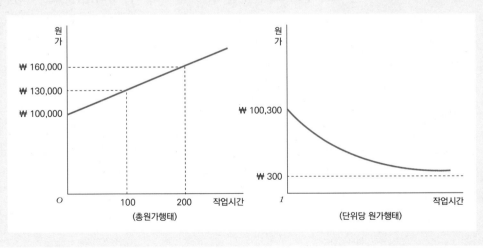

5) 원가함수의 가정

원가함수에 대한 가정은 경제적 모형과 회계적 모형이 상이하다. 여기서는 이 두 가지 모형에서 고정원가, 변동원가, 혼합원가로 구성된 다양한 원가요소를 이용하여 총원가를 계산하는 과정을 살펴보기로 한다. 더불어 앞서 설명한 각 원가들의 특성을 간략히 요약한다.

(1) 원가특성의 요약

우리는 앞에서 원가를 고정원가, 변동원가, 혼합원가로 구분하고 각 원가의 특성을 살펴보았다. 그러나 혼합원가는 고정원가와 변동원가로 구성된 원가이기 때문에 조업도에 따른 원가는 고정원가와 변동원가로 구분할 수 있다. 고정원가와 변동원가의 특성을 요약하면 [표 3-1]과 같다.

✦ 표 3-1 고정원가와 변동원가의 비교

항목	고정원가	변동원가
총원가	관련범위 내에서 일정	증가
단위당 원가	관련범위 내에서 감소	비례원가 : 일정 체증원가 : 증가 체감원가 : 감소
조업도가 0인 경우	일정액 발생	원가 발생하지 않음
관리계층	상위 경영층	하위 경영층
관리기간	장기	단기
제품별 추적가능성	간접적	직접적
휴업 시 원가발생	기초고정원가는 계속 발생	발행하지 않음

* 원가의 증가, 감소는 조업도가 증가하는 경우를 전제하였다.

한편 앞서 고정원가는 기초고정원가와 자유재량원가로, 변동원가는 공학적 변동원가와 자유재량변동원가로 구분하였다. 이에 따라 원가는 그 관리가능성의 정도에 의하여 기초적 원가, 자유재량원가, 공학적 원가로 분류할 수 있다. 이러한 구분을 간략히 [그림 3-8]과 같이 요약할 수 있다.

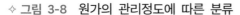
◈ 그림 3-8 원가의 관리정도에 따른 분류

원가를 관리정도에 따라 구분한 기초적 원가, 자유재량원가, 공학적 원가는 관리계층, 관리기간, 관리기법 등에 있어 차이를 보인다. 이들 원가의 특성을 요약하면 [표 3－2]와 같다.

✦ 표 3-2 기초적 원가·자유재량원가·공학적 원가의 비교

구분	기초적 원가	자유재량원가	공학적 원가
관리계층	최고경영자	중간 관리자	하위 관리자
관리기간	장기	중기	단기
관리가능성	작다	중간	크다
주요 관리기법	자본예산제도	종합예산제도	표준원가계산제도와 변동예산제도
주요 발생원천	물적 자원	인적 자원	물적·인적 자원
불확실성의 크기	높다	중간	낮다

(2) 경제학의 원가함수

경제학에서는 원가함수를 비선형함수로 전제한다. 즉 변동원가는 조업도의 구간에 따라 체감적·비례적·체증적인 행태를 보인다. 경제학에서의 원가함수는 다음과 같은 3차 함수의 형태가 된다.

$$Y = a + bX + cX^2 + dX^3$$

위 식에서 Y는 총원가, a는 고정원가, X는 조업도, $b \cdot c \cdot d$는 기울기를 의미한다. 경제학의 원가함수는 [그림 3－9]에서 보는 바와 같이 역 S의 형태를 나타낸다.

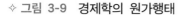
◇ 그림 3-9 경제학의 원가행태

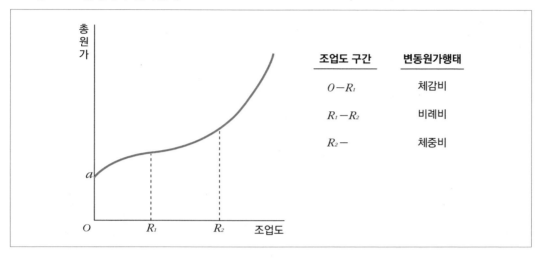

조업도 구간	변동원가행태
$O-R_1$	체감비
R_1-R_2	비례비
R_2-	체증비

(3) 회계학의 원가함수

회계학에서는 원가함수를 선형함수로 전제한다. 기업의 일상적인 의사결정은 공정이 안정된 상태인 정상적 조업도를 전제로 행하여진다. 따라서 변동원가는 의사결정의 관련범위 내에서 비례적으로 나타나는 비례적 변동원가를 가정한다. 비례적 변동원가만을 전제로 하는 회계학의 원가함수는 다음과 같은 1차 함수의 형태가 된다.

$$Y = a + bX$$

위 식에서 Y는 총원가, X는 조업도, b는 조업도 단위당 변동원가이다. 위 식은 앞의 혼합원가의 원가방정식과 동일하다.

경제학의 비선형함수와 비교하여 회계학의 원가함수는 너무 개략적이고 단순화된 모형이다. 그러나 특정한 관련범위 내의 조업도를 가정한다면 회계적 원가함수도 타당성을 갖는다. 경제학의 원가함수에서 회계학의 원가함수를 이끌어내는 과정은 [그림 3-10]과 같다.

✧ 그림 3-10　경제학과 회계학의 원가함수 비교

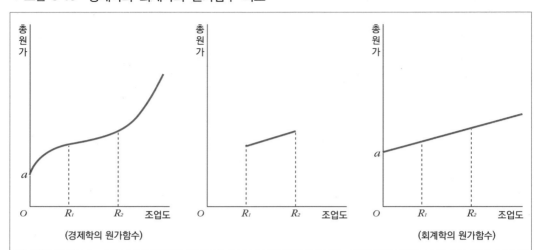

2. 원가추정의 전략적 역할과 방법

회계적 원가추정은 다양한 원가항목들의 행태를 종합하여 조업도에 따른 총원가를 찾아내는 과정이거나 혼합원가를 분해하는 과정이다. 일반적으로 회계적 원가추정에서는 단일의 조업도를 가정하고 변동원가를 비례적 변동원가로 간주하여 원가함수를 선형함수로 단순화시킨다.

1) 원가추정의 전략적 역할

원가추정은 미래원가를 정확하게 예측할 목적으로 원가대상과 원가동인 간의 관계를 파악하는 것이다. 따라서 원가추정은 두 가지 관점에서 전략적 경영을 촉진한다. 첫째, 원가추정은 이전에 확인된 활동기준, 조업도기준, 구조적 또는 경영관리적 원가동인들을 사용하여 미래원가를 예측하는 데 도움을 준다. 둘째, 원가추정은 원가대상에 대한 핵심원가동인을 파악하는 데 도움을 주고, 이들 동인들 중 어떤 것이 가장 유용한가를 파악하는 데 도움을 준다.

(1) 원가추정에 의한 미래원가예측

전략적 경영은 전략적 포지셔닝분석촉진, 가치사슬분석촉진, 목표원가계산과 수명주기원가계산촉진 등을 위해 원가추정을 필요로 한다.

❶ 전략적 포지셔닝분석촉진 : 원가추정은 가격선도정책으로 경쟁력을 제고한다.
❷ 가치사슬분석촉진 : 원가추정은 가치사슬변형으로 원가절감할 수 있는 기회로 인식한다.
❸ 목표원가계산과 수명주기원가계산촉진 : 원가추정은 목표원가계산과 수명주기원가계산을 통합하고, 경영자는 다양하게 제품설계에 원가추정을 이용한다.

(2) 다양한 원가유형에 의한 원가추정

원가추정방법에 사용되는 원가동인은 활동기준, 조업도기준, 구조적 또는 경영관리적 원가동인 등이 있다. 앞으로 본 장에서 설명하는 원가함수는 선형함수로서 주로 활동기준, 조업도기준에 의한 원가동인과의 관계로 이루어진다.

(3) 원가추정을 위한 원가동인파악

종종 원가동인들을 파악하는 가장 실제적인 제품디자이너, 엔지니어 및 제조요원들의 판단에 의존한다. 제품 및 생산공정을 가장 잘 알고 있는 사람들은 원가동인에 관해 가장 유용한 정보를 알고 있다.

때때로 원가추정은 발견기능을 수반하며 디자이너와 엔지니어의 판단을 검증, 확인하는 기능도 포함한다.

2) 원가추정의 방법

원가추정의 방법은 크게 공학적 방법과 원가자료분석법으로 구분된다. 공학적 방법은 생산공정을 관찰하여 직접적으로 원가추정을 하는 방법이다. 원가자료분석법은 과거의 원가자료를 이용하여 원가추정치를 구하는 방법으로 계정분석법, 고저점법, 산포도법, 회귀분석법으로 분류된다.

원가자료분석법은 반복적인 제조공정의 원가추정에 유용하다. 즉 이 방법은 제조공정에 중요한 변화가 없을 때 과거의 조업도와 원가의 관계성을 파악하여 원가방정식을 구하는 방법이다. 원가추정방법을 보다 세분화하면 다음 [그림 3 – 11]과 같다.

◈ 그림 3-11 원가추정방법의 분류

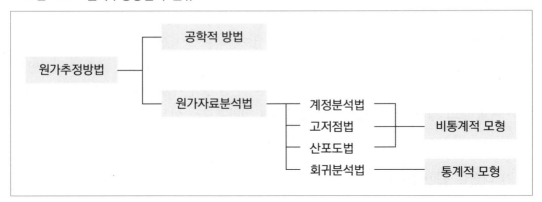

원가추정의 방법 중 다중회귀분석법을 제외한 모든 방법은 원가방정식을 $Y = a + bX$ (Y: 총원가, X: 조업도)로 보고, 고정원가인 a와 단위당 비례적 변동원가인 b를 추정한다. 본 절에서는 공학적 방법, 계정분석법, 고저점법, 산포도법을 설명하고, 회귀분석법은 다음 절에서 설명하기로 한다.

(1) 공학적 방법

공학적 방법은 공학기술법 또는 산업공학적 방법이라고도 한다. 공학적 방법은 과거의 원가발생자료가 아니라 생산공정, 생산방법, 원재료, 노동력 등에 대한 공학기술적 평가에 근거하여 투입과 산출의 관측치에 대한 정밀한 작업측정을 행하고, 이를 기초로 원가를 추정하는 방법이다.

이는 시간연구, 동작연구, 작업측정 등의 산업공학적 조사를 통하여 물리적 투입·산출의 상관성을 측정하고 이를 바탕으로 원가추정을 행하는 방법으로 공학적 방법은 직접재료원가, 직접노무원가 등의 원가추정에 주로 이용된다.

(2) 계정분석법

계정분석법(accounts analysis method)은 계정분류법 또는 판단법이라고도 한다.

이 방법은 각 계정에 기록된 원가를 분석하여 모든 계정의 원가를 변동원가와 고정원가 및 혼합원가로 주관적 판단에 의하여 분류하고 혼합원가를 다시 고정원가요소와 변동원가요소로 분류하여 원가추정을 하는 것이다. 따라서 이 방법은 직관 및 과거의 경험 등과 같은 회계담당자의 전문적 판단에 크게 의존한다.

계정분석법은 손쉬운 이용가능성으로 상당히 실무적인 방법이지만, 개략적인 원가추정의 경우나 다른 방법의 보조적 수단으로 이용되는 것이 보다 바람직하다.

계정분석법은 다음과 같은 장점으로 실무에서 많이 이용된다.

❶ 원가추정을 신속하게 행하며 비용이 적게 든다.

❷ 관리자들도 원가구조나 원가분석에 참여하도록 하여 원가의 발생행태에 대한 이해의 폭을 증진시킬 수 있다.

❸ 통계적으로 상관성을 명확히 하기 어려운 것도 쉽게 상관성을 판단할 수 있다.

반면에 이 방법은 회계담당자들의 주관적·전문적 판단에 의존하기 때문에 다음과 같은 문제점들을 내포하고 있다.

❶ 주관적 판단에 전적으로 의존하므로 이해관계자에 따라 원가추정의 내용이 상이해질 수 있다.

❷ 대부분 비능률이 포함된 역사적 원가자료를 이용하므로 미래원가에 대한 예측이 왜곡될 수 있다.

❸ 혼합원가의 고정원가와 변동원가구분에 따라 원가함수가 크게 변화한다.

❹ 원가방정식은 단지 특정한 조업도수준의 관측치에 의하여 결정된다.

❺ 이 방법은 대개 1 회계기간의 원가자료만을 이용한다.

❻ 분석대상원가자료가 많은 경우 판단이 어렵게 된다.

>> 예제 2

(주)홍지는 제품생산량에 대한 제조간접원가의 원가함수를 추정하려고 한다. 지난 8월 중의 제품생산량 500kg에 대한 제조간접원가를 계정별로 분석하여 다음의 자료를 얻었다.

항목	총액	추정변동원가	추정고정원가
감가상각비	₩ 600,000	–	₩ 600,000
수도광열비	150,000	₩ 100,000	50,000
보험료	70,000	–	70,000
간접재료원가	300,000	200,000	100,000
간접노무원가	240,000	90,000	150,000

기타잡비	640,000	128,000	512,000
합계	₩ 2,000,000	₩ 518,000	₩ 1,482,000

| 물음 |

계정분석법을 이용하여 제조간접원가의 원가함수를 추정하시오.

| 풀이 |

제조간접원가함수를 $Y = a + bX$ (Y : 총제조간접원가, a : 고정원가, b : 제품단위(kg)당 변동원가, X : 생산량)라고 하자. 이때 고정원가(a)는 ₩ 1,482,000이며, 제품단위당 변동원가(b)는 ₩ 1,036 (₩ 518,000 ÷ 500kg)이다. 따라서 원가추정식은 다음과 같다.

$$Y = ₩ 1,482,000 + ₩ 1,036 X$$

(3) 고저점법

고저점법(high-low points method)은 원가자료 중 가장 높은 조업도와 가장 낮은 조업도의 원가자료만을 이용하여 원가방정식을 추정한다. 따라서 이 방법은 모든 원가자료를 대상으로 하는 것이 아니라 두 개의 대표점(가장 높은 점과 가장 낮은 점)의 원가에 대한 관찰로 원가추정을 하는 두 점 사용접근법(two points approach)이다. 기억할 것은 대개 최고 원가치와 최저 원가치가 아니라 최고 조업도와 최저 조업도의 원가자료를 이용한다는 점이다.

고저점법이용 시 최고점과 최저점에서의 고정원가는 일정하다. 따라서 두 조업도 간의 원가차이는 조업도차이에 따른 변동원가로 인한 차이로 보게 되며, 두 관찰자료를 연결한 원가함수의 기울기는 조업도단위당 변동원가를 나타낸다. 이에 따라 단위당 변동원가(b)는 다음 식으로 추정된다.

$$단위당 \ 변동원가(b) = \frac{최고와 \ 최저 \ 조업도의 \ 원가차이}{최고와 \ 최저 \ 조업도의 \ 차이} = \frac{Y_H - Y_L}{X_H - X_L}$$

Y_H : 최고 조업도의 원가

X_H : 최고 조업도

Y_L : 최저 조업도의 원가

X_L : 최저 조업도

고저점법은 최고와 최저 조업도의 원가자료를 이용해서 원가방정식을 추정하는 방법으로 순수고저점법이라고 한다. 그러나 최고 조업도와 최저 조업도의 원가가 비정상적으로 나타나는 경우에는 다음과 같이 다소 변형된 형태로 적용하는 것이 보다 합리적이다.

✧ 그림 **3-12** 고저점법에 의한 원가추정

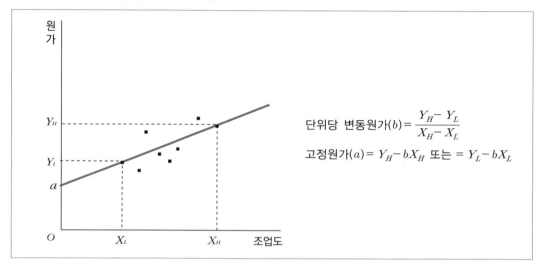

$$단위당 변동원가(b) = \frac{Y_H - Y_L}{X_H - X_L}$$

$$고정원가(a) = Y_H - bX_H \ 또는 \ = Y_L - bX_L$$

❶ 최고 조업도와 최저 조업도를 이용하지 않고 두 번째로 높은 조업도와 두 번째로 낮은 조업도의 원가자료를 이용하여 원가방정식을 구한다. 이를 대표고저점법이라고 한다. 이 방법은 산포도상에서 최고나 최저 조업도의 원가가 이상점으로 나타나는 경우 순수고저점법보다 합리적이다.

❷ 단일의 최고와 최저 조업도가 아니라, 복수의 최고 조업도군과 최저 조업도군의 평균을 이용하여 원가방정식을 구하는 평균고저점법을 이용할 수 있다. 예를 들어, 가장 높은 조업도 중에서 다섯 개와 가장 낮은 조업도 중에서 다섯 개를 선택하여 그들의 평균을 이용하여 원가추정을 하는 것이다.

고저점법은 주관적인 판단을 필요로 하지 않기 때문에 객관적이지만 단지 대표점 두 개의 자료만을 이용한다. 비록 몇 개의 높은 점들과 몇 개의 낮은 점들의 평균을 이용한다 해도 일부의 원가자료만 이용되고 중간에 위치한 점들은 무시되게 된다. 또한 조업도가 '0'인 점이 관련범위 밖에 위치하는 경우나 본래의 원가함수가 비선형인 경우에는 고정원가가 음수(- 값)로 계산된다. 이때의 고정원가 추정치는 아무런 의미를 갖지 못한다.

>> **예제 3**

다음은 어느 제조기업의 지난 6주간의 생산량과 제조간접원가에 대한 자료이다.

주	생산량	총제조간접원가
1	700개	₩ 340,000
2	500	275,000
3	980	410,000
4	1,230	490,000
5	1,350	487,500
6	950	385,000

| 물음 |

1. 고저점법을 이용하여 원가함수를 추정하시오.
2. 다음 7주 중의 예정생산량이 1,000개일 때 제조간접비예산액은 얼마인가?

| 풀이 |

1. 단위당 변동원가 : $\dfrac{₩487,500 - ₩275,000}{1,350개 - 500개} = ₩250$

   고정원가 : $₩487,500 - (1,350개 \times ₩250) = ₩150,000$

   따라서 $Y = ₩150,000 + ₩250X$ 이다. (Y : 제조간접원가, X : 생산량)

2. $Y = ₩150,000 + (₩250 \times 1,000개) = ₩400,000$

(4) 산포도법

산포도법은 도표법 또는 목측법이라고도 한다. 이 방법은 과거의 원가자료를 이용하여 원가와 조업도의 관계를 그래프에 표시하여 산포도를 그리고 전문가적 판단에 따라 최적 추세선을 그려내어 원가방정식을 추정하는 것이다.

이 방법은 과거의 모든 원가자료를 이용하여 평균적인 최적선을 찾아내는 것이다. 그러나 최적선을 그려내는 것이 그리 쉬운 일은 아니며, 분석자의 판단에 따라 다양한 원가함수가 나올 수 있다.

이 방법은 다음과 같은 유용성을 갖는다.

❶ 정교한 방법을 이용하기 전 예비적 방법으로 이용된다.
❷ 원가와 조업도의 관계를 개략적으로 평가할 수 있다.
❸ 이상점을 확인할 수 있다.
❹ 원가함수의 선형성 여부를 확인할 수 있다.

>> **예제 4**

(주)홍지는 다양한 원가항목으로 구성된 제조간접원가의 원가행태를 추정하여 예산편성에 이용하려고 한다. 지난 12개월 동안의 자료를 분석한 결과 조업도가 최고와 최저이었던 달의 생산량과 총제조간접원가는 다음과 같았다.

	생산량	총제조간접원가
최고	2,500개	₩ 50,000
최저	1,500	35,000

한편 생산량 1,500개에서의 총제조간접원가 ₩ 35,000은 다음의 네 가지 원가항목으로 구성되어 있다.

간접재료비(변동원가)	₩ 13,500
수도광열비(변동원가)	3,000
감가상각비(고정원가)	7,000
수선유지비(혼합원가)	11,500
합계	₩ 35,000

| 물음 |

1. 고저점법이용 시 제조간접원가의 원가방정식을 추정하시오.
2. 수선유지비 ₩ 11,500을 고정원가와 변동원가로 구분하시오.
3. [물음 1]의 원가방정식은 제시된 네 가지 원가항목이 어떻게 구성되어 있는가를 설명하시오.
4. 만일 다음 달의 예정생산량이 2,300개라면 원가항목별 제조간접원가예산액은 얼마인가?

| 풀이 |

1. 단위당 변동원가 : $\dfrac{₩50,000-₩35,000}{2,500-1,500}=₩15$

   월간 고정제조간접원가 $=₩50,000-(2,500\times₩15)=₩12,500$

   $Y=₩12,500+₩15X$ (Y : 총제조간접원가, X : 생산량)

2. 수선유지비 중 고정원가 : ₩ 12,500 − ₩ 7,000 = ₩ 5,500

   수선유지비 중 변동원가 : ₩ 11,500 − ₩ 5,500 = ₩ 6,000

3.

항목	원가형태	단위당 변동원가	고정원가
간접재료비	변동원가	₩ 9	−
수도광열비	변동원가	2	−
감가상각비	고정원가	−	₩ 7,000
수선유지비	변동원가	4	5,500
합계		₩ 15	₩ 12,500

4.

항목	변동원가	고정원가	합계
간접재료비	₩ 20,700	–	₩ 20,700
수도광열비	4,600	–	4,600
감가상각비	–	₩ 7,000	7,000
수선유지비	9,200	5,500	14,700
합계	₩ 34,500	₩ 12,500	₩ 47,000

한편 산포도를 그린 후 최적선에 가장 일치하는 두 점을 이용하여 원가방정식을 도출하는 방법을 비례율법이라고 한다. 따라서 비례율법은 산포도상 최적선을 어떻게 그려내는가에 따라 원가방정식이 상이해진다.

3. 회귀분석을 이용한 원가추정

1) 회귀분석의 본질

회귀분석(regression analysis)이란 독립변수와 종속변수 간의 함수관계를 추정하는 통계적 방법을 말한다. 독립변수란 서로 관계를 가지고 있는 변수들 중에서 다른 변수에 영향을 미치는 변수로 설명변수라고도 한다. 반면에 종속변수는 독립변수에 의하여 영향을 받는 변수로 피설명변수라고도 한다. 회귀분석을 이용한 원가추정은 원가를 종속변수로 놓고 조업도를 독립변수로 하여 원가와 조업도의 상관성을 분석하여 회귀식을 도출하여 원가방정식을 추정하는 것이다.

회귀분석은 독립변수의 수에 따라 단순회귀분석과 다중회귀분석으로 나누어진다. 단순회귀분석은 하나의 독립변수만을 전제하나 다중회귀분석은 2개 이상의 독립변수를 전제한다.

회계학에서의 변동원가는 비례적 변동원가를 전제하기 때문에 단순회귀분석을 이용한 선형회귀분석이 원가추정의 일반적 방법이다.

따라서 본 절에서는 단순회귀분석을 이용한 원가추정의 과정만을 설명하기로 한다. 더불어 회귀분석에 대한 상세한 내용은 본 교재에서 다룰 것이 아니기 때문에 간략히 설명하고자 한다. 회귀분석에 대한 보다 구체적인 설명은 「통계학」 교재를 참고하기로 한다.

2) 단순회귀분석의 이용

(1) 단순회귀분석의 의의

단순회귀분석(simple regression)은 하나의 독립변수와 하나의 종속변수 간의 관계를 분석하는 가장 간단한 회귀분석이다. 원가추정 시 과거원가관측치는 종속변수인 Y이고 독립변수인 조업도를 X로 보면, 두 변수 간의 관계는 다음과 같은 선형회귀모형으로 나타낼 수 있다.

$$Y_i = a + bX_i + e_i \quad\cdots\cdots\cdots\cdots\cdots\cdots\cdots\cdots\cdots\cdots\cdots\cdots\cdots\cdots\cdots\cdots \text{(식 1)}$$

위 식에서 a는 절편에 해당하는 상수이며 이는 고정원가의 추정액이다. b는 기울기로 단위당 변동원가의 추정액이다. 한편 e_i는 잔차항(error term)으로 이는 독립변수 X에 의하여 설명되지 않는 Y의 변동을 의미한다. 따라서 우리가 구하고자 하는 표본회귀식은 다음과 같다.

$$\widehat{Y_i} = a + bX \quad\cdots\cdots\cdots\cdots\cdots\cdots\cdots\cdots\cdots\cdots\cdots\cdots\cdots\cdots\cdots\cdots\cdots\cdots\cdots \text{(식 2)}$$

(2) 최소자승법에 의한 회귀식의 계산

가장 좋은 표본회귀식은 전체적으로 잔차를 가장 작게 해줄 수 있는 식이다. 잔차를 작게 해주는 회귀식을 구하는 대표적인 방법이 최소자승법이다. 최소자승법이란 회귀식으로부터 계산된 종속변수의 예측치($\widehat{Y_i}$)와 실제관찰치(Y_i)의 차이인 잔차들의 제곱의 합이 최소가 되도록 회귀식을 구하는 방법으로 다음 조건을 충족시키는 것이다.

$$Min\sum_{i=1}^{n} e_i^2 = Min\sum_{i=1}^{n}(Y_i - \widehat{Y_i})^2 = Min\sum_{i=1}^{n}(Y_i - a - bX_i)^2 \quad\cdots\cdots\cdots\cdots\cdots\cdots \text{(식 3)}$$

Y_i : 종속변수의 실제치

$\widehat{Y_i}$: 종속변수의 추정치

X_i : 독립변수

잔차제곱의 합인 $\sum e_i^2$은 회귀식에 의한 추정치 $\widehat{Y_i}$가 모든 실제관찰치 Y_i와 완전히 일치하면 0이 되나 그렇지 않으면 일정한 값을 갖게 된다. (식 3)의 $Min\sum_{i=1}^{n}(Y_i-a-bX_i)^2$을

a와 b에 대하여 편미분하여 이들의 도함수값을 0으로 놓으면 다음과 같다.

$$\frac{\partial\sum_i^n e_i^2}{\partial a}=-2\sum_i^n(Y_i-a-bX_i)=0$$

$$\frac{\partial\sum_i^n e_i^2}{\partial b}=-2\sum_i^n(Y_i-a-bX_i)X_i=0$$

위의 두 식을 정리하여 정규방정식을 만들면 다음과 같다.

$$\sum_i^n Y_i=na+b\sum_i^n X_i \quad (n:총관측회수)$$

$$\sum_i^n X_iY_i=a\sum_i^n X_i+b\sum_i^n X_i^2$$

위의 정규방정식에서 a와 b를 풀면 $\sum e_i^2$을 최소화시키는 값을 아래와 같이 구할 수 있다.

$$a=\frac{\sum Y_i}{n}-\frac{b\sum X_i}{n}=\overline{Y}-b\overline{X}$$

$$b=\frac{\sum(X_i-\overline{X})(Y_i-\overline{Y})}{\sum(X_i-\overline{X})^2}=\frac{\sum X_iY_i-n\overline{X}\,\overline{Y}}{\sum X_i^2-n(\overline{X})^2}$$

$$\overline{X}=\frac{\sum X_i}{n}=독립변수의\ 실제관측치의\ 평균값$$

$$\overline{Y}=\frac{\sum Y_i}{n}=종속변수의\ 실제관측치의\ 평균값$$

>> **예제 5**

다음은 (주)홍지의 기계작업시간과 수선유지비에 대한 지난 7개월간의 자료이다.

월	기계작업시간	수선유지비
1	400시간	₩ 23,000
2	220	15,000
3	440	24,000
4	300	18,000
5	360	23,000
6	240	16,000
7	200	11,000
계	2,160시간	₩ 130,000

|물음|

1. 최소자승법을 이용하여 원가방정식을 추정하시오.
2. 추정치의 평균과 잔차의 평균을 계산하시오.
3. 만일 8월 중 예상기계작업시간이 350시간이라면 추정수선유지비는 얼마인가?
4. 고저점법에 의한 원가방정식을 추정하고 [물음 1]에 의한 결과와 비교하시오.

|풀이|

1.

월	기계작업시간(X_i)	수선유지비(Y_i)	$X_i \cdot Y_i$	X_i^2
1	400시간	₩ 23,000	9,200,000	160,000
2	220	15,000	3,300,000	48,400
3	440	24,000	10,560,000	193,600
4	300	18,000	5,400,000	90,000
5	360	23,000	8,280,000	129,600
6	240	16,000	3,840,000	57,600
7	200	11,000	2,200,000	40,000
계	2,160시간	₩ 130,000	42,780,000	719,200

$$\overline{X} = 2,160 / 7 = 308.57시간 \qquad \overline{Y} = ₩\,130,000 / 7 = ₩\,18,571.43$$

$$\therefore\ b = \frac{42,780,000 - (7 \times 308.57 \times 18,571.43)}{719,200 - \{7 \times (308.57)^2\}} = 50.59/시간$$

$$\therefore\ a = 18,571.43 - (50.59 \times 308.57) = 2,961$$

따라서 원가방정식은 $Y = ₩\,2,961 + ₩\,50.59X$이다. 이때 Y는 수선유지비, X는 기계작업시간이다.

2.

월	기계작업시간(X_i)	실제수선유지비(Y_i)	추정수선유지비($\widehat{Y_i}$)	잔차($Y_i - \widehat{Y_i}$)
1	400시간	₩ 23,000	₩ 23,197	−₩ 197
2	220	15,000	14,091	909
3	440	24,000	25,221	−1,221
4	300	18,000	18,138	−138
5	360	23,000	21,173	1,827
6	240	16,000	15,103	897
7	200	11,000	13,079	−2,079
계	2,160시간	₩ 130,000	₩ 130,002	−₩ 2

$$\therefore \text{추정치의 평균} = \frac{₩130,002}{7} = ₩18,571.71$$

$$\therefore \text{잔차의 평균} = \frac{-₩2}{7} = -₩0.286$$

이와 같이 실제치의 평균($\overline{Y}$: 물음 1에서 계산함)과 추정치의 평균은 거의 일치하고, 잔차의 평균도 거의 0에 가깝다. 이 차이는 rounding error로 인한 차이이며, 모든 계산을 소수점 아래까지 정확히 하면 잔차의 평균은 항상 0이 된다.

3. $Y = ₩2,961 + (₩50.59 \times 350시간) = ₩20,668$

4.

	기계작업시간	수선유지비
최고	440시간	₩ 24,000
최저	200	11,000
차이	240시간	₩ 13,000

$$\therefore b = \frac{₩13,000}{240시간} = ₩54.17/시간$$

$$\therefore a = ₩24,000 - (₩54.17 \times 440) = ₩165.2$$

따라서 고저점법에 의한 원가방정식은 $Y = ₩165.2 + ₩54.17X$ 이다.

월	기계작업시간(X_i)	실제수선유지비(Y_i)	추정수선유지비($\widehat{Y_i}$)	잔차($Y_i - \widehat{Y_i}$)
1	400시간	₩ 23,000	₩ 21,833	₩ 1,363
2	220	15,000	12,082	2,918
3	440	24,000	24,000	0
4	300	18,000	16,416	1,584
5	360	23,000	19,666	3,334
6	240	16,000	13,166	2,834
7	200	11,000	10,999	1
계	2,160시간	₩ 130,000	₩ 118,162	₩ 12,034

최소자승법에 의한 [물음 2]에서의 잔차합계는 −₩ 2이었으나 고저점법 이용시 원가추정치와 실제치와의 차이 합계는 ₩ 12,034으로 상당한 차이를 보이고 있다. 이는 최소자승법에 의한 원가방정식이 보다 정확한 추정을 하고 있음을 보여주는 것이다.

(3) 적합도 측정

회귀식에 의하여 원가방정식을 추정한 후에는 그 회귀식이 얼마나 적합한가를 검토하여야 한다. 회귀식에 대한 적합도 측정은 신뢰성 검정이라고도 한다. 회귀식의 적합정도인 신뢰성을 검정하는 일반적 척도로는 결정계수와 추정의 표준오차가 대표적이다.

❶ 결정계수

■ 변동 : 우선 결정계수를 설명하기 전에 결정계수를 계산하기 위한 편차와 변동을 설명하기로 하자. 회귀분석에서 종속변수의 실제치(Y_i)와 실제치의 평균($\overline{Y}$)과의 차이를 총편차라고 한다. 총편차 중 잔차(e_i)에 해당하는 부분, 즉 실제치(Y_i)와 회귀식에 의한 추정치($\widehat{Y_i}$)와의 차이를 설명되지 않는 편차(unexplained deviation)라고 한다. 반면에 회귀식에 의하여 설명되는 부분인 추정치($\widehat{Y_i}$)와 실제치 평균($\overline{Y}$)의 차이는 설명되는 편차(explained deviation)라고 한다. 이를 그림으로 나타내면 [그림 3−13]과 같다.

총편차＝설명되지 않는 편차＋설명되는 편차

$$(Y_i - \overline{Y}) = (Y_i - \widehat{Y_i}) + (\widehat{Y_i} - \overline{Y})$$

◇ 그림 3-13 회귀선과 편차

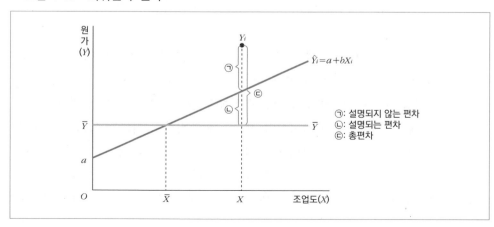

한편 편차의 제곱합은 변동(variation)이라고 한다. 따라서 위의 편차식에서 총편차의 제곱합은 총변동이며 이는 추정회귀식으로 설명되지 않는 변동과 설명되는 변동으로 구성된다. 추정회귀식으로 설명되지 않는 변동을 잔차제곱의 합(SSE : Sum of Squares Error)이라 하고, 설명되는 변동을 회귀제곱의 합(SSR : Sum of Squares Regression)이라고 한다. 총변동은 총제곱의 합(SST : Sum of Squares Total)이라고 한다. 이들 변동의 관계식을 정리하면 다음과 같다.

총변동(SST) = 설명되지 않는 변동(SSE) + 설명되는 변동(SSR)

$$\sum (Y_i - \overline{Y})^2 = \sum (Y_i - \widehat{Y_i})^2 + \sum (\widehat{Y_i} - \overline{Y})^2$$

■ 결정계수의 계산 : 결정계수란 추정치로 과거자료의 평균($\overline{Y}$)을 사용하는 것보다 회귀식($\widehat{Y}$)을 이용하는 것이 얼마나 더 좋은지를 나타내주는 회귀선의 적합도이다. 결정계수는 회귀식에 의하여 설명되는 변동(SSR)이 총변동(SST)에서 차지하는 상대적 크기를 말하며, R^2으로 표시한다. 즉 결정계수는 총변동 중에서 회귀선에 의해 설명되는 부분의 비율로 계산한다.

$$결정계수 = \frac{설명되는\ 변동}{총변동} = \frac{총변동 - 설명되지\ 않는\ 변동}{총변동}$$

$$R^2 = \frac{SSR}{SST} = 1 - \frac{SSE}{SST}$$

■ 결정계수의 평가 : 결정계수는 다음과 같은 특성을 갖는다.
  ㉠ 결정계수는 0에서 1 사이의 값을 지닌다.
  ㉡ 결정계수가 높을수록 종속변수에 대한 독립변수의 설명력과 회귀선의 적합도는 높다.
  ㉢ 만일 결정계수가 0.8이라면 독립변수가 종속변수의 80% 설명하고, 그 나머지 20%는 독립변수가 종속변수를 설명할 수 없다.
  ㉣ 결정계수는 값이 클수록 적합도가 높고 절대적 기준 없이 상대적 평가에 따른다.
■ 상관계수 : 상관계수는 회귀식의 적합도를 측정하는 척도는 아니며 두 변수 사이의 관계의 방향과 강도를 나타내는 척도로 상관분석 시 이용된다. 상관계수는 결정계수의 제곱근(root square)으로 계산하며, R로 표시한다. 상관계수는 -1에서 $+1$ 사이의 값을 취하며 -1에 가까우면 음의 상관관계가 높음을, $+1$에 가까우면 양의

상관관계가 높음을 나타낸다. 또한 상관계수가 0이면 상관관계가 없음을 뜻한다.
❷ 추정의 표준오차 : 결정계수는 회귀식에 의하여 종속변수의 추정에 대한 신뢰성을 어느
정도는 설명할 수 있지만 회귀선과의 가능한 편차에 대한 절대적 크기는 측정하지 못
한다. 이는 추정의 표준오차에 의하여 측정할 수 있다. 추정의 표준오차는 표본들의
실제관찰치가 회귀식으로부터 얼마나 흩어져 있는가를 나타내는 척도이며, 회귀의 표
준오차라고도 한다.
추정의 표준오차는 S_e로 표시하며 그 계산식은 다음과 같다.

$$S_e = \sqrt{\frac{SSE}{n-2}} = \sqrt{\frac{\sum(Y_i - \widehat{Y_i})^2}{n-2}}$$

추정의 표준오차는 회귀식에 의하여 설명되지 않는 변동, 즉 잔차제곱의 합($\sum e_i^2$)을
자유도(degree of freedom) $n-2$로 나누어 제곱근으로 계산한다. n은 관찰회수이다.
n에서 2를 차감하는 것은 단순회귀식에서 a(고정원가)라는 상수와 b(단위당 변동원가)라
는 회귀계수의 값을 계산하였기 때문이다.

>> 예제 6

(주)홍지는 기계작업시간과 수선유지비 사이에 어떤 상관관계가 있을 것으로 믿고 수선유지비의 원
가행태를 추정함에 단순회귀분석법($Y = a + bX$)을 이용하기로 하였다. 지난 24개월 동안의 관측치
에 대하여 다음과 같은 자료를 얻었다.
(1) 회귀식 : $Y = ₩40,000 + ₩3X$(Y : 월간 수선유지비, X : 월간 기계작업시간)
(2) 추정의 표준오차 : ₩2,840
(3) 상관계수 : 0.953
(4) 회귀계수의 표준오차 : 0.42

| 물음 |
1. 회귀식 $Y = ₩40,000 + ₩3X$에서 ₩40,000과 ₩3의 의미는 무엇인가?
2. 다음 달의 추정기계작업시간이 10,000시간일 때, 수선유지비의 예상액은 얼마인가?
3. 수선유지비의 변동 중 몇 %가 기계작업시간에 의하여 설명될 수 있는가?

| 풀이 |
1. 상수 ₩40,000은 회귀식의 절편이며, 월간 수선유지비 중 고정원가의 추정치이다. 한편 ₩3은
회귀식의 기울기를 나타내는 회귀계수이며, 기계작업시간당 변동수선유지비를 의미한다.

2. $Y = ₩40,000 + (₩3 \times 10,000) = ₩70,000$

3. 결정계수 $= 0.953^2 = 0.908$

   즉 90.8%를 기계작업시간이 설명할 수 있다.

(4) 엑셀을 이용한 회귀식의 계산

지금까지 논의한 회귀분석을 이용한 원가추정은 회귀분석의 기본개념에 근거한 것이다. 이를 회귀분석 소프트웨어 즉, 엑셀을 이용하면 다음 [예제 3 – 7]과 같다. 이때 나타나는 측정치 t값은 독립변수의 신뢰도로서 독립변수가 종속변수에 대하여 타당성과 안정성을 설명하는 정도를 나타내는 것으로 일반적으로 2 이상의 값이어야만 한다. p값은 어떤 특정 독립변수가 종속변수에 미칠 수 있는 위험에 관한 측정치로 p값이 0.05와 0.1 사이이거나 그보다 작으면 위험이 적은 것으로 판단하나 실무에서는 특별한 지침이 없다.

>> **예제 7**

다음은 (주)홍지의 수선비(Y)와 직접작업시간(X)에 대한 지난 10주간의 자료이다. 단순회귀분석을 이용하여 $Y = a + bX$의 원가방정식을 추정하고자 한다.

주	수선비	직접작업시간	주	수선비	직접작업시간
1	₩800	160시간	6	₩860	163시간
2	820	162	7	800	165
3	840	165	8	780	162
4	890	170	9	820	185
5	830	160	10	840	168

|물음|

1. 회귀식 $Y = a + bX$를 구하시오.
2. 결정계수(R^2)와 상관계수(R)를 계산하시오.
3. 추정의 표준오차(S_e)를 계산하시오.

| 풀이 |

1.

	클립보드		글꼴			맞춤	

	D19	▾	fx			

	A	B	C	D	E	F
1	예제3-7	주	수선비	작업시간		
2		1	800	160		
3		2	820	162		
4		3	840	165		
5		4	890	170		
6		5	830	160		
7		6	860	163		
8		7	800	165		
9		8	780	162		
10		9	820	185		
11		10	840	168		
12			8280	1660		
13			828	166		
14						
15						
16						

요약 출력

회귀분석 통계량	
다중 상관계수	0.197043
결정계수	0.038826
조정된 결정계수	-0.08132
표준 오차	33.17445
관측수	10

분산 분석

	자유도	제곱합	제곱 평균	F 비	유의한 F
회귀	1	355.6452	355.6452	0.323154	0.585318
잔차	8	8804.355	1100.544		
계	9	9160			

	계수	표준 오차	t통계량	P-값	하위 95%	상위 95%	하위 95.0%	상위 95.0%
Y 절편	687.4355	247.4922	2.777605	0.024013	116.7174	1258.154	116.7174	1258.154
X 1	0.846774	1.489577	0.568466	0.585318	-2.5882	4.281745	-2.5882	4.281745

2. 위의 출력표에 의하면

   $a = 687.44$

   $b = 0.85$

   그러므로 회귀식은 $Y = ₩687.44 + ₩0.85X$이다.

3. 결정계수 $= 0.0388$

   상관계수 $= 0.197$

4. 표준오차 $= 33.17$

4. 학습곡선에 의한 원가추정

1) 학습곡선의 의의

원가와 이에 영향을 미치는 독립변수 간의 관계가 항상 선형인 것만은 아니다. 비선형원가함수의 대표적인 예가 학습현상에 따른 원가행태이다. 학습현상 또는 학습효과란 동일한 업무를 반복적으로 수행함에 따라 숙련도가 증가되어 단위당 작업시간 및 원가가 감소하는 현상을 말한다. 학습효과를 그림으로 나타낸 것을 학습곡선이라 한다.

학습곡선(learing curve)이란 누적생산량이 증가함에 따라 단위당 평균원가가 체계적으로 하락하는 곡선이다. 즉 학습곡선은 반복적 작업에 따른 경험 또는 학습의 영향으로 능률이 증가하여 단위당 제조원가가 감소하는 학습효과를 그래프로 표현한 것이다. 학습곡선은 경험곡선, 향상곡선, 진척곡선 또는 동태적 원가함수라고도 불린다.[1]

학습곡선의 가장 대표적인 예가 직접노무원가이다. 작업자가 동일한 작업을 계속하여 반복하는 경우에는 작업능률이 향상된다. 작업능률의 향상은 생산량이 점차 증가하여 감에 따라 생산량 1단위에 투입되는 작업시간을 점점 감소시키게 된다. 임률이 일정하게 유지된다면 결국 생산량의 증가에 따른 작업시간의 감소는 직접노무원가의 감소를 초래하고 이에 따라 제품단위당 직접노무원가도 점점 감소된다.

학습현상에 따른 단위당 원가의 감소는 작업시간의 감소에 연유하며 이에 따라 직접노무원가에 대한 원가추정 시 학습곡선이 이용된다. 장기적이고 반복적인 일에 의한 학습효과는 주로 다음과 같은 이유로 발생한다.

❶ 노동의 효율성 증대 : 반복에 의한 학습, 효과적인 수선유지 및 감독활동
❷ 새로운 공정과 생산방법의 개선 : 생산기술의 개선, 산업공학적 연구
❸ 제품의 재설계 : 불필요한 제품특성의 제거
❹ 제품의 표준화 : 작업교체 및 작업준비시간의 감소, 반복작업의 증가
❺ 규모의 효과 : 규모의 경제실현

---

1) 때로는 학습곡선은 제조원가에 대한 개념으로 보고, 경험곡선은 제조원가뿐만 아니라 마케팅·유통·일반관리 등의 원가까지 포함하는 보다 광범위한 개념으로 본다. 즉 경험곡선은 산출량이 증가함에 따라 단위당 전부원가(제조원가·유통비·마케팅비 등 포함)가 어떻게 감소하는가를 보여주는 함수이다.

학습현상은 직접노무원가의 비중이 큰 제품의 경우에 많이 발생하며 항공기 제조업·조선업·군수산업 등 숙련노동이 요구되는 산업에서 크게 나타난다. 그러나 학습효과를 감소시키는 현상들도 많다. 그 예를 들면 다음과 같다.

❶ 공장자동화로 인한 직접노동시간의 감소
❷ 생산공정의 단순화
❸ 이직률의 증가
❹ 파업 및 태업의 증가

한편 학습현상에 의한 원가절감을 측정하는 경우에는 화폐가치변동에 의한 영향을 제거하여야 한다. 왜냐하면 학습효과에 의한 노무원가절감액이 물가의 상승, 즉 임률의 상승에 의하여 제거될 수 있기 때문이다. 따라서 학습현상은 물가의 변동을 제거할 수 있도록 물량단위(예 : 작업시간)를 기준으로 하거나 불변가격으로 표시한 원가를 기준으로 측정하는 것이 합리적이다. 학습곡선을 이용한 원가의 추정은 회계정보의 신뢰성과 유용성을 증대시키지만 널리 활용하지 못하는 이유는 학습곡선추정상의 번거로움 때문이다. 그러나 컴퓨터 등을 이용한 작업측정 및 계산의 간편화로 번거로움을 해결할 수 있다.

2) 학습곡선의 원가행태

학습현상에 의하여 단위당 원가가 감소하는 과정은 학습률에 의하여 측정할 수 있다. 학습률은 학습현상이 원가에 미치는 영향이며, 누적생산량이 두 배로 증가할 때마다 단위당 평균원가가 $(100 - y)$%만큼 감소할 때 y%를 학습률로 본다. 학습률은 학습곡선효과 또는 학습곡선비율이라고도 한다.

$$학습률 = \frac{처음\ 2x단위에\ 대한\ 단위당\ 평균원가}{처음\ x단위에\ 대한\ 단위당\ 평균원가}$$

예를 들어, 첫 5단위에 대한 단위당 평균노무원가가 ₩5,000이며, 누적생산량이 10단위일 때 단위당 평균노무원가가 ₩4,500이라면 학습률은 90%가 된다.

✦ 표 3-3　학습현상에 따른 원가행태

(a) 누적생산량	(b) 증분생산량	(c) 증분원가	(d) 총원가	(e) 단위당 평균원가	(f) 감소비율
1	1	₩ 1,000	₩ 1,000	₩ 1,000	–
2	1	800	1,800	900	10%
4	2	1,440	3,240	810	10%
8	4	2,592	5,832	729	10%

(d)＝(e)×(a)，　　　(f)＝(₩ 1,000 － ₩ 900)/₩ 1,000

　　[표 3－3]은 90%의 학습곡선비율에 따른 원가자료를 나타내고 있다. [표 3－3]에서 보면 첫 번째 생산된 제품의 총원가, 증분원가, 평균원가는 모두 ₩ 1,000이며 두 번째로 생산된 제품의 증분원가는 ₩ 800, 그리고 세 번째와 네 번째 생산된 두 개의 제품에 대한 증분원가는 ₩ 1,440이다. 이에 따라 누적생산량이 2배로 증가할 때마다 단위당 평균원가는 ₩ 1,000, ₩ 900, ₩ 810, ₩ 729으로 10%씩 감소하게 된다.

　　학습현상이 나타나면 누적생산량이 증가함에 따라 단위당 평균원가는 비례적 변동원가(순수변동원가)가 아니라 체감적 변동원가의 행태를 띤다. 이에 따라 총원가도 체감적으로 증가하게 된다. 학습현상에 따른 원가행태는 [그림 3－14]와 같다.

✧ 그림 3-14　학습현상에 따른 원가행태

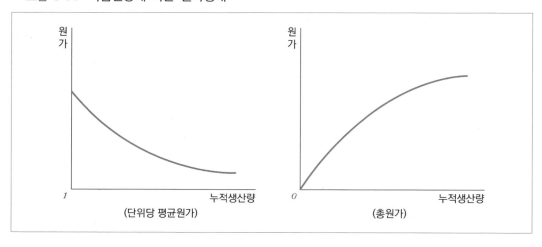

3) 학습곡선모형

일반적으로 학습곡선모형 또는 학습곡선식이라면 단위당 평균원가를 계산하는 방정식을 말한다. 학습곡선모형은 다양한 형태를 이용할 수 있으나, 가장 일반적인 것은 로그선형모형이다. 로그선형모형에 의한 학습곡선모형은 학습률이 일정하게 유지된다는 가정하에서 단위당 평균원가를 계산하는 식이다. 이는 다음과 같은 공식으로 표시된다.

$$y = ax^{-b}$$
$$b = -\frac{\log \text{학습률}}{\log 2}$$

y : 단위당 평균원가 x : 누적생산량
a : 첫단위의 원가 b : 학습률지수($0 < b < 1$)

위 식에서 보면 학습률은 2^{-b}로 계산된다. 또한 누적생산량에 대한 총원가(Y)는 단위당 평균원가(y)에 누적생산량(x)을 곱하여 계산하므로 $a \cdot x^{1-b}$로 계산된다. 더불어 학습현상에 따라 단위당의 증분원가도 체감한다. 즉 총원가(Y)를 누적생산량(x)에 대하여 미분하면 한계원가(MC: Marginal Cost)를 계산할 수 있으며 그 값은 $a(1-b)x^{-b}$이다.

$$Y = x \cdot y = x(ax^{-b}) = a \cdot x^{1-b}$$
$$MC = \frac{d}{dx}(Y) = a \cdot (1-b) \cdot x^{-b}$$

Y : 총원가 MC : 한계원가
y : 단위당 평균원가 x : 누적생산량
a : 첫단위의 원가 b : 학습률지수

이상의 식에서 보면 단위당 평균원가, 누적생산량의 총원가, 한계원가는 모두 학습률에 의하여 결정되는 b값에 의하여 달라진다. b값은 학습곡선의 기울기를 나타내는 지수이다.

b값은 학습률의 log를 log2로 나눈 값에 -1을 곱한 것이다. 분모에 2를 이용한 것은 누적생산량이 2배가 되는 경우의 누적단위당 평균원가의 변화를 설명하고자 하기 때문이다. 다양한 학습률과 그에 대응하는 b값은 다음과 같다.

학습률	b값	학습률	b값
99%	0.0144	89%	0.1681
95%	0.0740	85%	0.2345
92%	0.1203	82%	0.2863
90%	0.1520	80%	0.3219

>> **예제 8**

(주)홍지는 제품생산 시 학습효과가 있다고 믿고 있다. 시간당 임률은 ₩100으로 일정하다. 총 4단위 생산에 따른 자료는 다음과 같다.

누적단위	증분작업시간	누적작업시간	단위당 평균작업시간
1	180시간	180시간	180시간
2	108	288	?
3	?	?	?
4	?	?	?

| 물음 |

1. 학습률은 얼마인가?
2. 총 3단위 생산시 (1) 단위당 평균노무비 y와 (2) 총노무비 Y는 각각 얼마인가?
3. 총 4단위 생산시 (1) 단위당 평균노무비 y와 (2) 총노무비 Y는 각각 얼마인가?

| 풀이 |

1. 학습률 $= \dfrac{(288시간 \div 2)}{180시간} = 80\%$

2. (1) $y = ax^{-b}$식에서 학습률이 80%일 때 b값은 0.3219이다.

   $y = 180(3)^{-0.3219}$

   따라서 단위당 평균작업시간은 126.38시간이며, 단위당 평균노무비는 ₩12,638이다.

   (2) $Y = x \cdot y = 3 \cdot ax^{-b} = 3 \times 126.38시간 = 379.14시간$

   따라서 총작업시간은 379.14시간이며, 이에 따라 총노무비는 ₩37,914이다.

3. 2의 풀이방법으로 계산하여도 무방하나, 다음과 같은 2배수법이 보다 손쉬운 방법이다.

① 누적단위	② 단위당 평균작업시간	③ 총작업시간(①×②)
1	180시간	180시간
2	144(180×0.8)	288
4	115.2(144×0.8)	460.8

> (1) 단위당 평균작업시간은 115.2시간이며, 단위당 평균노무비는 ₩ 11,520이다.
> (2) 총작업시간은 460.8시간이며, 총노무비는 ₩ 46,080이다.

4) 학습의 정체현상

학습현상은 주로 노동집약적인 산업에서 나타난다. 또한 학습현상은 무한정 지속되는 것이 아니라 생산량이 증가함에 따라 점차 감소하게 된다. 동일한 작업을 계속적으로 반복한다 하여도 단위당 평균원가의 감소가 무한히 계속되는 것은 아니다. 즉 일정한 시점에서는 학습효과가 더 이상 나타나지 않는 학습의 정체현상 또는 고원현상이 나타난다.

✧ **그림 3-15 학습정체현상을 고려한 학습곡선(로그선)**

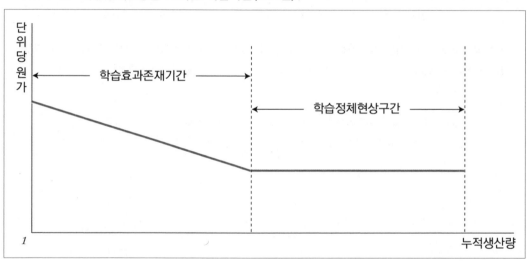

학습정체현상은 수작업보다 기계작업을 중심으로 하는 경우에 더 빨리 더 크게 나타난다. 또한 학습정체현상은 제품의 도입·성장기보다는 안정기에 주로 나타난다. 따라서 학습곡선모형을 이용하여 원가추정을 하는 경우에도 학습현상이 나타나지 않는 조업수준에 대한 판단을 필요로 한다. 학습정체현상을 고려한 단위당 평균원가선은 [그림 3－15]와 같다.

>> **예제 9**

(주)홍지는 제품 A의 생산을 위한 부분품 X를 자가생산할 것인가 또는 외부 구입할 것인가를 결정하고자 한다. 내년 1년 동안 필요한 부분품 X는 8개이며, 외부 구입가격은 단위당 ₩800,000이다. 한편 부분품 X를 자가제조하는 경우 첫 단위의 단위당 제조원가는 다음과 같다.

직접재료원가	₩ 130,000
직접노무원가(₩40×7,500시간)	300,000
감독자급여[3]	60,000
변동제조간접원가	900,000[1]
고정제조간접원가	252,000[2]
합계	₩1,642,000

1) 변동제조간접원가는 직접노무원가와 감독자급여의 250%를 배부한다.
2) 고정제조간접원가는 총 ₩2,016,000을 8단위로 배부한 것이다.
3) 감독자급여는 감독자의 연봉(₩60,000)이며, 감독자는 1년간 제품 10개의 생산을 감독할 수 있다.

한편 부분품 X 생산 시는 학습현상이 나타나며, 학습률은 80%로 추정된다. 부분품 X를 외부 구입하는 경우에는 고정제조간접원가 금액 중 30%는 회피불가능한 원가로 판단된다.

|물음|
1. 자가제조 시의 단위당 평균작업시간과 총작업시간을 계산하시오.
2. 부분품 X의 ① 자가제조 또는 ② 외부 구입의 의사결정을 하시오.

|풀이|
1.

누적단위	평균작업시간	총작업시간
1	7,500시간	7,500시간
2	6,000	12,000
4	4,800	19,200
8	3,840	30,720

따라서 8단위 생산에 따른 단위당 평균작업시간은 3,840시간이며 총작업시간은 30,720시간이다.

2. ① 자가제조 시 원가 :

직접재료원가(8개×₩130,000)	₩1,040,000
직접노무원가(₩40×30,720시간)	1,228,800
감독자급여	60,000
변동제조간접원가(₩1,288,800×2.5)	3,222,000

고정제조간접원가	2,016,000
합계	₩ 7,566,800

② 외부 구입 시의 원가 :

외부 구입대금(8개×₩ 800,000)	₩ 6,400,000
고정제조간접원가(₩ 2,016,000×0.3)	604,800
합계	₩ 7,004,800

따라서 외부 구입이 자가제조보다 ₩ 562,000(₩ 7,566,800 − ₩ 7,004,800)만큼 유리하다.

연습문제

1 원가는 그 변화하는 모습에 따라 기본적으로 순수변동원가, 순수고정원가, 혼합원가, 준고정원가로 구분할 수 있다. 다음의 설명에 따라 발생하는 원가는 어떠한 모습을 보이는지 가장 적합한 원가행태를 선택하시오.

① 작업시간비례법에 따른 설비의 감가상각비
② 정액법에 따른 기계의 감가상각비
③ 기본임차료 외에 매출액의 0.5%를 추가로 지급하기로 한 임차료
④ 품질검사원이 검사가능한 제품의 양은 일반적으로 제한된다. 생산량의 증가에 따른 품질검사원의 급료
⑤ 회계담당고문의 자문을 받기로 하고, 월 1백만 원과 자문시간당 2만 원을 지급하기로 한 경우 자문료
⑥ 운수회사의 연료비
⑦ 공장건물 및 기계설비의 재산세
⑧ 매출액의 일정비율로 지급하기로 한 판매수수료

2 다른 참기름에 비하여 월등히 품질이 우수한 참기름을 생산·판매하고 있는 도준씨는 지난 9월과 10월의 자료를 이용하여 원가추정을 하고자 한다.

	9월	10월
생산·판매량	420 L	540 L
참깨원가	₩ 2,520,000	₩ 3,240,000
급료	1,890,000	2,430,000
임차료	290,000	350,000
수도광열비	450,000	570,000
복리후생비	204,000	228,000
감가상각비	300,000	300,000
잡비	406,000	502,000
합계	₩ 6,060,000	₩ 7,620,000

|물음| 1. 각 원가항목의 원가행태를 변동원가, 고정원가 또는 혼합원가로 구분하고, 그 금액을 계산하시오.
2. 월간 생산·판매량이 600ℓ인 경우 총원가추정액은 얼마인가?
3. 9월과 10월의 참기름 ℓ당 평균원가를 계산하고, 그 결과를 비교·평가하시오.

3 도준의료법인의 이사장인 도준씨는 병원의 예산을 편성하고자 한다. 현재 병상수는 800bed이다. 과거 평균병상점유율은 90%이었다. 또한 점유병상당 1일 운영비는 ₩ 140이었으며, 월간 병상점유율이 95%일 때 총운영비는 ₩ 3,120,000이었다. 한 달은 30일로 계산한다.

| 물음 | 1. 병상당 1일의 변동운영비는 얼마인가?

2. 1일 고정운영비는 얼마인가?

3. 11월 중 병상점유율은 92%로 예상된다. 11월 중 총운영비예산액은 얼마인가?

4 (주)홍지는 다양한 기계로 다품종 소량생산을 하고 있으며 총 15대의 기계를 보유하고 있다. 기계의 수선유지비는 연간 기계가동시간과 밀접한 상관성을 가질 것으로 판단되며 아래와 같은 지난 1년 동안의 기계별 가동시간과 수선유지비 자료를 이용하여 원가방정식을 추정하려고 한다.

기계	기계가동시간	수선유지비(천 원)	기계	기계가동시간	수선유지비(천 원)
A	2,000시간	₩ 6,500	I	2,400시간	₩ 8,400
B	2,500	7,200	J	2,700	7,000
C	1,500	5,200	K	2,100	6,000
D	1,800	5,000	L	2,500	7,700
E	2,000	6,200	M	1,600	5,100
F	2,900	8,700	N	2,300	6,400
G	2,400	7,000	O	2,800	8,000
H	3,000	8,500	합계	34,500시간	₩ 102,900

| 물음 | 1. 고저점법을 이용하여 원가방정식을 추정하시오.

2. 최소자승법을 이용하여 원가방정식을 추정하시오.

3. 결정계수(R^2)와 상관계수(R)를 구하시오.

4. 추정의 표준오차(S_e)를 계산하시오.

5　(주)홍지의 회계담당자는 수선유지비의 원가행태를 파악하고자 한다. 수선유지비(Y)는 기계가동시간(X)과 상관성을 가질 것으로 판단하고 $Y = a + bX$의 회귀식을 도출하는 회귀분석을 실시하였다. 제10기 중 12개월간의 기계가동시간과 수선유지비의 자료를 이용한 결과 다음과 같은 내용을 얻었다.

(1) 월평균수선유지비($\overline{Y}$)　　　　₩ 4,000
(2) 월평균기계가동시간($\overline{X}$)　　500시간
(3) a계수　　　　　　　　　710
(4) b계수　　　　　　　　　8.2
(5) a계수의 표준오차　　　　50.8
(6) b계수의 표준오차　　　　0.24
(7) 추정치의 표준오차　　　　45.7
(8) 상관계수　　　　　　　　0.953

| 물음 |　1. 다음 달 기계가동시간이 580시간으로 예상된다. 수선유지비의 추정액은 얼마인가?
　　　　2. 수선유지비의 분산 중 회귀식에 의하여 설명될 수 있는 부분은 몇 %인가?

6　(주)홍지는 신제품 KW의 생산을 시작하였다. 제품 첫 단위를 생산하는 데 180시간이 소요되었으며, 두 번째 단위를 생산하는 데는 108시간이 소요되었다. 임률은 시간당 ₩500이며, 제품 KW의 단위당 직접재료비는 ₩10,000이다. 고정제조간접비는 5단위마다 ₩10,000씩의 계단원가행태를 띠고 있다. 또한 변동제조간접비는 작업시간당 ₩300이다. 이 회사는 제조원가의 2배로 제품 KW의 판매가격을 설정하고 있다.

| 물음 |　1. 학습률은 몇 %인가?
　　　　2. 두 번째 단위 생산을 끝낸 직후 추가로 2단위의 주문을 받았다. 추가주문에 따른 제품 KW의 단위당 최저 판매가격을 계산하시오.
　　　　3. 총 네 단위를 생산·판매한 후 추가로 4단위의 주문을 받았다. 추가주문에 따른 제품 KW의 단위당 판매가격을 계산하시오.

7 (주)홍지는 신형 공작기계 A를 개발하고 생산을 시작하였다. 첫 단위를 생산한 결과 다음과 같은 원가가 발생하였으며 이는 (주)서울에 판매하였다.

직접재료비	₩ 1,000,000
직접노무비(2,500시간×₩ 1,000)	2,500,000
변동제조간접비	1,500,000
고정제조간접비	750,000
합계	₩ 5,750,000

한편 변동제조간접비는 직접노무시간에 영향을 받으며, 시간당 배부율은 ₩ 600이다. 고정제조간접비는 직접노무비의 30%에 배분한다. 직접노무시간은 학습률이 85%로 나타날 것으로 기대된다. 첫 단위 판매 후 (주)부산으로부터 3단위, (주)대전으로부터 12단위의 추가주문을 받았다.

| 물음 | 1. (주)부산의 주문에 따른 총제조원가는 얼마인가?

2. (주)대전의 주문에 따른 신형공작기계 A의 단위당 평균제조원가는 얼마인가?

3. 학습곡선식 $y = ax^{-b}$ 에서 학습률이 85%일 때 b값은 0.2345이다. 세 번째 단위의 신형공작기계 A의 총제조원가는 얼마인가?

PART 04

원가 조업도 이익분석

PART 04

원가 조업도 이익분석

1. 원가 · 조업도 · 이익분석의 본질

1) CVP분석의 의의

기업을 운영함에 있어 가장 궁극적인 목적은 이익의 추구를 통하여 기업을 유지 · 발전시키는 것이다. 따라서 기업활동은 한마디로 이익관리활동이라 할 수 있다. 이익관리는 이익계획과 이익통제의 두 과정을 포함한다. 이익관리의 대표적인 기법으로 이용되는 것이 원가 · 조업도 · 이익분석이다.

원가 · 조업도 · 이익분석(CVP분석: Cost − Volume − Profit analysis)은 매출액 또는 판매량의 증감에 따른 원가와 이익의 변화를 분석하는 관리기법이다. 즉 기업이익구조의 구성요소인 조업도, 가격, 원가 등과 이익과의 상호관계를 밝혀내고 이익관리활동 특히 이익계획에 활용되는 것이 CVP분석이다. 이익계획이란 목표이익을 설정하고 그 목표이익을 실현하기 위한 목표매출액 및 허용원가 등을 구체적으로 계획하는 것이다.

CVP분석이 단기적 이익관리에 활용되는 것은 다음과 같은 물음에 구체적인 해답을 제시하여 줄 수 있기 때문이다.

❶ 주어진 원가구조와 판매가격에 의하여 손익분기점 또는 일정한 목표이익을 얻는 데 필요한 영업량은 얼마인가?

❷ 판매가격의 증감, 매출량의 증감 등 마케팅 측면의 변화는 이익수준에 어떻게 영향을 미치는가?

❸ 변동원가의 증감, 고정원가의 증감 등에 따라 이익수준은 어떻게 변화할 것인가?

❹ 제한된 자원을 어떠한 제품의 생산 · 판매에 우선적으로 활용하는 것이 기업의 이익을 최대화시킬 수 있는가?

또한 CVP분석은 정규적인 이익관리활동뿐만 아니라 특별주문의 수락 여부, 신제품의 생산 여부, 특정 제품의 확장 및 폐지 여부, 중점관리해야 할 제품라인의 평가, 장기적 설비투자여부 등 다양한 관리적 의사결정분야에 이용된다.

2) CVP분석의 기본가정

전통적인 CVP분석은 확실성하의 CVP분석을 뜻하며 실제의 복잡한 상황을 단순화시키기 위하여 여러 가지 기본적인 가정에 기초하고 있는 바 이를 요약하면 다음과 같다.

❶ 원가와 수익의 행태는 관련범위 내에서 선형함수를 전제한다.
❷ 모든 원가는 변동원가와 고정원가로 명확히 구분된다.
❸ 변동원가는 조업도에 따라 비례적으로 변동하는 비례적 변동원가이다.
❹ 고정원가는 관련범위 내에서 일정하다.
❺ 제원가요소의 가격은 항상 일정하다.
❻ 단위당 판매가격은 판매량의 변화에 무관하게 항상 일정하다.
❼ 생산 및 판매활동의 능률은 일정하므로 조업도만이 원가에 영향을 미치는 유일한 요인이다.
❽ 한 가지 제품만을 생산·판매하거나, 다종 제품을 생산·판매하는 경우에는 매출배합이 일정하게 유지된다.
❾ 기초와 기말의 재고자산수준은 변화하지 않는다. 따라서 기초재고량과 기말재고량은 동일하거나 없는 것으로 가정한다.

이와 같은 전통적 CVP분석의 기본가정은 분석의 과정을 지나치게 단순화시킨다. 따라서 이들 가정 중 일부를 현실적 여건을 고려하여 확장하였을 때 정태적인 전통적 CVP분석을 보다 동태적인 분석으로 확대할 수 있다.

2. 원가·조업도·이익분석의 기본내용

1) 공헌이익과 공헌이익률

(1) 공헌이익

기업의 이익은 총수익에서 총원가를 차감하여 계산한다. 이때 총원가는 수익에 대응되는 총비용을 의미한다.

CVP분석은 매출액, 즉 수익을 이익분석시의 조업도로 이용하기 때문에 원가라는 용어보다는 비용이라는 용어가 보다 적합하다. 그러나 일반적으로 두 용어를 모두 사용하고 있다. 다만 본 교재에서는 용어의 통일을 위하여 가급적 원가라는 용어를 사용하기로 한다.

총수익(TR: Total Revenue)은 단위당 판매가격(P)에 판매량(Q)을 곱하여 계산한다. 총원가는 변동원가(VC)와 고정원가(FC)를 합계한 것이다. 또한 변동원가는 단위당 변동원가(V)에 판매량(Q)을 곱한 것이다. 왜냐하면 전통적 CVP분석에서는 변동원가를 비례적 변동원가로 가정하기 때문이다.

한편 총수익에서 변동원가를 차감한 것을 공헌이익이라고 한다. 공헌이익은 한계이익이라고도 한다. 전통적 CVP분석에서는 판매량에 관계 없이 단위당 판매가격과 단위당 변동원가는 일정하다고 전제하기 때문에 단위당 판매가격에서 단위당 변동원가를 차감하여 단위당 공헌이익을 계산할 수 있다. 따라서 공헌이익은 단위당 공헌이익에 판매량을 곱하여 계산한 결과이다. 만일 총수익이 변동원가보다 작은 경우라면 양자의 차이를 공헌손실이라고 한다.

공헌이익은 매출액에서 변동원가를 차감한 것이므로 고정원가를 보상하고 이익을 가져올 수 있는 금액이다. 즉 공헌이익이 고정원가보다 크면 이익이 발생하고, 반대로 공헌이익이 고정원가보다 작으면 손실이 발생한다.

$$이\quad익 = 매출액 - 변동원가 - 고정원가$$
$$공헌이익 = 매출액 - 변동원가 = P \cdot Q - V \cdot Q$$
$$= 단위당\ 공헌이익 \times 판매량 = (P - V) \cdot Q$$
$$= 고정원가 + 이익 = FC + \pi$$

P : 단위당 판매가격 Q : 판매량
V : 단위당 변동원가 FC : 고정원가
π : 이익

공헌이익은 단위당 판매가격, 단위당 변동원가 또는 판매량이 변화하면 변화한다. 그러나 고정원가가 증감하여도 공헌이익은 변화하지 않는다.

(2) 공헌이익률

공헌이익률은 공헌이익을 매출액으로 나눈 값이며, 한계이익률 또는 P/V비율(profit-volume ratio)이라고도 한다. 또한 공헌이익률은 단위당 공헌이익을 단위당 판매가격으로 나누

어 계산하여도 된다. 공헌이익률은 매출액의 변화가 이익에 미치는 영향을 파악할 수 있다.

$$공헌이익률 = \frac{공헌이익}{매출액} = \frac{P \cdot Q - V \cdot Q}{P \cdot Q}$$

$$= \frac{단위당\ 공헌이익}{단위당\ 판매가격} = \frac{P - V}{P}$$

공헌이익률은 단위당 판매가격 또는 단위당 변동원가에 의하여 영향을 받으나 판매량이나 고정원가의 증감과는 아무런 관계가 없다. 그러므로 다품종 제품을 판매하는 경우 공헌이익률이 높은 품종을 우선적으로 판매하는 것이 기업의 이익을 증대시킬 수 있다.

한편 매출액에 대한 변동원가의 비율을 변동원가율 또는 변동비율이라고 한다. 따라서 변동원가율은 1에서 공헌이익률을 차감한 값이며, 공헌이익률은 1에서 변동원가율을 차감한 값이다. 공헌이익률이 30%라면 변동원가율이 70%임을 뜻한다.

$$변동원가율 = \frac{변동원가}{매출액} = \frac{V \cdot Q}{P \cdot Q} = \frac{단위당\ 변동원가}{단위당\ 판매가격} = \frac{V}{P}$$

변동원가율 + 공헌이익률 = 1

2) 손익분기점 분석

(1) 손익분기점분석의 의의

손익분기점(BEP: Break-Even Point)은 일정기간의 매출액 또는 매출량이 그것을 얻기 위하여 발생된 총원가와 일치할 때 그 매출액 또는 매출량, 즉 매출액과 총원가가 일치하여 이익도 손실도 없는 조업도를 말한다. 손익분기점은 공헌이익이 고정원가와 동일한 조업수준이며 매출액 또는 매출량으로 표시한다.

(2) 손익분기점의 계산

손익분기점은 공식법과 도표법을 이용하여 계산할 수 있다.

❶ 공식법 : 공식법(formula approach)은 원가·조업도·이익 간의 관계를 일정한 공식을 이

용하여 계산하는 방법이다. 공식법에 의한 손익분기점은 매출액 또는 매출량을 기준으로 계산할 수 있으며 계산의 과정은 다음과 같다.

■ 손익분기점 매출량의 계산

$$\pi = P \cdot Q - V \cdot Q - FC = 0$$
$$P \cdot Q - V \cdot Q = FC$$
$$(P-V) \cdot Q = FC$$
$$\therefore BEP(Q) = \frac{FC}{P-V}$$

π : 이익
P : 단위당 판매가격
V : 단위당 변동원가

■ 손익분기점 매출액의 계산

$$\pi = P \cdot Q - V \cdot Q - FC = 0$$
$$PQ = \frac{VQ}{PQ} \cdot PQ + FC$$
$$PQ(1 - \frac{VQ}{PQ}) = FC$$
$$\therefore BEP(S) = \frac{FC}{1 - \frac{V}{P}}$$

FC : 고정원가
$BEP(Q)$: 손익분기점 매출량
$BEP(S)$: 손익분기점 매출액

즉 손익분기점 매출량은 고정원가를 제품단위당 공헌이익으로 나누어서 계산하며, 손익분기점 매출액은 고정원가를 공헌이익률로 나누어서 계산한 값이다.

❷ 도표법 : 도표법은 도표를 이용하여 손익분기점을 파악하는 방법이다. 도표를 그리는 경우 횡축(X축)은 조업도를, 종축(Y축)은 매출액과 원가를 나타낸다. 이 방법은 총수익선과 총원가선을 그리고 두 선이 만나는 조업도가 손익분기점이 된다.

이 도표를 손익분기도표 또는 CVP도표라고 한다. 도표법에 의한 손익분기점의 파악은 총원가선을 그리면서 고정원가와 변동원가 중 어느 것을 먼저 고려하는가에 따라 [그림 4-1]과 같이 두 가지로 나누어 볼 수 있다.

◇ 그림 4-1 손익분기도표

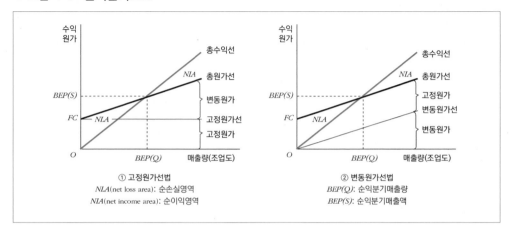

[그림 4 – 1]에서 왼쪽의 그림(①)은 고정원가선을 먼저 그리고 이에 변동원가를 합하여 총원가선을 그리는 방법으로 고정원가선법이며 오른쪽 그림(②)은 변동원가선을 먼저 그리고 이에 고정원가를 합하여 총원가선을 그리는 방법으로 변동원가선법이다. 변동원가선법의 도표에서 총수익선과 변동원가선의 차이부분은 공헌이익을 나타낸다.

(3) 손익분기점의 특징

손익분기점은 다음과 같은 특징을 갖는다.

❶ 법인세가 있는 경우와 법인세가 없는 경우의 손익분기점은 동일하다.
❷ 매출량 또는 매출액이 증감하여도 손익분기점은 변화하지 않는다.
❸ 단위당 판매가격이 증가하면 손익분기점은 작아지고, 하락하면 손익분기점은 커진다.
❹ 단위당 변동원가가 증가하면 손익분기점은 커지고, 감소하면 손익분기점은 작아진다.
❺ 고정원가가 증가하면 손익분기점은 커지고, 감소하면 손익분기점은 작아진다.
❻ 단위당 변동원가와 고정원가가 동시에 같은 방향(증가 또는 감소)으로 변동하는 경우 손익분기점은 크게 영향을 받으나, 양자가 서로 다른 방향으로 변동하면 손익분기점에 주는 영향은 서로 상쇄되어 손익분기점은 크게 변화하지 않는다.

>> **예제 1**

(주)홍지는 제10기 예산을 편성하면서 다음과 같은 자료를 입수하였다.
• 예산매출량   1,200개   • 단위당 판매가격   ₩ 10,000
• 고정원가   ₩ 2,000,000   • 단위당 변동원가   ₩ 8,000

|물음|
1. 다음을 계산하시오.
   ① 공헌이익   ② 이익   ③ 공헌이익률
   ④ 변동원가율   ⑤ 손익분기점 매출액   ⑥ 손익분기점 매출량

|풀이|
① 단위당 공헌이익 = ₩ 10,000 − ₩ 8,000 = ₩ 2,000
   공헌이익 : ₩ 2,000 × 1,200개 = ₩ 2,400,000
② 이익 : ₩ 2,400,000 − ₩ 2,000,000 = ₩ 400,000

③ 공헌이익률 : $\dfrac{W\,2,000}{W\,10,000}=20\%$

④ 변동원가율 : $\dfrac{W\,8,000}{W\,10,000}=80\%$ 또는 $1-20\%=80\%$

⑤ 손익분기점 매출액 $=\dfrac{\text{고정원가}}{\text{공헌이익률}}=\dfrac{W\,2,000,000}{0.2}=W\,10,000,000$

⑥ 손익분기점 매출량 $=\dfrac{\text{고정원가}}{\text{단위당 공헌이익}}=\dfrac{W\,2,000,000}{W\,2,000}=1,000$개

또는 손익분기점 매출액을 단위당 판매가격으로 나누어 계산하여도 된다.

>> 예제 2

(주)홍지의 제15기 생산·판매자료는 다음과 같았다.

• 매출액	W 12,000,000	• 변동원가	W 6,000,000
• 고정원가	W 4,000,000	• 매출량	10,000개

또한 이 회사는 제16기의 예산을 편성하면서 제15기의 자료를 바탕으로 다음 [물음 2]와 같이 부분적인 생산·판매 환경이 변화할 것으로 예상하고 있다.

| 물음 |

1. 제15기의 손익분기점 매출량과 손익분기점 매출액은 각각 얼마인가?
2. 제16기의 자료는 다음과 같이 변화할 것으로 예상된다. 각각의 경우는 독립적인 것으로 전제하고 손익분기점 매출량을 계산하시오.
   ① 예상매출량이 12,000개인 경우
   ② 판매가격이 10% 증가하는 경우
   ③ 변동원가가 10% 감소하는 경우
   ④ 고정원가가 W 500,000 증가하는 경우
   ⑤ 변동원가는 10% 감소하고, 고정원가는 W 620,000 증가하는 경우
   ⑥ 판매가격, 변동원가, 고정원가가 모두 10%씩 감소하는 경우

| 풀이 |

1. 단위당 공헌이익 : $W\,1,200-W\,600=W\,600$

   손익분기점 매출량 $=\dfrac{W\,4,000,000}{W\,600}=6,667$개

   공헌이익률 : $W\,600 \div W\,1,200=0.5$

   손익분기점 매출액 $=\dfrac{W\,4,000,000}{0.5}=W\,8,000,000$

2. ① 예상매출량이 증가하여도 손익분기매출량은 6,667개로 변화하지 않는다.
   ② 단위당 판매가격은 $W\,1,320\{(12,000,000 \div 10,000$개$) \times 1.1\}$으로 증가한다.

따라서 단위당 공헌이익은 ₩720이다.

손익분기점 매출량 $= \dfrac{₩4,000,000}{₩720} = 5,556$개

③ 단위당 변동원가는 ₩540으로 감소하고, 단위당 공헌이익은 ₩660(₩1,200 − ₩540)이다.

손익분기점 매출량 $= \dfrac{₩4,000,000}{₩660} = 6,061$개

④ 손익분기점 매출량 $= \dfrac{₩4,500,000}{₩1,200 − ₩600} = 7,500$개

⑤ 손익분기점 매출량 $= \dfrac{₩4,620,000}{₩1,200 − ₩540} = 7,000$개

⑥ 손익분기점 매출량 $= \dfrac{₩4,000,000 \times 0.9}{(₩1,200 \times 0.9) − (₩600 \times 0.9)} = 6,667$개

3) 이익·조업도 도표

CVP분석을 위하여 일반적으로 CVP도표를 이용한다. 다만 CVP분석내용 중 조업도와 이익의 관계만을 보다 상세히 제시해 줄 수 있는 이익·조업도도표를 이용하기도 한다. 이익·조업도도표(profit−volume chart)는 조업도의 증감에 따라 이익이 어떻게 변화하는가를 보여주는 도표로 공헌이익도표, 한계이익도표 또는 P/V도표(profit−volume chart)라고도 한다.

이익·조업도도표는 다음과 같은 절차에 따라 그리며, 이를 그려보면 [그림 4−2]와 같다.

✧ 그림 4-2 이익·조업도 도표

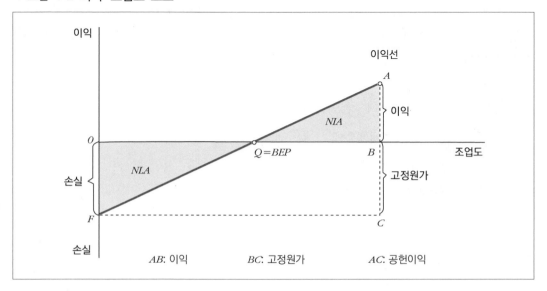

❶ 횡축(X축)은 조업도, 종축(Y축)은 이익과 손실을 나타낸다.

❷ 일정한 조업도(B)에서의 이익(A)을 계산한다.

❸ 조업도가 0인 상태에서의 고정원가만큼의 손실(F)과 ❷에서 계산한 임의의 점(A)을 연결하여 이익선을 그린다.

❹ 이익선이 조업도선인 횡축(X축)과 만나는 점이 손익분기점이 된다.

[그림 4-2]에서 OFQ는 순손실영역(NLA: Net Loss Area)을 ABQ는 순이익영역(NIA: Net Income Area)을 나타내며, 조업도 Q는 손익분기점을 나타낸다. 또한 ACF는 공헌이익을 표시한다.

4) 안전한계율과 손익분기점률

(1) 안전한계율

손익분기점을 계산하면 기업의 이익구조 내지 안전성을 분석할 수 있다. 이때 이용되는 대표적인 지표가 안전한계율이다. 안전한계율(M/S비율 : Margin of Safety Ratio)은 매출액(또는 매출량)에서 손익분기점 매출액(또는 손익분기점 매출량)을 차감한 안전한계매출액(또는 안전한계 매출량)이 매출액(또는 매출량)에서 차지하는 비율을 말한다. 안전한계율은 안전여유율, 안전이익률, 경영안전율이라고도 불린다.

안전한계율은 매출이 감소하여도 손실이 발생하지 않을 수 있는 최대 한도의 비율이므로 높으면 높을수록 좋다. 즉, 안전한계율이 낮은 경우는 손익분기점이 너무 높거나 매출이 너무 낮은 것을 뜻한다. 안전한계율은 예산편성 시는 예산매출을 이용하여 계산하며 사후업적평가 시는 실제매출을 이용하여 계산한다.

안전한계매출액＝매출액－손익분기점 매출액

$$안전한계율＝\frac{안전한계매출액}{매출액}$$

＊매출액 대신 매출량을 이용하여도 무방함

(2) 손익분기점률

안전한계율과 반대의 개념은 손익분기점률이다. 손익분기점률(BEP율 : Break－Even Point ratio)은 매출액(또는 매출량)에서 손익분기점 매출액(또는 손익분기매출량)이 차지하는 비율을 말한다. 따라서 손익분기점률이 높다는 것은 안전한계율이 낮다는 의미이며, 반대로 손익분기점률이 낮다는 것은 안전한계율이 높음을 뜻한다.

기업이익의 안정성 평가는 절대적이기보다는 상대적이다. 다만 일반적으로 손익분기점률이 50% 이하인 경우에는 대단히 건전하다고 판단하며, 손익분기점률이 80% 이상인 경우에는 불량한 것으로 판단된다.

$$손익분기점률 = \frac{손익분기점\ 매출액(량)}{매출액(량)}$$

손익분기점률 + 안전한계율 = 100%

>> **예제 3**

(주)홍지의 8월 중의 영업관련 자료는 다음과 같다.

• 매출액	₩ 600,000	• 매출량	600개
• 변동원가율	70%	• 고정원가	₩ 150,000

|물음|
1. 다음을 계산하시오.
   ① 이익   ② 손익분기점 매출량
   ③ 손익분기점률   ④ 안전한계매출액
   ⑤ 안전한계매출량   ⑥ 안전한계율
2. 안전한계를 CVP도표에 나타내시오.

|풀이|
1. ① 이익 : ₩ 600,000 − (₩ 600,000 × 0.7) − ₩ 150,000 = ₩ 30,000

   ② $BEP(Q) = \dfrac{₩ 150,000}{₩ 1,000 - ₩ 700} = 500개$

   ③ 손익분기점률(BEP율) $= \dfrac{500개}{600개} = 83.33\%$

   ④ 안전한계매출액 = ₩ 600,000 − (500개 × ₩ 1,000) = ₩ 100,000

   ⑤ 안전한계매출량 = 600개 − 500개 = 100개

⑥ 안전한계율(M/S비율) $= \dfrac{600개 - 500개}{600개} = 16.67\%$

2.

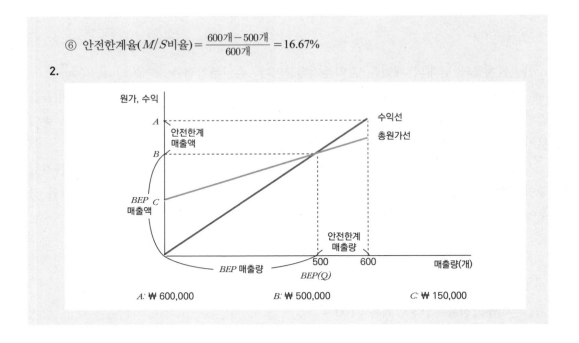

A: ₩ 600,000   B: ₩ 500,000   C: ₩ 150,000

5) 현금분기점

기업활동을 수행하면서 목표이익을 달성할 수 있는 매출액의 달성도 중요하지만 현금흐름의 관리도 중요하다. 현금흐름의 관리를 위하여 일정기간 동안의 현금흐름을 충당할 수 있는 매출수준의 정보가 필요하다.

특히 경영자는 어떠한 경우라도 지급불능을 예방할 수 있는 수준의 현금을 얻기 위한 매출수준에 관심을 가져야 할 것이다.

현금분기점은 일정기간 동안의 현금유출액을 충당할 수 있는 매출수준을 말한다. 즉 일정기간 중 현금의 유입액과 현금의 유출액을 일치시킬 수 있는 매출수준을 현금분기점이라 한다. 현금분기점은 현금흐름분기점, 수지분기점 또는 수지균등점이라고도 한다.

법인세를 무시하는 경우 현금분기점은 손익분기점을 계산하는 공식의 분자에 고정원가 대신에 현금지출을 요하는 고정원가를 이용하여 계산한다. 현금지출을 수반하는 고정원가는 총고정원가에서 감가상각비, 무형자산상각비 등 비현금지출원가를 차감하여 계산한다. 또한 배당금의 지급, 차입금의 변제 등 원가 이외의 지출이 나타날 경우에는 이들도 충당할 수 있는 매출수준을 계산하여야 한다.

현금분기점계산 시 매출은 모두 현금유입되며 변동원가는 모두 현금지출을 수반하는 원가로 본다. 현금분기점을 계산하는 식은 다음과 같다.

$$CTP(Q) = \frac{FC - n + m}{P - V}$$

$$CTP(S) = \frac{FC - n + m}{1 - \dfrac{V}{P}}$$

$CTP(Q)$: 현금분기점 매출량 $\qquad$ $CTP(S)$: 현금분기점 매출액

n : 비현금지출 고정원가 $\qquad$ m : 원가 이외의 지출액

위 식은 법인세(세율: t)를 고려하는 경우에는 다음과 같이 변형된다.

$$CTP(Q) = \frac{FC(1 - t) - n + m}{(P - V)(1 - t)}$$

≫ 예제 4

(주) 홍지는 제품 A를 생산·판매하고 있으며 다음은 제8기 상반기 중의 예산편성을 위한 자료이다.

- 단위당 판매가격 $\qquad$ ₩ 500
- 고정원가 $\qquad$ ₩ 3,000,000
- 단위당 변동원가 $\qquad$ ₩ 425
- 목표판매량 $\qquad$ 60,000개

고정원가에는 감가상각비 ₩ 475,000이 포함되며 상반기 중 현금배당을 ₩ 100,000 실시할 계획이다.

|물음|

1. 다음을 계산하시오.
   ① 손익분기점 매출량
   ② 안전한계율
   ③ 현금분기점 매출량
   ④ 법인세율이 20%인 경우의 현금분기점 매출량

|풀이|

1. ① $BEP(Q) = \dfrac{₩3,000,000}{₩500 - ₩425} = 40,000$개

   ② M/S비율 $= \dfrac{60,000개 - 40,000개}{60,000개} = 33.33\%$

   ③ $CTP(Q) = \dfrac{₩3,000,000 - ₩475,000 + ₩100,000}{₩500 - ₩425} = 35,000$개

   ④ $CTP(Q) = \dfrac{₩3,000,000(1 - 0.2) - ₩475,000 + ₩100,000}{(₩500 - ₩425)(1 - 0.2)} = 33,750$개

3. CVP분석의 관리적 응용

1) 목표이익계획

앞서 언급한 바와 같이 CVP분석은 대표적인 이익관리기법이다. 특히 목표이익이나 목표이익률을 달성하기 위한 조업도수준을 산출할 때 유용하게 이용된다. CVP분석이 목표이익달성을 위한 목표매출수준을 계산하는 과정은 법인세의 고려 여부에 따라 상이해진다.

(1) 법인세를 무시하는 경우

법인세를 고려하지 않고 목표이익을 달성하기 위한 매출수준의 계산은 다음과 같다.

$$\pi = P \cdot Q - V \cdot Q - FC \quad Q(P - V) = FC + \pi$$

$$Q^* = \frac{FC + \pi}{P - V} \qquad\qquad S^* = \frac{FC + \pi}{1 - \dfrac{V}{P}}$$

π : 목표이익 FC : 고정원가

P : 단위당 판매가격 Q^* : π 달성 매출량

V : 단위당 변동원가 S^* : π 달성 매출액

또한 목표매출액 이익률을 달성할 수 있는 매출액수준을 계산하면 다음과 같다.

$$\pi = PQ - VQ - FC \qquad\qquad \pi = PQr$$

$$PQ - VQ - PQr = FC \quad S^* = \frac{FC}{1 - \dfrac{V}{P} - r}$$

r : 목표매출액 이익률

S^* : 목표매출액 이익률 달성 매출액

(2) 법인세를 고려하는 경우

❶ 단일세율의 경우 : 기업의 영업활동결과 이익이 발생하면 법인세를 납부하여야 하는데, 법인세를 고려하는 경우에도 손익분기점은 변화가 없다. 단일 법인세율의 경우 세후 목표이익을 달성할 수 있는 매출수준의 계산과정은 다음과 같이 조정된다.

$$\pi = (PQ - VQ - FC)(1-t) \qquad \frac{\pi}{1-t} = PQ - VQ - FC$$

$$Q^* = \frac{FC + \dfrac{\pi}{1-t}}{P-V} \qquad S^* = \frac{FC + \dfrac{\pi}{(1-t)}}{1 - \dfrac{V}{P}}$$

π : 세후목표이익 $\qquad Q^*$: π 달성매출량

t : 법인세율 $\qquad S^*$: π 달성매출액

위 식에서 $\pi/(1-t)$는 세후목표이익(π)을 세전목표이익으로 전환한 금액이다. 세금을 고려하는 경우의 분석과정을 이익·조업도도표로 나타내면 [그림 4-3]과 같다.

✧ 그림 4-3 법인세를 고려한 이익·조업도도표

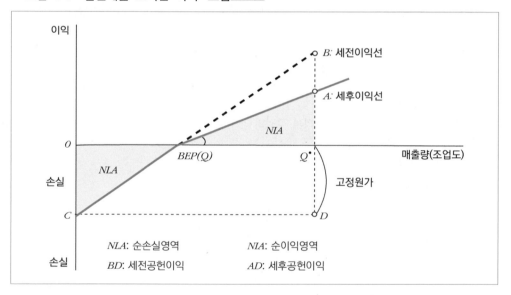

[그림 4-3]에서 세후목표이익은 AQ^*이며 세전목표이익은 BQ^*이다. 또한 손익분기점에 도달할 때까지의 이익선의 기울기인 단위당 공헌이익은 $(P-V)$이나 손익분기점 이후의 이익선의 기울기인 단위당 공헌이익은 $(P-V)(1-t)$이다. CB선은 세전이익선이며 CA선은 세후이익선이다.

❷ 복수세율의 경우 : 현행의 법인세법과 같이 세전이익의 크기에 따라 복수세율이 적용되는 경우에는 세후목표이익을 달성할 수 있는 매출수준의 계산과정이 다소 복잡해진다. 세전이익의 크기에 따라 복수세율이 적용되는 경우 계산의 핵심은 세후목표이익을 세전목표이익으로 전환시키는 과정이다.

전환의 과정은 다음과 같다. 예를 들어, 세전이익 1억 원 이하분은 15%, 1억 원 초과분은 27%의 복수 법인세율인 경우를 가정하면 아래와 같은 두 식이 성립한다.

세전목표이익 = 1억 원 + Y ··· ①

세후목표이익 = 1억 원 · $(1-0.15) + (1-0.27) \cdot Y$ ··················· ②

식 ②에서 Y(1억 원을 초과하는 세전이익)를 계산하여 이를 식 ①에 대입하면 세전목표이익을 계산할 수 있다. 계산된 세전목표이익을 고정원가와 합한 금액을 단위당 공헌이익으로 나누면 세후목표이익을 달성할 수 있는 매출량을 계산할 수 있다.

>> **예제 5**

(주)홍지는 유아용 장난감을 생산·판매하고 있으며 제10기 3월 중의 예산편성자료는 다음과 같다.
- 단위당 판매가격 ₩ 200
- 단위당 변동원가 ₩ 150
- 고정원가 ₩ 40,000

|물음|
세후목표이익은 ₩ 25,000이다. 다음 각각의 경우로 나누어 이를 달성할 수 있는 매출액을 계산하시오.
1. 법인세가 없는 경우
2. 법인세율이 20%인 경우

|풀이|
* 단위당 공헌이익은 ₩ 50이고, 공헌이익률은 25%이다.

1. $S^* = \dfrac{₩40,000 + ₩25,000}{0.25} = ₩260,000$

2. $S^* = \dfrac{₩40,000 + \dfrac{₩25,000}{(1-0.2)}}{0.25} = ₩285,000$

2) 영업레버리지

(1) 영업레버리지의 의의

레버리지(leverage)란 지렛대 작용을 의미하는 개념이다. 기업경영에서의 지렛대 작용은 고정원가로 인한 이익의 증가를 말하며 이는 영업레버리지와 재무레버리지로 구분된다.

CVP분석과 관련하여 본 서에서는 영업레버리지만을 설명하기로 한다. 영업레버리지는 기업이 원가 중에서 고정원가를 부담하는 정도를 의미한다. 즉 총원가 중에서 고정원가의 비율이 높은 경우 높은 영업레버리지를 뜻한다.

영업레버리지가 높은 경우 매출액(또는 매출량)이 변화할 때 영업이익은 매출액(또는 매출량)이 변화하는 비율보다 높은 비율로 변화하게 되는데 이를 영업레버리지효과라고 한다. 즉 영업레버리지효과는 고정원가의 손익확대효과를 뜻한다.

영업레버리지효과를 구체적으로 설명하기 위하여 다음의 예를 살펴보기로 하자. 모회사의 현재 매출량은 1,000개이며, 단위당 판매가격은 ₩ 80, 단위당 변동원가는 ₩ 60이고, 또한 고정원가는 ₩ 5,000이다. 만일 이 회사가 매출량을 10% 증가시킨다면 영업이익의 증가율은 약 13.33%로 나타난다. 또한 이 회사가 매출량을 20% 감소시킨다면 영업이익의 감소율은 약 26.67%로 확대된다. 즉 고정원가로 인하여 영업이익증감률은 매출증감률보다 크게 나타나고 있다.

✦ 표 4-1 영업레버리지 효과

항목	매출 20% 감소 경우	현재	매출 10% 증가 경우
매출액	₩ 64,000	₩ 80,000	₩ 88,000
변동원가	48,000	60,000	66,000
공헌이익	16,000	20,000	22,000
고정원가	5,000	5,000	5,000
영업이익	₩ 11,000	₩ 15,000	₩ 17,000
매출증감률	−20%		+10%
영업이익증감률	−26.67%		+13.33%

(2) 영업레버리지도

영업레버리지효과의 정도를 나타내는 지표를 영업레버리지도라고 한다. 영업레버리지도 (DOL: Degree of Operating Leverage)란 매출액(또는 매출량)의 변화율에 대한 영업이익의 변화율을 말하며 이는 공헌이익을 영업이익으로 나눈 값이다.

$$DOL = \frac{영업이익의\ 증감률}{매출량의\ 증감률} = \frac{\dfrac{\triangle EBIT}{EBIT}}{\dfrac{\triangle Q}{Q}}$$

$$= \frac{Q \cdot \triangle EBIT}{\triangle Q \cdot EBIT} = \frac{Q \cdot \{\triangle Q(P-V)\}}{\triangle Q \cdot \{Q(P-V) - FC\}}$$

$$= \frac{Q(P-V)}{\{Q(P-V) - FC\}} = \frac{공헌이익}{영업이익}$$

P : 단위당 판매가격 DOL : 영업레버리지도

V : 단위당 변동원가 $EBIT$: 영업이익

FC : 고정원가 $\triangle EBIT$: 영업이익의 증감

Q : 매출량 $\triangle Q$: 매출량의 증감

영업레버리지도는 매출의 변화가 영업이익에 얼마만큼의 영향을 미치는가를 나타내는 지표이다. 즉 영업레버리지도가 5라고 하는 것은 매출이 10% 증가할 때 영업이익은 50% 증가함을 뜻한다.

>> **예제 6**

(주)홍지는 단일 제품을 생산 · 판매하고 있다. 이 회사의 8월 중 목표매출량은 500개이며, 이에 따른 영업관련 자료는 다음과 같다.

- 단위당 판매가격   ₩   1,200
- 단위당 변동원가   ₩   800
- 고정원가   ₩ 180,000

| 물음 |

1. 손익분기점 매출량은 얼마인가?
2. 영업레버리지도를 계산하시오.
3. 만일 목표매출량을 600개로 증가시키는 경우, 500개인 경우보다 영업이익은 얼마나 증가하는가?
4. 매출량이 450개, 470개, 500개, 600개, 700개인 경우의 영업레버리지도를 계산하시오.

| 풀이 |

1. $BEP(Q) = \dfrac{₩180,000}{₩1,200 - ₩800} = 450개$

2. $DOL = \dfrac{공헌이익}{영업이익} = \dfrac{₩400 \times 500개}{(400 \times 500개) - ₩180,000} = 10$

3. 매출액증가율 : 20%

DOL : 10

영업이익의 증가율 : 200%

500개인 경우의 영업이익 : ₩ 20,000

따라서 영업이익의 증가액은 ₩ 40,000(₩ 20,000×200%)이다.

4.

항목 ＼ 매출량	450개	470개	500개	600개	700개
매출액	₩ 540,000	₩ 564,000	₩ 600,000	₩ 720,000	₩ 840,000
변동원가	360,000	376,000	400,000	480,000	560,000
공헌이익	180,000	188,000	200,000	240,000	280,000
고정원가	180,000	180,000	180,000	180,000	180,000
영업이익	₩ 0	₩ 8,000	₩ 20,000	₩ 60,000	₩ 100,000
DOL	∞	23.5	10	4	2.8

3) 준고정원가하의 CVP분석

앞서 CVP분석의 기본가정에서 관련범위 내에서 일정한 순수고정원가를 전제하였다. 그러나 고정원가도 조업도가 증가함에 따라 단계적으로 증가하는 것이 일반적이다. 준고정원가 또는 계단원가 행태하에서의 CVP분석은 시행착오법을 이용하게 된다. 준고정원가하에서는 손익분기점이나 목표이익을 달성하기 위한 조업도가 복수로 나타날 수도 있다.

준고정원가하에서 시행착오법을 이용한 CVP분석의 과정을 요약하면 다음과 같다. 관련범위는 두 개만을 가정하였다.

❶ 복수의 관련범위에 따른 준고정원가의 행태(예: 관련범위 1의 FC_1, 관련범위 2의 FC_2)를 결정한다.

❷ 낮은 준고정원가(FC_1)를 전제로 하고 손익분기점이나 목표이익달성 매출수준을 계산한다.

❸ ❷에서 계산된 매출수준이 관련범위 1에 존재하는가를 확인한다.

❹ 높은 준고정원가(FC_2)를 전제하고 손익분기점 또는 목표이익달성 매출수준을 계산한다.

❺ ❹에서 계산된 매출수준이 관련범위 2에 존재하는가를 확인한다.

❻ ❸과 ❺에서의 확인결과 계산된 매출수준이 해당 관련범위 내에 존재하면 이는 손익

분기점 또는 목표이익을 달성하는 조업도가 된다.

>> 예제 7

다음은 동일한 제품을 생산·판매하는 두 회사의 영업관련 자료이다.

항목	A 회사	B 회사
단위당 판매가격	₩280	₩340
단위당 변동원가	₩180	₩260

한편 두 회사의 고정원가는 생산·판매량에 따라 다음과 같은 준고정원가의 행태를 띤다. 두 회사의 최대 판매가능량은 각각 2,000개이다.

관련범위	생산·판매량	고정원가
R_1	0~1,000개	₩90,000
R_2	1,001~2,000개	₩150,000

|물음|
1. 두 회사의 손익분기점 매출량을 계산하시오.
2. 두 회사가 목표이익 ₩12,000을 달성하기 위한 매출량을 계산하시오.

|풀이|
1. (1) A 회사

① R_1의 경우 : $BEP(Q) = \dfrac{₩90,000}{₩280 - ₩180} = 900$개

900개는 R_1의 관련범위 내에 존재한다.

② R_2의 경우 : $BEP(Q) = \dfrac{₩150,000}{₩280 - ₩180} = 1,500$개

1,500개는 R_2의 관련범위 내에 존재한다.

따라서 A 회사의 손익분기점은 900개와 1,500개 두 개다.

(2) B 회사

① R_1의 경우 : $BEP(Q) = \dfrac{₩90,000}{₩340 - ₩260} = 1,125$개

1,125개는 R_1의 관련범위 내에 존재하지 않는다.

② R_2의 경우 : $BEP(Q) = \dfrac{₩150,000}{₩340 - ₩260} = 1,875$개

1,875개는 R_2의 관련범위 내에 존재한다.

따라서 B 회사의 손익분기점은 1,875개일 때이다.

2. (1) A 회사

① R_1의 경우 : $Q^* = \dfrac{\text{₩}90,000 + \text{₩}12,000}{\text{₩}280 - \text{₩}180} = 1,020$개

1,020개는 R_1의 관련범위 내에 존재하지 않는다.

② R_2의 경우 : $Q^* = \dfrac{\text{₩}150,000 + \text{₩}12,000}{\text{₩}280 - \text{₩}180} = 1,620$개

1,620개는 R_2의 관련범위 내에 존재한다.

따라서 A회사의 목표이익 ₩ 12,000을 달성할 수 있는 매출량은 1,620개이다.

(2) B 회사

① R_1의 경우 : R_1 내에서 손익분기점이 존재하지 않으므로 목표이익 ₩ 12,000을 달성할 수 있는 조업도는 존재하지 않는다.

② R_2의 경우 : $Q^* = \dfrac{\text{₩}150,000 + \text{₩}12,000}{\text{₩}340 - \text{₩}260} = 2,025$개

2,025개는 R_2의 관련범위 내에 존재하지 않는다.

따라서 B 회사의 목표이익 ₩ 12,000을 달성할 수 있는 매출량은 존재하지 않는다.

4. 기타의 CVP분석

1) 비선형 CVP분석

기본적인 CVP분석에서는 수익함수와 총원가함수를 선형함수로 가정하였다. 선형수익함수는 판매량이 증가하여도 단위당 판매가격은 불변이라는 전제하에 판매량 증감에 따라 수익이 비례적으로 증감하는 함수이다. 그러나 경제학적으로는 판매량이 증가함에 따라 단위당 판매가격은 점차 낮아진다. 이에 따라 수익함수는 판매량 증가에 따라 체감적으로 증가하는 행태를 보인다.

또한 총원가함수도 변동원가를 비례적 변동원가로 전제하여 판매량의 증가에 따라 비례적으로 증가하는 선형함수를 가정하였다. 그러나 경제학적으로는 판매량의 증가에 따라 변동원가는 체감적 변동원가, 비례적 변동원가, 체증적 변동원가의 행태를 보인다. 이에 따라 총원가함수는 역 S자형의 비선형함수로 본다.

전통적 CVP분석 시 수익 및 원가함수를 선형으로 가정함에 따라 분석과정이 보다 단순화된다. 또한 일정한 관련범위를 전제한다면 경제학적 모형과 크게 차이가 나타나지 않는다. 경제학적 비선형 CVP도표와 회계학적 선형 CVP도표를 비교하면 [그림 4-4]와 같다.

✧ 그림 4-4   비선형과 선형 CVP도표 비교

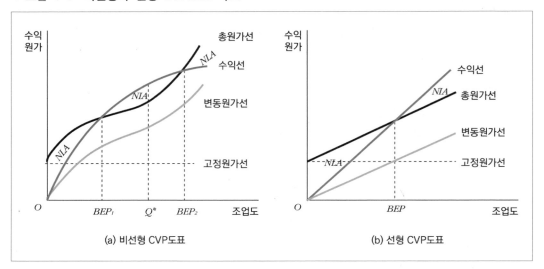

(a) 비선형 CVP도표   (b) 선형 CVP도표

>> **예제 8**

(주)홍지의 판매가격(P)과 총원가(TC : Total Cost)의 함수는 다음과 같다.

$P = ₩1,000 - ₩2Q(Q : 매출량)$

$TC = ₩3Q^2 + ₩40Q + ₩20,000$

| 물음 |

1. 수익(TR : Total Revenue)함수를 도출하시오.
2. 손익분기점 매출량을 계산하시오.
3. 이익을 극대화시키는 매출량과 단위당 판매가격을 계산하시오.

| 풀이 |

1. $TR = P \cdot Q = (₩10,000 - ₩2Q) \cdot Q = ₩1,000Q - ₩2Q^2$

2. BER는 수익과 총원가가 일치하는 조업도 또는 이익(π)이 0이 되는 조업도이다.

$$\pi = (₩1,000Q - ₩2Q^2) - (₩3Q^2 + ₩40Q + ₩20,000)$$
$$= -₩5Q^2 + ₩960Q - ₩20,000$$

$$\therefore Q = \frac{960 \pm \sqrt{(960)^2 - (4 \times 5 \times 20,000)}}{2 \times 5} = \frac{960 \pm 722}{10}$$

따라서 손익분기점 매출량은 24개와 168개이다.

3. 한계수익(MR) = 1,000 - 4Q　　　한계비용(MC) = 6Q + 40

$MR = MC \Rightarrow 1,000 - 4Q = 6Q + 40$　∴　$Q = 96$개

또는 이익(π) = -5Q^2 + 960Q - 20,000

한계이익 = -10Q + 960 = 0　∴　$Q = 96$개

즉 이익극대화 매출량은 96개이며, 이때 극대이익은 ₩26,080이다.

또한 단위당 판매가격은 ₩808(P = ₩1,000 - ₩2×96)이다.

2) 불확실성하의 CVP분석

(1) 불확실성하의 CVP분석의 의의

지금까지 설명한 확실성의 CVP분석은 판매량, 단위당 판매가격, 단위당 변동원가, 고정원가 등을 확실하게 예측할 수 있다는 토대 위에서 행하여졌다. 그러나 이러한 선형적, 정태적 접근법은 실제의 기업환경에 적응하기에는 지나치게 단순화된 분석방법이다.

이에 따라 두 가지 이상의 여건적 상태가 발생하는 불확실성 상황을 전제하고 CVP분석을 행할 수 있는 바 이를 불확실성하의 CVP분석이라고 한다.

불확실성이란 실제결과가 예상과 달라질 수 있는 가능성을 뜻한다. 예를 들어 판매량을 1,000개로 예상하였지만 실제로는 1,200개나 900개 등으로 나타날 수 있는 경우이다. 이에 따라 불확실성하의 CVP분석은 분석상의 고려요소인 판매량, 단위당 판매가격, 단위당 변동원가, 고정원가 등에 확률을 부여하고 기대손익분기점, 기대이익 등을 계산한다. 또한 위험의 정도를 나타내주는 손익분기점달성 가능확률이나 기대이익의 표준편차 등을 계산할 수 있다.

불확실성하의 CVP분석모형은 다양하게 제시되고 있다. 이는 크게 수학적, 통계적 분석방법과 시뮬레이션법으로 나눌 수 있다. 본 교재에서는 다양한 불확실성하의 CVP분석기법 중 쉽게 이용할 수 있는 OPM법, 의사결정수법 및 정규분포법만을 설명하기로 한다.

(2) OPM법

OPM법(optimistic, pessimistic, most likely method)은 미래의 제반상황에 비추어 가장 능률적이며 호황인 경우, 최악의 경우, 가장 발생가능성이 크다고 기대되는 경우로 구분하여 CVP분석을 행하는 방법이다. 이 방법은 단일의 경우가 아닌 세 가지 가능한 경우를 고려하므로 기대이익 및 손익분기점 등의 범위를 구할 수 있다.

OPM법은 미래상황을 세 수준으로 구분하고 CVP분석을 행하는 방법이다. 그러나 세 수준 중 낙관적 상황과 비관적 상황에 따른 결과는 기대이익 및 손익분기점 등의 최고와 최저 한계에 대한 참고적인 자료를 제공할 뿐이고 그다지 실현성은 없는 것이다. OPM법에 의한 기대이익과 손익분기점을 계산한 예는 [표 4-2]와 같다.

✦ 표 4-2 OPM법에 의한 CVP분석

상황 \ 항목	단위당 판매가격	단위당 변동원가	고정원가	기대 매출량	기대 이익	손익분기점 매출량
낙관적 상황	₩ 70	₩ 20	₩ 18,000	1,300개	₩ 47,000	360개
가장 가능한 상황	₩ 50	₩ 25	₩ 20,000	1,000개	₩ 5,000	800개
비관적 상황	₩ 45	₩ 30	₩ 22,000	800개	(₩ 10,000)	1,467개

(3) 의사결정수법

의사결정수법(decision tree approach)은 의사결정수를 이용한 CVP분석의 방법이다. OPM법이 기대이익이나 손익분기점의 단순한 범위를 계산하는 것임에 비하여, 의사결정수법은 각 상황의 확률을 평가하여 보다 구체적인 이익 및 손익분기점의 추정치와 기대치를 계산하는 방법이다. 이 방법은 요소들의 발생가능성을 결합한 결합확률에 의하여 상황에 따른 기대치를 계산하기 때문에 확률평가법 또는 확률나무법이라고도 한다.

단위당 판매가격	단위당 변동원가	고정원가
₩ 100(0.7)	₩ 60(0.5)	₩ 500,000(0.8)
90(0.3)	70(0.3)	400,000(0.2)
	80(0.2)	

* ( )는 확률임

✦ 표 4-3 의사결정수에 의한 손익분기점계산

① 단위당 판매가격	② 단위당 변동원가	③ 고정원가	④ 경우	⑤ 손익분기 매출량	⑥ 결합확률	⑦ 기대 $BEP(Q)$
₩100 (0.7)	₩60 (0.5)	₩500,000 (0.8)	1	12,500개	0.280	3,500개
		₩400,000 (0.2)	2	10,000	0.070	700
	₩70 (0.3)	₩500,000 (0.8)	3	16,667	0.168	2,800
		₩400,000 (0.2)	4	13,333	0.042	560
	₩80 (0.2)	₩500,000 (0.8)	5	25,000	0.112	2,800
		₩400,000 (0.2)	6	20,000	0.028	560
₩90 (0.3)	₩60 (0.5)	₩500,000 (0.8)	7	16,667	0.120	2,000
		₩400,000 (0.2)	8	13,333	0.030	400
	₩70 (0.3)	₩500,000 (0.8)	9	25,000	0.072	1,800
		₩400,000 (0.2)	10	20,000	0.018	360
	₩80 (0.2)	₩500,000 (0.8)	11	50,000	0.048	2,400
		₩400,000 (0.2)	12	40,000	0.012	480
합 계	(0.2)				1.000	18,360개

* ⑥=①, ②, ③의 확률을 곱한 값,   ⑦=⑤×⑥

따라서 최저 추정손익분기점은 경우 2의 10,000개이며 이때의 발생가능성은 7%이다. 최고 추정손익분기점은 경우 11로 50,000개이며 이때의 발생가능성은 4.8%이다. 또한 기대손익분기점은 18,360개이다.

　의사결정수법에 의한 손익분기점의 계산과정은 [표 4-3]에서 보이고 있다. [표 4-3]은 두 개의 판매가격, 세 개의 단위당 변동원가, 두 개의 고정원가의 상황을 가정하고 각각의 요소가 발생할 확률을 앞과 같이 부여하였다.

(4) 판매량의 정규확률분포에 의한 CVP분석

CVP분석의 기본적인 구성요소는 ① 단위당 판매가격, ② 단위당 변동원가, ③ 고정원가, ④ 판매량이다.

CVP분석의 기본적 요소 중 불확실성이 가장 큰 것은 판매량이다. 이에 따라 특정 기간의 판매량만을 확률변수로 보며 예상판매량은 정규의 연속적 확률분포를 이룬다고 전제한다. 단일제품을 전제로 판매량의 평균과 표준편차를 추정할 수 있고 판매량이 정규분포를 이루는 경우 이는 $[Q \sim N(\mu, \sigma)]$로 나타낼 수 있다.

판매량이 정규분포를 이루고 판매가격, 변동원가, 고정원가 등은 확실한 경우 기대이익($E(\pi)$) 및 기대이익의 표준편차($\sigma(\pi)$)는 다음과 같이 계산한다.

$$E(\pi) = E(Q)(P - V) - FC$$
$$\sigma(\pi) = \sigma(Q) \cdot (P - V)$$

$E(\pi)$: 기대이익	$\sigma(\pi)$: 이익의 표준편차
$E(Q)$: 기대판매량	$\sigma(Q)$: 판매량의 표준편차
P : 단위당 판매가격	FC : 고정원가
V : 단위당 변동원가	

판매량의 평균과 표준편차의 모수를 추정할 수 있고 정규분포를 이루는 경우 이는 $Q \sim N(\mu, \sigma)$로 나타낼 수 있다. 이에 따라 $Q \sim N(\mu, \sigma)$은 $\pi \sim N[(P - V)\mu - FC, (P - V) \cdot \sigma]$로 표시할 수 있다. 또한 정규분포의 특성에 따라 판매량(Q)이 특정 판매량(Q^*) 이하일 확률은 다음과 같이 계산된다.

$$P(Q \leq Q^*) = P\left(\frac{Q - \mu}{\sigma} \leq \frac{Q^* - \mu}{\sigma}\right) = P\left(Z \leq \frac{Q^* - \mu}{\sigma}\right)$$

위 식에서 $\frac{Q^* - \mu}{\sigma}$ 값은 표준정규분포의 Z값을 의미한다. 정규분포를 평균 $\mu = 0$, 표준편차 $\sigma = 1$이 되도록 표준화한 표준정규분포에 따른 Z값을 계산한다면 우리는 판매량이 손익분기점을 달성할 확률이나 목표이익을 달성할 확률 등을 계산할 수 있다. 이를 요약하면 다음과 같다.

❶ 판매량이 손익분기점(*BEP*) 이하가 될 확률

$$P(Q < BEP) = P\left(\frac{Q - E(Q)}{\sigma(Q)} < \frac{BEP - E(Q)}{\sigma(Q)}\right)$$
$$= P\left(Z < \frac{BEP - E(Q)}{\sigma(Q)}\right)$$

❷ 판매량이 손익분기점(*BEP*)보다 클 확률

$$P(Q > BEP) = 1 - P(Q < BEP)$$
$$= 1 - P\left(Z < \frac{BEP - E(Q)}{\sigma(Q)}\right)$$

❸ 특정 이익수준(π^*)을 초과할 확률

$$P(\pi > \pi^*) = \left(P(\frac{\pi - E(\pi)}{\sigma(\pi)} > \frac{\pi^* - E(\pi)}{\sigma(\pi)}\right)$$
$$= P(Z > \frac{\pi^* - E(\pi)}{\sigma(\pi)})$$

연습문제

1 (주)홍지는 지난 1/4분기의 영업성과를 분석한 결과 제품단위당 판매 가격은 ₩ 2,000, 변동원가는 ₩ 500, 분기 중 총고정원가는 ₩ 1,800,000이었다. 이 회사는 1/4분기의 영업성과 분석결과를 바탕으로 2/4분기의 예산을 편성하고자 한다. 1/4분기중 매출량은 2,000단위였다. 법인세는 무시한다.

|물음| 다음 문항은 각각 독립된 것이다.
1. 1/4분기 중 세전이익은 얼마인가?
2. 1/4분기 중 안전한계율(M/S비율)은 얼마인가?
3. 2/4분기 중 변동비는 10% 감소하고, 고정비는 15% 증가할 것으로 예상된다. 1/4분기와 매출량이 동일한 경우 2/4분기 중 세전이익 증감률은 약 얼마인가?
4. 2/4분기 중 원가는 1/4분기와 동일하게 유지되며 세전목표이익을 ₩ 1,800,000으로 설정하였다. 1/4분기와 매출량이 동일할 경우 2/4분기 중 제품단위당 판매가격은 얼마로 설정하여야 하는가?
5. 1/4분기 중에는 판매수수료를 고정급으로 ₩ 500,000 지급하였다. 이를 2/4분기 중에는 제품단위당 ₩ 300씩의 판매수수료로 지급하고자 한다. 2/4분기 중 예상판매량이 2,500단위일 경우 판매수수료 지급방법을 변경하여야 하는가?
6. 2/4분기 중 정규판매량은 2,000단위로 예상된다. 한편 현재까지 확정되지는 않았으나 (주)두성산업과 단위당 ₩ 1,200에 400개의 특별주문계약을 체결할 수 있을 것으로 기대된다. (주)두성산업과의 특별주문거래로부터 ₩ 60,000의 이익을 창출하려고 한다. 제품단위당 판매가격은 얼마로 설정하여야 하는가?
7. 법인세율을 20%로 가정하는 경우, 1/4분기의 안전한계율은 얼마인가?
8. 법인세율을 20%로 가정하는 경우, [물음 6]의 제품단위당 판매가격은 어떻게 변화하는가?

2 (주)홍지는 제품 A를 생산·판매하고 있으며 2/4분기 중의 예산을 편성하려고 한다. 제품 A의 단위당 판매가격은 ₩ 200이고 단위당 변동원가는 ₩ 150이다. 총고정원가는 ₩ 150,000으로 예상된다.

|물음| 다음의 문항은 각각 독립된 것이다.
1. 법인세율이 20%라고 할 때 손익분기점을 계산하시오.
2. 법인세율이 20%이다. 매출액이익률이 10%가 되기 위해서 몇 단위를 판매해야 하는가?

3. 법인세율이 20%이다. 회사는 광고비(고정비임)를 보다 증액한다면 5,000개를 판매할 수 있을 것으로 기대한다. 세후목표이익이 ₩ 60,000이라면 광고비예산을 얼마나 증가시킬 수 있겠는가?
4. 목표매출량이 5,000개였다면, 예산경영안전율은 얼마인가?

3 **(주)홍지는 건전지를 생산·판매하고 있다. 이 회사의 관리회계담당자는 영업활동관련 자료를 분석한 결과 다음의 정보를 얻었다.**

(1) 건전지 단위당 변동원가
* 변동제조원가　　　₩ 500
* 변동판매관리비　　　200

(2) 연간 고정원가는 아래와 같은 계단원가행태이며, 총고정원가 중 감가상각비는 다음과 같다.

조업도	총고정원가	감가상각비
0~1,000개	₩ 400,000	₩ 100,000
1,001~1,500개	490,000	100,000
1,501~2,000개	920,000	200,000

(3) 건전지 단위당 판매가격은 ₩ 1,200이며, 연간 최대 조업도는 2,000개이다.
(4) 고정원가는 감가상각비를 제외하고 모두 현금지출비용이다.

|물음|　1. 손익분기점 판매량은 얼마인가? 기업이 목표로 해야 하는 손익분기점은 어느 것인가?
2. 이익극대화를 위한 조업도는 얼마인가?
3. 이 회사는 현재 900개를 생산·판매하고 있다. 시장조사부에 의하면 고정원가인 광고비를 현재보다 증액한다면 매출량은 50%가 증가될 수 있을 것으로 판단하였다. 이 회사가 지급할 수 있는 최대의 광고비 증가액은 얼마인가?

4 **(주)홍지는 제4기까지 설록차만을 생산·판매하였으나 제5기부터 설록차 외에 보다 고급차인 쌍화차를 생산·판매하려고 한다. 다음은 제4기의 영업실적과 제5기의 예산편성을 위한 자료이다. 법인세율은 40%이다.**

<제4기 자료>
설록차 한 세트의 판매가격은 ₩ 1,000이고 세트당 변동원가는 ₩ 700이다. 연간 총고정원가는 ₩ 600,000이었다. 고정원가에는 감가상각비가 ₩ 200,000 포함되어 있다.

<제5기 자료>

제5기 중에는 설록차 생산설비 중 일부와 새로운 설비를 이용하여 쌍화차를 생산하고자 한다. 쌍화차 한 세트의 판매가격은 ₩2,000이고 세트당 변동원가는 ₩1,200으로 예상된다. 연간 총고정원가는 제4기보다 ₩200,000이 증가하고 이중 50%는 감가상각비가 차지할 것으로 예상된다. 설록차와 쌍화차의 매출량배합비율은 3 : 2로 유지될 것이다.

| 물음 |

1. 제4기의 손익분기점과 현금분기점을 계산하시오.
2. 제5기 중 설록차와 쌍화차의 손익분기점과 현금분기점을 계산하시오.
3. 제5기 중 당기순이익은 ₩270,000을 달성하려고 한다. 목표이익달성을 위한 설록차와 쌍화차의 수량을 계산하시오.
4. 제5기 중 목표매출액은 총 ₩3,500,000으로 목표순이익은 ₩270,000이었다. 이 회사는 제5기 중 총 ₩3,500,000의 목표매출액을 달성하였으나 순이익은 목표순이익 ₩270,000보다 적었다. 실제원가자료는 예산과 차이가 없었다. 그 이유는 무엇인가?

5   (주)홍지는 표준원가계산제도를 채택하고 있다. 이 회사는 지난 제10기 중의 영업성과를 평가하기 위하여 다음과 같은 자료를 입수하였다.

(1) 이 회사의 연간 최대조업도는 20,000개, 기준조업도는 18,000개이다. 제10기 중 생산량은 16,000개, 매출량은 15,000개, 기말재고량은 2,000개이다.

(2) 기준조업도를 기준한 제품단위당 표준원가 등의 자료는 다음과 같다.

판매가격 :	₩ 200
고정제조원가 : 연간	₩360,000
고정판매관리비 : 연간	₩252,000
변동제조원가 :	₩ 110
변동판매비 :	₩ 20
변동일반관리비 :	₩ 10

(3) 법인세율은 20%이다.

| 물음 |

1. 손익분기점 매출량을 계산하시오.
2. 연간순이익 ₩120,000을 얻기 위한 매출액은 약 얼마인가?
3. 매출액이익률 10%를 얻기 위한 매출액은 약 얼마인가?

6 (주)홍지는 제품 A를 생산 · 판매하고 있다. 제품 A의 정보는 다음과 같다.

- 단위당 직접재료비 ₩ 120
- 단위당 변동제조간접비 ₩ 100
- 단위당 직접노무비 ₩ 150
- 단위당 변동판매관리비 ₩ 80

월간 총고정제조간접원가는 ₩ 200,000이며 월간 총고정판매관리비는 ₩ 50,000이다. 제품 A의 가격에 대한 수요의 변화를 측정한 결과 다음과 같은 사실을 파악하였다.

(1) 단위당 판매가격을 ₩ 950으로 설정하는 경우, 매출량은 400개에서 800개의 범위에서 동일하게 나타난다.
(2) 단위당 판매가격을 ₩ 850으로 설정하는 경우, 매출량은 600개에서 900개의 범위에서 동일하게 나타난다.

| 물음 | 1. 단위당 판매가격이 ₩ 950인 경우 손익분기점에 미달할 확률은 얼마인가?
2. 단위당 판매가격이 ₩ 850인 경우 적어도 ₩ 62,000 이상의 이익을 달성할 수 있는 확률은 얼마인가?

7 (주)홍지는 골뱅이 통조림을 신제품으로 생산 · 판매하기로 하였다. 통조림의 단위당 판매가격은 ₩ 900, 단위당 변동원가는 ₩ 400이며 월간 고정원가는 ₩ 750,000이다. 한편 신제품의 수요량은 불확실하지만 정규분포를 이룰 것으로 판단된다. 신제품의 월간 기대판매량은 2,000개이며, 표준편차는 400개이다.

| 물음 | 1. 신제품의 기대이익과 기대이익의 표준편차를 계산하시오.
2. 적어도 손익분기점에 도달할 확률을 계산하시오.
3. 이익이 ₩ 150,000 이상이 될 확률을 계산하시오.

PART 05

종합예산

종합예산

1. 예산의 의의와 분류

1) 예산의 의의

어떤 종류의 일이나 사업을 하는 경우라도 미리 계획을 세우고 그 실행결과를 되돌아보는 과정을 거치게 된다. 즉 경영관리활동의 핵심은 계획과 통제이다. 예산제도는 종합적인 경영관리의 가장 유효하고 효과적인 기법으로 계획과 통제를 위한 관리기법이다.

계획이 기업의 목표를 구체화한 것이라면 예산은 계획을 계량화·수치화한 것이다. 즉 예산(budget)이란 목표 및 계획을 계량적으로 특히 화폐적으로 표현한 것이다. 예산은 행위의 지침이 되며, 통제와 성과평가의 기준이 된다.

일반적으로 예산이라 하면 종합예산을 의미한다. 종합예산이란 통상 1년을 단위로 기업의 계획에 따른 경영성과와 재무상태의 예산을 말하며, 기업의 부문별 예산을 바탕으로 편성된 기업 전체의 예산이다.

종합예산에는 일정기간 동안의 판매, 생산, 구매, 순이익, 현금흐름, 재무상태 등을 공식적으로 표현하는 것이며, 기업의 이익계획을 구체화한 것이다. 종합예산과 이익계획은 비슷하거나 동일한 개념으로 생각되기도 한다. 이러한 종합예산은 미래에 대한 예측을 바탕으로 편성되기 때문에 편성된 예산의 정확성은 보다 객관적인 예측에 의해서 확보될 수 있다.

한편 예산과 예측은 다르다. 예측은 현재의 상황·자료를 바탕으로 미래에 대한 계획을 수립하기 위한 전제로 예산편성의 출발점이 된다. 즉 재무예측을 바탕으로 예산편성을 하며 실제결과와 예산의 비교를 통하여 예산통제를 하게 된다. 예산편성을 위한 예측의 주된 내용은 매출액 예측이다. 즉 예측은 객관적 입장에서 미래에 어떤 상황이 벌어질 것인가의 예상이다.

반면 예산은 기업의 관리자 입장에서 미래에 어떠한 상황이 일어나야만 하는가를 의도적으로 구체화(계량화)시키는 것이다.

2) 예산의 분류

(1) 기간에 따른 분류

예산은 예산기간에 따라 단기예산과 장기예산으로 구분된다.

❶ 단기예산 : 이는 예산편성기간이 1년 이하인 경우이다. 단기예산은 예산기간에 따라 연차예산, 반기예산, 분기예산, 월별예산 등으로 구분된다. 종합예산도 단기예산이다.
❷ 장기예산 : 이는 예산편성기간이 1년 이상인 경우이다. 자본예산이 대표적인 예이다. 예산기간이 1년 이상, 즉 장기인 경우에는 예산이라기보다는 예측의 성격이 강하다.

(2) 예산편성범위에 따른 분류

❶ 부문예산 : 이는 구매 · 제조 · 판매 · 총무 등 각 부문별로 편성되는 예산이며, 기능별 예산이라고도 한다. 이는 책임단위별로 세분화되어 설정되는 예산이다.
❷ 종합예산 : 이는 기업 전체예산이며, 부문예산을 종합한 예산이다. 종합예산은 총괄예산이라고도 한다.

(3) 예산성격에 따른 분류

❶ 정규예산 : 이는 정규적 · 반복적으로 편성되는 예산이며, 기업의 경상활동을 대상으로 편성한다.
❷ 특별예산 : 이는 기업활동의 불확실성으로 인하여 임시적 · 우발적으로 편성되는 예산이며, 임시예산이다.

(4) 예산내용에 따른 분류

❶ 손익예산 : 이는 수익과 비용의 발생에 따른 이익예산이다. 손익예산은 발생주의에 입각하여 편성하며, 이익의 계산과정에 따라 판매예산, 제조예산, 일반관리예산 등으로 구분된다. 손익예산은 영업예산이라고도 한다.
❷ 재무예산 : 이는 자금의 흐름에 대한 예산이다. 재무예산은 대개 현금을 기준으로 현금

의 유입과 현금의 유출에 대한 예산이며 현금주의에 의하여 편성한다.

(5) 영업내용에 따른 분류

❶ 경상예산 : 이는 정규적인 일상의 영업활동에 관한 예산이다. 경상예산은 영업기간에 대하여 편성되는 단기적 예산이다.

❷ 자본예산 : 설비투자 등 장기적인 투자활동에 대한 예산이다. 자본예산은 고정자산에의 투자에 대한 예산이다.

(6) 예산탄력성

❶ 고정예산 : 이는 실현가능한 단일조업도를 기준으로 편성되는 예산이다. 고정예산제도 하의 예산차이는 고정예산기준조업도의 예산과 실제조업도의 실적을 비교하여 계산한다. 고정예산은 정태적 예산 또는 계획예산이라고도 한다.

❷ 변동예산 : 이는 실현가능한 복수의 조업도를 기준으로 편성되는 예산이다. 변동예산제 도하의 예산차이는 실제조업도의 예산과 실제조업도의 실적을 비교하여 계산한다. 변동예산은 탄력성 예산 또는 복수예산이라고도 한다.

2. 종합예산제도의 본질

1) 종합예산의 의의

종합예산(master budget)이란 기업 전체를 대상으로 1회계기간(대개 1년)을 단위로 편성한 예산이다. 따라서 종합예산은 단기예산이며, 경상예산이다. 또한 종합예산은 책임단위별 부문예산을 종합한 기업 전체의 예산이다. 종합예산은 기업의 전략적인 장기계획을 바탕으로 1년을 기준으로 편성되며 장기계획을 보다 구분화·세분화·구체화한 경영계획의 계량화 결과이다.

종합예산은 이익계획 또는 목표설정을 말하며, 궁극적으로 예산재무제표를 작성한다. 종합예산의 일반적인 특성을 요약하면 다음과 같다.

❶ 종합예산은 1회계기간을 단위로 편성된다.
❷ 종합예산은 부문별 예산을 바탕으로 한 기업 전체의 예산이다.
❸ 종합예산은 원칙적으로 화폐단위로 표시된다.

❹ 종합예산은 손익예산과 재무예산을 모두 포함한다.

❺ 종합예산은 계획을 구체화한 이익계획이다.

❻ 종합예산은 통제 및 성과평가의 지침이 되며 예산차이분석을 행하는 기준이 된다.

❼ 종합예산은 특별한 경우에 한하여 최고경영자의 승인이 있어야만 변경이 가능하다.

2) 종합예산제도의 구조

(1) 예산통제제도의 구조

종합예산제도는 예산통제시스템 또는 예산순환과정이라고도 한다. 종합예산제도는 예산지향방식(budget-constrained style)의 성과평가방법으로 성과를 예산의 달성 정도에 따라 평가하는 시스템이다.

예산통제시스템도 다음과 같이 일반적인 통제시스템방식으로 설정되며, 이를 그림으로 나타내면 [그림 5-1]과 같다.

✧ 그림 5-1 예산통제시스템의 구조

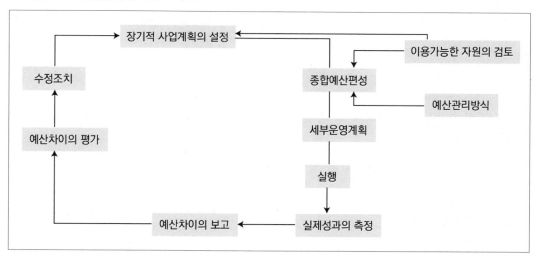

❶ 장기적인 사업계획의 설정: 기업의 목표 및 경영전략에 따라 장기적으로 기업이 수행하여야 할 경영활동을 계획한다. 장기적 사업계획은 경영전략을 보다 구체화한 것으로 제품별 장기수요의 예측, 설비자산의 투자, 제품라인의 추가 및 폐지, 조직의 개편 등이 포함된다.

❷ 종합예산의 편성: 장기적 사업계획을 수행하기 위한 1년 단위의 종합예산을 편성한다. 종합예산은 책임단위별(부문별) 예산을 총합·조정하여 편성한다.

❸ 세부운영계획: 종합예산을 기초로 책임단위별 관리자는 책임단위예산의 구체적이고 세부적인 실행계획을 수립한다.

❹ 실제성과의 측정: 성과평가의 주기별로 실행의 결과를 측정한다.

❺ 예산차이의 보고: 책임단위별로 성과평가보고서를 작성하여 예산과 실적의 차이, 즉 예산차이를 계산하여 이해관계자에게 전달한다.

❻ 예산차이의 평가: 예산차이의 원인을 규명하고 문제점을 식별한다.

❼ 수정조치: 문제점에 대한 대책 및 개선조치를 강구하여 다음 연도의 예산에 반영한다.

예산통제시스템의 구조는 경영관리과정과 본질적으로 동일한 것이며 다만, 예산을 관리의 도구로 이용한다. 예산에 의한 관리는 부문관리자들에게 목표에 의한 관리(MBO: Management By Objective)를 가능하게 하며 최고경영자에게는 예외에 의한 관리를 가능하게 한다.

종합예산편성 시 기업이 이용가능한 인적·물적 자원에 대한 검토를 하여야 하며 예산관리방식을 결정하여야 한다. 예산관리방식의 결정에는 다음의 내용들이 고려되어야 한다.

❶ 예산의 명료성: 예산은 구체적이고 명료하게 기술되어 쉽게 이해할 수 있어야 한다.

❷ 예산의 엄격도: 예산의 수준을 어느 정도로 할 것인가를 결정해야 한다.

❸ 예산의 참여도: 부문관리자 및 종업원들의 예산편성에의 참여수준에 대한 결정을 하여야 한다.

❹ 예산의 수정: 예산의 변경정도 및 절차에 대한 기준이 마련되어야 한다.

(2) 예산차이분석

종합예산제도는 정규적인 성과보고서를 작성하여 예외의 관리를 행하게 된다. 성과보고서는 예산관리주기에 따라 작성된다. 예산관리주기는 예산편성 및 그에 따른 예산차이를 계산하는 기간을 말한다. 따라서 기업은 연별, 반기별, 분기별, 월별 편성 중 어느 주기를 이용할 것인가를 결정하여야 한다. 대개의 경우 월별 성과보고서를 작성하고 예산차이를 계산한다.

성과보고서는 예산과 실적을 비교하고 차이를 계산하는 양식으로 작성하며 책임단위별로 작성한다. 또한 연초부터의 누계액을 계산하여 예산차이를 계산한다. 예산차이는 예산과 실적의 차이를 말하며 이는 책임중심점에 따라 원가차이와 매출차이를 모두 포함한다. 제조부문의 경우 표준원가계산제도를 이용하여 원가차이를 계산하며, 판매부분의 경우는 매출차이를 계산한다.

성과보고서의 양식은 정형화되어 있지 않기 때문에 기업의 특성에 알맞게 작성하도록 하여야 한다. 이익단위로 운영되는 부문의 성과보고서양식의 예를 보면 [표 5-1]과 같다.

✦ 표 5-1 성과보고서의 양식 (단위 : 천 원)

항목	예산		실적		차이	
	당월	연초부터 누계	당월	연초부터 누계	당월	연초부터 누계
매출액	×××	×××	×××	×××	×××	×××
변동매출원가						
재료원가	×××	×××	×××	×××	×××	×××
노무원가	×××	×××	×××	×××	×××	×××
변동제조간접원가	×××	×××	×××	×××	×××	×××
제조공헌이익	×××	×××	×××	×××	×××	×××
고정제조간접원가	×××	×××	×××	×××	×××	×××
매출총이익	×××	××	××	××	××	××
판매원가	××	××	××	××	××	××
일반관리원가	××	××	××	××	××	××
영업이익	××	××	××	××	××	××

3) 종합예산제도의 전제조건

종합예산제도가 기업의 장기적인 목표를 성공적으로 달성할 수 있도록 효과적인 관리기법이 되기 위해서는 다음과 같은 조건을 충족시킬 수 있어야 한다.

❶ 전사적 목표(overall goals) : 기업의 전체적인 목표를 명확히 설정하여야 한다. 전사적 목표는 장기적 계획에 따라 설정한다.

❷ 목표의 분할(goal decomposition) : 기업의 전사적 목표는 하위 목표들로 체계적으로 분할되어야 한다. 이는 보다 구체적인 전사적 목표의 구분과정이다. 예를 들어 판매지역,

고객 또는 제품별로 판매 및 생산할당을 하는 것이다.

❸ **목표일치성**(goal congruence) : 하위 목표는 전사적인 목표나 다른 하위 목표와 목적적합성을 유지하여야 한다. 즉 단기적·부문별 목표달성이 장기적·전체적 목표달성을 희생시키지 않도록 하여야 한다.

❹ **목표수용성**(goal acceptance) : 예산은 예산실행자가 받아들이고 위압감을 느끼지 않아야 한다. 즉 책임을 지닌 관리자는 예산을 완전히 이해하고 예산목표가 합리적임을 승인하여야 한다.

❺ **수정조치**(feedback) : 예산은 통제 및 업적평가의 기준으로 이용되고 예산차이분석의 과정을 거쳐 문제점의 파악 및 수정조치의 과정을 거쳐야 한다.

❻ **예외의 관리**(management by exception) : 최고경영자는 예산차이가 커서 중요하다고 판단되는 항목에만 주의를 집중시키도록 한다.

❼ **예산의 탄력성**(budget flexibility) : 예산은 환경의 변화를 탄력적으로 운용될 수 있어야 한다. 예산의 탄력성을 증대시키는 것으로 월차 실행예산편성, 추가예산제도, 연속예산제도 등을 들 수 있다.

❽ **예산의식의 형성**(budget mind) : 종업원 및 최고경영자가 예산의 긍정성과 당위성 등에 대한 인식을 하여야 하며 모든 구성원들의 올바른 이해와 적극적인 협력이 있어야 한다. 특히 최고경영자의 확고한 의지가 중요하다.

4) 종합예산제도의 기능과 역기능

(1) 예산의 기능

예산의 기능은 종합예산제도가 경영관리의 과정인 계획·조정·통제 등의 활동에 효과적으로 활용될 수 있다는 것이다.

❶ **계획기능** : 종합예산은 일정기간 기업의 총합적인 계획이며 하위 부문에 대한 세부계획·방침·절차 등을 공식적으로 표시한 것이다.

❷ **조정기능** : 종합예산은 각 부문의 활동이 기업 전체의 목표와 조정되도록 하며, 각 부문 상호 간의 협조 및 조화를 이루도록 자극한다. 즉 종합예산은 통일적인 공동목표가 달성될 수 있도록 각 부문의 생산요소를 통합하고 균형화하는 역할을 한다. 각 부문의 분할된 활동은 예산을 통한 수직적·수평적 의사전달에 의하여 조정된다.

❸ 통제기능 : 종합예산은 예산과 실적의 비교를 통한 예산차이분석과 예산집행의 과정에서은 좋은 실적을 올릴 수 있도록 사전통제역할을 수행하며, 업무활동의 지침이 된다.

이상과 같이 종합예산의 기능은 계획·조정·통제로 요약할 수 있으나, 보다 구체적으로 종합예산의 기능을 나누어 보면 다음과 같다.

- 경영계획을 계수적 목표로서 명확화·체계화한다.
- 경영계획의 세부적 운영절차를 수립하도록 강제화하고 자극한다.
- 각 부문별로 목표와 책임을 명확히 한다.
- 각 부문들 간의 수직적·수평적 의사소통을 원활히 하여 균형과 조화를 추구한다.
- 하위 경영자에게 책임의식과 더불어 권한위임을 가능하게 한다.
- 경영여건변화에 신속하고 탄력적인 대응이 가능하다.
- 성과평가의 기준이 되므로 예산차이분석에 따른 경영개선이 가능하다.
- 경영목표달성을 위한 통합적 수단의 역할을 한다.
- 행동지침을 제공한다. 부문관리자에게 주어진 과업은 무엇이며, 그것을 실행하기 위해서는 어떤 일을, 언제, 어떻게 하여야 하는가를 알려준다.

(2) 예산의 역기능

종합예산제도는 기능적인 측면이 강하나 제대로 시행하지 못하는 경우에는 역기능이 나타난다. 예산의 역기능은 주로 예산의 행동적 측면에 대한 고려를 통하여 제거될 수 있다. 종합예산이 가질 수 있는 역기능은 다음과 같이 요약할 수 있다.

❶ 예산달성의 강요 : 확정된 예산은 각 부문 관리자에게 예산을 달성하여야 한다는 심적인 부담을 주게 된다. 즉 예산이 목표가 아니라 압력의 수단으로 사용될 수 있다.
❷ 단기적 성과의 집착 : 단기적 예산의 달성에 집착하므로 장기적인 성과를 소홀히 할 수 있다. 즉 단기적인 예산목표달성이 장기적인 이익의 희생을 가져올 수 있다.
❸ 성과조작의 가능성 : 예산에 의한 성과평가는 피평가자가 자신에게 유리한 성과평가결과가 나올 수 있도록 예산을 이용하려 하며 또한 예산달성을 위하여 성과를 조작할 가능성이 있다. 예를 들어, 월말 또는 연말의 주문을 차월 또는 차년도로 미루거나 앞당겨 주문을 체결하므로 성과를 인위적으로 조작할 수 있다.

❹ 예산여유 : 유리한 업적을 손쉽게 달성하기 위하여 예산편성 시 예산여유가 나타날 수 있다. 예산여유(budgetary slack)란 부문관리자들이 사적인 정보를 왜곡하거나 힘의 논리에 의하여, 매출액예산을 낮추고 비용예산이나 현금지출예산 등을 높이는 것이다. 즉 예산여유는 미래의 기대치와 예산설정치와의 차이를 말한다. 예산여유는 주어진 예산목표를 손쉽게 달성할 수 있도록 한다.

❺ 쓰자주의 : 비용예산을 남기면 차기로 이월되는 것이 아니고 차기비용예산이 삭감될 가능성이 크기 때문에 어떤 명목으로라도 설정된 비용예산은 전액소비하여야 한다는 사고를 가지게 한다.

3. 종합예산의 운용기법

1) 참여예산

(1) 종업원의 참가도에 따른 예산설정기법

종합예산은 부문별 예산을 조정하여 편성된다. 각 부문별 예산을 편성하고 종합예산을 확정하는 과정에서 각 부문의 관리자나 종업원들이 어느 정도로 참여할 수 있는가에 따라 예산설정방법은 권위적 예산제도, 상의적 예산제도, 참여적 예산제도로 구분된다.

❶ 권위적 예산제도(authoritative budgeting) : 권위적 예산제도란 최고경영자가 각 부문관리자 및 종업원들과의 협의 없이 일방적으로 예산을 설정하는 방법이다. 이는 중앙집권적 예산설정방법이며, 하향식 예산설정방법이다.

❷ 상의적 예산제도(consultative budgeting) : 상의적 예산제도는 최고경영자가 예산을 편성하면서 각 부문관리자 및 종업원들과 상의한 후 예산을 확정하는 방법이다. 이는 각 부문의 중요한 요소·업무 및 미래의 예측 등에 관하여 보조적인 자문을 받아 최종 예산을 확정하기 때문에 보조적 예산제도 또는 자문적 예산제도라고도 한다. 예산확정의 주체는 최고경영자이며, 부문관리자 및 종업원의 의견은 단지 보조적인 역할만을 수행한다.

❸ 참여적 예산제도(participative budgeting) : 참여적 예산제도는 부문관리자 및 종업원들이 예산편성에 적극적으로 참여하여 최종 예산을 수용할 때까지 예산편성과정을 계속하는 방법이다. 일반적으로 예산을 실행하여야 하는 사람들이 예산편성과정에 참여하는 것이 바람직하며, 이를 위하여 예산집행의 권한과 자율성을 보장하여야 한다.

(2) 참여예산의 본질

참여예산제도는 종합예산제도하에서 성과에 책임을 지는 부문관리자 및 종업원들에게 자신들의 예산편성에 직접 참여할 수 있도록 하는 제도이다. 이는 참여를 통하여 의사소통, 사기, 창의력, 집단응집성 등이 증가되며 종업원들에게 예산목적을 내재화시킬 가능성이 증대될 수 있다. 참여예산제도는 예산편성에서의 기술적 측면보다는 종업원들의 행위적 측면에 초점을 맞추어 예산에 의한 효과적인 관리를 추구하고 있다.

참여예산제도의 유용성은 참여의 정도 및 형태에 따라 상이해진다. 참여의 정도는 예산편성과정에 얼마만큼 관여하였는가에 의하여 결정되며 분권화의 정도에 따라 다르게 나타난다. 또한 참여의 형태는 실질적 참여와 유사참여로 나눌 수 있다. 유사참여(pseudo participation)란 진정한 참여가 아닌 형식적인 참여를 의미한다. 실질적 참여는 예산에 대한 긍정적 반응을 보이나 유사참여는 오히려 예산에 대한 부정적 반응을 보이게 된다.

참여예산제도의 의의는 진정한 참여를 통하여 만족, 사기, 동기부여, 집단응집성 등의 증가를 통한 성과의 증대에 있다. 참여예산제도를 도시하면 [그림 5-2]와 같다.

◇ 그림 5-2 참여예산제도

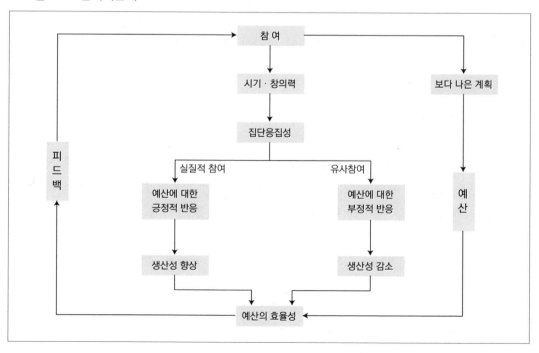

2) 연속예산

종합예산은 보통 1년 단위로 편성되며 연차예산은 분기별 예산 및 월별 예산으로 나누어진다. 연속예산제도는 일정기간의 종합예산을 그보다 작은 예산기간으로 분할하고 한 기간이 지나면 또 다른 한 기간을 추가하여 계속적으로 예산을 편성하는 방법이다. 즉 20X1년 1년간의 종합예산을 월별(또는 분기별) 예산으로 나눈 후 20X1년 1월(또는 1/4분기)이 지나면 20X2년의 1월(또는 1/4분기)을 포함한 1년간의 예산을 새로이 편성하는 방법이다.

연속예산제도는 종합예산기간이 모두 지난 후에 행하는 사후통제가 아니라 종합예산집행의 과정을 단계적·지속적으로 통제하는 예·아니오 통제(yes·no control)의 유형이다. 이 제도는 예산을 지속적으로 심사하고 평가하며 실적과 예산의 비교도 지속적으로 행하는 매우 바람직한 예산제도이다. 연속예산은 계속예산 또는 영구예산이라고도 한다.

연속예산제도는 예산편성과업이 연중 지속적으로 수행된다는 문제점이 있으나 다음과 같은 유용성을 갖는다.

❶ 연말에 과중한 예산편성업무를 회피할 수 있다.
❷ 연속적인 통제활동을 통하여 지속적인 수정조치가 가능하다.
❸ 환경변화에 보다 탄력적인 예산편성이 가능하다.
❹ 기업의 장기적인 목표달성을 위하여 단기적 예산목표를 적절히 조화시킬 수 있다.

3) 원점예산

일반적인 종합예산편성과정은 증분기준으로 이루어진다. 즉 전년도 예산을 기초로 예산기간의 상황을 고려하여 일정금액을 증가시키거나 감소시키는 과정을 통하여 예산을 확정한다. 따라서 증분기준예산편성은 각각의 항목에 대한 면밀한 재검토가 이루어지지 아니하고 전년도 예산에 대한 일정한 비율로 증액 또는 감액을 통하여 이루어진다.

원점예산은 증분기준에 의한 예산편성이 아니다. 원점예산(ZBB: Zero-Base Budget)은 각 부문의 활동이 처음 시작되는 것으로 가정하고 세부적인 활동에 대한 면밀한 재검토를 통하여 편성한 예산이다. 즉 원점예산제도는 부문관리자들에게 그들이 담당하고 있는 활동의 예산요구를 0(zero)에서 시작하게 하고, 부문활동의 필요성에 대한 상세한 이유와 그 타당성을 입증하여 운영계획 및 예산편성을 하는 과정이다. 원점예산은 영기준예산이라고도 한다.

원점예산제도는 다음과 같은 시스템구조를 가지고 운영된다.

❶ 예산의 출발점은 0(zero)으로 설정된다.
❷ 업무에 대한 책임이 각 부문관리자 및 담당자에게 직접 이관된다.
❸ 모든 사업활동이 의사결정서의 흐름으로 체계적인 분석이 이루어진다.

원점예산제도는 예산의 집행 및 평가의 과정은 전통적인 예산제도와 동일하나 예산편성 방식에서 독특한 면을 갖는다. 다만 이 제도는 과거의 비능률적인 요소들을 찾아내어 이를 제거하고 예산편성을 할 수 있으나, 많은 시간과 비용을 필요로 한다.

따라서 매년 원점예산제도를 이용하는 것은 현실적으로 불가능하며 몇 년에 한 번씩 이 한다면 예산의 정확성을 보다 향상시킬 수 있게 된다.

4. 종합예산의 편성

1) 종합예산의 편성절차

종합예산편성에는 기획실 또는 종합조정실 등 예산을 총괄하는 부서의 관리자(예산 관리자: budgetor)와 예산단위의 예산수행에 실질적인 책임을 지는 각 부문관리자(예산 수행자: budgetee)가 참여한다. 때로는 예산위원회를 활용하기도 한다. 예산위원회는 판매·생산·재무 등 가장 중요한 경영기능의 책임자들과 예산 관리자들로 구성되며, 예산안의 심의·검토·조정의 역할을 수행한다.

기존의 사업을 효율적으로 운영하고 새로운 사업계획에 대한 구체적인 실행과정을 마련하기 위한 종합예산의 편성은 목표이익의 검토로부터 예산재무제표를 작성하기까지 일련의 체계화된 절차를 거친다. 많은 기업의 경우 종합예산편성 및 집행을 체계화하기 위하여 '예산관리규정 및 시행세칙'을 마련하고 있다. 종합예산편성의 일반적인 절차는 다음과 같다.

(1) 목표이익의 설정

목표이익의 설정은 기업 전체의 단기적 이익계획을 수립하는 과정이다. 목표이익이 설정되면 목표매출액에 의하여 허용비용(allowable expenses)이 확정된다.

(2) 예산편성지침의 결정과 시달

예산편성지침이란 최고경영자가 설정한 경영방침, 예산수립의 기초기준, 예산편성일정, 주요한 환경변수의 예측 등이 포함된다. 예산편성지침은 다음과 같은 특징을 갖는다.

❶ 경제환경 등 경영활동의 중요한 요소에 대한 예측을 담는다.
❷ 판매·생산 등 주요 부문업무의 중요사항을 구체적으로 지시한다.
❸ 각 부문이 지향해야 할 업무의 중요사항을 구체적으로 지시한다.
❹ 각 부문 상호 간의 관계를 조정하는 지침이 되어 예산편성의 합리화를 촉진한다.
❺ 각 예산안의 심의조정 시 그 타당성을 판정하는 기준이 된다.

(3) 부문예산안의 편성

부문예산은 과거예산을 기준한 증분편성보다는 육하원칙에 의거한 산출근거를 바탕으로 보다 구체적으로 편성한다. 이는 부문관리자, 즉 예산 수행자가 편성한다.

(4) 부문예산편성안의 조정

예산편성을 총괄하는 예산 관리자는 부문예산안에 대한 검토 및 조정작업을 한다.

(5) 종합예산의 조정

각 부문예산을 바탕으로 종합예산을 편성하며 당초 계획한 목표이익·예산편성지침 등과의 부합 여부를 검토하여 조정한다.

(6) 종합예산 및 각 부문예산의 심의·확정

예산위원회 또는 이사회는 회부된 예산안을 심의한 후 재수정을 요구하거나 심의·조정을 거쳐 최종 예산안을 확정한다.

2) 종합예산의 체계

종합예산은 책임단위별 예산을 종합한 기업 전체의 예산이다. 종합예산은 판매부문예산, 제조부문예산, 재무부문예산, 인사부문예산 등과 같이 경영기능별로 구분하며 예산의 내용에 따라 수익예산, 비용예산 및 이익예산으로 구분하기도 한다.

그러나 종합예산의 체계는 영업예산과 재무예산으로 나누고 비용예산은 원가요소 및 기능별로 구분하는 것이 일반적이다. 영업예산은 손익예산, 또는 운영예산이라고도 하며 기업의 손익활동에 대한 예산이다. 영업예산은 예산손익계산서의 작성으로 완성되며 원가요소별 예산보조명세서를 작성한다. 재무예산은 자금의 흐름에 대한 예산이며, 자본예산을 출발점으로 하여 현금예산서, 예산재무상태표(예산대차대조표), 예산부속명세서 등을 작성한다. 종합예산의 일반적인 체계는 [그림 5-3]과 같다.

✧ 그림 5-3 종합예산의 체계

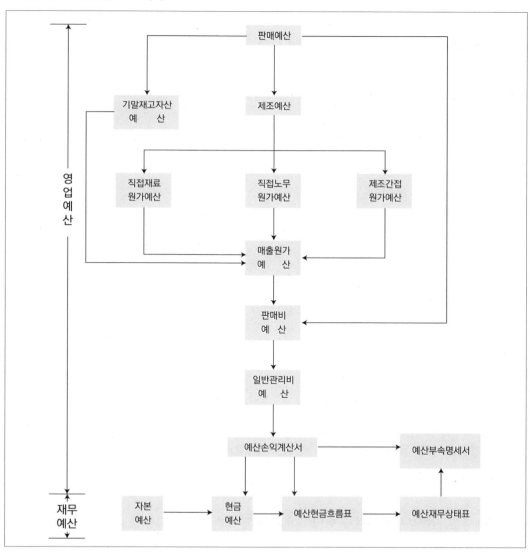

[그림 5-3]에 따른 종합예산편성의 과정은 다음과 같다.

❶ 종합예산의 편성은 판매예측을 통한 판매예산의 수립으로부터 시작된다. 판매예산은 제품의 판매가능성을 기초로 제조부문의 생산능력, 기업의 투자능력 등을 고려하여 편성한다.

❷ 제조예산은 판매예산을 충족시키고 재무예산을 고려하여 편성한다.

❸ 제조예산은 직접재료원가, 직접노무원가, 제조간접원가 등 원가요소별로 구분하여 세분화한다.

❹ 판매예산에 따라 매출원가예산을 수립한다.

❺ 판매비와 일반관리비의 예산을 수립한다.

❻ 영업활동을 종합한 예산손익계산서를 작성한다.

❼ 자본예산은 기업의 장기적 이익계획을 바탕으로 한 것이므로 장기적 자금흐름에 대한 정확한 예측을 필요로 한다.

❽ 현금의 유입과 유출에 대한 파악을 기초로 현금예산서를 작성한다.

❾ 예산재무상태표와 예산부속명세서를 작성한다.

3) 판매예산

(1) 판매예측

판매예산은 종합예산의 출발점이 되며, 판매예측(sales forecast)을 바탕으로 편성된다. 판매예측을 할 경우 다양한 요소들을 고려하여야 하는데 다음과 같은 요소들이 포함된다.

- 기존제품의 제품수명주기
- 신제품개발 및 출하계획
- 과거의 판매량 및 매출신장률
- 시장점유율
- 경쟁회사의 동향
- 판매가격 정책
- 광고 및 판매촉진정책
- 판매원의 자질 및 능력
- 판매의 계절적 변화
- 생산능력
- GDP · 물가 · 실업률 등 경제상황

판매예측은 판매부문관리자가 담당하며 다양한 예측방법을 이용할 수 있다. 일반적인 판매예측방법은 다음과 같다.

❶ 판매원의견종합법: 판매활동을 직접 담당하는 담당자들의 의견을 종합하여 판매예측을 하는 방법이다. 판매원들의 의견을 종합하는 방법은 집단의사결정방법을 이용한다. 집단의사결정방법에는 델파이기법, 명목집단토의법, 집단토의기법 등이 있다.

❷ 경영자집단판단법: 이는 판매뿐만 아니라 생산·재무·일반관리 등의 부문관리자를 포함한 최고경영자집단이 그들의 경험과 지식을 이용하여 집단적인 의견에 따라 판매예측을 하는 방법이다.

❸ 통계적 방법: 앞서의 ❶, ❷는 주관적인 판단에 의한 방법인 데 반하여, 통계적 방법은 통계적 분석기법을 이용한 판매예측방법이다. 이 방법으로는 추세분석법, 시계열분석법, 회귀분석법 등이 있다.

(2) 판매예산

판매예산은 판매예측을 바탕으로 구체적·주관적으로 예산매출량과 예산판매가격을 확정하는 것이다.

예산매출액은 예산매출량에 예산단위당 판매가격을 곱하여 계산된다.

판매예산은 종합예산편성의 기초가 되며 다음과 같은 구체적인 의의를 갖는다.

❶ 판매예산은 제조예산의 기초가 된다.

❷ 판매예산은 광고비, 판매수수료, 판매촉진비 등 판매비예산의 기준이 된다.

❸ 판매예산은 현금예산편성 시 현금유입의 기초가 된다.

❹ 판매예산은 예산매출액을 확정하여 예산손익계산서작성의 출발점이 된다.

4) 제조예산

제조예산은 어떠한 제품을, 얼마만큼, 언제, 어디에서, 어떻게 생산할 것인가에 대한 계획이다. 제조예산 중 가장 중요한 것은 생산량에 대한 예산이며, 예산생산량이 결정되면 이를 달성하기 위한 직접재료원가예산, 직접노무원가예산, 제조간접원가예산을 편성하게 된다.

제조예산의 편성에는 표준원가제도가 이용된다.

❶ 생산량예산(production volume budget) : 생산량예산은 예산기간 중 몇 단위의 제품을 생산할 것인가를 결정하는 과정이다. 예산생산량을 결정하기 위해서는 예산판매량뿐만 아니라 생산소요시간 및 안전재고등을 고려하여야 한다. 예산생산량은 다음과 같이 계산하며 기초와 기말은 예산기간의 기초와 기말을 뜻한다.

예산생산량 = 예산판매량 + 기말목표재고량 − 기초재고량

>> 예제 1

㈜홍지는 제5기 1/4분기 중의 예산을 월별로 편성하고자 한다. 제4기 12월말의 제품재고량은 1,000개이며 월말 재고량은 다음 달 예산판매량의 20%를 보유하고자 한다. 1/4분기 중 1월, 2월, 3월의 예산판매량은 각각 5,000개, 6,000개, 7,000개이다. 또한 4월 중의 예산판매량은 10,000개이다.

| 물음 |
1/4분기 중의 월별 생산량 예산을 수립하시오.

| 풀이 |

항목	1월	2월	3월	합계
예산판매량	5,000개	6,000개	7,000개	18,000개
월말 목표재고량	1,200	1,400	2,000	4,660*
총 필요량	6,200	7,400	9,000	22,600
월초 재고량	(1,000)	(1,200)	(1,400)	(3,600)*
예산생산량	5,200개	6,200개	7,600개	19,000개

* 2,000개와 1,000개를 이용하여 계산하여도 무방함

❷ 직접재료원가예산(direct materials budget) : 직접재료원가예산은 예산생산량을 생산함에 따라 필요한 직접재료의 구입에 대한 예산이다. 직접재료원가예산은 직접재료의 예산단위당 구입원가에 예산구입량을 곱하여 계산한다. 직접재료의 예산구입량은 다음과 같이 계산한다.

$$\text{직접재료 예산구입량} = \left[\text{제품의 예산생산량} \times \text{제품단위당 직접재료소비량} \right] + \text{기말목표 재고량} - \text{기초 재고량}$$

>> 예제 2

(주)홍지는 직접재료 X로 제품을 생산·판매하고 있다. 제품 한 단위 생산에 직접재료X6kg이 소요된다. 제8기 중 월말의 제품재고량은 다음 달 예산판매량의 30%를 유지하도록 하며, 직접재료의 월말 재고량은 10,000kg을 유지하도록 한다. 제8기 1/4분기의 월별 예산판매량은 다음과 같다.

1월	2월	3월
8,000개	9,000개	10,000개

한편, 제7기 12월말의 재고는 직접재료 X가 15,000kg, 제품이 2,000개로 예상된다. 직접재료 X의 kg당 구입원가는 ₩50이며 이는 제8기 1/4분기 중에도 변동이 없을 것으로 예상된다.

| 물음 |
1월과 2월의 (1) 제품예산생산량과 (2) 직접재료 X의 예산구입량 및 매입예산액을 계산하시오.

| 풀이 |

(1) 제품예산생산량의 계산

항목	1월	2월
예산 판매량	8,000개	9,000개
월말 목표재고량	2,700	3,000
월초 재고량	(2,000)	(2,700)
예산 생산량	8,700개	9,300개

(2) 직접재료 X의 예산구입량과 매입예산액의 계산

항목	1월	2월
제품예산판매량	8,700개	9,300개
제품단위당 소비량	6kg	6kg
직접재료필요량	52,200kg	55,800kg
월말 목표재고량	10,000	10,000
월초 재고량	(15,000)	(10,000)
예산구입량	47,200kg	55,800kg
단위당 구입원가	@₩ 50	@₩ 50
직접재료 × 매입예산액	@₩ 2,360,000	₩ 2,790,000

❸ 직접노무원가예산(direct labor budget) : 직접노무원가예산은 제품의 예산생산량을 생산함에 따른 직접노무원가의 예산액이다. 제품단위당의 작업시간에 예산생산량을 곱하여 예산작업시간을 계산한 후 제품의 예산생산량을 곱하여 직접노무원가예산을 계산한다.

예산작업시간 = 예산생산량 × 제품단위당 예산작업시간

직접노무원가예산 = 예산작업시간 × 예산생산량

❹ 제조간접원가예산(factory overhead budget) : 제조간접원가예산은 제품의 예정생산량을 생산하는 데 소요되는 직접재료원가와 직접노무원가 이외의 모든 간접원가에 대한 예산이다. 제조간접원가는 변동제조간접원가와 고정제조간접원가로 구분하고 예산을 편성하는 것이 보다 합리적이다. 변동제조간접원가예산은 예산생산량에 변동제조간접원가 배부율을 곱하여 계산하며 고정제조간접원가예산은 기업이 설정한 예산액으로 한다. 또한 제조간접원가예산은 고정예산제도 또는 변동예산제도를 이용하여 편성한다.

>> 예제 3

(주)홍지는 단일제품을 생산하고 있으며, 월 기준조업도는 1,000개로 설정하였다. 5월 중의 제조간접원가의 예산액과 실제액은 다음과 같다.

항목	구분	예산	실제
간접노무비	변동원가	₩ 50,000	₩ 53,000
수선유지비	변동원가	10,000	9,800
동력비	변동원가	8,000	8,500
기타 변동제조간접비	변동원가	17,000	18,000
감가상각비	고정원가	20,000	20,000
기타 고정제조간접비	고정원가	12,000	13,000

| 물음 |

1. 조업도가 800개, 1,000개, 1,200개일 때의 변동원가에 대한 변동예산을 편성하시오.
2. 5월 중 실제조업도가 1,200개일 때 고정예산제도에 의한 제조간접원가의 차이를 계산하시오.
3. 5월 중 실제조업도가 1,200개일 때 변동예산제도에 의한 제조간접원가의 차이를 계산하시오.

| 풀이 |

1.

항목	800개	1,000개	1,200개
간접노무비	₩ 40,000	₩ 50,000	₩ 60,000
수선유지비	8,000	10,000	12,000
동력비	6,400	8,000	9,600
기타 변동제조간접비	13,600	17,000	20,400
변동제조간접비합계	₩ 68,000	₩ 85,000	₩ 102,000
단위당 예산액	@₩ 85	@₩ 85	@₩ 85

2.

항목	고정예산액	실제액	차이
변동제조원가	₩ 85,000	₩ 89,300	₩ 4,300(불리)
고정제조원가	32,000	33,000	1,000(불리)
합계	₩ 117,000	₩ 122,300	₩ 5,300(불리)

3.

항목	변동예산액	실제액	차이
변동제조원가	₩ 102,000	₩ 89,300	₩ 12,700(유리)
고정제조원가	32,000	33,000	1,000(불리)
합계	₩ 134,000	₩ 122,300	₩ 11,700(불리)

❺ 매출원가예산(cost of sold budget) : 매출원가예산은 예산판매량의 제조원가예산을 말한다. 매출원가예산은 제품의 기초재고량과 기말목표재고량의 파악과 이들의 제조원가예산을 계산한 후 파악할 수 있다. 제조원가예산, 즉 기중제품제조원가예산은 기초와 기말의 재공품예산을 고려해야 하나 편의상 이들을 무시하고 예산을 편성한다. 매출원가예산은 예산손익계산서상의 매출원가결정과 예산재무상태표상의 기말제품재고액의 결정에 이용된다.

매출원가예산＝기초제품재고액＋기중제품제조원가－기말제품재고액

5) 판매비와 관리비예산

판매비와 관리비는 각 부문별로, 원가항목별로 예산을 편성한다. 판매비와 관리비에는 광고비, 판매촉진비, 연구개발비 등 자유재량적인 비용이 많으며 이들은 최고경영자의 정책에 따라 결정된다. 판매비와 일반관리비예산은 제조간접원가예산을 편성하는 방법이 그대로 이용된다. 따라서 변동원가와 고정원가의 구분을 전제로 한다.

판매비와 관리비예산편성은 다양한 방법을 이용할 수 있다. 손쉽게 이용할 수 있는 방법으로는 다음을 들 수 있다.

❶ 과거실적기준법(arbitrary method) : 이는 과거연도의 실제액을 기준으로 경영자의 주관에 따라 일정액을 가감하는 방법이다. 임의성이 개입되나 단순한 방법이다.
❷ 매출기준법(sales method) : 예산매출액의 일정비율로 예산을 편성하는 방법이다. 변동원

가의 경우에 한한다.

❸ 목표이익기준법(target profit method) : 이는 판매예산과 제조예산을 따라 계산된 예산매출총이익에서 목표이익을 차감한 금액만큼을 판매비와 관리비예산으로 부여하는 방법이다.

❹ 경쟁자기준법(competitive party method) : 이는 매출액이나 시장점유율 등이 비슷한 수준의 경쟁회사예산수준으로 판매비와 관리비예산을 편성하는 방법이다.

5. 현금예산

1) 현금예산의 의의

현금예산이란 기업활동을 수행함에 필요한 일정기간 중의 현금유입과 현금유출에 대한 예산으로 현금흐름상태를 예측하는 것이다. 현금은 지급수단으로 이용할 수 있는 대표적인 자금이다. 따라서 현금부족으로 지급불능사태가 발생하면 도산할 위험성을 내포하므로 유동성의 적절한 유지를 위한 현금예산편성은 자금관리의 중추적 역할을 한다.

현금예산의 기본적 목적은 미래 현금흐름을 파악하여 현금부족사태에 대비하거나 잉여현금의 보다 적절한 활용방안을 수립하고자 하는 것이다. 잉여현금은 수익성을 감소시키므로 현금투자계획을 수립하여야 하고, 부족현금은 지급불능사태를 야기하므로 차입계획을 수립하여야 한다.

2) 현금흐름의 예측

(1) 현금유입의 예측

현금유입의 대부분은 매출로부터 야기된다. 즉 현금매출액과 매출채권의 회수가 현금유입의 가장 중요한 부분이다. 특히 매출채권의 회수액계산 시는 매출할인이나 대손을 차감하여야 한다. 현금유입을 가져오는 경우는 다음과 같다.

❶ 현금매출
❷ 외상매출금 · 받을어음 등 매출채권의 회수
❸ 대여금 · 미수금 등 기타채권의 회수
❹ 이자수익 · 배당금수익 · 수입임대료 등 영업외수익의 회수

❺ 유가증권의 현금매각

❻ 유형자산, 무형자산, 투자자산의 현금매각

❼ 장·단기차입금의 증가

❽ 사채의 발행, 유상증자

❾ 국고보조금·공사부담금·자산수증이익 등 자본잉여금의 증가

❿ 법인세환급금

(2) 현금유출의 예측

현금유출은 재고자산, 고정자산 등의 매입과 비용의 지급이 주류를 이룬다. 현금유출을 야기하는 경우들은 아래와 같다.

❶ 원재료 등 재고자산의 현금구입

❷ 외상매입금·지급어음 등 매입채무의 상환

❸ 노무비·제조경비의 현금지급

❹ 판매비와 관리비의 현금지급

❺ 미지급금·예수금·차입금 등 기타채무의 상환

❻ 이자비용 등 영업외비용의 현금지급

❼ 유가증권의 현금취득

❽ 장·단기대여금의 대여

❾ 유형자산, 무형자산, 투자자산의 현금취득

❿ 사채의 상환, 유상감자

⓫ 배당금 지급

⓬ 법인세 납부

제조경비·판매비와 관리비·영업외비용의 경우 현금유출을 수반하지 아니하는 비용들 - 예를 들어, 감가상각비, 대손상각비, 무형자산상각비 - 은 현금유출의 예측 시 제외시켜야 한다.

3) 현금예산서의 작성

현금예산서는 직접법을 이용하여 예산현금흐름표를 작성하는 과정과 유사하다. 즉 일정

기간의 현금유입액과 현금유출액을 직접적으로 대응시켜 순현금흐름액을 계산한다. 순현금흐름액과 기초현금을 합계한 것이 예상되는 기말현금이다. 현금예산서의 단순한 예를 보면 [표 5-2]와 같다.

✦ 표 5-2 현금예산서의 예   (단위 : 천 원)

항목	1월	2월	3월	1/4분기 계
I. 현금유입액				
1. 현금매출액	800	600	900	2,300
2. 매출채권회수액	4,000	5,200	5,000	14,200
3. 기타	100	300	400	800
합계	4,900	6,100	6,300	17,300
II. 현금유출액				
1. 매입채무지급	2,500	3,000	2,700	8,200
2. 노무비	1,500	1,600	1,600	4,700
3. 기타비용	700	800	700	2,200
4. 신설비구입	-	-	900	900
5. 차입금지급	-	1,000	-	1,000
합계	4,700	6,400	5,900	17,000
III. 순현금흐름액(I-II)	200	(300)	400	300
IV. 기초현금액	1,000	1,200	900	1,000
V. 기말현금액(III+IV)	1,200	900	1,300	1,300

현금예산편성 시 때로는 최저 현금보유액을 고려하여야 한다. 최저 현금보유액은 외부자와의 계약, 기업의 예비적 동기 등에 따라 기업이 보유하고자 하는 현금보유액이다. 최저 현금보유액에 포함되어야 하는 대표적인 예가 보상현금잔액이다.

보상현금잔액은 은행에서 대출을 받으면서 대출액의 일정비율만큼을 대출기간 중 예금 또는 적금으로 예치하는 부분이다. 최저 현금보유액이 존재하는 경우에는 기말현금에서 최저 현금보유액을 차감하여 부족현금 또는 잉여현금을 계산한다.

부족현금(잉여현금)＝현금유입액－현금유출액＋기초현금액－최저 현금보유액

부족현금이 나타나는 경우 매출채권의 조기회수, 받을 어음의 할인, 유가증권의 처분, 외상매입금 및 지급어음 등 매입채무의 지급연기, 은행차입 등 현금유입을 늘리거나 현금유출을 줄이는 방안을 고려하여 현금예산에 대한 조정의 과정을 거쳐 최종 현금예산을 확정

하게 된다.

　반면에 너무 많은 잉여현금이 나타나는 경우 현금의 비수익성을 감안하면 현금유입의 연기 또는 할인혜택, 유리한 투자기회의 포착, 차입금의 변제 등 현금유출을 늘려 수익성을 높이도록 하여야 한다. 현금예산서는 기업의 특성에 따라 다양한 양식으로 작성된다.

>> 예제 4

상품매매업을 영위하고 있는 (주)홍지는 다음과 같은 자료를 이용하여 제11기 10월의 현금예산을 편성하려고 한다.

(1) 월별 상품매출액과 매입액의 실제 및 예산은 아래와 같고 모든 매입·매출은 외상거래이다.

월	매출액	매입액
7월	₩ 660,000	₩ 480,000
8월	600,000	500,000
9월	780,000	540,000
10월	660,000	600,000

(2) 외상매출금은 판매한 당월에 70%, 그 다음 달에 20%, 그 다음 다음 달에 9%가 회수되며, 나머지는 대손된다.
(3) 외상매입금 중 절반은 구입한 다음 달 초에 지급하여 2%의 매입할인을 받으며, 나머지는 구입한 다음 다음 달에 지급한다.
(4) 10월 중 판매비와 관리비의 지출비용은 ₩ 200,400으로 예상된다.
(5) 매월의 최저 현금보유액은 ₩ 100,000이다.
(6) 9월 30일의 월말 현금잔액은 ₩ 200,000이다.

| 물음 |
　10월의 현금예산서를 작성하시오.

| 풀이 |

현금예산서

I. 현금유입액	
1. 10월분 외상매출금 회수	₩ 462,000
2. 9월분 외상매출금 회수	156,000
3. 8월분 외상매출금 회수	54,000
소계	₩ 672,000

II. 현금유출액		
	1. 9월분 외상매입금 지급	₩ 264,600
	2. 8월분 외상매입금 지급	250,000
	3. 판매비와 관리비 지급	200,400
소계		₩ 715,000
III. 순현금흐름액(I－II)		(43,000)
IV. 월초 현금액		200,000
V. 월말현금액		157,000
VI. 최저 현금보유액		(100,000)
VII. 잉여현금		₩ 57,000

연습문제

1 (주)홍지는 영사기를 생산·판매하는 기업이다. 다음은 이 회사의 9월의 실제결과와 10월 예산을 편성하기 위한 자료들이다.

    (1) 9월 중 실제결과를 분석하여 보니 변동제조원가는 ₩ 1,603,800이었다. 또한 9월 중 고정제조간접원가는 ₩ 150,000이었으며, 고정제조간접원가 과소배부액은 ₩ 4,200이었다.

    (2) 영사기 단위당 고정제조간접비 표준배부율은 1,000개를 기준으로 ₩ 150이다.

    (3) 9월 초의 제품은 없었으며, 9월 중 매출수량은 930개이다. 10월 말 제품수량은 9월 말 제품수량의 150%를 유지하고자 한다.

| 물음 | 10월 중 예산생산량은 얼마인가?

2 (주)홍지는 제25기의 1/4분기 중 생산예산을 편성하려고 한다. 다음은 생산예산 중 가장 비중이 큰 재료비예산편성을 위한 자료이다.

    (1) 월별 제품의 예산판매량은 다음과 같다.

1월	2월	3월	4월	5월
3,000개	4,000개	4,500개	3,500개	4,000개

    (2) 제품 1단위 생산에 따른 재료의 표준소비량은 5kg, 재료의 예상구입단가는 kg당 ₩ 80이다.

    (3) 제품과 재료의 재고는 가능한 한 최소화하여 재고자산의 효율성을 증대시키고자 한다. 또한 재공품은 발생하지 않도록 월별 생산과정을 통제하려고 한다. 이에 따라 제품의 월말재고량은 다음 달 예산판매량의 10%를 보유한다. 또한 재료의 월말 재고량도 다음달 재료소비량의 10%를 보유한다.

| 물음 | 1. 2월과 3월의 예산제품생산량은 각각 얼마인가?
           2. 2월과 3월의 예산재료매입액은 각각 얼마인가?

3 (주)홍지는 재료 a, b를 이용하여 두 가지 제품 PQ와 XY를 생산·판매하고 있다. 다음은 이 회사가 제15기의 종합예산을 편성하기 위한 자료들이다.

(1) 기중판매예산은 다음과 같다.

제품	판매수량	판매단가	매출액
PQ	600개	₩ 900	₩ 540,000
XY	400	1,400	560,000
합계	1,000개		₩ 1,100,000

(2) 제품 한 단위생산을 위하여 사용되는 재료 a, b의 표준단가와 표준소비량은 다음과 같다.

재료	표준단가	제품 PQ	제품 XY
a	₩ 80/kg	4kg	3kg
b	₩ 20/kg	2kg	5kg

(3) 기초와 기말의 재고자산은 재료와 제품만 존재하며, 재공품은 없다. 각 재고자산의 예산재고량은 다음과 같다.

	제품 PQ	제품 XY	재료 a	재료 b
기초재고	250개	150개	90kg	190kg
기말재고	300	60	130	220

(4) 제품생산을 위한 표준작업시간과 시간당 표준임률은 다음과 같다.

제품	단위당 표준작업시간	시간당 표준임률
PQ	10시간	₩ 30
XY	15시간	₩ 50

(5) 제조간접원가는 제품단위당 ₩ 100의 비율로 배부한다.

| 물음 |
1. 제품 PQ와 XY의 예산생산량은 각각 얼마인가?
2. 재료 a, b의 예산매입액은 각각 얼마인가?
3. 직접노무원가예산은 얼마인가?
4. 제15기의 예산손익계산서상 매출총이익은 얼마인가?

4 (주)홍지는 상품의 매입·매출에 따른 10월 중의 현금예산을 편성하고자 한다. 이 회사의 현금예산편성을 위한 자료의 일부는 다음과 같다.

(1) 매출은 전액 신용매출이고 외상매출과 어음매출은 2 : 1의 비율로 이루어진다. 외상매출금은 매출한 그 달에 70%가 회수되고 다음 달에 모두 회수된다. 받을 어음은 2개월 만기 약속어음이다.

(2) 매입은 현금과 외상매입의 비율이 1 : 1이며, 외상매입금은 매입한 달에 50%가 지급되고 나머지는 다음 달에 지급된다.

(3) 10월 초의 관련 계정잔액은 다음과 같다.

- 현금   ₩ 300,000
- 외상매출금   2,500,000
- 받을어음   8,400,000
- 외상매입금   5,500,000

(4) 평균적으로 월 초 받을 어음 중 50%는 그 달에 회수된다.

(5) 10월 중 예산매출액은 ₩ 12,000,000이고 예산매입액은 ₩ 8,800,000이다.

(6) 매월 말 최저 현금보유액은 ₩ 800,000이다.

|물음| 이 회사의 10월 말 잉여현금 또는 부족현금은 얼마인가?

5 다음 자료는 (주)홍지의 제8기 중 예산편성자료의 일부이다.

(1) 제품의 단위당 판매가격은 ₩ 200이며, 월별 예산매출량은 아래와 같다.

월	예산매출량
4월	1,000개
5월	1,500
6월	1,800
7월	1,200

(2) 모든 매출은 외상으로 이루어진다. 외상매출대금의 40%는 판매된 달에 회수되고, 58%는 다음 달에 회수되며, 2%는 대손발생한다.

(3) 회수불능채권의 대손상각은 판매시점에서 충당금계정을 설정하여 인식한다.

(4) 정상조업도 1,500단위를 기준으로 한 제품단위당의 표준원가는 다음과 같다.

직접재료원가(재료 1kg, @₩ 40)	₩ 40
직접노무원가(2시간, ₩ 10/시간)	20
변동제조간접원가	10
고정제조간접원가(₩ 75,000/월)	50
합계	₩ 120

(5) 변동판매비와 관리비는 제품단위당 ₩ 20이며, 고정판매비와 관리비는 월 ₩ 20,000이다.

(6) 매입대금은 매입시점에서 모두 현금지급한다.

(7) 매월 제조원가는 ₩ 15,000, 고정판매비와 관리비는 ₩ 8,000의 감가상각비가 포함되어 있다.

(8) 월말 제품재고는 차월 매출량의 20% 수준으로 유지하며, 월 말 재료재고는 차월 재료소비량의 50% 수준을 유지한다.

(9) 조업도차이는 발생된 달의 매출원가에 부담시킨다.

(10) 법인세는 무시하며, 4월 말의 현금잔액은 ₩ 48,000으로 예상된다.

| 물음 | 1. 5월과 6월의 예산생산수량을 계산하시오.
        2. 5월의 제조원가예산액을 계산하시오.
        3. 5월의 재료구매예산액을 계산하시오.
        4. 5월 말 현금잔액을 계산하시오.

표준원가와 예산통제

표준원가와 예산통제

표준은 우리의 일상생활에서도 많이 접할 수 있는 개념으로 오늘날 대부분의 기업들이 사용하고 있는 개념이다. 표준이란 성과를 측정할 수 있는 기준이 되는 것으로 어떤 작업이 효율적으로 수행될 경우 당연히 달성되어야 할 정확한 측정치이다. 그러므로 이러한 표준을 사용하여 결정한 원가를 표준원가로 할 수 있다. 표준원가는 면밀하게 예정된 원가로 당연히 달성되어야 한다.

경영자들은 원가통제를 위해서 두 가지 의사결정을 하여야 하는데, 첫째는 지급할 가격이고 둘째는 사용될 수량에 관한 것이다. 경영자들은 지급할 가격과 사용할 수량에 대한 통제를 어떻게 하여야 하는가? 이에 대한 해답을 표준원가에서 구할 수 있다. 표준개념을 바탕으로 한 표준원가계산제도하에서 기업은 구입가격, 생산량 결정 등의 계획을 위한 정보와 생산활동의 바람직한 능률수준의 유지 여부를 평가하고 능률개선을 위한 통제정보를 제공한다.

관리회계에서 표준원가와 예산은 본질적으로 동일한 것이다. 표준은 단위에 대한 금액이고, 예산은 총액을 나타낸다. 이 두 용어는 일반적으로 전자는 생산활동에 대한 원가에 주로 적용되는 단위당 개념으로, 후자는 영업활동에 적용되는 총액개념으로 구분하기도 한다.

1. 표준원가계산제도의 본질

1) 표준원가

원가를 통제 또는 관리하기 위하여 경영자들은 재화의 제조 또는 용역의 제공을 위한 투입물의 가격 및 수량들에 관한 표준을 정확하게 알아야 한다. 왜냐하면 제품단위당 표준은 수량표준과 가격표준을 곱하여 계산되기 때문이다.

수량표준은 제품이나 용역 1단위를 생산하기 위하여 작업시간 또는 원재료와 같은 원가요소가 얼마나 투입되어야 하는지를 말해준다. 즉 제품단위당 생산투입요소의 표준적 수량이다.

가격표준은 재료 1단위의 매입가격 또는 작업시간당 임률이 얼마이어야 하는가를 결정하는 것이다. 즉 생산투입요소의 표준적 가격이다.

실제투입량과 실제원가는 경영자에 의해 설정된 표준과 비교된다. 만일 실제투입량과 실제원가가 표준을 근거로 설정된 통제범위 내에서 발생하면 경영자는 특별한 주의를 기울이지 않으나 이들이 통제한계를 넘을 경우에 경영자는 특별한 주의를 기울여 그 원인을 밝히려고 노력함으로써 경영자로 하여금 시간과 노력을 보다 효율적으로 사용하게 해준다. 이러한 과정을 일컬어 '예외의 관리(management by exception)'라 한다.

표준원가란 이러한 근거를 두고 사전에 과학적인 방법으로 설정된 원가이다. 표준원가는 목표원가라고도 불리며, 목표달성이 가능한 작업조건하에서 당연히 발생되어야 할 원가를 말한다. 따라서 표준원가는 능률적, 평균적, 사전적 기대원가로서의 성격을 지닌다.

2) 표준원가계산제도

표준원가계산제도는 표준원가를 공식적 회계제도 내에 도입하여 제품원가를 계산하는 원가계산제도이다. 이 제도하에서 제품원가는 표준원가로 표시되어야 하고 제품원가에 정상적이고 효율적인 영업상황에서 발생하리라고 예상되는 원가만을 포함시킨다는 것이 기본적 사고이다.

이때 표준원가는 경영의사결정이나 성과평가를 위한 하나의 기준으로 이용된다. 따라서 표준원가계산제도는 표준원가를 공식적 회계시스템에 도입하여 경영관리의 목적과 제품원가계산목적을 동시에 달성하고자 하는 원가계산제도로써 제도적인 측면을 강조하는 개념이다. 다만 많은 기업들은 표준원가계산제도를 재무제표작성을 위한 제도적 원가계산시스템으로 이용하기보다는 경영관리를 위한 관리시스템으로 활용하고 있다.

3) 표준원가계산의 목적

표준원가계산은 여러 가지의 목적을 수행하고 있는데 그것의 목적은 경영관리목적과 재무제표작성목적으로 크게 나누어진다. 경영관리목적은 원가통제, 가격결정과 정책의 수립, 예산편성과 예산통제로 나누어진다.

(1) 원가통제

표준원가계산의 가장 중요한 목적 중의 하나가 원가통제목적이다. 원가통제는 목표를 최저 원가로 달성하도록 업무활동을 지도하고 규제하는 것이다. 즉 정상적이고 능률적인 작업조건하에서 발생되어야 하는 목표원가를 달성하기 위하여 실제원가를 표준원가와 일치하도록 하기 위한 제반노력을 원가통제라 한다.

표준원가계산에 의한 원가통제의 절차를 보면 다음과 같다.

❶ 원가표준의 설정
❷ 표준원가의 계산
❸ 실제원가의 계산
❹ 표준원가와 실제원가와의 비교 : 원가차이의 산정
❺ 원가차이분석
❻ 원가보고 및 수정조치

원가통제를 하기 위해서는 책임중심점이 설정되어 있어야 하고 그것에 따른 책임회계제도가 수립되어야 한다. 표준원가계산은 책임중심점 특히 생산부문과 같은 원가중심점의 성과평가에 유용한 자료를 제공한다.

(2) 가격결정과 가격정책

가격결정은 특정 제품에 대해 구체적으로 가격을 결정하는 것으로 장기적인 가격정책과 기업의 재무상태 등을 기초로 하여 결정된다. 가격정책은 제품의 가격을 구체적으로 결정하는 것이 아니라 단지 가격결정 시 고려해야 할 요소들 및 이들 요소의 상대적 비중을 설정한 것이다. 이러한 가격결정과 가격정책수립에 있어서 원가는 기초자료가 된다. 실제원가는 경영통제에 도움이 되지 않지만 표준원가는 예정가격결정에 도움이 된다. 또 표준원가는 낭비 또는 비능률을 원가구성에서 제거할 수 있다.

(3) 예산편성과 예산통제

이 목적은 엄밀하게 말하면 이익관리목적을 나타내는 것이다. 예산이란 계획을 화폐금액으로 표현한 것이며 예산편성이란 구체적으로 이익계획을 수립하는 것을 말한다.

이미 종합예산의 편성과정에서 설명한 바와 같이 추정원가와 표준원가를 이용하여 예산을 편성하게 되며 표준원가를 이용하는 것이 보다 과학적이고 신뢰할 수 있는 예산편성을 기대할 수 있다. 물론 제조원가뿐만 아니라 판매비 및 관리비예산에도 표준원가계산이 이용된다. 다만 표준원가는 단위개념(unit concept)으로 이용되고, 예산원가는 총액개념(total concept)으로 이용된다. 예산통제란 설정된 목표를 실현하려는 관리활동을 말한다. 즉 실제 성과를 예상성과에 부합되도록 하는 관리활동을 말한다. 이러한 통제과정에서 표준원가는 중요한 정보를 제공한다.

(4) 재무제표작성

제품의 제조원가를 실제원가로 계산하면 주관성이 개입될 여지가 적으므로 객관적이고 진실한 재무제표를 작성할 수 있다고 생각하기 쉽다. 그러나 실제원가의 우연성과 변동성을 생각하면 비능률조업도의 변동 등의 요인으로 혼합된 실제원가에 의하여 작성된 재무제표는 그만큼 객관성과 진실성이 줄어든다는 점을 이해하게 될 것이다. 반면에 표준원가는 원가표준을 설정할 때에 이미 과학적·통계적 방법에 의하여 비원가, 비능률, 낭비 등의 요인을 제거하였으므로 진실한 원가자료를 제공할 수 있다.

또한 표준원가를 이용한 표준원가계산제도는 기장을 간략화 및 신속화할 수 있다. 즉 표준원가를 복식부기제도인 제도적 원가계산시스템에 이용하는 경우 기장업무를 많이 줄일 수 있으며, 실제원가를 모두 계산하기 이전이라도 제품원가계산을 수행할 수 있다.

2. 표준의 분류와 설정

1) 표준의 분류

설정된 표준이라 할지라도 그것이 언제나 달성 가능한 것이라고 볼 수 없다. 성과를 측정하는 기준으로서의 표준원가는 가격수준, 능률수준, 조업도수준 등을 종합하여 엄격도를 결정한다. 표준은 일반적으로 이상적 표준과 현재 달성 가능한 표준으로 나누어진다.

(1) 이상적 표준

이상적 표준(ideal standards)은 완전표준, 이론적 표준 최대 효율표준이라고도 한다.

이 표준은 현재의 조건에서 예상될 수 있는 최선의 상태로 원가를 최소화할 수 있는 표준이다. 즉 이론적으로 또는 최대 효율이 달성될 수 있는 상황하에서 완전한 성과로 나타날 수 있는 표준이다.

이 표준은 실행가능한 표준은 아니지만, 조직의 구성원이 모두 추구해야 할 궁극적 목표가 되는 것으로 완전성을 추구하는 데 목표가 되는 표준이다. 예를 들면, 완전표준원가는 작업시간표준설정에 있어서 공손 또는 비능률 때문에 추가되는 시간은 고려하지 않는 원가를 말한다.

(2) 현재 달성 가능한 표준

현재 달성 가능한 표준(currently attainable standards)은 실제적 표준, 또는 정상표준이라고도 한다.

이 표준원가는 효율적 경영조건에서 발생할 수 있는 원가를 표준으로 하는 것이다. 현재의 경영조건에서 아주 효율적으로 경영이 수행될 때 달성될 수 있는 표준의 원가이므로 이상적 표준보다는 느슨하다. 이 표준이 가장 많이 사용되고 있는 이유는 이 표준에 따른 원가가 여러 용도에 사용될 수 있고 종업원에 대한 동기부여의 관점에서도 바람직한 결과를 가져오기 때문이다. 이 표준은 제품원가계산, 종합예산, 동기부여 등의 용도에 쓰여 이들 목적을 동시에 충족시킬 수 있는 것이다.

이 밖에도 기업이 현재의 여건에서 손쉽게 달성 가능하다고 예상되거나 기대되는 표준, 단지 과거성과를 평균한 측정치인 평균과거성과표준 등이 있다.

2) 표준원가의 설정

정확하고 신뢰할 수 있는 표준원가의 설정 여부는 표준원가계산 자체의 성공 여부를 가름한다. 표준원가를 설정하기 위해서는 수량과 가격 두 요인을 합리적으로 고려해야만 한다. 수량표준은 제품 및 제조공정에 관하여 과학적이고 통계적인 조사, 분석을 행하여 설정하고 가격표준은 시장가격의 장기적 예측을 바탕으로 경제적 구입량, 거래관습 등을 고려하여 결정해야 한다.

일반적으로 표준원가를 설정할 때 다음과 같은 점에 유의하여 제품 1단위당 소요원가표준을 설정한다.

첫째, 과거에 대한 경험을 충분히 고려하여 다양한 조업도수준에 있어서의 원가행태에 관한 충분한 자료를 수집하여 원가행태를 파악하여야 한다.

둘째, 미래에 대한 표준은 미래상황을 과거자료와 함께 고려하여야 한다.

셋째, 종업원들의 성과지표가 되는 표준에 대한 종업원들의 태도를 충분히 파악하여야 한다.

넷째, 표준을 정기적으로 재검토해본다.

다섯째, 노동쟁의, 비정규적인 활동 등에 따른 각종 원가관련 자료는 대표성이 없으므로 표준설정자료에서 제외시킨다.

여섯째, 정보의 경제성을 고려하여야 한다.

일곱째, 회계자료의 오류는 수정되어야 한다.

표준의 설정은 원가요소별로 이루어진다. 또한 표준원가계산제도는 원가차이의 계산, 평가를 통하여 성과평가의 수단으로 이용되기 때문에 표준은 제품별, 부문별, 지역별 등의 책임단위별로 설정될 수 있다. 다만 표준원가계산을 위하여 일반적으로 제품단위별 표준설정을 전제로 한다.

(1) 직접재료원가표준

직접재료원가표준은 직접재료가격표준과 직접재료수량표준으로 나뉜다. 직접재료가격표준은 매입에누리 등을 고려한 재료의 인도원가를 반영해야 한다. 예를 들면, 재료 A의 1kg당 표준가격을 아래와 같이 정할 수 있다.

매입가격(최상품 500kg 구입 시)	₩ 360
운임(공급업체로부터 트럭편으로)	44
보관 및 취급	5
(−)매입에누리 · 할인	(9)
1kg당 표준가격	₩ 400

위의 표준가격은 재료의 품질, 구매단위(500kg), 운송방법(트럭) 등을 반영하고 있다. 또한 보관, 취급에 드는 비용과 매입에누리 등의 내용도 밝히고 있다. 그러므로 모든 것이 계획대로 진행되면 재료 A의 1kg당 표준가격은 ₩ 400이어야 한다.

직접재료수량표준은 각 제품을 만드는 데 쓰이는 재료의 양을 정상공손이나 감손 또는 정상적인 비능률 등을 함께 고려하여 결정한다. 예를 들어, 제품 1단위당 투입되는 재료의 표준수량은 다음과 같이 결정될 수 있다

재료명세서에 의한 재료소요량	2.7kg
정상공손 및 감손	0.2
불량가능성	0.1
제품 1단위당 표준수량	3.0kg

이 명세서는 제품단위당 필요한 재료를 파악하는데 매우 편리하게 이용되지만 제품 1단위에 들어갈 표준수량을 결정하기 위해서는 위의 예에서와 같이 공손 및 불량에 대한 것을 함께 고려하여야 함을 알 수 있다. 일단 가격표준과 수량표준이 설정되면, 재료 A에 대한 완제품단위당 표준원가는 다음과 같이 계산할 수 있다.

표준원가＝가격표준×수량표준
₩ 1,200/단위＝₩ 400×3.0kg

이 표준원가를 능률의 척도로 삼고 실제원가와 비교함으로써 원가관리에 기여하게 된다. 뿐만 아니라 표준원가로써 제품원가를 계산하게 되면 자연히 원가의 변동성도 제거된다.

(2) 직접노무원가표준

직접노무원가표준은 임금제도를 시간급으로 전제한다. 시간급에 의한 노무원가는 시간당 임률×작업시간으로 계산된다. 이에 따라 직접노무원가표준은 임률표준과 작업시간표준으로 나누어진다. 직접노무원가의 표준임률은 직접적인 임금에다 복리후생비, 기타 노동과 관련된 다른 비용들을 가산하여 계산한다. 직접노무시간당 표준임률은 다음과 같이 계산할 수 있다.

시간당 기본임금	₩ 1,000
복리후생비(기본급의 30%)	300
기타 노동에 관련된 비용	100
직접노무시간당 표준임률	₩ 1,400

대부분의 회사들은 표준원가의 설정을 간편하게 하기 위하여 종업원마다 예컨대 근속연수가 각기 다르기 때문에 실제임률이 달라질 수 있음에도 불구하고 단일표준임률을 사용한다. 이렇게 함으로써 단일표준임률은 표준원가의 이용을 간소화시킬 뿐만 아니라 관리자가 각 부문의 종업원을 능률적으로 관리하는 데 도움을 줄 수 있다.

단위당 표준작업시간은 제품 1단위를 완성시키는 데 소요되는 시간으로서 이것에 대한 표준을 설정하기가 쉽지 않다. 이를 설정하는 한 가지 방법은 제조활동을 수행하는 종업원들의 기본동작들에 대한 표준시간을 측정하고 이들을 합산하여 제품단위당 표준노동시간을 결정하는 것이다. 또 한 가지 방법은 산업공학자들의 시간 및 동작연구 등에 의하여 설정하는 방법이다. 시간과 동작분석을 통하여 표준동작을 설정하고 표준동작에 적당한 여유를 허용하여 표준작업시간을 설정한다. 이러한 여유는 표준설정에 있어서 매우 중요한 부분을 차지한다.

대부분의 회사에서 인적 요소는 직접노무원가에 포함시키지만 작업준비시간, 대기시간 등은 간접원가표준에 포함시킨다. 이러한 것은 원가관리목적상 타당하다. 다만 일부 회사에서는 작업준비원가를 인적 요소로 취급하여 직접노무원가에 포함시키기도 한다. 제품단위당 표준시간은 아래와 같이 계산된다.

단위당 기본노동시간	1.9시간
휴식 및 개인시간	0.1
청소 및 기계고장시간	0.3
불량가능성	<u>0.2</u>
제품단위당 표준시간	<u>2.5시간</u>

일단 임률표준과 시간표준이 결정되면 제품단위당 표준노무원가는 다음과 같이 계산된다.

표준노무원가＝임률표준×시간표준

₩ 3,500/단위＝₩ 1,400×2.5시간

(3) 변동제조간접원가표준

직접노무원가의 경우와 같이 변동제조간접원가의 가격표준과 수량표준은 일정한 제조간접비배부율과 시간으로 나타낸다. 여기서 제조간접비배부율이란 미리 설정된 제조간접비율 중 변동원가부분만을 가리키는 변동제조간접비율을 뜻하고, 시간은 제품단위당 표준시간(예를 들어, 기계시간 또는 직접노무시간 등)을 가리킨다. 표준변동제조간접원가는 직접노무시간표준에 예정제조간접비율 중 변동원가부분을 곱하여 계산한다. 예를 들어, 예정제조간접비율 중 변동원가 부분이 ₩ 300이고, 제품단위당 제조간접원가가 직접노무시간을 기준으로 배부된다면 제품단위당 표준변동제조간접원가는 다음과 같다.

2.5시간×₩ 300＝₩ 750/단위

✦ 표 6-1 표준원가표-변동제조원가

원가요소	표준수량 또는 시간	표준가격, 임률, 배부율	표준원가
직접재료원가	3.0kg	₩ 400	₩ 1,200
직접노무원가	2.5시간	1,400	3,500
변동제조간접원가	2.5시간	300	750
단위당 변동표준원가			₩ 5,450

지금까지 전개한 표준들을 종합하면, 제품 1단위당 표준원가표는 위의 [표 6-1]과 같다. 한편 고정제조간접원가는 일정기간의 예산액과 실제액을 비교하여 차이를 계산하는 것이 합리적이므로 특별히 표준배부율을 계산하지 아니한다. 다만 고정제조간접원가의 조업도차이를 계산하는 경우에는 표준배부율을 이용한다. 고정제조간접원가의 표준배부율은 예산액을 기준조업도로 나누어서 계산한다.

3) 표준원가의 장·단점

(1) 표준원가의 장점

기업은 표준원가를 통해 여러 가지의 장점을 가질 수 있으며, 이를 요약하면 다음과 같다.

❶ 표준원가의 사용은 '예외에 의한 관리' 개념을 도입할 수 있다. 원가가 설정된 표준 범위 내에서 발생하면 관리자의 특별한 주의가 필요하지 않지만 원가가 설정된 표준 범위를 벗어나 발생하면 바로 이것을 예외로 간주하여 특별히 관심을 갖게 되고 이를 관리해야만 한다. 예외에 의한 관리는 관리자로 하여금 시간을 보다 효율적으로 쓸 수 있게 해준다.

❷ 표준원가는 현금계획과 재고계획을 쉽게 한다. 특정 생산량을 달성하기 위한 재료구 매계획 및 재료예산을 수립하고자 하는 경우 제품단위당 재료사용량 및 가격에 대한 표준이 설정되어 있으면 재료의 양과 자금소요액을 손쉽게 계산할 수 있다.

❸ 표준이 합리적인 기준에 의하여 설정되면 종업원들은 보통원가와 시간을 중요하게 인식함으로써 경제성과 효율성을 증진시킨다. 또 표준원가제도는 시간급을 전제로 하지만 성과급제도와 결합시켜 운영할 수 있다.

❹ 손익계산에 있어서 표준원가제도는 실제원가제도보다도 그것을 운영하기가 훨씬 경 제적이고 단순하다. 표준원가표는 각 제품 또는 작업별로 그리고 설정된 표준에 따라

부과된 재료원가, 노무원가 및 제조간접원가를 계산할 수 있다. 이것은 계산과정을 크게 단순화시킨다.

❺ 표준원가는 책임회계를 수행하는 데 도움을 준다. 즉 원가통제에 대한 책임이 할당되고, 책임이 이행되는 범위는 성과보고서를 통하여 평가될 수 있다.

(2) 표준원가의 단점

표준원가를 사용함으로써 얻는 장점이 여러 가지 있지만, 관리자들은 표준원가의 개념을 적용함에 있어서 몇 가지 어려운 점이 있게 된다. 더욱이 표준원가제도나 예외에 의한 관리원칙의 잘못된 적용은 역기능적인 조직구성원의 행위가 일어날 수 있다.

몇 가지의 문제점을 들어보면 다음과 같다.

❶ 표준과 실제의 차이들 중 어떤 차이가 중요한 차이인지 또는 중요하지 않은 차이인지를 결정하는 데 어려움이 있다.

❷ 일정한 수준 이상의 차이, 즉 중요한 차이에만 관심을 집중시킴으로써, 허용범위(수준) 이내에서 발생하는 중요한 원가의 변동을 탐지하지 못한다.

❸ 하급자는 부정적인 예외를 감출 수 있고, 상급자는 중요한 문제에만 관심을 기울여 모든 작업을 철저히 감독할 수 없다.

❹ 예외에 의한 관리기법은 상급자들에게도 만족스럽지 못한 영향을 미친다. 즉 일에 대한 철저한 검토를 할 수 없다고 느낄 수 있다. 이것은 감독자(상급자)의 사기에 부정적인 영향을 끼치는 것이라 할 수 있다.

❺ 원가차이의 구체적인 원인을 파악하는 것이 쉬운 일이 아니다. 원가차이는 단일의 원인에 기인하기보다는 다양한 이유들이 혼합되어 발생하기 때문이다.

❻ 실질적인 성과측정치의 중요한 기준들인 품질, 인력, 납기준수, 원가 등에서 단지 원가만을 대상으로 한다. 이에 따라 표준원가제도는 다양한 비재무적 측정치를 도외시한 관리이다.

이러한 문제점들은 표준원가제도를 성공적으로 운영하기 위하여 상당한 주의가 필요하다는 것을 보여주고 있다. 관리자들의 입장에서 부정적인 면보다 긍정적인 면, 성과가 좋은 것들을 인정해주고 고무시켜주는 것은 매우 중요하다고 하겠다.

3. 예산통제

예산이란 본래 화폐액으로 표시되는 공식적 활동계획이라고 할 수 있다. 그런데 이 개념은 성과평가 및 원가통제목적으로 표준과 함께 가장 많이 이용되는 개념이다.

예산제도는 제조간접원가의 표준설정 및 일정기간의 성과평가 시 주축이 되는 관리통제시스템이다. 예산에 대하여는 이미 종합예산에서 상세히 설명하였다. 여기서는 주로 원가중심점의 성과평가에 국한시켜 설명하고자 한다.

예산은 기대되는 매출액 또는 생산조업도수준에 따라 고정예산과 변동예산으로 구분된다.

1) 고정예산

정태적 예산이라고도 불리는 고정예산(static budget)이란 하나의 기대되는 매출 또는 특정의 생산조업도수준을 기준으로 하여 작성되는 예산이다. 고정예산에서는 사전에 계획했던 예산조업도와 실제조업도가 일치하는 경우에만 차이분석이 의미를 지닌다. 그 이유는 실제조업도와 예산조업도가 일치하지 않을 경우에 실제원가와 예산원가를 비교하는 것은 무의미하기 때문이다.

고정예산은 기업 전체의 종합예산편성에 활용된다. 따라서 여기서의 종합예산은 고정예산을 의미한다.

예를 들어, (주)홍지는 제10기 동안 9,000단위의 제품을 생산·판매하기로 계획하였다.

그런데 이 회사는 목표를 달성하지 못하고 실제로는 7,000단위만 생산·판매하였다. 이 회사가 고정예산방식을 사용하였다면 이 회사의 제10기 동안 전체적인 성과는 [표 6-2]와 같이 나타날 것이다. [표 6-2]는 관리자의 책임을 조업도통제와 원가통제로 구별하여 설명하고 있지는 못한다.

이는 고정예산이 성과평가기준으로 부적절함을 단적으로 보여주는 것이다. 즉 실제조업도와 예산조업도의 차이가 커질수록 그 예산이 성과평가기준으로서 부적절하게 될 위험이 높아지게 된다.

[표 6-2]의 종합예산차이는 종합예산과 실제조업도와의 차이를 일컬으며 실제수익이 기대수익을 초과하여 발생한 차이를 유리한 차이(F: Favorable variance)라 하고, 실제수익이 기대수익에 미치지 못할 때 이 차이를 불리한 차이(U: Unfavorable variance)라 한다.

✦ **표 6-2 고정예산에 의한 성과보고서**

	실제	예산	종합예산차이
생산단위	7,000단위	9,000단위	2,000단위
매출액	₩ 217,000	₩ 279,000	₩ 62,000 U
변동원가			
변동제조원가	₩ 151,270	₩ 189,000	₩ 37,730 F
판매비	5,000	5,400	400 F
관리비	2,000	1,800	200 U
총변동원가	₩ 158,270	₩ 196,200	₩ 37,930 F
공헌이익	₩ 58,730	₩ 82,800	₩ 24,070 U
고정원가			
고정제조원가	₩ 37,300	₩ 37,000	₩ 300 U
고정판매비 및 관리비	33,000	33,000	–
총고정원가	₩ 70,300	₩ 70,000	₩ 300 U
영업이익(손실)	₩ (11,570)	₩ 312,800	₩ 24,370 U

같은 방법으로 실제원가가 기대원가를 초과하여 발생하면 그 차이는 불리한 차이이고 실제원가가 기대원가에 미치지 못하면 그 차이를 유리한 차이라고 한다.

(주)홍지는 변동원가의 통제를 잘 이행하였다고 할 수 있다. 변동원가부분의 차이가 유리한 차이로 발생하였지만 ₩ 11,570의 손실이 발생하였다. 이는 종합예산은 9,000단위 수준에서 편성된 반면, 실제조업도는 7,000단위가 발생하여 매출차이가 불리하게 계산되었기 때문이다.

반면에 실제조업도가 예산조업도보다 낮은 수준에서 이루어지면 원가는 대부분 유리한 차이가 나타나므로 실제조업도와 종합예산과의 비교는 의미가 없고, 종합예산차이는 예외에 의한 관리에 유용하지 못하다.

　　U＝불리한 차이 : 실제원가가 예산원가보다 많이 발생한 경우
　　F＝유리한 차이 : 실제원가가 예산원가보다 적게 발생한 경우

2) 변동예산

변동예산(variable budget)은 탄력성 예산, 동태예산이라고도 한다. 변동예산은 단일조업도

가 아닌 일정한 범위 내의 모든 조업도에 대하여 예산허용액을 설정하는 방법이다. 변동예산은 제조간접원가의 관리표준으로서 생성되어 한정적으로 이용되어 왔으나 요즈음은 그 개념과 적용범위가 확장되었다. 즉 판매비 및 관리비 등에까지 확대하여 이용되고 있다. 따라서 변동예산에 어떠한 항목을 계상하느냐가 중요한 것이 아니고 예산자체가 탄력성을 갖고 있느냐의 여부가 더욱 중요한 것이다.

변동예산을 편성하는 방법은 실사법과 공식법이 있다. 실사법은 기준조업도를 중심으로 관련범위 내의 예상되는 여러 조업도를 설정하고 각각의 조업도에 대응하는 예산액을 변동원가와 고정원가별로 실제조사하여 산정하는 방법이다. 반면에 공식법은 제조원가를 변동원가와 고정원가로 구분하고 원가방정식을 이용하여 각각의 조업도에 따른 예산액을 산정하는 방법이다. 제조간접원가만을 대상으로 공식법 이용 시의 원가방정식은 다음과 같다.

$$TC = a + bX$$

TC : 예산기간 중의 제조간접원가의 총예산액

a : 예산기간 중의 고정제조간접원가의 총예산액

b : 조업도단위당 변동제조간접원가

X : 조업도

변동예산에 의한 제조간접원가의 표준설정은 고정제조간접원가와 변동제조간접원가로 나누어 행하여진다. 고정제조간접원가표준배부율은 기준조업도를 무엇으로 하는가에 따라 달라진다. 반면에 변동제조간접원가표준배부율은 항상 일정하게 유지된다. 이를 식으로 표현하면 다음과 같다.

$$\frac{\text{고정제조간접원가}}{\text{표준배부율}} = \frac{\text{예산기간 중의 고정제조간접원가 예산액}}{\text{기준조업도}}$$

$$\frac{\text{변동제조간접원가}}{\text{표준배부율}} = \frac{\text{기준조업도하의 변동제조간접원가 예산액}}{\text{기준조업도}}$$

$$\frac{\text{고정제조간접원가}}{\text{표준}} = \frac{\text{고정제조간접원가}}{\text{표준배부율}} \times \frac{\text{제품단위당}}{\text{표준배부기준수}}$$

$$\frac{\text{변동제조간접원가}}{\text{표준}} = \frac{\text{변동제조간접원가}}{\text{표준배부율}} \times \frac{\text{제품단위당}}{\text{표준배부기준수}}$$

변동예산에 의한 제조간접원가의 예산액은 예상되는 여러 조업도수준에 대하여 편성된다. 그 후 실제조업도가 밝혀지게 되며 실제조업도하의 예산액과 실제액을 비교하여 제조간접원가차이를 계산한다.

회사들은 계획된 원가를 결정하는 여러 가지 원가동인들을 가지고 있다. 따라서 변동예산을 편성하는 절차는 다음과 같다.

❶ 계획기간 동안 예상되는 조업도의 관련범위를 정한다. 예산편성 시 일반적인 조업도의 기준으로는 매출량, 작업시간 등이 이용된다.
❷ 원가행태별(고정원가, 변동원가, 혼합원가)로 관련범위 내에서 발생할 원가를 분석한다.
❸ 원가를 행태별로 분리하여 원가방정식을 추정한다.
❹ 원가방정식을 이용하여 관련범위 내의 각 조업도수준에서의 변동예산을 작성한다.

이 절차를 알아보기 위해 (주)홍지의 연간 판매량이 보통 7,000단위에서 9,000단위 사이에서 변한다고 가정하자. 변동예산도 가능한 관련 조업도를 모두 대상으로 예산편성을 하는 것이 아니라 가장 가능성이 높은 조업도 몇 개만을 대상으로 한다. (주)홍지의 종합변동예산은 [표 6-3]과 같다. 이 회사는 가능한 예산조업도로 7,000단위, 8,000단위, 9,000단위 등 세 개의 조업도를 이용하였다.

✦ 표 6-3 (주)홍지의 종합변동예산

	단위당 예산	판매량		
		7,000단위	8,000단위	9,000단위
매출액	₩ 31	₩ 217,000	₩ 248,000	₩ 279,000
변동원가				
변동제조원가	₩ 21.0	₩ 147,000	₩ 168,000	₩ 189,000
판매비	0.6	4,200	4,800	5,400
관리비	0.2	1,400	1,600	1,800
총변동원가	₩ 21.8	₩ 152,600	₩ 174,400	₩ 196,200
공헌이익	₩ 9.2	₩ 64,400	₩ 73,600	₩ 82,800
고정원가				
고정제조원가		₩ 37,000	₩ 37,000	₩ 37,000
고정판매비 및 관리비		33,000	33,000	33,000
총고정원가		₩ 70,000	₩ 70,000	₩ 70,000
이익(손실)		₩ (5,600)	₩ 3,600	₩ 12,800

(주)홍지에 대한 변동예산자료의 원가는 [그림 6-1]에서와 같이 그래프로 표시할 수 있다. [그림 6-1]은 다음과 같은 수학적 공식으로 표시되는 원가행태에 기준을 두고 작성되었다.

총원가 = ₩ 70,000 + ₩ 21.8 × 예산판매량

◇ 그림 6-1 변동예산에 의한 원가선

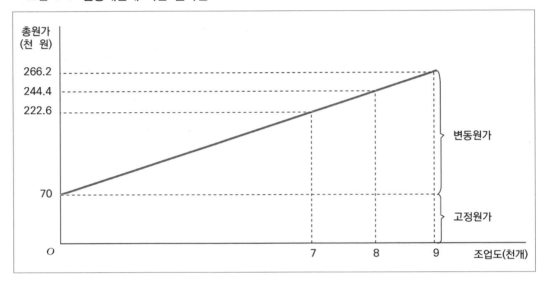

[그림 6-1]의 그래프에 매출액 선을 그려 넣기만 하면 CVP도표로 변형된다. 따라서 변동예산은 CVP에 관한 완전한 형태의 설명이다.

3) 재무적 성과평가와 변동예산

변동예산은 회계기간 말에 경영자가 실제성과를 분석하려고 할 때 유용하다. 즉 변동예산은 성과평가목적에 중요하다. 모든 경영자들이 실제성과를 정확하게 예측한다면 변동예산이 곧 종합예산이다. 그러나 다음과 같은 이유에서 차이가 발생한다. 그 하나는 매출과 기타 원가동인의 조업도가 처음 예측한 것과 동일하게 발생하지 않으며, 다른 하나는 단위당 수익, 변동원가, 기간단위상의 고정원가 등이 기대한 것과는 다르게 발생하는 데 있다.

위의 두 가지 이유가 완전히 독립적이지는 않지만(예컨대, 높은 판매가격은 매출수량을 적게 할런지 모르지만) 개개 관리자들이 성과에 대해 책임을 질 수 있기 때문에 또한 관리행위를 각각 나타낼 수 있기 때문에 이들 효과를 분리하는 것이 유용하다. 성과평가에 변동예산을

이용하는 목적은 불리하면 정정할 수 있거나, 또는 유리하면 높일 수 있는 실제성과에 미친 기대하지 않은 영향들을 분리하는 데 있다.

변동예산은 실제조업도에서 작성되기 때문에 변동예산과 실제성과와의 차이는 조업도((주)홍지에서는 판매량)에 기인한다. 이들 변동예산과 실제성과와의 차이를 변동예산차이라 하고, 이 차이는 가격과 원가통제 때문에 실제원가와 수익이 벗어난 정도의 금액이다. 반대로 종합예산과 변동예산의 차이는 원가통제에 기인하는 것이 아니라 조업도수준에 그 원인이 있다. 변동예산액과 종합예산액과의 차이를 매출조업도차이라 한다. [표 6-4]는 [표 6-3]에서 유도된 것으로 (주)홍지의 종합(고정)예산과 실제성과와의 차이를 변동예산차이와 매출조업도차이로 나타낸 것이다.

✦ 표 6-4   (주)홍지의 차이분석

	(1) 실제성과	(2) 변동예산차이	(3) 변동예산	(4) 매출조업도차이	(5) 종합(고정)예산
판매수량	7,000단위	−	7,000단위	2,000(U)	9,000단위
매출액	₩217,000	−	₩217,000	₩62,000(U)	₩279,000
변동원가	158,270	5,670(U)	152,600	43,600(F)	196,200
공헌이익	₩ 58,730	₩5,670(U)	₩ 64,400	₩18,400(U)	₩ 82,800
고정원가	₩ 70,300	300(U)	70,000	−	70,000
손익	₩(11,570)	₩5,970(U)	₩ (5,600)	₩18,400(U)	₩ 12,800

변동예산차이 ₩5,970(U)

매출조업도차이 ₩18,400(U)

종합예산차이 ₩24,370(U)

* (2)=(1)−(3), (4)=(3)−(5), U=불리한 차이, F=유리한 차이
 (1) [표 6-2]의 실제성과임
 (3) [표 6-3]의 판매량 7,000일 때의 변동예산임

즉 [표 6-4]에서는 [표 6-2]의 총차이를 매출조업도차이와 변동예산차이로 분해하고 있다. 매출조업도차이는 효과차이라고도 하는데, 수익목표(목표조업도)에의 달성 정도를 나타낸다. 즉 매출조업도차이는 판매량 차이에 기인한 영업이익의 차이를 말한다.

반면에 변동예산차이는 실제성과와 실제판매량에 대하여 조종된 변동예산 간의 차이를 말한다. 즉 변동예산은 예산이 유연성을 갖기 때문에 실제조업도에 상응하는 예산을 편성할 수 있고, 변동예산차이는 실제조업도에 따른 성과와 예산을 비교하여 계산한다.

(주)홍지의 경우 목표판매수량은 9,000단위였으나 실제판매수량은 7,000단위였다. 따라

서 매출액은 ₩62,000만큼 감소하고, 공헌이익이 ₩18,000만큼 감소하였다. (주)홍지의 성과를 평가함에 있어서 효과적이지 못하였다고 하는데 그 이유는 판매목표량을 달성하지 못한 데 있다. 이러한 매출조업도차이는 다음과 같은 산식에 의해서 구할 수 있다.

매출조업도차이 = (종합예산판매량 − 실제판매량) × 단위당 예산공헌이익
₩18,400(U) = (9,000 − 7,000) × ₩9.20

[표 6−4]의 (1)란과 (3)란의 차이를 변동예산차이라 한다. 실제조업도에 대한 변동예산과 실제성과의 비교는 실제판매량 7,000단위를 기초로 하고 있어, 이에 의해서 계산된 차이는 조업도(판매량)의 변화로 인한 영향을 받지 않게 된다. 즉 차이는 조업도의 변동을 통제하고 있으므로 판매가격의 변화, 투입원재료의 가격변화 및 비능률적인 소비 등으로 인하여 발생하는 가격 및 능률차이를 그 내용으로 하고 있으며 다음과 같은 산식에 의해서도 구할 수 있다.

변동예산차이 = 실제성과 − 변동예산상 계획한 성과
₩5,970(U) = ₩11,570 − ₩5,600

4. 표준원가의 차이분석

1) 원가차이의 본질과 분석모형

(1) 원가차이의 본질

표준원가제도(standard cost systems)를 도입하는 경우에도 기업 내·외의 여러 가지 요인 때문에 실제원가와 표준원가가 일치하지 않는다. 표준원가는 흔히 기대원가와 동의어로 쓰이며, 마땅히 달성해야 할 것으로 설정된 단위당 원가이다. 대개는 실제원가와 표준원가 사이에는 원가차이가 발생한다. 그렇다면 여기에서 발생되는 모든 원가차이에 대하여 경영자는 주의를 기울여야만 하는가 하면 그렇지는 않다.

일반적으로 모든 차이가 예외적인 경우는 드물고, 일부의 차이만이 예외적인 경우이다. 따라서 경영자는 예외적인 경우에 주의를 기울이면 된다. 그렇다면 어떠한 차이가 예외적이고, 어떠한 차이가 일시적인가? 일상적 차이로부터 예외적 차이를 분리하는 가장 신뢰할 수 있는 방법은 통계적 방법이다. 예외적 차이를 분리하기 위한 통계적 방법은 표준을 특

정한 측정치보다는 일정한 활동의 범위로 보고 있다.

또 원가차이가 기업의 외부적 요인에 의해 발생한 경우는 경영자가 통제할 수 없다. 따라서 원가차이분석은 이 두 가지 요인에 의해 발생된 것을 분리하는데 유용한 기법으로 원가통제 및 성과평가목적에 많이 이용된다.

(2) 차이분석의 일반적 모형

표준을 가격과 수량의 두 종류로 나눈 한 가지 이유는 구입가격과 사용수량을 파악 · 통제하는 시점이 제각기 다르기 때문이다. 원재료의 예를 들면, 구입가격에 대한 통제는 구매시점에 행하여져야 한다. 사용수량에 대한 통제는 구매시점으로부터 상당한 기일이 지난 후 생산시점에서 이루어진다. 또한 구입가격과 사용수량에 대한 통제는 서로 다른 관리자들의 책임하에 있기 때문에 관리자는 그가 통제할 수 있는 원가만을 책임질 수밖에 없다. 그러므로 원가의 통제라는 측면에서, 구매부서는 가격차이를 보고해야 하고 생산부서는 수량(능률) 차이를 보고해야 한다. 이런 이유에서도 가격차이와 수량(능률) 차이를 구분할 필요가 있다.

◇ 그림 6-2 차이분석을 위한 일반모형 – 변동제조원가

(1) 실제수량×실제가격	(2) 실제수량×표준가격	(3) 표준수량×표준가격
	(1)-(2) 가격차이	(2)-(3) 수량(능률, 사용)차이
	재료가격차이 노무임률차이 변동제조간접원가소비차이	재료수량차이 노무능률차이 변동제조간접원가능률차이
	총차이	

[그림 6−2]는 변동제조원가에 대한 차이분석을 위한 일반모형이다. 이 모형은 여러 가지의 가격차이와 수량차이(능률 또는 사용)를 분류, 계산하는 데 매우 중요하게 쓰인다.

[그림 6−2]의 일반모형에 나타나 있는 세 가지 점을 주목해야만 한다. 첫째, 가격차이와 수량차이가 각 원가요소마다 다소 다르게 불리지만 재료원가, 노무원가, 제조간접원가의 세 가지 변동원가들에 대한 가격차이는 직접재료원가의 경우에 재료가격차이, 직접노무원가의 경우에는 노무임률차이, 또한 변동제조간접원가의 경우에는 변동제조간접원가소비차

이로 불린다. 둘째, 가격차이의 명칭이 다소 다르더라도 각 가격차이는 같은 방법으로 계산되고, 수량차이의 경우도 같다. 셋째, 실제 차이분석은 투입－산출분석이다. 여기서 투입이란 직접재료, 직접노무, 변동제조간접원가의 실제사용량을 말하며, 산출이란 실제산출량을 제조하는데 허용된 투입의 표준수량을 말한다. 허용된 표준수량, 허용된 표준시간은 당해기간에 직접노동 및 변동제조간접원가의 수량(개수 또는 시간 등)을 뜻한다. 이것은 실제로 사용량보다 많거나 적을 수 있으며, 조업의 능률 또는 비능률을 판단하는 잣대이다.

일반적으로 가격차이는 수량차이보다 통제되기 어렵다. 그 이유는 가격차이는 주로 외부적 요인에 의해 영향을 받기 때문이다. 반면에 수량차이는 내부적 요인에 의해 통제할 수 있다.

2) 직접재료원가차이

직접재료원가차이는 재료가격차이와 재료수량차이로 나누어진다. 직접재료원가의 차이는 다음과 같이 산출된다.

직접재료원가차이 ＝ 실제직접재료원가 － 표준직접재료원가

(1) 재료가격차이

재료가격차이는 재료의 실제원가와 표준원가의 차이로서 재료의 구입가격의 차이 때문에 발생한 원가차이이다.

재료가격차이 ＝ (실제가격 － 표준가격) × 실제수량

가격차이는 차이의 계산시점에 따라 구입가격차이와 소비가격차이로 나눌 수 있다. 구입가격차이는 구입시점에서 구입량을 기준으로 계산한다. 반면에 소비가격차이는 재료의 소비시점에서 소비량을 기준으로 계산한다. 일반적으로 가격차이는 사용한 부분의 가격차이가 아니라 원재료의 구입시점의 가격차이를 의미하는 것으로 원재료의 능률적 사용 여부에 관계 없이 실제구입수량에 대한 가격차이를 계산한다.

가격차이가 발생하는 원인은 재료구입시장의 상황이 변동함에 따라, 품질과 관련해서 환경조건이 변화하였을 경우에 제품의 수요증가로 인한 재료구입 시 발생하는 것이다. 이는 가격차이가 외부적 요인에 의해 발생되는 것으로 경영자가 통제할 수 없다는 것을 뜻한다. 그러나 구매부서에서는 부분적이나마 가격요소를 통해 통제가능하기 때문에 가격차이에

대한 책임을 구매부서에 부담시킬 수 있다.

가격차이는 가격·수량혼합차이를 포함한다. 그 이유는 통제가능성이 높은 수량차이를 보다 정확하게 계산하기 위해서이다. 그러므로 주로 외부적 요인에 의하여 발생하는 가격차이는 순수한 가격차이보다 넓게 계산된다.

(2) 재료수량차이

재료수량차이는 재료능률차이라고도 불리며, 이는 실제수량과 표준수량의 차이에 대해 단위당 표준가격을 곱하여 산출한다.

$$재료수량차이 = (실제수량 - 표준수량) \times 단위당\ 표준가격$$

위 식에서 표준수량은 허용표준원가 개념에 의한 허용표준수량이다. 허용표준원가는 다음과 같이 산출된다.

$$\frac{허용표준원가}{(혹은\ 변동예산)} = \frac{실제}{생산수량} \times \frac{제품단위당}{표준수량} \times \frac{재료단위당}{표준가격}$$

이처럼 표준원가로 계산하는 이유는 수량차이가 내부적 능률요인에 의한 부분이 크므로 외부적 가격효과를 제거하기 위한 것이다. 이 수량차이의 발생은 효율적 재료사용 여부에 따라 또는 제품의 생산기술변화에 따라 발생하므로 일반적으로 재료투입에 대한 책임을 지고 있는 생산부문에서 수량차이에 대한 책임을 진다.

≫ 예제 1

(주)홍지의 지난 10월 중 표준원가에 대한 자료는 다음과 같다.

- 제품생산량 : 완성품 7,000단위
- 직접재료의 제품단위당 표준원가 : ₩ 10(5kg×@₩ 2)
- 월초 재고자산은 없다.
- 실제재료구입·사용량 : 36,800kg
- 직접재료구입가격 : ₩ 1.9/kg

| 물음 |
1. 직접재료원가차이를 계산하시오.

| 풀이 |
1. 재료원가차이 : (₩ 1.9×36,800) − (₩ 2×35,000) =   ₩ 80(F)

가격차이 : $\qquad$ (₩ 1.9 − ₩ 2) × 36,800 $\qquad$ = $\qquad$ ₩ 3,680(F)

수량차이 : $\qquad$ (36,800kg − 35,000kg) × ₩ 2 $\qquad$ = $\qquad$ ₩ 3,600(U)

합계 : $\qquad\qquad\qquad\qquad\qquad\qquad\qquad\qquad$ ₩　80(F)

(1) 실제수량 × 실제가격	(2) 실제수량 × 표준가격	(3) 표준수량 × 표준가격
36,800kg × ₩ 1.9 = ₩ 69,920	36,800kg × ₩ 2 = ₩ 73,600	7,000kg × 5kg × ₩ 2 = ₩ 70,000

가격차이 = (1) − (2) $\qquad\qquad$ 수량차이 = (2) − (3)

₩ 3,680(F) = ₩ 69,920 − ₩ 73,600 $\qquad$ ₩ 3,600(U) = ₩ 73,600 − ₩ 70,000

총(변동예산)차이 = 가격차이 + 수량차이

₩ 80(F) = 3,680(F) − ₩ 3,600(U)

직접재료원가의 차이는 다음과 같이 그래프로 나타낼 수 있다.

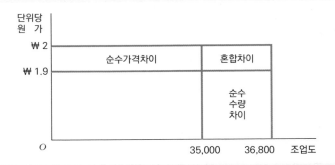

위의 그림에서 보는 바와 같이 직접재료원가차이는 순수가격차이, 순수수량차이와 가격·수량 혼합차이로 나누어질 수 있다. 여기서 문제가 되는 것은 혼합차이로 이를 해석하기는 쉬운 일이 아니다. 따라서 해석의 어려움을 피하기 위해 가격과 수량차이 어느 한쪽에 포함시킬 필요가 있어 가격차이에 포함시킨다. 가격차이는 기업 외적 요소에 의하여 영향을 받으므로 통제할 수 없는 경우가 많기 때문이다.

반면에 수량차이는 내부적 요소에 의하여 영향을 받으므로 엄격히 통제할 필요가 있어 혼합차이를 포함시키지 않는다. 만일 구매활동을 통제하는 것이 가격차이계산의 주요 목적이라면 가격차이의 분리시점은 빠르면 빠를수록 좋다. 그러므로 구입시점에서 분리하는 방법이 가장 효과적이다. 직접재료원가 가격차이를 재료의 구입시점에서 분리할 때의 직접재료원가 차이분석은 다음과 같다.

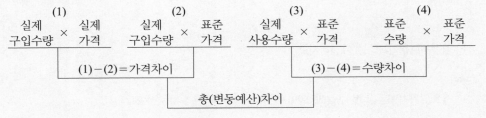

>> **예제 2**

| 물음 |
[예제 1]의 모든 자료는 동일하고 10월 중 재료의 실제구입수량을 37,000kg이라고 가정할 때 재료의 구입시점에서 직접재료원가차이를 계산하시오.

| 풀이 |

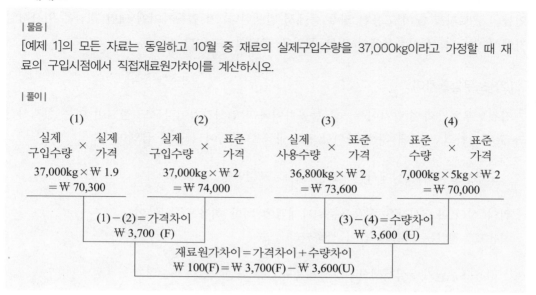

(1)
실제
구입수량 × 실제
가격
37,000kg × ₩ 1.9
= ₩ 70,300

(2)
실제
구입수량 × 표준
가격
37,000kg × ₩ 2
= ₩ 74,000

(3)
실제
사용수량 × 표준
가격
36,800kg × ₩ 2
= ₩ 73,600

(4)
표준
수량 × 표준
가격
7,000kg × 5kg × ₩ 2
= ₩ 70,000

(1) - (2) = 가격차이
₩ 3,700 (F)

(3) - (4) = 수량차이
₩ 3,600 (U)

재료원가차이 = 가격차이 + 수량차이
₩ 100(F) = ₩ 3,700(F) - ₩ 3,600(U)

3) 직접노무원가차이

직접노무원가차이는 실제노무원가와 표준노무원가의 차이이며 임률차이와 능률차이로 나누어진다.

직접노무원가차이 = 실제노무원가 - 표준노무원가

(1) 노무임률차이

직접노무원가의 가격차이는 보통 노무임률차이라 부른다. 임률차이는 노무원가의 실제임률과 표준임률의 차이에 대해 실제작업시간을 곱하여 산출한다.

노무임률차이 = (실제임률 - 표준임률) × 실제작업시간

이 차이는 근로자에게 지급되어진 시간당 평균임률이 표준으로부터 벗어난 정도를 가르킨다. 임률차이가 사회적 및 외부적 조건에 의한 임률의 변동에 기인한 것이라면 경영자가 통제불가능하지만, 내부적인 인사배치의 잘못에 기인한 것이면 통제가능하다. 따라서 일반

적으로 대부분의 기업은 노사협약에 의한 협정임률을 표준임률로 정한다. 임률차이는 적재적소원칙에 의한 근로자를 배치하지 않은 경우, 한 기계당 많은 근로자를 배치한 경우, 고임률의 근로자를 많이 고용한 경우 등에서 발생한다. 이 임률차이에 대한 책임은 인사책임자에게 있으나, 생산부서에서 일부 책임을 부담할 수 있다.

(2) 노무능률차이

직접노무원가의 수량차이는 노무능률차이와 작업시간차이라고도 불리며 이는 실제시간과 표준시간의 차이에 대해 단위당 표준임률을 곱하여 산출된 금액이다.

노무능률차이＝(실제시간－표준시간)×표준임률

위의 식의 표준시간은 허용표준원가개념에 의한 허용표준시간이다.
허용표준원가는 다음과 같이 산출된다.

허용표준원가＝실제생산수량×제품단위당 표준시간×표준임률

노무원가능률차이의 원인으로는 미숙련 근로자들, 작업시간을 지연시키는 낮은 품질의 재료, 조업중단을 초래하는 낙후된 기계설비, 감독자의 관리소홀 등을 들 수 있다. 직접노무원가의 능률차이는 주로 생산부문의 관리자가 책임을 지게 된다. 그러나 낮은 품질의 재료 때문에 제조시간이 길어졌다면 이에 대한 책임은 구매부서가 져야 할 것이다.

▶▶ 예제 3

지난 12월 중 (주)홍지의 원가자료는 다음과 같다.
- 제품생산량 : 7,000단위
- 단위당 표준노무원가 : ₩ 8(1/2시간×₩ 16)
- 실제발생 노무원가 : ₩ 61,500(3,750시간×₩ 16.40)
- 월말재공품 : ₩ 4,000단위(완성도 25%)

|물음|
노무원가차이를 계산하시오.

|풀이|
1. 노무원가차이 : $(16.40 \times 3,750) - (7,000 \times 1/2 \times 16) = ₩ 5,500(U)$

임률차이 : $(16.40-16) \times 3,750$ $= ₩ 1,500(U)$
능률차이 : $[3,750-(7,000 \times 1/2)] \times 16$ $= ₩ 4,000(U)$
합계 $₩ 5,500(U)$

이를 그래프로 표시하면 다음과 같다.

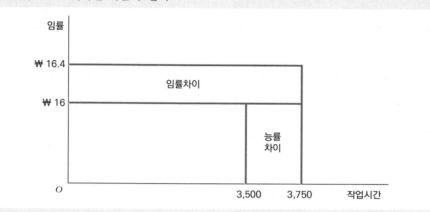

재료가격차이와 마찬가지로 노무원가의 임률차이는 순수임률차이와 임률·능률결합차이로 구성된다. 이는 기업의 통제가능성이 높은 능률차이를 보다 정확하게 계산하기 위한 목적이다.

2.

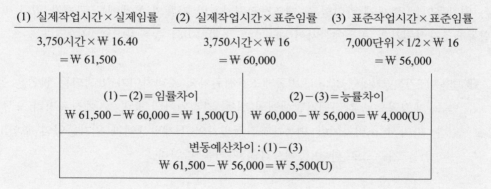

4) 제조간접원가차이

이미 앞에서 살펴본 바와 같이 직접재료원가차이와 직접노무원가차이를 가격차이와 수량(능률)차이로 세분하여 계산하였다. 이와는 대조적으로 많은 기업들은 제조간접원가차이 분석을 할 가치가 없다고 믿고 변동예산차이(총차이: flexible budget variance)만을 계산한다. 그 이유는 제조간접원가차이를 가격차이와 사용차이로 분리하는 어려운 점과 계산의 복잡성, 분석가치가 없다는 점이다.

그러나 어떤 경우, 제조간접원가의 변동예산차이를 세분할 가치가 있는 경우가 있는데, 특히 변동제조간접원가의 경우이다. 그렇지만 본서에서는 변동제조간접원가차이만을 분석하지 않고 고정제조간접원가차이를 함께 분석해보고자 한다.

제조간접원가의 차이분석방법은 다양하다. 가장 이론적인 방법은 변동제조간접원가와 고정제조간접원가를 구분하고 차이분석을 행하는 4분법이다. 반면에 변동제조간접원가와 고정제조간접원가를 구분하지 않고 차이분석을 행하는 3분법, 2분법이 있다. 4분법에 의한 차이분석은 제조간접원가차이의 가장 상세한 분석방법이며, 3분법 또는 2분법 차이분석의 자료로 활용할 수 있다. 본서에서는 4분법만을 설명하기로 하며, 3분법과 2분법에 의한 차이분석과정은 「원가회계」 교재를 참고하도록 한다.

(1) 변동제조간접원가차이

변동제조간접원가는 간접노무원가, 동력비, 소모품비, 수선비 등의 많은 개별 원가항목들로 구성되어 있다. 이들 원가항목들을 통제하기 위해서는 간접작업시간, 동력사용량, 소모품사용량, 수선시간과 같은 비재무적인 측정치를 분석하는 것이 도움이 된다. 즉 개별 원가항목에 대한 원가동인을 확실하게 알아야 한다. 변동제조간접원가의 변동예산차이부분은 원가동인의 통제와 관련있고, 제조간접원가소비 자체의 통제에도 관계가 있다. 따라서 변동제조간접원가의 변동예산차이(총차이)는 소비차이와 능률차이로 분할된다.

❶ 변동제조간접원가의 소비차이 : 변동제조간접원가의 소비차이가 발생되는 원인은 물가의 변동, 계절적으로 간접원가발생액의 변동, 간접원가의 낭비 및 예산측정의 오류 등에 있다. 따라서 소비차이란 변동제조간접원가의 실제발생액과 원가동인의 조업도수준(투입량)을 기준으로 한 변동예산과의 차이를 말한다.

소비차이 ＝ 실제발생액 － 실제작업시간에 대응하는 제조간접원가변동예산
＝ 실제발생액 － (변동제조간접원가표준배부율 × 실제작업시간)
$= AH \times AR - AH \times SR = (AR - SR) \times AH$

AH : 실제작업시간(actual hour)
AR : 실제배부율(actual rate)
SR : 표준배부율(standard rate)

소비차이발생원인에서 나타난 바와 같이 소비차이가 단순한 가격차이 이외의 요소들을 포함하는 복합적인 차이이다. 그래서 소비차이는 변동제조간접원가의 변동예산차이에서 능률차이를 차감한 것이다.

위에서 언급한 소비차이의 발생원인 중 물가변동이나 계절적 변동은 직접재료원가의 가격차이와 흡사하나, 낭비나 비능률로 인한 차이의 경우는 그렇지 않다. 낭비나 비능률적 사용은 능률차이로 계산하지 않고 소비차이 일부로 잡힌다. 그 이유는 제조간접원가계정에는 낭비나 비능률적 사용으로 인해 발생하는 원가를 포함하여 당해 연도에 발생하는 모든 제조간접원가들이 기록되기 때문이다. 소비차이는 단위시간당 표준효율과 실제발생원가와 함께 낭비적인 요소도 자동적으로 소비차이의 일부분으로 나타나게 된다. 따라서 많은 기업들은 소비차이가 매우 유용한 것으로 생각하고 또 소비차이가 제공하는 정보만으로도 제조간접원가통제가 가능하다고 생각한다.

❷ 변동제조간접원가의 능률차이 : 이 능률차이의 발생원인은 재료의 낭비, 부적절한 작업시간표준의 설정, 작업자의 미숙련, 태만, 부적절한 배치 노동작업의 비능률, 표준과 상이한 작업조건 및 작업방법 등이다. 능률차이는 실제원가동인조업도가 실제생산량에 허용된 표준과 차이가 날 때 발생되는 제조간접원가의 측정치이다. 이 능률차이를 산식으로 표시하면 다음과 같다.

$$능률차이 = \begin{pmatrix} 실제작업시간에 \ 대응하는 \\ 제조간접원가 \ 변동예산 \end{pmatrix} - \begin{pmatrix} 실제생산량에 \ 허용된 \ 표준작업시간에 \\ 대응하는 \ 제조간접원가 \ 변동예산 \end{pmatrix}$$

$$= (실제작업시간 \times 변동제조간접원가 \ 표준배부율)$$
$$\quad - (실제생산량에 \ 허용된 \ 표준작업시간 \times 변동제조간접원가 \ 표준배부율)$$
$$= (AH \times SR) - (SH \times SR) = (AH - SH) \times SR$$

즉 변동제조간접원가의 능률차이는 변동제조간접원가가 원가동인인 조업도의 변동에 따라 비례적으로 변동한다는 것이다. 예컨대 제조간접원가의 내용이 수선유지비라고 할 때 만약 직접작업시간이 비능률적으로 많이 사용되었다면 이것은 수선유지 활동을 위한 소모품 등이 초과사용되었다는 것을 의미한다.

변동제조간접원가 차이분석과정을 요약하면 다음과 같으며, 이를 그림으로 표시하면 [그림 6-3]과 같다.

✧ 그림 6-3 변동제조간접원가차이분석

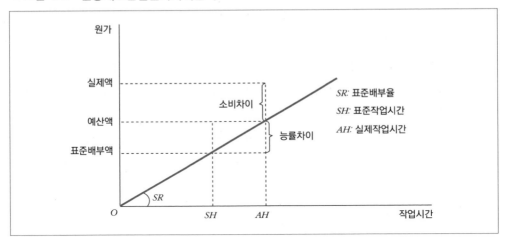

따라서 변동제조간접원가능률차이의 통제책임은 변동예산의 토대가 되는 기준의 이용에 대한 능률성이므로, 이 기준통제에 책임이 있는 관리자가 책임을 져야 한다.

(1) 실제발생액	(2) 실제작업시간× 변동제조간접원가 표준배부율	(3) 표준작업시간× 변동제조간접원가 표준배부율
$AH \times AR$	$AH \times SR$	$SH \times SR$

(1) − (2) $AH \times (AR - SR)$: 소비차이	(2) − (3) $SR \times (AH - SH)$: 능률차이
변동제조간접원가차이	

>> 예제 4

(주)홍지의 변동제조간접원가에 대한 자료는 다음과 같다.

• 직접작업시간당 임률 ₩ 300
• 제품단위당 허용표준직접작업시간 2시간
• 20,000시간(10,000개)의 변동예산 ₩ 30,000

(주)홍지의 변동제조간접원가는 직접작업시간에 직접적으로 비례하여 변동한다. 이 회사의 지난 4

월 중 생산자료를 분석한 결과 완성품수량은 10,000개, 실제직접작업시간은 22,000시간이었다.

| 물음 |

(주)홍지에서 실제 4월 중 발생한 변동제조간접원가는 ₩ 32,000이었다. 이때 변동제조간접원가의 소비차이와 능률차이를 계산하시오.

| 풀이 |

$$\frac{\text{변동제조간접원가}}{\text{표준배부율}} = \frac{\text{₩30,000}}{20,000\text{시간}} = \frac{\text{₩1.50}}{\text{시간}}$$

소비차이 = ₩ 32,000 − 22,000 × ₩ 1.50 = ₩ 1,000(F)

능률차이 = (22,000 × ₩ 1.50) − (20,000 × ₩ 1.50) = ₩ 3,000(U)

이를 다음과 같이 나타낼 수 있다.

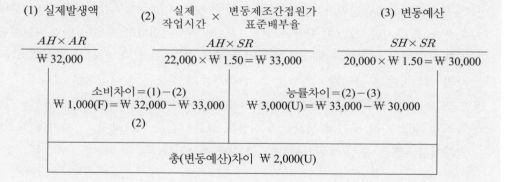

(2) 고정제조간접원가차이

제조간접원가의 원가행태가 변동제조간접원가와 고정제조간접원가는 상당히 다르다. 예산통제목적의 경우 고정제조간접원가는 관련범위의 조업도수준에서 일정하다. 제품원가계산의 경우, 고정제조간접원가 단위당 원가는 조업도수준에 따라 증감한다.

이러한 원가행태 때문에 예정배부율(또는 배분율)이 고정제조간접원가의 분석에 필요하다. 그 이유는 제품원가를 계산함에 있어서 관리자들은 단위원가의 고정원가부분을 일정하게 안정시킬 필요성이 있다. 이는 조업도의 변화와 상관 없이 단일단위원가의 수치를 일정기간 안정적으로 사용할 수 있다는 데 있다. 고정제조간접원가의 예정배부율은 다음과 같은 산식으로 구해진다.

$$예정(표준)배부율 = \frac{고정제조간접원가의\ 예산액}{기준조업도}$$

위 식의 분모인 기준조업도는 추정조업도로서 당 회계연도에서 변동하지 않고 예산고정제조간접원가율을 정하기 위하여 미리 설정된 조업도수준으로, 제품원가계산을 위하여 필요하다. 이때 기준조업도의 선택문제는 주관적 선택의 문제라 할 수 있다. 기준조업도로는 기대되는 실제조업도, 3~5년 기간의 평균으로 정상조업도, 최대조업도 등이 사용된다. 고정제조원가의 총차이는 예산차이와 조업도차이로 구분된다.

❶ 예산차이 : 예산차이는 한 기간 동안 실제발생한 고정제조간접원가와 변동예산에 표시된 예산고정제조간접원가와의 차이를 나타낸 것으로 변동제조간접원가의 소비차이와 비슷한 것 같지만, 그것의 활용은 전혀 다르게 이루어진다고 보아야 한다. 즉 어떤 관리자도 곧바로 고정원가에 대한 관리적 통제를 행할 수 없다. 따라서 고정제조간접원가의 예산차이는 관리가능하지만 그 관리가능의 정도는 상대적으로 낮다.

❷ 조업도차이 : 조업도차이는 생산설비의 이용도를 나타내는 척도이다. 이 차이는 기준조업도와 해당 기간 동안의 생산량에 허용된 표준시간을 비교하여 그 차이에 제조간접원가예정배부율 중 고정원가부분을 곱하여 계산된다.

조업도차이 = 예정배부율×(기준조업도 - 허용된 표준조업도)

위의 산식에서 보는 바와 같이 기준조업도와 허용된 표준조업도가 같으면 조업도차이는 발생하지 않는다. 기준조업도가 허용된 표준조업도보다 크면 불리한 차이가 발생한 경우이고, 기준조업도가 허용된 표준조업도보다 작으면 유리한 차이가 발생한다. 조업도차이가 불리한 차이로 나타났을 때는 기업이 당해 기간의 계획된 조업도수준에 미치지 못한 생산활동을 행하였음을 뜻하며, 유리한 차이의 의미는 계획된 조업도수준보다 더 높은 수준의 생산활동을 행하였음을 뜻한다.

조업도차이는 관리불가능한 차이이다. 즉 기준조업도와 표준조업도가 일치할 경우에만 고정제조원가의 예산액과 표준배부액이 일치하게 된다. 이때 기준조업도와 표준조업도가 관련범위 내라면 고정제조간접원가는 표준배부액이 기대되는 것이 아니라 예산액이 기대된다.

이와 같이 변동원가의 경우 표준원가총액은 변동예산액과 동일하지만, 고정원가의 경우에는 표준원가총액과 변동예산액은 다르게 나타난다. 즉 고정원가는 관련범위 내에서 일정한 총액으로 나타나기 때문이다. 이에 따라 조업도차이는 관리할 수 없는 차이이며 그 의의를 찾기 어렵다. 다만 조업도차이가 장기적으로 계속 발생하는 경우에는 유휴설비의 대체적 사용이나 설비의 축소 등을 고려하여야 할 것이다.

✧ 그림 6-4 고정간접원가차이분석

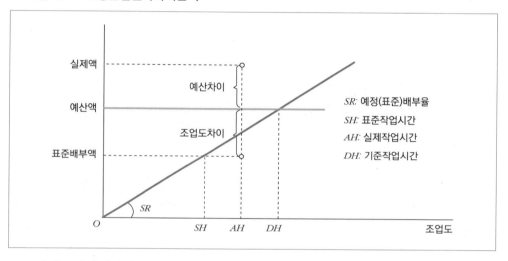

고정제조간접원가차이분석과정을 요약하면 아래와 같으며, 이를 그림으로 나타내면 [그림 6-4]와 같다.

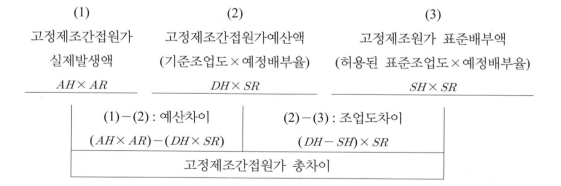

>> 예제 5

(주)홍지는 단일제품을 생산하며 표준원가계산제도를 채택하고 있다. 제조간접원가는 직접작업시간을 기준으로 배부한다. 다음은 제품단위당의 표준원가이다.

직접재료원가	6kg @₩1	₩6.0
직접노무원가	1시간 @₩4.5	4.5
변동제조간접원가	1시간 @₩2.0	2.0
고정제조간접원가	1시간 @₩1.2	1.2
합계		₩13.7

8월의 성과보고서는 다음과 같다.

	실제 발생액	배부된 표준원가	총차이	가격 또는 예산차이	능률차이	조업도차이
직접재료원가	₩36,100	₩36,000	₩100(불리)	?	₩2,000(불리)	─
직접노무원가	27,950	27,000	950(불리)	₩1,300(유리)	?	─
변동제조간접원가	11,500	12,000	500(유리)	2,000(유리)	1,500(불리)	─
고정제조간접원가	8,000	7,200	?	200(불리)	─	₩600(불리)

7월과 8월 중 직접재료의 '실제가격'은 kg당 각각 ₩0.95, ₩1.2이었다. 성과보고서에 나타나 있는 직접재료원가 가격차이는 8월에 실제로 사용된 재료에 의하여 계산된 것이며, 8월 말 직접재료 재고액은 없다.

| 물음 |
주어진 자료를 이용하여 다음을 계산하시오.

1. 실제생산량
2. 실제직접작업시간
3. 직접노무원가실제임률
4. 고정제조간접원가예산액
5. 표준원가설정시 사용된 기준조업도
6. 직접재료사용량(kg)
7. 8월 중 직접재료구입량(kg)

| 풀이 |
직접재료원가 :

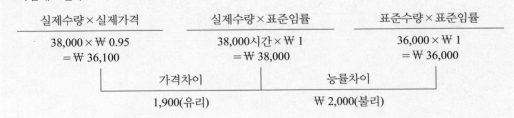

직접노무원가 :

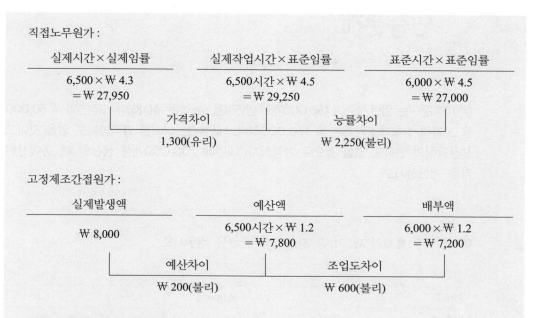

실제시간×실제임률	실제작업시간×표준임률	표준시간×표준임률
6,500×₩ 4.3 = ₩ 27,950	6,500시간×₩ 4.5 = ₩ 29,250	6,000×₩ 4.5 = ₩ 27,000

가격차이   능률차이
1,300(유리)   ₩ 2,250(불리)

고정제조간접원가 :

실제발생액	예산액	배부액
₩ 8,000	6,500시간×₩ 1.2 = ₩ 7,800	6,000×₩ 1.2 = ₩ 7,200

예산차이   조업도차이
₩ 200(불리)   ₩ 600(불리)

1. ₩ 36,000÷₩ 6 = 6,000개

2. ₩ 29,250÷₩ 4.5 = 6,500시간

3. ₩ 27,950÷6,500시간 = ₩ 4.3/시간

4. ₩ 8,000－₩ 200 = ₩ 7,800 또는 ₩ 7,200＋₩ 600 = ₩ 7,800

5. ₩ 7,800÷₩ 1.2 = 6,500시간

6. (₩ 36,000＋₩ 2,000)÷₩ 1 = 38,000kg

7. 위의 직접재료원가차이분석 시 사용된 실제가격이 @₩ 0.95인 데 반해 8월 중 가격은 @₩ 1.2 이므로 8월에 사용된 재료는 7월 이전에 구입되었으며, 이 회사는 직접재료원가가격차이를 재료사용 시 분리하는 정책을 사용하고 있음을 추론할 수 있다. 또한 8월 말의 재료재고도 없다. 따라서 8월 중에는 어떤 재료도 구입하지 않았다.

연습문제

1 (주)홍지문구는 일년 동안에 150,000개의 만년필을 생산하는 회사이다. 고정원가 ₩50,000을 포함해서 총제조원가는 ₩170,000이다. 내년에는 어떠한 가격변화도 없을 것이고 생산방식의 변화도 없을 것으로 가정하자. 내년에 200,000개를 생산할 때, 총예산원가를 계산하시오.

2 아래는 (주)홍지의 제5기 중 자료이다. 빈칸을 채우시오.

항목	단위당 예산	조업도수준		
		4,000개	5,000개	6,000개
판매량	−			
매출액	₩25	( )	( )	( )
변동원가 :				
직접재료원가	( )	₩44,000	( )	( )
연료비	2	( )	( )	( )
고정원가 :				
감가상각비		( )	12,000	( )
임원급료		( )	( )	50,000

3 다음 자료는 (주)홍지의 성과보고서이다. 빈칸을 채워 넣으시오.

	실제성과	변동예산차이	변동예산	매출조업도차이	고정예산
판매량	100,000	0	( )	( )	90,000
매출액	( )	₩8,000F	( )		₩900,000
변동원가	620,000	( )	600,000	( )	( )
공헌이익	( )	( )	( )	( )	( )
고정원가	( )	10,000U	( )	( )	240,000
영업이익	( )	( )	( )	( )	( )

4 창문시공업체인 (주)홍지는 우수대학교의 신축건물창문공사를 수주하여 공사를 완료하였다. 유리창 장당 표준원가는 ₩ 20,000이고 설치한 창문수는 1,000장이었다. 그러나 실제 유리창의 장당 구입가격은 ₩ 21,000이었고, 소요된 유리창 수는 1,050장이었다.

| 물음 | 1. 직접재료원가차이를 계산하시오.
2. 직접재료원가차이를 가격차이와 수량차이로 구분하시오.

5 (주)홍지자동차 생산부문의 조업도는 완성차량대수로 측정되며, 이번 달의 목표조업도 10,000대에 대한 변동제조간접원가의 고정예산과 실제발생원가자료는 다음과 같다.

항목	고정예산	실제
생산량	10,000대	9,500대*
간접노무원가	₩ 400,000	₩ 390,000
소모품비	100,000	96,000
수선비	80,000	80,000
합계	₩ 580,000	₩ 566,000

* 실제생산량이 500대 부족한 것은 하루 동안의 파업에 기인함

| 물음 | 1. 고정예산제도를 이용하여 성과보고서를 작성하시오.
2. 변동예산제도를 이용하여 성과보고서를 작성하시오.
3. [물음 1]과 [물음 2]의 내용을 비교하고 각 예산제도의 장단점을 설명하시오.

6 (주)홍지에너지는 다음과 같은 제품단위당 원가표준을 설정하고 있다.

• 직접노무원가   2시간 @ ₩ 750   ₩ 1,500

3월에 완성품 1,000단위를 완성하였다. 실제작업시간은 2,500시간이었고 노무원가는 ₩ 2,100,000이 발생하였다. 3월 초 재고자산은 없었다.

| 물음 | 1. 3월의 직접노무원가의 임률차이와 능률차이를 계산하시오.
2. 각 차이에 대한 의미를 약술하시오.

7 (주)홍지제철은 다양한 종류의 제품을 생산하고 있다. 이 회사의 어떤 제품에 대한 제8기 중 제품단위당 원가자료는 다음과 같다.

	표준원가	실제원가
직접재료원가		
표준 : 2.8kg, @₩ 350/kg	₩ 980	
실제 : 2.75kg, @₩ 360/kg		₩ 990
직접노무원가		
표준 : 0.8시간, @₩ 900/시간	₩ 720	
실제 : 0.9시간, @₩ 850/시간		₩ 765
변동제조간접원가		
예산 : 0.8시간, ₩ 250/시간	₩ 200	
실제 : 0.9시간, ₩ 240/시간		₩ 216
단위당 총원가	₩ 1,900	₩ 1,971
표준원가보다 실제원가의 초과발생액	₩ 71	

생산부문의 김부장은 "₩ 71의 초과발생액은 수용가능한 차이이고, 실제손실이 이익에 반영되기 전에 정정하거나 분리하기 때문에 걱정할 것이 못된다"라고 언급하였다. 실제생산수량은 4,000단위이고, 제조간접원가는 직접노동시간에 기초하여 제품에 배부된다.

| 물음 | 다음 차이를 계산하시오.
1. 직접재료원가의 가격차이 및 수량차이
2. 직접노무원가의 임률차이 및 능률차이
3. 변동제조간접원가의 소비차이 및 능률차이

관련원가와 특수의사결정

관련원가와 특수의사결정

1. 관련원가의 본질

1) 관련원가의 의의

경영자들은 경영관리활동을 수행하기 위하여 다양한 의사결정을 행하게 된다. 이러한 의사결정은 정보를 필요로 한다. 의사결정이 수익과 원가(비용) 모두를 변화시킨다면 수익과 원가가 이익에 미치는 영향을 고려하게 되고, 반면에 의사결정이 원가(비용)만을 고려하는 경우라면 최저의 원가를 야기하는 대체안을 선택하게 된다. 이처럼 어떠한 의사결정 시 어떠한 원가 및 수익정보가 필요한가에 대한 판단기준은 관련성이다. 관련성은 목적적합성이며 의사결정에 영향을 미치는 요소를 말한다. 의사결정에 관련을 갖는 수익을 관련수익이라 하고, 그러한 원가를 관련원가라고 한다. 본 장에서는 특수의사결정에 필요한 관련원가를 설명하고자 한다.

관련원가에 대한 개략적 설명은 이미 제2장에서 하였다. 관련원가(relevant cost)이란 경영의사결정에 영향을 미칠 수 있는 원가를 말한다. 이는 특수원가 또는 의사결정원가라고도 한다. 관련원가의 반대개념은 비관련원가 또는 무관련원가인데, 비관련원가는 경영의사결정에 아무런 영향을 미치지 못하는 원가를 말한다. 관련원가가 되기 위해서는 다음 두 가지 요건을 충족시켜야 한다.

❶ 기대되는 미래원가이어야 한다. 즉 관련원가는 어떠한 행위가 이루어지는 경우 미래에 발생할 것으로 기대되는 원가이다. 따라서 이미 발생한 원가가 아니라 아직까지 발생하지 아니한 원가이다.

❷ 대체안들 간에 차이를 가져오는 차액원가이어야 한다. 즉 관련원가는 대체안들에 따라 상이하게 나타나는 원가이어야 한다.

예를 들어, 주요 재료구입처에 대한 의사결정을 하는 경우를 고려하자. 만일 두 납품업자의 제시가격이 동일하게 단위당 ₩ 1,000이라면 주요 재료원가는 차이가 없기 때문에 관련원가가 아니다. 반면에 두 납품업자의 제시가격이 각각 단위당 ₩ 1,000과 ₩ 950으로 상이하다면, 주요 재료원가는 구입처에 따라 상이하기 때문에 차액원가로 관련원가이다. 즉 주요 재료원가가 두 대체안(납품업자)들 간에 다르지 않다면 비관련원가이며, 다르다면 관련원가이다.

관련원가는 특수한 의사결정에 이용되는 원가로 제2장에서 이미 설명한 기회원가, 부가원가, 회피가능원가, 현금지출원가, 연기가능원가 등을 들 수 있다.

2) 관련원가의 특성

앞서 설명한 바와 같이 관련원가는 고려 중인 대체안들 간에 차이를 가져올 것으로 기대되는 미래원가로 정의할 수 있다. 관련원가는 다음과 같은 특성을 갖는다.

(1) 관련원가는 제도외 원가계산시스템에서 계산된다.

원가계산시스템을 제도적 측면에서 구분하면 제도적 원가계산과 제도외 원가계산으로 나눌 수 있다. 제도적 원가계산은 기업의 공식적인 회계시스템하에서 계속적으로 통제할 수 있도록 제도화·공식화된 원가계산시스템이다. 제도적 원가계산제도는 다음과 같은 세 가지 특징을 갖는다.

❶ 원가계산이 일상업무로서 반복적·정기적으로 행하여진다.
❷ 원가계산이 복식부기의 구조하에서 분개의 과정을 거쳐 행하여진다.
❸ 급부창출과 관련하여 소비된 모든 경제적 가치를 대상으로 하는 전부원가계산을 행한다.

반면에 제도외 원가계산은 특수한 경영의사결정을 위하여 예외적·임시적으로 행하여지는 원가계산제도이다. 관련원가의 계산은 제도외 원가계산을 통하여 이루어진다. 다만 제도외 원가계산에 의한 관련원가는 제도적 원가계산제도에 의하여 산출된 원가정보를 바탕으로 계산된다. 제도적 원가계산제도와 제도외 원가계산제도의 특성을 비교·요약하면 [표 7-1]과 같다.

✦ 표 7-1 제도적 원가계산과 제도외 원가계산의 비교

구분	제도적 원가계산	제도외 원가계산
회계제도와 관련성	복식부기구조에 따름	회계제도와 무관하게 행하여짐
재무회계와의 연결	유기적으로 결합	무관하게 독자적으로 실시됨
준거기준	GAAP에 준거함	특별한 준거기준 없음
업무의 반복성	일상적 업무로 반복적·지속적 수행	임시적 필요에 따라 수행
계산의 주요 목적	통제를 위한 사후평가	계획설정을 위한 사전평가
계산대상원가	역사적 원가	미래원가
원가계산범위	전부원가계산	주로 부분원가계산
원가계산기간	주로 월별 계산	중·장기간 계산
원가계산단위	제품단위당 계산	개별 사업별 계산
계산되는 원가	원가요소별·제품별 원가	다양한 관련원가

(2) 관련원가는 의사결정목적에 따라 상이하다.

관련원가는 개별적 의사결정의 목적에 따라 그에 적합한 상이한 원가개념이 이용된다. 관련원가는 어떠한 상황이든 이용가능하게 획일적으로 고정된 것이 아니라 상황에 따라 변화한다. 즉 경영의사결정의 목적이 무엇인가에 따라 관련원가는 변화하게 된다.

'상이한 목적에 따른 상이한 원가'라는 표현은 이를 함축적으로 나타낸 것이다.

또한 특정한 의사결정과 관련하여 관련원가는 반드시 한 가지로 가정되는 것은 아니다. 때로는 두 가지 이상의 관련원가가 병용될 수 있다.

(3) 매몰원가는 관련원가가 아니다.

매몰원가(sunk costs)는 일정한 상황하에서 회수불능한 역사적 원가이다. 매몰원가는 과거의 의사결정에 따라 이미 발생한 원가로 기발생원가라고도 한다. 매몰원가는 '이미 엎질러진 물'과 같아서 대체안들 간에 차이를 가져오지 않는 역사적 원가이다. 즉 매몰원가는 미래원가가 아닌 역사적 원가이며 의사결정 시 어느 대체안을 선택하여도 차이를 보이지 않는 원가이므로 비관련원가이다.

예를 들어, 이미 생산된 제품을 얼마의 가격으로 팔 것인가하는 의사결정을 생각하자. 다양한 선택가능한 판매가격(대체안)에 대한 평가 시 제품의 생산원가는 전혀 고려할 필요가 없는 매몰원가이다. 이미 생산된 제품의 제조원가인 매몰원가는 대체안들 간에 차이가

없기 때문에 판매가격결정시 전혀 고려할 필요가 없는 비관련원가이다.

그러나 특수의사결정을 위해서는 역사적 원가인 매몰원가를 상세히 분석하여야 한다. 즉 특수한 의사결정 시에도 제도적 원가계산에 의하여 집계·요약·분류·계산된 역사적 원가를 이용할 수밖에 없기 때문이다. 매몰원가를 보다 상세히 분석하여야 하는 이유는 아래와 같다.

❶ 미래원가를 추정하기 위해서는 역사적 원가가 이용되어야 하기 때문이다.
❷ 역사적 원가는 미래의 현금흐름과 관련되어 있는 세금에 영향을 미칠 수 있다. 예를 들어, 구 설비를 신 설비로 대체하는 경우 구 설비의 처분가액뿐만 아니라 구 설비의 처분손익은 세금에 영향을 미치게 된다.

2. 특수의사결정의 본질

1) 특수의사결정의 의의

의사결정이란 일정한 판단을 거쳐 마음을 정하는 것이다. 즉 의사결정은 대체안에 대한 탐색·평가를 하고 대체안을 선택하는 과정이다. 경영자들은 끊임없이 의사결정을 해야 할 상황에 직면하게 되며, 의사결정모형을 요약하면 [그림 7-1]과 같다.

의사결정을 위해서는 상황적 제약정보를 수집하여 이용하여야 한다. 상황적 제약정보는 의사결정을 제약하는 상황적인 정보로, 양적 정보와 질적 정보로 구분된다. 양적 정보는 원가와 같이 의사결정요소를 계량적으로 표현할 수 있는 정보이다. 반면에 질적 정보는 의사결정시 계량화할 수 없는 정성적 요소들로 품질, 노동의 숙련도, 노동조합과의 관계 등 행위적 요소를 나타내는 정보이다.

양적 요소는 체계적으로 분석·비교·평가를 할 수 있으나, 질적 요소는 기업의 상황에 따라 변화할 수 있어 체계적이고 통일적인 분석·평가를 할 수 없다. 따라서 본 장에서의 특수의사결정은 질적 요소는 고려하지 않고 양적 요소만을 대상으로 한 대체안의 비교·평가의 과정만을 전제로 한다.

◇ 그림 7-1 의사결정모형

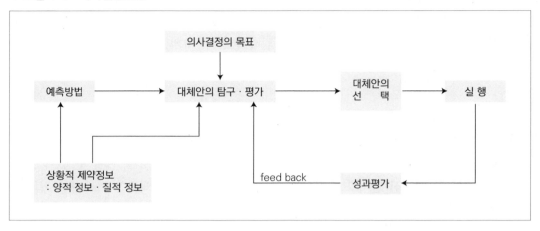

의사결정은 정형적 의사결정과 비정형적 의사결정으로 구분할 수 있다. 정형적 의사결정은 제도적 원가계산시스템상에서 경상적으로 원가정보를 제공받아 문제해결을 하는 것으로 예산편성, 원가관리 등과 같이 반복적·정기적으로 행하는 의사결정이다. 반면에 비정형적 의사결정은 임시적·비반복적으로 제도외 원가계산시스템에 의하여 관련원가정보를 제공받아 문제해결을 하는 것이다. 비정형적 의사결정을 특수의사결정이라고 한다.

특수의사결정은 대개 전략적 의사결정이며 비일상적으로 행하여진다. 이는 시간적 범위에 따라 장기적이거나 단기적일 수 있다. 장기적 특수의사결정은 장기적으로 시설투자에 대한 자본예산을 편성하는 의사결정이다.

단기적 특수의사결정은 설비규모의 변동을 고려하지 않는 기간(대개 1년 이내)을 전제로 한 의사결정이다. 본 장에서 설명할 특수의사결정은 단기적 특수의사결정을 말한다. 단기적 특수의사결정에서 다루는 문제의 유형은 다음과 같은 것들이다.

❶ 특별주문의 수락 또는 거절
❷ 부분품의 자가제조 또는 외부 구입
❸ 제품라인의 추가와 폐쇄
❹ 서비스부문의 추가와 폐쇄
❺ 결합제품의 추가가공 여부
❻ 제품배합, 원재료배합 등 제한된 자원의 최적 배분
❼ 기존설비의 대체
❽ 가격결정

단기적 특수의사결정은 시설능력을 주어진 것으로 받아들이는 것을 전제로 한다. 또한 보통 1년 이내의 기간을 전제하므로 화폐의 시간적 가치를 고려하지 않는다.

2) 특수의사결정의 분석방법

특수의사결정의 분석방법은 크게 총액접근법과 차액접근법으로 나눌 수 있다. 많은 의사결정의 경우 관련원가뿐만 아니라 관련수익도 고려하여야 한다. 관련수익은 고려중인 대체안 간에 차이가 있는 미래의 수익을 말한다. 만일 대체안 분석 시 수익은 고려하지 않고 원가만이 분석의 대상이 되는 경우라면 총액접근법은 총원가접근법, 차액접근법은 차액원가접근법이 된다.

(1) 총액접근법

총액접근법은 대체안의 총수익 및 총원가를 계산·비교하는 형태로 의사결정하는 방법이다. 이는 관련원가와 비관련원가를 구분하지 않고 모든 원가를 분석의 대상으로 삼는 방법이다. 따라서 계산의 과정이 다소 복잡하나, 대체안별로 총체적인 수익과 원가의 내용을 파악할 수 있다.

(2) 차액접근법

차액접근법은 대체안들 간에 차이를 가져오는 차액원가 및 차액수익만을 분석하여 의사결정하는 방법이다. 이는 대체안들 간의 차액효과만을 고려하는 방법이다. 차액접근법은 기준안에 대한 비교안의 증분액 또는 감분액을 계산하여 의사결정하는 방법으로 혹자는 증분접근법이라고도 한다. 차액접근법으로서의 증분접근법은 '증분'이란 용어가 증가액만이 아니라 감소액까지도 포함하는 개념이다.

원가 측면만을 고려하는 의사결정의 경우 차액접근법은 관련원가접근법이다. 관련원가접근법은 총원가가 아니라 대체안들 간에 차이를 야기하는 관련원가만을 이용한 의사결정 방법이다.

관련원가만을 이용하는 차액접근법에 의한 의사결정의 과정은 다음과 같다.

❶ 각 대체안에 관련되는 모든 원가를 수집한다.
❷ 수집된 원가 중 매몰원가를 제거한다.
❸ 미래원가라 하더라도 대체안들 간에 차이가 없는 원가를 제거한다.

❹ 앞의 ❷, ❸과정에서 제거되지 아니한 원가들을 바탕으로 의사결정한다.

이들 원가는 차액원가이며 의사결정에의 관련원가이다.

>> 예제 1

(주)홍지는 쎌폰의 부분품을 생산·판매하고 있다. 현재 800단위(조업률 80%)를 생산하여 단위당 ₩ 1,000씩 판매하고 있다. 부분품의 제조·판매에 따른 원가자료는 다음과 같다.

- 변동제조원가   @₩   300
- 변동판매·관리원가   @₩   80
- 고정제조원가   ₩ 200,000
- 고정판매·관리원가   ₩ 150,000

한편 (주)일성으로부터 부분품 단위당 ₩ 900씩 200단위의 특별주문을 받았다. 특별주문수락 시 판매수수료로 단위당 ₩ 5을 추가지급하여야 한다.

| 물음 |
특별주문의 수락 여부를 총액접근법과 차액접근법을 이용하여 분석하시오.

| 풀이 |

1. 총액접근법

	특별주문수락 시	특별주문거절 시	차액
매출액	₩ 980,000	₩ 800,000	₩ 180,000
변동제조원가	300,000	240,000	60,000
고정제조원가	200,000	200,000	0
매출총이익	₩ 480,000	₩ 360,000	₩ 120,000
변동판매·관리원가	81,000	64,000	17,000
고정판매·관리원가	150,000	150,000	0
순이익	₩ 249,000	₩ 146,000	₩ 103,000

총액접근법이용 시 위와 같이 기능손익계산서를 작성하거나 또는 공헌손익계산서를 작성하기도 한다. 특수의사결정 시 관련원가의 분석을 보다 잘 나타내는 것은 공헌손익계산서를 작성하여 공헌이익의 차액을 비교하는 공헌접근법이다.

2. 차액접근법

차액수익	₩ 180,000
차액원가	
변동제조원가	60,000
변동판매 · 관리원가	17,000
차액이익	₩ 103,000

이 경우 차액수익, 차액원가, 차액이익은 모두 증분수익, 증분원가, 증분이익을 뜻한다. 특별주문수락시 증분이익이 ₩ 103,000만큼 나타나므로 특별주문을 수락하는 것이 바람직하다.

>> 예제 2

(주)홍지는 구 설비를 신 설비로 대체할 것인가를 결정하고자 한다. 두 설비에 대한 자료는 아래와 같다.

항목	구 설비	신 설비
취득가액	₩ 50,000	₩ 60,000
잔존내용연수	4년	4년
잔존가치	없음	없음
연간 운영원가	₩ 100,000	₩ 75,000
연간 매출액	₩ 250,000	₩ 250,000

한편 구 설비의 현재 장부가액은 ₩ 40,000이나, 처분가치는 ₩ 30,000으로 예상된다. 법인세는 고려하지 않는다.

| 물음 |

구 설비를 신 설비로 대체하여야 하는가? 총액접근법과 관련원가접근법을 이용하여 답하시오.

| 풀이 |

장기간 효익을 제공하는 설비투자에 관한 의사결정은 순현가법 등 자본예산기법(대개 화폐의 시간가치를 고려함)을 이용하여야 한다. 그러나 여기서는 명목금액을 이용하기로 한다.

1. 총액접근법

총액접근법에 따른 수익 및 원가는 4년간의 총액이다.

항목	구 설비	신 설비	차액
매출액	₩ 1,000,000	₩ 1,000,000	0
운영원가	400,000	300,000	(100,000)
감가상각비	40,000	60,000	20,000
구 설비처분손실	–	10,000	10,000
총이익	₩ 560,000	₩ 630,000	₩ 70,000

따라서 신 설비로 대체하는 경우 4년간 ₩ 70,000의 이익이 증가된다.

2. 관련원가접근법

① 매몰원가는 구 설비의 장부가액에서 처분가치를 차감한 ₩ 10,000이다.

② 연간 매출액 ₩ 250,000, 연간 운영원가 중 두 대체안 간 공통되는 ₩ 75,000, 연간 감가상각비 중 두 대체안 간에 공통되는 ₩ 10,000은 두 대체안 간에 차액이 발생하지 아니하는 것들이다.

③ 매몰원가와 차이가 없는 미래원가를 제거한 후 관련원가만을 이용하여 분석을 하면 다음과 같다.

운영원가의 절감액	₩ 100,000
신설비의 구입가액	(60,000)
구 설비의 처분가치	30,000
신 설비의 순효익	₩ 70,000

따라서 신 설비로의 대체가 4년간 ₩ 70,000의 이익을 증가시킨다.

3. 특수의사결정의 예

1) 특별주문의 수락결정

기업은 때때로 고객으로부터 특별주문을 받는 경우가 있다. 특별주문이란 대개 대량구매를 조건으로 정상판매가격보다 낮은 가격을 요청하는 경우이다. 이러한 특별주문을 받는 경우 경영자는 이를 수락할 것인가 아니면 거부할 것인가를 결정하여야 한다.

특별주문을 받은 경우에는 다음 두 가지에 대한 분석을 우선적으로 행하여야 한다.

❶ 특별주문의 수락이 기업의 정상적인 판매가격을 하락시키지는 않는가에 대한 평가이다. 즉 특별주문의 수락으로 할인판매의 결과가 기존시장의 판매가격을 하락시키는 경우라면 특별주문이 단기적으로 기업이익을 증가시킬지라도 이를 거부하는 것이 장

기적으로 보다 바람직하다.

❷ 유휴생산능력이 있는가를 평가하여야 한다. 즉 특별주문을 수락하여도 관련범위내의 조업수준을 유지할 수 있는지를 분석하여야 한다. 유휴생산능력이 없는 경우에는 기존설비의 확장을 위한 추가적 시설투자를 필요로 하거나, 정규시장에서 판매되고 있는 기존제품의 판매량 또는 생산량을 감축하고 특별주문품을 생산하여야 한다.

특별주문은 대개 일시적이고 단기적인 주문이므로 기존시장의 판매가격을 교란시키지 않고 유휴생산능력이 존재하는 경우를 가정한다. 이러한 경우 특별주문수락 여부는 특별주문수락시 증분수익과 증분원가를 비교하여 의사결정을 한다. 즉 증분이익이 발생하면 수락하고 감분이익이 발생하면 거부한다.

특별주문수락 시 고정원가가 전혀 증가하지 않는다면 공헌접근법을 이용하여 증가되는 수익과 변동원가를 비교하여 공헌이익이 발생되면 특별주문을 수락한다. 특별주문의 분석 시 유휴생산능력이 있다면 고정원가는 비관련원가이므로 포함시켜서는 안 된다. 즉 고정원가는 특별주문의 수락 여부에 관계 없이 발생하므로 의사결정과는 무관한 원가이다. 비관련원가인 고정원가를 관련원가로 착각하여 특별주문의사결정에 포함시키는 것은 의사결정을 그르치게 되며 이를 전부원가의 오류라고 한다. 그러나 특별주문수락 시 고정원가도 증가하는 경우에는 특별주문이행에 따른 증분수익과 증가되는 변동원가와 고정원가의 총액을 비교하여 수락 여부를 결정하여야 한다.

한편 특별주문수락시 기존의 정규판매를 줄여야 하는 경우에는 기존정규판매의 축소로 인한 공헌이익상실액(이는 기회원가임)을 특별주문수락시의 증분원가에 포함시켜야 한다.

>> 예제 3

㈜홍지는 현재 조업도 70% 수준에서 140단위를 생산·판매하고 있다. 정규판매가격은 @₩1,500 이다. 최근 (주)울릉산업으로부터 30단위를 @₩1,000에 구매하고자 하는 주문을 받았다. 조업도에 따른 원가는 다음과 같이 예상된다.

	140단위	170단위
직접재료원가	₩ 56,000	₩ 68,000
직접노무원가	14,000	17,000
제조간접원가	52,000	61,000
변동판매관리원가	7,000	8,500

고정판매관리원가	19,400	19,400
총원가	₩ 148,400	₩ 173,900
단위당 원가	@₩ 1,060	@₩ 1,023

특별주문이 정상적인 판매가격과 미래의 판매량을 변화시킬 잠재적인 영향력은 없다고 판단한다.

| 물음 |

1. 140단위를 판매하는 경우 공헌접근법에 의한 손익계산서를 작성하시오.
2. 특별주문가격 @₩ 1,000은 단위당 원가 @₩ 1,023에 미치지 못하므로 특별주문을 거절하기로 결정하는 경우 그 의사결정은 왜 잘못된 것인가?
3. 특별주문의 수락 여부를 다음 방법을 이용하여 결정하시오.
    ① 총액접근법(총원가접근법)
    ② 차액접근법(관련원가접근법)
4. 특별주문량이 80단위라고 가정하자. 특별주문을 수락하여야 하는가?

| 풀이 |

1.

매출액	(@₩ 1,500)	₩ 210,000
직접재료원가	(@₩ 400)	56,000
직접노무원가	(@₩ 100)	14,000
변동제조간접원가*	(@₩ 300)	42,000
변동판매관리원가	(@₩ 50)	7,000
공헌이익		₩ 91,000
고정제조간접원가		10,000
고정판매관리원가		19,400
순이익		₩ 61,600

* 단위당 변동제조간접원가 $= \dfrac{₩ 61,000 - ₩ 52,000}{170 - 140} = @₩\ 300$

  고정제조간접원가 $= ₩ 52,000 - (140 \times @₩\ 300) = ₩ 10,000$

2. 170단위의 단위당 원가 @₩ 1,023은 전부원가를 이용하여 계산한 결과이다. 그러나 고정제조간접원가 ₩ 10,000과 고정판매관리원가 ₩ 19,400은 특별주문이 없어 140단위를 생산·판매하는 경우에도 회피할 수 없는 원가이다. 즉 특별주문을 수락하더라도 고정원가의 증가는 나타나지 아니한다.

따라서 전부원가를 이용한 결과 특별주문을 거부한다면 '전부원가의 오류'를 범하게 된다.

3. ① 총액접근법

항목	140단위(특별주문거부)	170단위(특별주문수락)	차액
매출액	₩ 210,000	₩ 240,000	₩ 30,000
직접재료원가	56,000	68,000	12,000
직접노무원가	14,000	17,000	3,000
변동제조간접원가	42,000	51,000	9,000
변동판매관리원가	7,000	8,500	1,500
공헌이익	₩ 91,000	₩ 95,000	₩ 4,500
고정제조간접원가	10,000	10,000	0
고정판매관리원가	19,400	19,400	0
순이익	₩ 61,600	₩ 66,100	₩ 4,500

따라서 특별주문을 수락하는 것이 ₩ 4,500의 이익을 증가시킨다.

② 차액접근법

차액(증분)수익(30×@₩ 1,000)	₩ 30,000
차액(증분)원가(30×@₩ 850)	25,500
차액(증분)이익	₩ 4,500

4.

증분수익(80×@₩ 1,000)	₩ 80,000
증분변동원가(80×@₩ 850)	68,000
기회원가(정규시장의 공헌이익감소액)	13,000*
감분이익	₩ 1,000

* (₩ 1,500 − ₩ 850)×20 = ₩ 13,000

따라서 특별주문을 거부하는 것이 바람직하다.

2) 자가제조 또는 외부 구입

자가제조 또는 외부 구입의 의사결정은 제품 또는 부분품 등을 회사가 직접 제조할 것인가 아니면 외부에서 구입할 것인가의 의사결정이다. 이러한 의사결정은 수직적 통합에 대한 의사결정이며, 유휴설비의 활용 여부에 따른 기회원가를 고려하여야 한다. 더불어 질적 요소에 대한 고려도 병행하여야 한다.

수직적 결합은 제품의 생산공정이나 유통·판매를 합리화하기 위하여 각 하위 시스템의 활동을 내부적으로 통일하는 과정이다. 자가제조 또는 외부 구입의 의사결정은 수직적 결합에 관한 결정이다. 왜냐하면 의사결정의 목적이 기업이 필요로 하는 원재료 또는 부분품을 내부에서 조달할 것인가의 여부를 결정하는 것이기 때문이다. 자가제조인 수직적 결합은 외부자에게 덜 의존적이며, 외부 납품업자로부터의 원재료나 부분품공급부족으로 인한 생산활동의 중단을 방지할 수 있다.

자가제조 또는 외부 구입의 의사결정은 자가제조시의 증분원가와 외부 구입 시의 구입원가를 비교하여 행한다. 이때 자가제조 또는 외부 구입의 의사결정은 다음의 두 가지 측면을 고려하여야 한다.

❶ 추가적인 부분품의 생산에 사용할 수 있는 유휴설비를 가지고 있는가의 여부
❷ 유휴설비를 자가제조에 이용하지 않는 경우, 그 대체적 용도가 있는가의 여부

자가제조 또는 외부 구입의 의사결정은 대부분 유휴설비가 존재하는 경우를 전제로 한다. 유휴설비가 존재하고 유휴설비의 대체적 용도가 없는 경우 자가제조 시 원가는 대부분 직접재료원가, 직접노무원가, 변동제조간접원가 등의 변동제조원가로 한정된다. 물론 유휴설비가 존재하더라도 고정제조간접원가(예: 감독자 수의 증가로 인한 감독자급료)가 증가된다면 증가되는 고정제조간접원가도 자가제조 시의 원가에 포함시켜야 한다.

반면에 유휴설비가 없기 때문에 자가제조를 위한 필요설비를 임차하거나 구입하는 경우에도 설비의 임차료나 설비의 취득원가도 자가제조 시의 관련원가가 된다.

자가제조 시의 고정제조간접원가 중 외부 구입시에는 나타나지 않아 회피할 수 있는 회피가능원가만이 관련원가이다. 이에 따라 자가제조 시 고정제조간접원가 중 부분품을 외부에서 구입하더라도 계속해서 나타나는 회피불능원가는 의사결정과 무관한 비관련원가이다.

즉 자가제조와 외부 구입의 두 대체안 간에 차이를 가져오지 않는 회피불능고정제조간접원가는 의사결정 시 고려할 필요가 없다.

한편 유휴설비가 존재하고 이 설비를 임대하거나 또는 다른 제품의 제조에 사용할 수 있는 대체적 용도가 있는 경우, 자가제조 시 원가에는 유휴설비의 기회원가를 포함시켜야 한다. 유휴설비의 기회원가는 부분품 등을 외부 구입하고 유휴설비를 임대하는 경우의 임대료수익이나 다른 제품제조에 따른 용역의 제공액이다. 즉 의사결정과정에서 유휴설비의 기회원가를 자가제조시의 원가에 포함시키고 외부 구입원가와 비교하여야 한다.

또는 직접적인 자가제조시의 원가와 외부 구입원가에서 유휴설비의 기회원가를 차감한 금액과 비교하여도 의사결정의 결과는 동일하다. 즉 유휴설비의 임대수익이나 다른 제품제

조에의 용역제공액은 외부 구입 시 추가적인 공헌수익이므로 외부 구입원가를 그만큼 줄이는 역할을 한다. 또한 만일 자가제조 시 타제품의 생산감소로 인하여 상실되는 공헌이익이 있다면 이 공헌이익상실액도 자가제조 시 기회원가에 포함시켜야 한다.

>> 예제 4

(주)홍지는 컴퓨터를 조립·생산하는 기업이다. 현재의 조업도는 80%이다. 유휴설비를 이용하면 현재 단위당 ₩2,200씩 구입하고 있는 컴퓨터의 부품 X를 500개 생산할 수 있을 것으로 판단된다. 이 회사는 부품 X 500개를 생산하는 경우의 제조원가를 다음과 같이 파악하였다.

항목	단위당 원가	500개 총원가
직접재료원가	₩ 700	₩ 350,000
직접노무원가	400	200,000
변동제조간접원가	800	400,000
고정제조간접원가	500	250,000
제조원가합계	₩2,400	₩1,200,000

고정제조간접원가는 다양한 항목으로 구성되어 있으며, 부품 X를 외부에서 구입할 경우 감독자급료 ₩100,000만 회피가능할 것으로 판단된다.

| 물음 |
1. 유휴설비의 대체적 활용용도가 없는 경우, 자가제조 또는 외부 구입의 의사결정을 하시오.
2. 자가제조 또는 외부 구입의 의사결정 시 비관련원가는 무엇인가?
3. 수직적 결합의 예를 설명하시오.
4. 유휴설비의 대체적 활용용도가 아래와 같은 경우, 자가제조 또는 외부 구입의 의사결정을 하시오.
   ① (주)오성에게 일년에 ₩40,000으로 임대가능한 경우
   ② 유휴설비를 이용해 반도체부품을 생산하고 판매하여 연간 이익공헌액(profit contributions)이 ₩120,000 발생하는 경우

| 풀이 |
1.

항목	자가제조	외부 구입
직접재료원가	₩ 350,000	–
직접노무원가	200,000	–
변동제조간접원가	400,000	–
고정제조간접원가*	250,000	₩ 150,000
외부 구입원가	–	1,100,000
합계	₩1,200,000	₩1,250,000

* 자가제조 시 ₩100,000, 외부 구입 시 ₩0으로 계산하여도 무방하다.
  따라서 자가제조하는 것이 ₩50,000 유리하다.

2. 비관련원가는 대체안들 간의 차이를 가져오지 않는 고정제조간접원가 중 외부 구입의 경우에도 회피불가능한 원가 ₩ 150,000(₩ 250,000 − ₩ 100,000)이다.

3. 수직적 결합은 원재료부문의 기업과 제조부문의 기업 또는 제조부문의 기업과 판매부문의 기업 등과 같은 수직적으로 관계가 있는 기업끼리 결합하여 제품의 생산이나 유통을 합리화할 목적으로 기업을 집중하는 것이다.

4. ① 임대료수익이 있는 경우

항목	자가제조	외부 구입
직접재료원가	₩ 350,000	−
직접노무원가	200,000	−
변동제조간접원가	400,000	−
고정제조간접원가*	100,000	−
외부 구입원가	−	₩ 1,100,000
기회원가	40,000	−
합계	₩ 1,090,000	₩ 1,100,000

* 자가제조 시 ₩ 250,000, 외부 구입시 ₩ 150,000으로 계산하여도 무방하다.
  따라서 자가제조하는 것이 ₩ 10,000 유리하다.

② 유휴설비로 반도체부품을 생산하는 경우

항목	자가제조	외부 구입
직접재료원가	₩ 350,000	−
직접노무원가	200,000	−
변동제조간접원가	400,000	−
고정제조간접원가	100,000	−
외부 구입원가	−	₩ 1,100,000
기회원가	120,000	−
합계	₩ 1,170,000	₩ 1,100,000

따라서 컴퓨터부품 X는 외부 구입하고 유휴설비로 반도체 부품을 생산·판매하는 것이 ₩ 70,000 유리하다.

* [물음 4]는 다음과 같이 함께 비교할 수도 있다.

항목	자가제조	외부 구입	외부 구입+타 제품제조
직접재료원가	₩ 350,000	–	
직접노무원가	200,000	–	
변동제조간접원가	400,000	–	
고정제조간접원가	100,000	–	
외부 구입원가	–	₩ 1,100,000	₩ 1,100,000
임대수익	–	(40,000)	–
타 제품의 이익공헌	–	–	(120,000)
합계	₩ 1,050,000	₩ 1,060,000	₩ 980,000

　　자가제조 또는 외부 구입의 의사결정은 각 대체안의 원가함수와 수량에 의하여 결정된다. 자가제조의 원가함수를 설정하는 경우 외부 구입시에도 회피불가능한 고정제조간접원가는 자가제조 또는 외부 구입의 의사결정에 영향을 미치지 않기 때문에 포함시켜서는 안 된다. 또한 외부 구입시 유휴설비의 대체적 용도가 있는 경우에는 유휴설비의 기회원가를 자가제조시의 원가에 포함시켜 원가함수를 설정하여야 한다. 자가제조의 원가함수와 외부 구입의 원가함수가 만나는 점이 무차별 수량이 된다. 이를 그림으로 나타내면 [그림 7-2] 와 같다.

✧ 그림 7-2 자가제조와 외부 구입의 원가함수

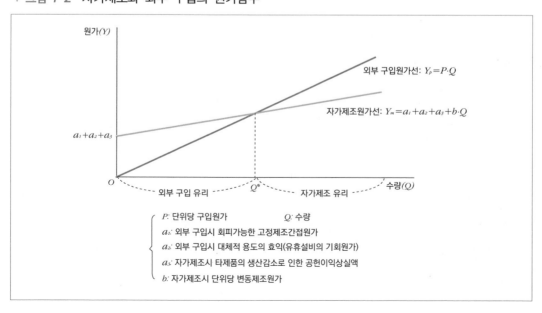

원가(Y)

외부 구입원가선: $Y_p = P \cdot Q$

자가제조원가선: $Y_m = a_1 + a_2 + a_3 + b \cdot Q$

$a_1 + a_2 + a_3$

O　　외부 구입 유리　　Q^*　　자가제조 유리　　수량(Q)

P: 단위당 구입원가　　　　Q: 수량
a_1: 외부 구입시 회피가능한 고정제조간접원가
a_2: 외부 구입시 대체적 용도의 효익(유휴설비의 기회원가)
a_3: 자가제조시 타제품의 생산감소로 인한 공헌이익상실액
b: 자가제조시 단위당 변동제조원가

[그림 7−2]에서 자가제조원가(Y_m)함수는 외부 구입시에 회피가능한 고정제조간접원가(a_1)에 유휴설비의 기회원가(a_2)와 자가제조 시 타제품의 생산감소로 인한 공헌이익상실액(a_3)을 합계한 것이 총고정원가가 되며, 단위당 변동제조원가(b)에 수량을 곱한 것이 총변동원가가 된다. 반면에 외부 구입원가(Y_p)함수는 단위당 구입원가(P)에 수량(Q)을 곱하여 계산한다. 두 원가선이 만나는 Q^*가 무차별점이 된다.

따라서 수량이 Q^*에 도달하기까지는 외부 구입이 유리하며, 수량이 Q^*보다 많은 경우에는 자가제조가 유리하다.

>> 예제 5

(주)홍지는 제품의 포장용기를 그동안 외부에서 ₩650에 구입하였다. 이 회사가 유휴설비를 이용한다면 포장용기를 연간 최대 2,500개까지 생산할 수 있으며 자가제조시 단위당 제조원가는 다음과 같다.

• 직접재료원가	₩250
• 직접노무원가	150
• 변동제조간접원가	100
• 고정제조간접원가	400
• 제조원가합계	₩900

단위당 고정제조간접원가는 정상조업도(1,000개)하의 단위당 배부액이며, 이 중 40%는 회피불가능한 원가로 판단된다.

| 물음 |
1. 자가제조 또는 외부 구입여부를 결정하는 경우, 우선적으로 고려해야 하는 것은 무엇인가?
2. 유휴설비의 대체적 용도는 없으며, 연간 포장용기의 필요량이 1,000개인 경우를 전제하자.
 ① 자가제조 또는 외부 구입의 의사결정을 하시오.
 ② 자가제조 또는 외부 구입을 무차별하게 하는 수량을 계산하시오.
3. 연간 포장용기의 필요량이 3,000개이다. 이를 자가생산하기 위하여 부족한 설비는 추가로 임차할 수 있으며 연간 임차료는 ₩150,000이다.
 ① 자가제조 또는 외부 구입의 의사결정을 하시오.
 ② 자가제조 또는 외부 구입을 무차별하게 하는 수량을 계산하시오.

| 풀이 |
1. 자가제조하지 않고 외부 구입하는 경우 유휴설비를 다른 대체적 용도에 활용할 수 있는지를 고려하여야 한다.

2. ①

	자가제조		외부 구입	
	단위당	총액	단위당	총액
외부 구입가격	–	–	₩ 650	₩ 650,000
변동제조원가	₩ 500	₩ 500,000	–	–
회피가능고정제조원가	240	240,000	–	–
합계	₩ 740	₩ 740,000	₩ 650	₩ 650,000

따라서 외부 구입이 ₩ 90,000 유리하다.

② 외부 구입원가 : $Y_p = ₩ 650 \cdot Q$

자가제조원가 : $Y_m = ₩ 500 \cdot Q + ₩ 240,000$

$₩ 650 \cdot Q = ₩ 500 \cdot Q + ₩ 240,000$ ∴ $Q = 1,600$개

따라서 두 대체안의 무차별점은 1,600개이다.

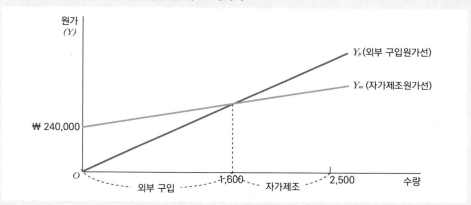

3. ①

	자가제조		외부 구입	
	단위당	총액	단위당	총액
외부 구입가격	–	–	₩ 650	₩ 1,950,000
변동제조원가	₩ 500	₩ 1,500,000	–	–
회피가능고정제조원가	80	240,000	–	–
임차료	50	150,000	–	–
합계	₩ 630	₩ 1,890,000	₩ 650	₩ 1,950,000

따라서 추가로 설비를 임차하고 자가제조하는 것이 ₩ 60,000 유리하다.

② 외부 구입원가 : $Y_p = ₩ 650 \cdot Q$

자가제조원가 : $Y_m = ₩ 500 \cdot Q + ₩ 390,000$

$₩ 650 \cdot Q = ₩ 500 \cdot Q + ₩ 390,000$ ∴ $Q = 2,600$개

따라서 두 대체안의 무차별수량은 2,600개이다. 이에 따라 2,600개 이하에서는 외부 구입

이 유리하며, 2,600개 이상에서는 자가제조가 유리하다.

이와 같이 자가제조와 외부 구입의 의사결정은 단위당 외부 구입가격이 자가제조 시의 단위당 증분원가(대개 변동원가임)보다 큰 경우에 한한다. 따라서 의사결정 시 유휴설비의 존재, 추가설비의 활용 등을 고려해야 하며, 설비의 대체적 사용용도가 존재하는 경우에는 대체적 사용에 따른 효익도 고려할 수 있어야 한다.

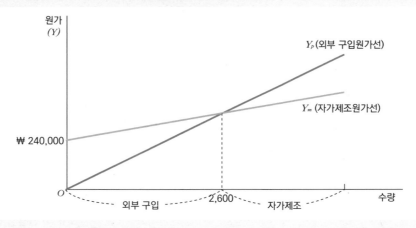

지금까지의 자가제조 또는 외부 구입의 의사결정은 단지 양적 요소만을 고려하였다. 즉 화폐적 금액만을 분석하고 의사결정을 하였다. 그러나 자가제조 또는 외부 구입의 의사결정 시 질적 요소, 즉 비화폐적 요소도 고려하여야 한다.

우선 자가제조의 대체안을 평가하는 경우에는 다음과 같은 요소들이 고려되어야만 한다.

❶ 기존 외부 공급업자와의 거래관계
❷ 학습현상으로 인한 직접노무원가의 학습곡선 효과
❸ 종업원의 증원 등으로 인한 필요기술능력을 보유한 종업원의 고용가능성
❹ 수직적 결합의 확장 또는 축소의 전략적 의사결정
❺ 추가설비의 임차가능성

반면에 외부 구입의 대체안을 평가하는 경우에는 다음과 같은 요소들을 고려하여야 한다.

❶ 안정적인 외부 공급업자의 존재 여부
❷ 외부 공급업자의 납기일 준수능력

❸ 외부 공급업자의 부품품질수준 및 장기적인 품질관리능력

❹ 외부 공급업자의 제조기술수준 및 연구개발정도

❺ 기존설비의 대체적인 이용가능성에 대한 다각적 검토

❻ 자가제조 시 이용되는 종업원의 감원에 따른 노동조합의 반발가능성

이와 같은 질적 요소들을 고려하는 경우, 외부 구입원가가 보다 비싸다 하더라도 외부 구입을 선호할 수도 있다. 반면에 외부 구입원가가 보다 유리한 경우라도 부분품의 품질, 납기일준수, 노동조합과의 관계 등을 고려해 부분품을 자가제조하는 것이 선호될 수도 있다.

>> 예제 6

(주)홍지는 그 동안 외부 구입하였던 부품 TBR에 대한 자가제조여부를 결정하고자 한다. 의사결정과 관련된 자료는 다음과 같다.

(1) 부품 TBR은 임대 시 임대수익 ₩880,000을 얻을 수 있는 유휴설비를 이용하여 총 200단위까지 생산할 수 있다.

(2) 부품 TBR 10단위를 자가제조하는 경우의 예상원가는 다음과 같다.

• 직접재료원가	₩ 240,000
• 직접노무원가	500,000
• 변동제조간접원가*	300,000
• 고정제조간접원가**	220,000
• 제조원가합계	₩ 1,260,000
• 단위당 원가	@₩ 126,000

   * 변동제조간접원가는 직접노무원가의 60%로 발생한다.
   **고정제조간접원가는 모두 회피불가능한 원가이며, 총 200단위까지를 관련범위로 본다.

(3) 그동안의 외부 구입단가는 @₩95,000이었으며, 이 가격은 계속해서 유지될 것으로 판단된다.

(4) 부품 TBR의 소요량은 80단위이다.

| 물음 |

1. 부품 TBR의 80단위에 대한 자가제조 여부를 결정하시오.

2. 부품 TBR을 자가제조하는 경우 10단위를 한 묶음으로 생산하며, 90%의 학습효과가 있다고 가정하자. 소요량 80단위의 자가제조 여부를 결정하시오.

3. [물음 2]에 따라 이미 80단위를 자가제조한 경우를 가정하자. 부품 TBR의 추가적 소요량이 80단위인 경우, 외부 구입단가가 얼마 이하라면 외부 구입안을 선택하겠는가?

| 풀이 |

1.

항목	자가제조	외부 구입
외부 구입원가	–	₩ 7,600,000
직접재료원가	₩ 1,920,000	–
직접노무원가	4,000,000	–
변동제조간접원가	2,400,000	–
유휴설비의 기회원가	880,000	–
합계	₩ 9,200,000	₩ 7,600,000

따라서 부품 TBR 80단위는 외부 구입하는 것이 유리하다.

2. ① 90%의 학습곡선효과에 따른 직접노무원가의 계산

누적생산량	증분생산량	평균직접노무원가	누적직접노무원가
10	10	₩ 500,000	₩ 500,000
20	10	450,000	900,000
40	20	405,000	1,620,000
80	40	364,500	2,916,000
160	80	328,050	5,248,800

② 관련원가분석(80단위)

항목	자가제조	외부 구입
외부 구입원가	–	₩ 7,600,000
직접재료원가	₩ 1,920,000	–
직접노무원가	2,916,000	–
변동제조간접원가*	1,749,600	–
유휴설비의 기회원가	880,000	–
합계	₩ 7,465,600	₩ 7,600,000

* 직접노무원가 ₩ 2,916,000의 60%이다.
따라서 자가제조하는 것이 유리하다.

3. 관련범위는 200단위까지이기 때문에 고정제조간접원가는 증가하지 않으며, 유휴설비의 기회원가도 첫 80단위에서 고려되었다. 이에 따라 [물음 2의 ①]에서 80단위 증분생산에 따른 직접노무원가의 증가액은 ₩ 2,332,800(₩ 5,248,800 − ₩ 2,916,000)이며, 자가제조원가는 다음과 같다.

항목	자가제조(80단위)	
	단위당	총액
직접재료원가	₩ 24,000	₩ 1,920,000
직접노무원가	29,160	2,332,800
변동제조간접원가	17,496	1,399,680
합계	₩ 70,656	₩ 5,652,480

따라서 부품 TBR의 외부 구입단가가 ₩ 70,656 미만이라면 자가제조보다 외부 구입이 유리하다. 유휴설비의 기회원가는 첫 80단위 생산 시 고려되었으므로 자가제조원가에 포함되지 않았다.

3) 제품라인의 추가와 폐지

기업의 성장을 위해서 새로운 제품의 연구개발활동은 아주 중요하다. 특히 소비자들의 기호변화, 정보기술의 발전 등에 따라 제품의 수명주기가 짧아지고 있어 수익성이 저하된 제품라인의 폐지와 새로운 제품라인의 추가는 경영자들이 항상 고민하는 중요한 의사결정 영역이다. 즉 기업은 끊임없이 제품구성의 의사결정을 해야 한다. 기술의 발전, 소비자기호의 변화, 연구개발의 결과 등에 따른 제품 또는 부문에 대한 구성의사결정은 다음과 같다.

❶ 현재 생산하고 있는 제품을 계속 유지할 것인가 아니면 폐지할 것인가?
❷ 어떤 부문을 계속 유지할 것인가 아니면 폐쇄할 것인가?
❸ 새로운 제품 또는 부문을 추가할 것인가?

이러한 의사결정은 주로 제품라인에 대한 존속·폐지·추가 등의 의사결정이므로 제품라인결정이라고 한다.

제품 또는 부문의 추가·폐지 의사결정은 차액원가분석을 기초로 이루어진다. 따라서 추가·폐지에 따라 수익과 원가가 어떻게 얼마나 변화(증가 또는 감소)하는가를 파악하여야 한다. 즉 의사결정은 제품라인의 추가 폐지가 기업의 미래이익에 미치는 결과(증가 또는 감소)를 기준으로 행하여진다.

(1) 제품라인의 추가 여부

새로운 제품이나 부문의 추가 여부를 결정하기 위해서는 우선 기존설비의 능력을 검토하여야 한다. 유휴설비가 없는 상태라면 새로운 설비를 구입 또는 임차하여야 하며 이 경우는 자본예산의 기법들을 이용하여야 한다. 유휴설비가 존재하는 경우에는 신제품라인의 추가를 통하여 얻을 수 있는 증분수익과 이에 따른 증분원가를 비교하여 의사결정한다.

증분원가는 증분변동원가와 증분고정원가로 나눈다. 증분수익과 증분변동원가를 비교하여 감분공헌이익이 발생하면 신제품라인을 추가해서는 안 된다. 반면에 증분공헌이익이 발생했을 경우 증분공헌이익과 증분고정원가를 비교하여 증분이익이 발생하면 신제품라인을 추가하고 감분이익이 발생하면 추가하지 않는다. 이와 같은 새로운 제품·부문의 추가 여부에 대한 의사결정을 요약하면 [그림 7-3]과 같다.

✧ 그림 7-3   제품라인의 추가 여부 의사결정과정

한편 제품라인의 추가 여부는 제약요소를 고려해야 한다. 제약요소란 신제품의 생산·판매를 제약 또는 제한하는 요소들이다. 제약요소는 희소요소(scarce factors)라고도 한다. 제약요소의 예로는 신제품 생산 또는 판매에 따라 필요한 작업시간 또는 기계가동시간이나 공간면적 등을 들 수 있다. 또한 신제품라인의 추가가 기존제품라인에 영향을 미치는 경우에는 그 영향도 같이 고려해야 한다. 기존제품라인에의 영향은 기존제품라인의 이익의 증가 또는 감소이다.

>> 예제 7

(주)홍지는 겨울용 모자를 생산·판매하는 기업이다. 현재의 설비는 모자 또는 장갑을 1,000개 생산할 수 있다. 이처럼 설비는 장갑의 생산에도 이용가능하다. 이 회사는 유휴설비를 이용하여 새로이 장갑을 생산·판매하고자 한다. 장갑의 예상판매량은 200개이다. 모자와 장갑의 생산·판매에 따른 자료는 다음과 같다.

항목	모자	장갑
단위당 판매가격	@₩ 5,000	@₩ 1,800
단위당 변동제조원가	@₩ 3,000	@₩ 500
단위당 변동판매관리원가	@₩ 500	@₩ 400
고정제조원가	₩ 1,000,000	?
고정판매관리원가	₩ 200,000	?

| 물음 |

1. 모자의 생산·판매량이 800개인 경우, 장갑라인을 추가하여야 하는가?

　① 고정제조원가 및 고정판매관리원가의 증가가 없는 경우

　② 고정제조원가가 추가로 ₩200,000 나타나는 경우

2. 모자의 생산·판매량은 1,000개이다. 장갑라인 추가시 고정원가의 증가가 없다면, 장갑라인을 추가하여야 하는가?

| 풀이 |

1. 장갑라인의 추가시 증분수익과 증분원가를 비교한다.

　① 증분수익 : @₩1,800×200=₩360,000

　　증분원가 : @₩900×200=₩180,000

　　증분수익과 증분원가를 비교하면 증분이익이 ₩180,000 발생하므로 장갑라인을 추가한다.

　②

증분수익	₩360,000
증분변동원가	180,000
증분공헌이익	₩180,000
증분고정원가	200,000
이익감소액	₩20,000

　　따라서 장갑라인추가 시 이익이 ₩20,000 감소하므로, 장갑라인은 추가하지 않는다.

2.

항목	모자 1,000개 생산안	모자 800개, 장갑 200개 생산안
매출액	₩5,000,000	₩4,360,000
변동제조원가	3,000,000	2,500,000
변동판매관리원가	500,000	480,000
공헌이익	₩1,500,000	₩1,380,000
고정제조원가	1,000,000	1,000,000
고정판매관리원가	200,000	200,000
이익	₩300,000	₩180,000

따라서 모자생산량을 줄이고 장갑라인을 추가하는 것보다는 모자만 생산하는 현재의 안이 ₩120,000 유리하다.

증분수익과 증분원가를 비교하여도 의사결정의 결과는 동일하다.

증분수익		₩360,000
증분원가		
변동원가	₩180,000	
기회원가	300,000*	480,000
이익감소액		₩120,000

* (₩5,000−₩3,000−₩500)×200 = ₩300,000

(2) 제품라인의 폐지 여부

기업이 특정 제품라인을 폐지하고자 하는 것은 그 제품라인이 계속하여 손실이 발생될 것으로 예상되기 때문이다. 특정 제품라인의 폐지여부결정 시는 다음의 네 가지 사항에 대한 분석을 전제로 한다.

❶ 제품라인의 공헌이익이 존재하는가?
❷ 폐지 시 회피가능고정원가가 있는가?
❸ 폐지 시 유휴설비의 대체적 사용용도가 있는가?
❹ 폐지 시 타제품라인의 공헌이익을 감소시키지 아니하는가?

특정 제품이나 부문에 대한 폐지의사결정은 대개 제품이나 부문에 손실이 발생하고 있기 때문이다. 제품라인의 폐지 여부는 폐지로 인하여 감소되는 차액수익(감분수익)과 감소되는 차액원가(감분원가)의 비교를 통하여 결정한다. 기존제품라인의 폐지 시 변동원가는 모두 감소되나 고정원가는 모두 감소되는 것이 아니다. 즉 고정원가는 회피가능원가와 회피불능원가로 구분하여야 하며, 회피가능한 고정원가만이 감소된다.

만일 고정원가가 특정 제품라인별로 추적가능성이 있는 개별원가라면, 제품라인의 폐지 시에도 지속되는 회피불능고정원가는 제품라인의 폐지 시 손실액이 된다. 반면에 고정원가가 공통원가이고 제품라인별로 배분된 경우라면, 특정 제품라인을 폐지하여도 지속되는 회피불능원가가 대부분이며, 이는 폐지여부의사결정 시 비관련원가이다. 결국 제품라인의 폐지 여부는 계속생산 시의 공헌이익과 폐지 시의 고정원가 중 회피가능원가를 비교하여 다음과 같이 결정한다.

한편 제품라인의 폐지 시 유휴생산설비를 대체적 용도에 활용할 수 있는 경우에는 이에 따른 계속생산의 기회원가를 고려하여야 한다. 제품라인유지의 기회원가는 특별주문 또는 자가제조의사결정의 경우와 동일하다.

제품라인의 폐지 여부는 기존시장의 장기적 전망, 새로운 경쟁업체의 출현, 미래의 예상원가, 폐지로 인한 대외적 이미지, 타제품의 매출에 미치는 영향 등을 고려하여야 한다. 특별히 타제품의 매출수량에 미치는 영향은 아주 중요하다.

(a) 계속생산 시의 공헌이익 > 폐지 시의 회피가능고정원가 ⇒ 계속생산
(b) 계속생산 시의 공헌이익 < 폐지 시의 회피가능고정원가 ⇒ 폐지

특정 제품라인의 폐지가 타제품매출을 감소시키는 경우에는 타제품의 매출감소에 따른 공헌이익의 감소액도 함께 고려하여야 한다. 즉 특정 제품라인이 손실을 보고 있는 경우라도 그 제품라인을 존속시킴으로써 다른 제품의 매출이 활성화되는 경우에는 그 제품라인을 폐지하는 것보다 계속 유지하는 것이 보다 바람직할 수 있다. 특히 만년필과 잉크, 커피와 설탕 등과 같이 판매되는 제품들이 보완재라면 특정 제품라인의 폐지보다는 존속이 유리할 가능성이 높다.

이상에서 설명한 제품라인의 폐지 여부분석을 위한 손익계산은 공헌손익계산서 이용하는 것이 바람직하다. [그림 7-4]는 특정 제품라인의 폐지 여부에 대한 의사결정과정을 요약한 것이다. 제품라인의 폐지 여부에 대한 의사결정의 과정은 특정한 부문, 소비자계층, 지역 등의 구분에 따른 이익책임단위의 폐지 여부 의사결정에도 그대로 적용할 수 있다.

✧ 그림 7-4 제품라인 폐지 여부의 의사결정

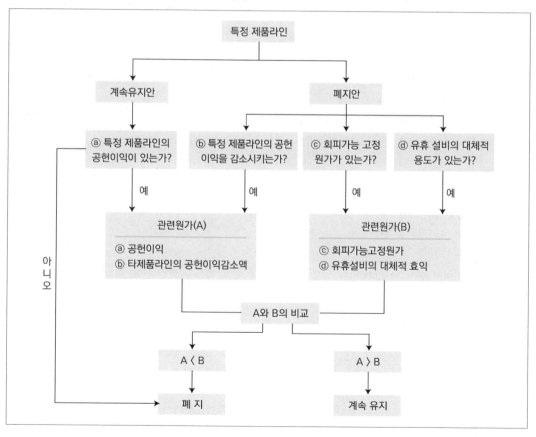

>> 예제 8

(주)홍지는 화장품회사로 여성용, 남성용, 아동용 등의 세 가지 제품라인을 가지고 있다. 특정 제품라인의 폐지는 다른 제품라인의 수익에 영향을 미치지 않을 것으로 평가된다. 제5기 중 이들 제품라인별 손익계산의 결과는 다음과 같다.

항목	여성용	남성용	아동용	합계
매출액	₩ 2,000,000	₩ 800,000	₩ 200,000	₩ 3,000,000
변동제조원가	1,200,000	500,000	150,000	1,850,000
변동판관원가	500,000	100,000	35,000	635,000
공헌이익	₩ 300,000	₩ 200,000	₩ 15,000	₩ 515,000
고정원가	200,000	80,000	20,000	300,000
순이익(손실)	₩ 100,000	₩ 120,000	(₩ 5,000)	₩ 215,000

이 회사는 고정원가를 제품라인별로 추적하기가 어려워 제품라인별 매출액을 기준으로 배분하고 있다. 회사 사장 미성 씨는 손실이 발생하고 있는 아동용 화장품라인의 폐지를 검토하고 있다.

|물음|

1. 아동용 화장품라인의 폐지 여부를 결정하시오.
2. 아동용 화장품라인을 폐지하는 경우, 고정원가 중 감독자급료 등 ₩ 18,000의 고정원가를 회피할 수 있다. 아동용 화장품라인의 폐지 여부를 결정하시오.
3. 아동용 화장품라인을 폐지하는 경우, 고정원가 중 ₩ 12,000은 회피가능하며 유휴설비를 ₩ 5,000에 임대할 수 있다. 아동용 화장품라인의 폐지 여부를 결정하시오.

|풀이|

1.

계속생산 시의 공헌이익	₩ 15,000
폐지 시 회피가능고정원가	0
차액이익(감분이익)	₩ 15,000

따라서 비록 현재 ₩ 5,000의 손실을 보고 있다 하여도 아동용 화장품라인을 계속 유지하는 것이 ₩ 15,000만큼 유리하다.

2.

관련원가(A)		관련원가(B)
계속생산 시의 공헌이익	<	폐지 시의 회피가능고정원가
₩ 15,000		₩ 18,000

따라서 아동용 화장품라인을 폐지하는 것이 ₩ 3,000만큼 유리하다.

3.

관련원가(A)			관련원가(B)	
			폐지 시의 회피가능고정원가	₩ 12,000
계속생산 시의 공헌이익	₩ 15,000	<	유휴설비 임대수익	5,000
			합계	₩ 17,000

따라서 폐지하는 것이 ₩ 2,000만큼 유리하다.

한편 기업이 특정 제품라인이나 부문의 손실에 따라 일시적인 조업중단 여부를 결정해야 하는 경우도 발생한다. 예를 들어, 겨울철에는 손실이 발생하는 리조트호텔을 잠정적으로 휴업할 것인가의 의사결정이다. 일시적인 조업중단 시에는 조업중단과 조업재개가 모두 원가발생을 수반한다. 즉 조업중단 시 종업원퇴직금·물품보관비 등의 원가가 발생할 수 있으며, 조업재개 시는 종업원 모집비용, 교육훈련비용, 고객유치비용, 주방설비의 가동준비비용 등의 원가가 발생할 수 있다.

제품라인이나 부문의 일시적 폐쇄 여부는 조업중단에 따른 손실과 조업계속 시의 손실을 비교하여 결정한다. 이때 대부분의 고정원가는 일시적 조업중단 시에도 계속 발생하는 회피불능원가로 이는 비관련원가이다. 따라서 고정원가가 모두 회피불능원가라면 조업계속 시의 공헌손실과 조업의 일시적 중단 및 재개에 따른 추가적 조업중단원가 및 조업재개원가를 비교하여 일시적 조업중단 여부를 결정하여야 한다.

>> **예제 9**

(주)홍지호텔은 과거의 경험에 비추어 금년 동절기 중에도 손실이 발생할 것으로 예상된다. 이에 따라 동절기 동안 일시적으로 조업을 중단할 것인가를 결정하고자 한다.

항목	금액
매출액	₩ 800,000
변동원가	500,000
공헌이익	300,000
고정원가	580,000
순손실	₩ 280,000

내년 3월에 다시 영업을 재개하는 경우에는 조업재개비용이 총 ₩ 50,000 발생할 것으로 예상된다.

| 물음 |

1. 고정원가는 모두 회피불가능한 경우, 일시적 조업중단 여부를 결정하시오.
2. 고정원가 중 60%가 회피가능한 경우, 일시적 조업중단 여부를 결정하시오.
3. 일시적 조업중단으로 의사결정하기 위해서는 고정원가 중 회피가능원가가 얼마 이상이어야 하는가?

| 풀이 |

1.

항목	계속조업 시	조업중단 시	차액
매출액	₩ 800,000	–	(₩ 800,000)
변동원가	500,000	–	(500,000)
고정원가	580,000	₩ 580,000	0
조업재개비용	–	50,000	50,000
순손실	₩ 280,000	₩ 630,000	(₩ 350,000)

따라서 비록 손실이 예상된다 하여도 동절기에도 계속조업을 하는 것이 ₩ 350,000만큼 유리하다.

2.

항목	계속조업 시	조업중단 시	차액
매출액	₩ 800,000	–	(₩ 800,000)
변동원가	500,000	–	(500,000)
고정원가	580,000	₩ 232,000	(348,000)
조업재개비용	–	50,000	50,000
순손실	₩ 280,000	₩ 282,000	(₩ 2,000)

따라서 비록 손실이 예상된다 하여도 동절기에도 계속 영업하는 것이 ₩ 2,000만큼 유리하다.

3. 고정원가 중 회피불능원가를 X라고 하자.
₩ 280,000 = X + ₩ 50,000 ∴ X = ₩ 230,000
따라서 회피가능원가가 ₩ 350,000(₩ 580,000 – ₩ 230,000) 이상이라면 동절기 동안 영업을 중단하는 것이 유리하다.

4) 결합제품의 추가가공의사결정

결합제품(joint products)이란 동일한 원재료를 사용하여 동일한 공정에서 생산되는 두 종류 이상의 제품을 말하며, 연산품이라고도 한다. 결합제품생산에 따른 결합원가(joint costs)

는 물량기준법, 상대적 판매가치법, 순실현가치법, 균등이익률법 등을 이용하여 개별 제품에 배분하여 결합제품의 원가계산을 행하며 이를 결합원가계산이라 한다. 보다 상세한 결합원가계산제도는 교재를 참고하기로 한다.

결합제품은 분리점에서 판매할 수도 있고 때로는 추가가공 후 판매할 수도 있다. 분리점이란 결합제품을 개별 제품으로 식별할 수 있는 제조과정상 일정시점을 말한다. 분리점에 이르기 전에는 결합제품은 개별 제품으로 구분할 수 없다. 또한 분리점 이후 추가가공을 하는 경우에는 분리원가가 발생한다. 분리원가는 분리점 이후에 개별 제품의 생산을 위한 개별원가이며 추가가공원가라고도 한다.

결합제품이 분리점에서 시장가치를 가지며 동시에 추가가공을 한 후에도 판매할 수 있는 경우에는 분리점에서 판매할 것인가 아니면 추가가공을 한 후에 판매할 것인가를 결정하여야 한다. 따라서 분리점에서 판매할 수 없거나 시장가치를 가지지 않는 제품은 이런 의사결정의 문제가 발생하지 아니한다.

판매 또는 추가가공의사결정은 결합제품을 분리점 이후 추가가공하였을 때의 증분수익이 추가가공원가인 증분원가를 상회하는 경우에는, 추가가공하는 것이 기업의 이익을 증대시킨다. 이때 결합원가는 추가가공여부결정 시 두 대체안 간에 차이가 없는 비관련원가이다. 왜냐하면 결합원가는 이미 발생한 역사적 원가인 매몰원가로 대체안들 간에 차이가 없는 원가이기 때문이다.

결합원가는 추가가공 여부를 결정 시 비관련원가이므로 어떠한 기준을 이용하여 개별 제품에 배분하였어도 의사결정에 영향을 미치지 않는다. 추가가공 여부의 의사결정에 관련이 되는 적합요소는 분리점에서의 판매가치, 추가가공원가 그리고 추가가공 후의 판매가치이다. 의사결정은 추가가공 후의 판매가치와 분리점에서의 판매가치의 차액인 증분수익과 증분원가인 추가가공원가를 비교하여 행하며 다음과 같이 요약할 수 있다.

증분수익 = 추가가공 후 판매가치 − 분리점에서의 판매가치
증분원가 = 추가가공원가 및 추가되는 판매비
증분수익 > 증분원가 ⇒ 추가가공한 후 판매함
증분수익 < 증분원가 ⇒ 분리점에서 판매함

추가가공을 하는 경우 추가가공 후의 판매가치에서 추가가공원가 및 추가되는 판매비를 차감한 것을 순실현가능가치(NRV : Net Realizable Value)라고 한다. 따라서 추가가공 여부의 사결정은 순실현가능가치와 분리점에서의 판매가치를 비교하여 행할 수도 있다.

즉 순실현가능가치가 분리점에서의 판매가치보다 큰 경우에는 추가가공을 하며, 순실현가능가치가 분리점에서의 판매가치보다 작은 경우에는 추가가공하지 않는다.

>> 예제 10

(주)홍지는 세 가지 연산품 A, B, C를 생산·판매하고 있다. 다음은 8월 중 연산품과 관련된 자료들이다.

(1) 8월 중의 결합원가는 ₩ 1,000,000이었다.
(2) 각 제품의 생산량과 단위당 판매가격은 아래와 같다.

제품	생산량	kg당 판매가격
A	400kg	₩ 1,500
B	500	1,200
C	100	800
D	?	?

(3) 제품 A는 분리점에서 즉시 판매된다. 제품 B는 추가가공을 거쳐야만 시장가치를 갖는다. 제품 C는 분리점에서 판매할 수도 있고 추가가공 후 제품 D로 변형하여 판매할 수도 있다.
(4) 제품 B의 추가가공원가는 ₩ 75,000이며, 제품 C를 제품 D로 변형하기 위한 추가가공원가는 ₩ 20,000으로 예상된다.

| 물음 |
1. 판매 또는 추가가공의사결정의 대상이 되는 연산품은?
2. 제품 D의 kg당 판매가격이 @₩ 1,100이라면, 제품 C의 추가가공 여부는?
3. 결합원가 ₩ 1,000,000의 연산품에의 배분액은 판매 또는 추가가공 의사결정 시 비관련원가이다. 이를 구체적으로 증명하시오.

| 풀이 |
1. 판매 또는 추가가공의사결정이 되는 연산품은 제품 C이다. 제품 A는 분리점에서만 시장가치를 갖고, 제품 B는 추가가공 후에만 시장가치를 갖기 때문에 의사결정의 대상이 되지 아니한다.

2. 제품 C의 분리점에서 판매가치 : ₩ 80,000(₩ 800×100kg)
   추가가공 후 제품 D로의 판매가치 : ₩ 110,000(₩ 1,100×100kg)
   추가가공원가 : ₩ 20,000
   따라서 증분수익 ₩ 30,000이 증분원가 ₩ 20,000보다 크기 때문에 제품 C는 추가가공하여 제품 D로 판매하는 것이 ₩ 10,000만큼 유리하다.

3. 결합원가 중 제품 C에의 배분액을 X라고 하면 즉시판매 또는 추가가공에 따른 이익은 다음과 같이 계산된다.
   제품 C로 판매 시 이익 : ₩ 80,000 − X

제품 D로 판매 시 이익 : ₩ 110,000 − X − 20,000

두 식에서 각 대체안의 이익계산시 X는 공통적으로 이익계산의 결과에 변화를 초래하지 아니한다. 따라서 결합원가배분액은 판매 또는 추가가공의사결정과 무관한 비관련원가이다.

5) 제한된 자원의 최적 배합

지금까지 설명한 단기적 특수의사결정문제들은 자원의 제약을 고려하지 않았다. 자원이 제약되지 않은 경우의 의사결정은 단위당 공헌이익이 큰 제품의 우선적 생산이 기업의 이익을 극대화할 수 있었다. 그러나 기업이 끊임없이 직면하는 문제는 제한된 자원을 어떻게 효율적으로 배분할 것인가 하는 의사결정이다. 제한된 자원이란 원하는 제품을 생산·판매함에 있어 제약이 되는 요소로 제약요소라고도 한다.

기업이 이용할 수 있는 설비·자금 등의 물적 자원과 노동력 등의 인적 자원은 무한정 사용할 수 있는 것이 아니기 때문에 주어진 자원의 범위 내에서 기업이익을 최대화시킬 수 있도록 합리적인 배분을 하여야 한다. 예를 들어, 다양한 제품생산 시 기계시간이나 직접노동시간을 가장 합리적으로 제품별로 배분하여야 한다. 또한 백화점의 경우 주어진 매장면적을 어떻게 판매상품별로 나눌 것인가를 결정하여야 한다.

제한된 자원의 최적 배분문제는 제약조건하에서 기업이익을 최대화하는 주어진 자원의 배분에 대한 의사결정이다. 이러한 의사결정 중 가장 대표적인 것은 제품배합과 원재료투입배합의 문제이다.

(1) 제품배합의사결정

제품배합의사결정은 기업이 둘 또는 그 이상의 제품을 생산·판매하는 경우 제한된 물적·인적 자원을 이용하여 최적의 제품배합을 결정하는 것이다.

최적 제품배합을 결정하기 위하여는 제약요소가 몇 가지인가를 검토하여야 한다. 만일 제약요건이 하나인 경우(단일 제약조건)에는 공헌이익접근법이 이용될 수 있다. 즉 제품단위당 공헌이익이 큰 제품이 아니라, 제약자원단위당 공헌이익이 큰 제품부터 우선적으로 생산·판매하는 것이 기업이익을 최대화시킬 수 있다. 제품생산 시 기계시간이 한정되어 있다면 기계시간당 공헌이익이 큰 제품을 우선적으로 생산하여야 한다. 백화점의 경우 진열면적당 공헌이익이 가장 큰 상품에 매장면적을 보다 많이 할당하는 것이 제한된 공간 내에서 기업이익을 최대화할 수 있다.

그러나 제품생산을 위한 제약요소가 단일인 경우보다는 두 가지 이상인 경우가 일반적이다. 제약요소가 두 가지 이상(복수의 제약조건)인 경우에는 제약요소단위당 공헌이익이 상이하게 나타날 수 있다. 즉 제약요소인 직접노무시간, 기계시간, 공간면적 등의 단위당 공헌이익이 제품별로 다른 경우에는 선형계획법을 이용하여 가장 적절한 배합을 구할 수 있다. 선형계획법은 다양한 제약요소가 존재하는 상황하에서 최적 배분을 할 수 있도록 하는 계량적 의사결정모형이며, 도해법이나 심플렉스법을 이용할 수 있다.

선형계획법 중 도해법을 이용하는 과정은 다음과 같은 네 가지 단계로 구분할 수 있다.

❶ 목적함수를 설정한다. 제품배합의사결정의 목적함수는 공헌이익의 최대화이다.
❷ 제약조건들을 결정하고, 이를 부등식으로 표시한다.
❸ 그래프상에 실행가능영역을 결정한다. 실행가능영역은 ❷의 제약조건식들이 모두 충족되는 영역이다.
❹ 실행가능영역에서 목적함수를 최대화해주는 제품의 배합을 결정한다.

이와 같은 최적 제품배합의사결정시 도해법의 이용은 고려되는 제품이 두 가지인 경우에 이용할 수 있다. 따라서 배합되는 제품이 세 가지 이상인 경우에는 심플렉스법을 이용하게 된다. 심플렉스법에 대한 보다 상세한 설명은 「계량경영학」 또는 「경영과학」 교재들을 참고하기로 한다.

(2) 투입배합의사결정

기업이 제한된 자원을 이용하여 최적의 제품배합을 하는 것처럼 때로는 제품제조에 따른 투입요소의 배합도 의사결정을 하여야 한다. 예를 들면, 화학제품이나 석유제품의 제조처럼 수많은 원재료의 배합을 통하여 제품을 생산하는 경우이다. 즉 복수의 원재료를 이용하며 원재료 배합비율을 어느 정도 조절할 수 있다면 배합비율에 따른 원가를 분석하여 가장 낮은 원가를 발생시키는 원재료의 배합방법을 선택하여야 한다. 이와 같이 원재료의 배합을 가장 효율적으로 하여 원가를 최소화시키려는 것을 투입배합의사결정이라고 한다.

원재료의 투입배합의사결정방법도 제품배합의 경우와 동일하다. 제약요건이 단일이라면 제품단위당 원재료원가가 가장 낮은 원재료의 배합방법을 선택한다. 만일 제약요건이 둘 이상이라면 선형계획법을 이용하여야 한다. 다만 목적함수는 원가의 최소화이다.

>> **예제 11**

(주)홍지농원은 사슴용 사료를 생산하여 사슴목장에 판매하고 있다. 사슴용 사료 1포대(10kg)에는 최소한 200g 이상의 칼슘이 함유되어야 한다. 칼슘을 얻기 위하여 회사는 보리, 밀, 콩, 수수, 네 가지 원료 중 하나 이상을 이용할 수 있다. 네 가지 원료의 kg당 칼슘함유량과 구입원가는 다음과 같다.

원료	원료 1kg당	
	칼슘함유량	원가
보리	30g	₩ 75,000
밀	40	120,000
콩	100	240,000
수수	50	100,000

|물음|

1. 이 회사가 원가를 최소화하기 위해서는 어떤 원료를 선택하여야 하는가?
2. 사슴목장주들이 사슴용 사료제조 시 최소 필요칼슘량 200g 중 적어도 30% 이상을 콩으로부터 얻어야 납품을 받고 있다. 원료배합을 어떻게 하여야 제조원가가 최소화되는가? 또한 이때의 사슴용 사료 1포대의 원료원가는 얼마인가?
3. 사료제조 시 반드시 네 가지 원료를 모두 이용하여야 하며 각 원료는 최소한 30g 이상의 칼슘을 보유하고 있어야 한다. 한편 연간 수수의 공급량은 재배농가가 적어 24kg밖에 되지 아니한다.
   ① 최적 원료배합은 무엇이며, 그때의 원가는 얼마인가?
   ② 최대 사료생산량은 얼마인가?

|풀이|

1. 제약요소단위당 원가가 최소인 원료를 선택한다.

원료	① kg당 원가	② 칼슘함유량	③ 칼슘 g당 원가	우선순위
보리	₩ 75,000	30g	₩ 2,500	3
밀	120,000	40	3,000	4
콩	240,000	100	2,400	2
수수	100,000	50	2,000	1

* ③=①÷②

따라서 수수를 선택하는 것이 가장 유리하다. 또한 사슴용 사료 1포대 생산 시 4kg의 수수가 필요하여 수수원가는 ₩ 400,000(₩ 100,000×4kg)이다.

2. 200g 중 30%인 60g은 콩으로부터 얻고, 나머지 140g은 수수를 이용하는 것이 원가를 최소화 시킨다. 또한 이때의 사료 1포대당 원가는 ₩ 424,000이다.

원료	칼슘량	구성비율	원가
콩	60g	30%	₩144,000
수수	140	70	280,000
합계	200g	100%	₩424,000

3. ① 각 원재료 중 30g의 칼슘을 포함하면 총 120g이다. 나머지 80g은 수수를 사용하는 것이 가장 바람직하다.

원료	칼슘량	구성비율	원가
보리	30g	15%	₩ 75,000
밀	30	15	90,000
콩	30	15	72,000
수수	110	55	220,000
합계	200g	100%	₩457,000

② 수수는 1kg당 50g의 칼슘을 함유하고 있으며, 가장 싼 원료이다. 그러나 공급량이 제한되어 있으므로 제품생산 시 최저 요구량(30g)만 이용하여야 한다.

수수의 최대 칼슘량(50g×24kg)   1,200g
제품단위당 최저 요구량   30g
∴ 최대 제품생산량   40포대
따라서 사슴용 사료의 최대 생산가능량은 40포대이다.

연습문제

1 (주)홍지식품은 골뱅이통조림을 생산·판매하는 기업이다. 통조림단위당 변동제조원가는 ₩500이며, 단위당 변동판매관리비는 ₩100이며, 단위당 정규판매가격은 ₩1,000이다. 고정원가는 조업도에 따라 다음과 같은 계단원가(step cost)행태를 띠고 있다. 최대 조업도는 2,000개이다.

	고정제조간접비	고정판매관리비	합계
0~1,000개	₩100,000	₩20,000	₩120,000
1,001~2,000개	130,000	30,000	160,000

|물음| 다음의 문항은 독립적인 것으로 간주한다.

1. 이 회사의 정규판매량은 800개이다. 김선달 씨가 단위당 ₩900씩 700개의 특별주문을 하였다. 김선달 씨의 특별주문을 수락하여야 하는가? 왜 그런가?

2. 이 회사의 정규판매량은 800개이다. 김선달 씨로부터 400개의 특별주문을 받았다. 특별주문이행 시 단위당 변동판매비는 ₩20씩 절감할 수 있다. 특별주문을 수락하기 위한 최저 단위당 판매가격은 얼마인가?

3. 이 회사의 정규판매량은 1,500개이다. 김선달 씨로부터 800개의 특별주문을 받았다. 특별주문이행 시 변동판매관리비의 40%는 절감할 수 있다. 특별주문을 수락하기 위한 최저 단위당 판매가격은 얼마인가?

4. 이 회사의 정규판매량은 900개이다. 김선달 씨로부터 통조림단위당 ₩750씩 200개를 구입하겠다는 특별주문을 받았다. 특별주문수락 시 변동판매비는 단위당 ₩20씩 절감할 수 있다. 특별주문을 수락하여야 하는가?

2 (주)홍지는 단일제품을 생산·판매하고 있다. 다음의 자료는 8월 중 종합 예산을 편성하기 위한 것이다.

(1) 단위당 판매가격은 ₩400 단위당 변동제조원가는 ₩220, 단위당 변동판매관리비는 ₩30이다.

(2) 월간 고정제조간접비는 ₩120,000이며, 월간 고정판매관리비는 ₩150,000이다.

(3) 월간 최대 조업도는 3,000개이고, 기준조업도(예산판매량)는 2,000개이다.

한편 이 회사는 8월의 종합예산을 편성한 후 (주)SK산업으로부터 물음과 같은 특별주문을 받았다.

| 물음 | 다음의 각 문항은 독립적이다. 물음에 답하시오.

　　　　1. (주)SK산업의 특별주문량은 800개이며, 단위당 주문가격은 ₩ 300이다. 특별주문의 수락 여부를 결정하시오.

　　　　2. (주)SK산업의 특별주문량은 1,500개이며, 단위당 주문가격은 ₩ 320이다. 특별주문의 수락 여부를 결정하시오.

　　　　3. (주)SK산업의 특별주문량은 1,200개이다. 특별주문을 수락하기 위한 최저 단위당 판매가격은 얼마인가?

　　　　4. (주)SK산업의 특별주문량은 1,500개이며, 단위당 주문가격은 ₩ 310이다. (주)홍지는 조업도 1,000개를 증대시키기 위하여 설비를 리스할 수 있다. 설비의 리스료는 월 ₩ 100,000이다. 특별주문의 수락 여부를 결정하시오.

3　　(주)홍지는 한 종류의 제품을 생산·판매하고 있다. 또한 유휴설비가 많으므로 생산량의 제한은 없는 상태이다. 이 회사는 지나 5월 중의 원가분석을 통하여 6월 중의 예산을 편성하고자 한다.

　　　(1) 5월 중 생산·판매량은 1,000개였으며, 단위당 판매가격은 ₩ 500이었다. 또한 5월 중 제조원가는 다음과 같았다.

직접재료원가	₩ 150,000
직접노무원가	75,000
제조간접원가	200,000
합계	₩ 425,000

　　　(2) 제조간접원가는 생산량이 800개일 때 ₩ 187,000으로 예상된다.

　　　(3) 단위당 변동판매비와 일반관리비는 ₩ 10, 월간 고정판매비와 일반관리비는 ₩ 25,000 이다.

　　　(4) 시장조사부의 조사에 의하면 판매가격의 변동에 따라 월간 판매량은 다음과 같이 변화할 것으로 예상된다.

판매가격	예상판매량
₩ 400	1,800개
₩ 500	1,000개
₩ 600	700개

| 물음 | 1. 단위당 판매가격은 ₩ 400, ₩ 500, ₩ 600 중 어느 경우가 최적인가?

　　　　2. 6월 중 정규시장의 판매가격은 ₩ 600으로 결정하였다. 그 후 정부에서 특별주문으로 700단위를 주문하였다. 정부로부터의 특별주문목표이익률이 특별주문생산원가의 20% 라면 최저 단위당 판매가격은 얼마인가?

4 ㈜홍지는 주요 부품 A, B, C, D를 사용하여 제품을 생산하고 있다. 이들 부품은 자가제조할 수도 있으며 외부에서 구입할 수도 있다. 부품을 자가제조할 때 이용가능한 최대 기계시간은 6,000시간이다. 또한 부품을 외부에서 구입한다면 부품생산에 따른 변동제조원가는 회피가능하나, 고정제조원가는 절감할 수 있는 부분이 없어 ₩ 3,000,000이 그대로 발생할 것이다. 부품별 단위당 생산·구입관련 자료는 다음과 같다.

	부품 A	부품 B	부품 C	부품 D
직접재료비	₩ 2,000	₩ 4,000	₩ 6,000	₩ 7,000
직접노무비	1,000	2,000	2,000	2,000
변동제조간접비	500	1,000	1,000	1,500
단위당 총변동비	₩ 3,500	₩ 7,000	₩ 9,000	₩ 10,500
총고정제조간접비*	₩ 350,000	₩ 700,000	₩ 900,000	₩ 1,050,000
부품단위당 기계시간	2시간	3시간	1시간	3시간
부품필요량	1,200개	1,000개	3,000개	1,500개
단위당 외부 구입가격	₩ 4,000	₩ 6,800	₩ 10,000	₩ 12,900

* 총고정제조간접비는 ₩ 3,000,000으로 이를 부품별 단위당 변동원가를 기준으로 배분하였다.

| 물음 | 1. 각 부품의 자가제조 또는 외부 구입여부를 결정하시오.
2. 부품 B의 단위당 외부 구입가격이 현재의 가격(₩ 6,800)보다 최소한 얼마 이상 올라가야 부품 B를 자가제조하는 것이 유리한가?

5 (주)홍지수산은 제품 A, B, C를 생산·판매하고 있다. 제품 A는 반제품으로 외부 시장에 판매할 수도 있고, 공정 III에서 제품 B, C로 추가가공하여 판매할 수도 있다. 공정 III의 현재조업률은 최대 조업도의 70%이다. 이 회사는 제품 A의 현재 재고량이 100kg이며, 이에 대한 추가가공 여부를 결정하고자 한다. 공정 III의 최대 조업도는 500kg이다.

제품 A의 kg당 제조원가는 ₩ 7,000이며, kg당 판매가격은 ₩ 9,500이다. 제품 B의 kg당 판매가격은 ₩ 25,000이고, 제품 C의 kg당 판매가격은 ₩ 18,000이다. 제품 A 10kg은 공정 III에서 추가가공을 할 경우, 제품 B 12kg과 제품 C 4kg을 생산할 수 있다. 공정 III에서 추가가공을 하는 경우, 추가재료가 투입되며 kg당 추가가공원가는 다음과 같다.

	제품 B	제품 C
추가재료원가	₩ 5,000	₩ 2,000
직접노무원가	10,000	4,500
변동제조간접원가	2,000	2,500
합계	₩ 17,000	₩ 9,000

공정 III의 고정제조간접원가는 총 ₩150,000이며, 이 중 ₩100,000은 현금지출비용이고 ₩50,000은 감가상각비이다. 판매비는 고려하지 아니하며, 제품의 수요는 제한이 없다고 가정한다.

|물음| 1. 추가가공 여부를 결정하시오.

2. 추가가공 여부의사결정 시 매몰원가와 관련원가는 각각 무엇인가?

3. 제품A 100kg을 외부에 판매하는 경우 기회원가와 순차액손익은 각각 얼마인가?

4. 공정 III이 완전조업도(100%)로 가동되고 있다면, 제품 A의 추가가공 여부를 결정할 때 고려해야 될 점은 무엇인가?

6   (주)홍지화장품은 여성용·남성용·유아용 세 가지 종류의 화장품을 생산·판매하고 있다. 제5기의 예산손익계산서는 다음 표와 같다.

손익계산서

(주)홍지화장품 (단위: 원)

항목	여성용	남성용	유아용	합계
매출액	₩80,000	₩60,000	₩20,000	₩160,000
매출원가	15,000	12,000	5,000	32,000
매출총이익	₩65,000	₩48,000	₩15,000	₩128,000
제품별 직접판관비	10,000	20,000	25,000	55,000
제품별 간접판관비*	20,000	15,000	5,000	40,000
영업이익	₩35,000	₩13,000	(₩15,000)	₩33,000

* 제품별 간접판관비(판매비와 관리비)는 매출액을 기준으로 배부한 금액임

이 회사가 생산·판매하고 있는 세 가지 종류의 제품에 직접부과되는 원가는 그 제품의 생산을 중단하면 모두 더 이상 발생하지 아니한다. 그러나 제품별 간접판매비와 관리비는 모두 회피불가능한 원가이며, 세 가지 종류의 제품라인을 모두 폐쇄할 경우에 한하여 60%가 회피가능하다. 이 회사의 기획담당이사는 손실을 보이고 있는 유아용 화장품라인의 폐쇄 여부를 평가하려고 한다.

|물음| 1. 유아용 화장품라인의 폐쇄 여부를 결정하시오.

2. 유아용 화장품라인을 폐쇄하는 경우 여성용 화장품의 매출액은 20%가 감소할 것으로 추정된다. 유아용 화장품라인의 폐쇄 여부를 결정하시오.

3. 유아용 화장품라인의 폐쇄 여부를 결정하기 전에 고려할 사항은 무엇인가?

7 (주)홍지는 제품 A, B를 생산·판매하고 있다. 제품 A와 B는 모두 절단공정과 조립공정을 거쳐 완성되며, 작업은 모두 자동화된 설비를 이용하고 있다. 절단공정과 조립공정을 위한 설비는 각각 10대이다. 각 설비는 하루에 15시간씩 가동할 수 있으며 한 달은 30일로 가정한다. 제품 A, B의 단위당 설비이용시간과 판매가격 등의 자료는 다음과 같다.

	제품 A	제품 B
절단공정설비	1시간	2시간
조립공정설비	4시간	4시간
단위당 판매가격	₩3,600	₩8,000
단위당 변동원가	₩3,000	₩6,500

한편 제품 A의 월간 최대 수요는 1,000단위이며, 제품 B의 월간 최대 수요는 1,700단위이다.

| 물음 | 1. 월간 최대 이익을 실현할 수 있는 제품별 생산량은 몇 단위인가?

2. 제품 A의 월간 최대 수요를 1,200단위로 증대시키기 위하여 광고선전비를 증액하려고 한다. 이 회사가 지불할 수 있는 최대의 광고선전비는 얼마인가?

3. 제품 B의 판매가격이 ₩8,000에서 ₩7,000으로 하락한다면 월간 최대 이익을 실현할 수 있는 제품별 생산량은 각각 몇 단위인가?

자본예산

자본예산

1. 자본예산의 의의

1) 자본예산의 의의

기업의 특수한 의사결정은 기간에 따라 단기적 특수의사결정과 장기적 특수의사결정으로 나눌 수 있다. 단기적 특수의사결정은 관련원가를 이용한 특수한 의사결정이다. 반면에 장기적으로 영업활동에 영향을 미치는 투자의사결정인 장기적 투자의사결정은 장기적 계획에 따라 행하여진다. 이러한 장기적 투자의사결정은 유휴자금의 활용이나 타회사의 지배·통제를 위한 주식 등 유가증권에의 투자와 직접적인 영업활동을 위한 기계, 설비, 건물 등의 고정자산에 대한 투자로 나누어진다. 장기적인 고정자산에의 투자의사결정을 자본예산이라 한다.

자본예산(capital budgeting)이란 장기적으로 실현될 설비투자활동과 관련된 전체적인 계획과 평가과정을 말한다. 기업의 목표는 주주의 부의 극대화 또는 기업가치의 극대화이다. 이러한 기업목표달성을 위해서 장기적 투자의사결정을 하며 투자결정은 필요한 자금을 어

◇ 그림 8-1 자본예산의 위치

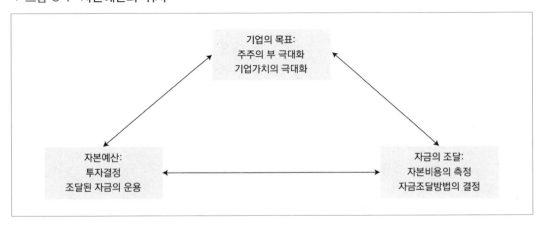

떻게 조달할 것인가에 대한 계획을 수반하게 된다. 즉 자본예산의 목적은 조달가능한 자금의 범위 내에서 최고의 투자수익률을 가져오는 투자안을 선택함으로써 장기적인 기업의 가치를 증가시키는 것이다. 이를 그림으로 표현하면 [그림 8-1]과 같다.

자본예산은 일상적·반복적 영업활동에 대한 종합예산이나 단기적 특수의사결정보다 기업에 미치는 영향이 훨씬 크다. 자본예산의 중요성을 요약하면 다음과 같다.

❶ 자본예산은 그 효과가 장기적이다. 즉 자본예산에 따른 시설투자는 그 내용연수가 장기적이고 이에 따라 장기간 동안 기업의 영업활동에 영향을 미친다.

❷ 자본예산은 장기적인 기업외적 요인에 의하여 결정된다. 즉 투자안이 지속될 기간 동안의 시장수요, 기술수준, 경쟁상태, 소비자기호의 변화 등 기업외적 요인에 대한 정확한 장기예측을 필요로 한다.

❸ 자본예산은 대규모의 투자이다. 이에 따라 대규모의 자금을 필요로 하며 실패 시 손실이 크다.

❹ 자본예산은 장기적인 자금투자를 요하기 때문에 장기자본을 조달할 수 있어야 한다. 즉 자기 자본이나 사채발행, 장기차입금의 조달 등 장기적으로 이용가능한 자금조달 원천을 이용하여 필요자금을 조달해야 한다.

❺ 자본예산은 장기투자이므로 투자의 자본비용을 최소화할 수 있는 자본을 이용하여야 한다. 낮은 자본비용의 자금이용은 투자실시에 따른 장기적인 기업가치극대화의 전제가 된다.

❻ 소비자기호의 변화, 기술혁신의 가속화, 제품수명의 단축 등 기업의 환경변화가 빠르기 때문에 자본예산의 편성 및 수정은 자주할 수 있도록 탄력적으로 운용되어야 한다.

❼ 투자의 대상은 감가성 자산이다. 즉 기계설비·공장건물 등 유형자산에 대한 투자가 대부분이다.

그러므로 자본예산은 투자의 장기성, 투자의 거대성, 기업외적 환경에의 의존성 등에 따라 기업의 미래가치를 결정지어주는 가장 중요한 장기적 계획이다.

2) 투자의 분류

투자는 그 목적이나 성격 등에 따라 분류하거나 투자안들의 상호관련성에 따라 분류할 수 있다.

(1) 투자의 목적에 따른 분류

투자는 그 목적에 따라 대체투자, 확장투자, 신제품투자, 전략투자로 구분할 수 있다. 그러나 투자목적에 따른 투자구분은 획일적인 것이 아니며, 어떤 투자는 두 가지 이상의 목적을 동시에 가질 수도 있다.

❶ 대체투자(replacement investment) : 대체투자란 보유하고 있는 설비가 노후화되거나 조업효율이 현저히 불량한 경우 이를 새로운 설비로 바꾸기 위한 투자이다. 대체투자의 목적은 생산능률의 향상, 운영원가의 절감 등이다. 대체투자의 경우 대체시기의 결정이 중요한 과제이다. 이는 새로운 대체투자를 통하여 기업이 얼마나 원가를 절감할 수 있는가에 대한 평가가 대체투자 여부결정의 핵심이 된다.

❷ 확장투자(expansion investment) : 확장투자란 제품수요의 증대, 시장점유율의 증가 등으로 인하여 기존의 생산설비만으로 수요를 충당할 수 없는 경우 기존생산능력을 확장할 목적으로 이루어지는 투자를 말한다. 확장투자는 장기적인 수요예측이 전제되어야 하며, 확장투자안의 평가 시 설비의 확장으로 얻어질 추가매출액에 대해 면밀히 검토하여야 한다. 왜냐하면 과대한 확장투자는 유휴설비의 가능성이 존재하기 때문이다.

❸ 신제품투자(new product investment) : 신제품투자는 신제품을 개발하여 생산하기 위한 투자이다. 신제품투자는 필요한 정보가 적기 때문에 다른 투자들보다 위험성이 높다. 따라서 신제품투자 시는 새로운 제품에 대한 잠재적 수요에 대한 정확한 예측을 전제로 한다.

신제품투자는 소극적 투자와 적극적 투자로 구분된다. 소극적 신제품투자는 이미 경쟁기업에서 생산·판매되고 있으나 기업의 입장에서는 새로운 제품에 대한 개발·생산을 위한 투자이다. 반면에 적극적 신제품투자는 경쟁기업들보다 앞서기 위하여 최초로 개발·생산하는 제품에 대한 투자이다.

❹ 전략투자(strategic investment) : 전략투자란 기업의 전략적인 목적을 위한 투자로 직접적·단기적 이익의 증대보다는 장기적 안목에서의 기업가치증대를 목적으로 하는 투자이다. 전략투자는 투자로부터의 기대현금유입액이 불명확하기 때문에 그 측정이 매우 어렵다.

전략투자는 위험감소투자와 복지향상투자로 나눌 수 있다. 위험감소투자는 연구개발이나, 수직적 결합 등과 같이 미래 위험에 대처하기 위한 준비투자를 말한다. 반면에 복지향상투자는 종업원들의 복리증진을 위한 투자이며 예를 들어, 종업원 식당·체육관 등의 신축, 해외파견교육 등이 이에 속한다.

(2) 투자안들의 상호관련성에 따른 분류

투자는 투자안들의 상호관련성에 따라 독립적 투자, 종속적 투자, 상호배타적 투자로 분류된다.

❶ 독립적 투자(independent investment) : 독립적 투자는 투자안들 간에 서로 직접적인 관련이 없는 상호독립적인 투자를 말한다. 독립적 투자는 보통 투자의 우선순위에 대한 결정을 필요로 한다. 예를 들어, 기존제품의 포장설비구입투자와 신제품연구개발투자는 상호독립적인 투자이다. 만일 투자안들이 모두 독립적 투자이고 자본조달능력이 무제한이라면 투자안의 경제성 분석에 따라 기업가치를 증대시키는 투자안을 모두 채택하여야 할 것이다.

❷ 종속적 투자(dependent investment) : 종속적 투자란 한 투자안이 채택되면 이와 동시에 다른 투자안이 채택되어야 하는 상호의존적인 관계에 있는 투자이다. 예를 들어, 신제품생산을 위한 공장을 건설하는 경우 공장부지구입투자와 공장건물신축투자는 종속적인 투자이다.

❸ 상호배타적 투자(mutually exclusive investment) : 상호배타적 투자란 어느 한 투자안이 선택되면 자동적으로 기각되는 투자안과 같이 상호배타적 관계에 있는 투자이다. 즉 상호배타적 투자는 같은 기능을 수행하는 투자를 말한다. 상호배타적 투자안 중에서 우선순위가 가장 높은 투자안이 선택되면 다른 투자안은 모두 기각된다. 예를 들면, 공장부지 구입투자 시 대불공단, 구로공단, 성남공단 등에서 한 곳을 선택하면 다른 지역은 모두 기각되는 경우이다.

3) 투자의사결정의 과정

투자의사결정의 과정은 자본예산의 수립과정이며 이는 몇 가지 단계로 나눌 수 있다. 투자의사결정과정은 크게 심사과정, 선택과정, 사후감사과정으로 구분된다.

우선 심사과정은 장기적 투자문제를 인식하고 투자자본의 범위 내에서 실행가능한 투자안을 개발하는 과정이다. 선택과정은 실행가능한 투자안에 대한 평가를 통하여 최적의 투

자안을 선택하는 과정이다. 사후감사과정은 투자안이 계획대로 실행되었는가를 사후에 평
가하는 과정이다. 자본예산의 수립과정에서 현실적으로 가장 중요한 것은 심사과정이다.
그러나 대부분의 교재에서는 선택과정에 대한 설명을 주로 하고 있다.

한편 투자의사결정과정을 보다 세분화한다면 투자계획수립, 투자안의 개발, 투자안의 평
가, 투자의 선택, 투자안의 실행, 투자의 기간적 통제, 투자의 사후감사 등의 단계로 나눌
수 있다.

❶ 투자계획의 수립 : 이는 신제품의 연구개발, 구 설비의 대체, 신 시장 개척 등 장기적 투
  자문제를 인식하고 기업의 장기목표를 설정하는 과정이다. 즉 투자기회를 탐색하고,
  또 무엇에 투자할 것인가에 관해 구체적으로 구상하고 계획수립을 하는 과정이다.

❷ 투자안의 개발 : 이는 투자기회의 가능성을 바탕으로 구체적인 투자안을 개발하는 과정
  이다. 즉 투자목적을 달성할 수 있는 대체적인 투자안들을 선정하는 과정이다.

❸ 투자안의 평가 : 이는 각 대체안의 타당성을 평가하는 과정이다. 투자안의 평가는 기술
  적 타당성, 경쟁적 타당성, 경제적 타당성 등에 대한 검토이다. 투자안평가기준은 다
  양하나 현금흐름의 분석이 일반적이다.

  이는 각 투자안의 경제성을 분석하는 과정으로 자본예산편성 시 다양한 방법들이 이
  용될 수 있다. 본 장에서 설명하는 대부분의 내용은 투자안의 경제적 타당성을 평가
  하는 자본예산모형에 관한 것이다.

❹ 투자안의 선택 : 이는 투자안의 평가결과를 바탕으로 기업가치의 극대화를 이룰 수 있
  는 투자안을 선택하는 과정이다. 어떤 투자안을 선택할 것인가는 투자의 상호관련성,
  자본배분문제, 투자안평가방법 등에 따라 상이해진다.

❺ 투자의 실행 : 이는 선택된 투자안을 집행하는 과정이다. 필요한 자금을 조달하고 계획
  에 따라 투자지출과정을 통제한다. 특히 거액의 자금이 필요하므로 투자실행 전에 적
  절한 자금조달계획을 수립하여야 한다.

❻ 투자의 기간적 통제 : 투자의 기간적 통제는 일정기간별로 투자안의 실행과정을 검토하
  는 것이다. 자본예산에 따른 개별 계획은 대개 1년 단위의 기간계획으로 구체화된다.
  이에 따라 중요한 경제적·환경적 변화가 발생하는 경우, 즉각적인 투자안의 재평가
  를 할 수 있도록 기간적 통제를 실시한다. 특히 기간적 통제는 기대에 미치지 못하는
  투자안을 계속 실행할 것인가 아니면 중도포기할 것인가의 여부를 결정함에 유용하다.
  즉 투자의 기간적 통제는 투자상황의 변화에 보다 탄력적인 실행을 가능하게 한다.

❼ 투자의 사후감사 : 이는 투자실행의 결과를 사후적으로 평가하고, 자본예산과 실행결과를 비교하여 전체적으로 투자의 효율성을 분석하는 과정이다. 투자의 사후감사 또는 투자의 사후관리는 투자결정과정상의 오류를 확인할 수 있어 미래의 투자의사결정 시 질을 향상시키게 한다.

2. 자본예산편성을 위한 전제

자본예산편성 시 중요한 과정이 투자의 경제성 분석이다. 투자의 경제성 분석은 투자분석이라고 한다. 투자분석은 투자의 현금유출액(투자액)과 투자로 인하여 예상되는 미래현금유입액(투자수입액)을 비교하는 것인데, 여기에서 가치있는 투자란 현재의 투자액보다 미래의 투자수입액이 큰 것을 말한다.

그런데 투자활동은 대부분 현재시점에서 이루어지나 투자로 인한 현금유입은 미래시점에서 이루어진다. 이에 따라 현재의 일정금액은 미래의 동일한 금액보다 그 가치가 높기 때문에 시간경과에 따른 화폐의 시간가치개념을 이용하여 투자분석을 행하게 된다. 즉 자본예산편성 시 투자분석을 행하기 위해서는 화폐의 시간가치를 이해하여야 하며 투자안의 현금흐름을 알아야 한다.

3. 화폐의 시간가치

1) 화폐의 시간가치의 의의

화폐의 시간가치란 시점에 따라 동일한 화폐금액도 차이가 있다는 것인데, 현재의 일정금액은 미래의 동일한 금액보다 그 가치가 높다. 즉 오늘 받는 ₩1은 1년 후에 받는 ₩1보다 더 가치가 있다. 왜냐하면 지금의 ₩1은 1년간 투자되어 1년 후에는 ₩1보다 더 커지기 때문이다.

만일 현재시점에서 ₩100,000을 투자할 수 있는 대체안이 A, B 두 가지라고 하자. 투자안 A는 1년 후에 ₩150,000의 투자수익이 있고, 투자안 B는 3년 후에 ₩150,000의 투자수익이 있다. 이 경우 합리적인 투자가라면 투자안 A를 선택할 것이다. 왜냐하면 동일한 투자수익이라 하더라도 투자안 A가 투자안 B보다 2년 먼저 투자수익을 얻을 수 있기 때문이다.

이와 같이 현재의 현금액이 동일한 미래의 현금액보다 선호되는 그 이유는 아래와 같다.

❶ 현재의 현금은 투자를 통하여 이익을 창출할 수 있다.

❷ 미래의 소비보다는 현재의 소비를 선호하는 시차선호의 경향이 있다.

❸ 미래는 불확실성으로 인한 위험이 존재한다.

❹ 인플레이션으로 인하여 실질구매력이 감소할 가능성이 있다.

화폐의 시간가치를 계산하기 위해서는 할인율을 전제하여야 하는데 투자분석시의 할인율은 자본비용을 이용한다. 화폐의 시간가치 중에서 투자분석 시 중요한 것은 현재가치개념이다.

2) 미래가치와 현재가치

미래가치(FV: Future Value)란 현재의 일정금액을 일정기간 후인 미래시점에서 계산한 가치이다. 미래가치는 현재의 일정금액(이를 원금이라고 함)에 따라 이자는 재투자 또는 재예금된다는 전제하에 미래시점에서의 가치를 계산한 금액이다. 즉 미래가치는 이자율을 적용하여 미래일정기간으로 복리계산한 것이다. 미래가치의 계산식은 다음과 같다.

$$FV_n = P_o(1+r)^n = P_0 \times 복리이자요소(r, \ n)$$

$FV_n : n$ 기간 후의 미래가치　　　r : 이자율

P_o : 현재시점의 일정금액(원금)　　n : 기간

즉 미래가치는 현재의 원금에 복리이자요소$(1+r)^n$를 곱하여 계산할 수 있으며, 복리이자요소는 이자율(r)과 기간(n)이 증가할수록 증가한다.

한편 현재가치(PV: Present Value)는 미래시점에서 발생할 일정금액을 현재시점에서 평가한 가치이다. 할인율의 영향으로 현재가치는 항상 미래가치보다 작아지기 때문에 현재가치를 구하는 것을 할인이라고 한다. 현재가치의 계산은 미래가치를 구하는 복리계산의 역(逆)이다. 일정기간(n) 후의 일정금액(n)에 대한 현재가치를 계산하는 식은 다음과 같다.

$$P_o = FV_n \times \frac{1}{(1+r)^n} = FV_n \times 현가이자요소(r,n)$$

P_o : 현재가치　　　n: 기간

r: 할인율　　　　　FV_n : n기간 후의 일정금액(미래가치)

즉 현재가치는 미래가치를 역으로 복리계산하여 환산한 값이다. 현재가치계산 시의 이자

율은 할인율이라고 하며, $1/(1+r)n$은 현가이자요소, 현가율 또는 현가계수라고 한다. 현가계수는 할인율(r)과 기간(n)이 증가할수록 감소한다.

　자본예산에 따른 투자의 지출액과 현금유입액은 그 발생시점이 각기 다르며 동일한 기준하에서 투자지출액과 현금유입액을 비교하기 위해서는 미래에 발생되는 투자지출액과 현금유입액을 현재가치로 환산하여 비교하여야 한다. 현가계수는 [부록 1]을 참고하기로 한다.

>> 예제 1

원금 ₩ 1,000,000을 정기예금하고자 한다. 연이자율은 12%이며, 10년간 예금하고자 한다.

|물음|
다음의 경우로 나누어서 10년 후에 수령할 금액을 계산하시오.
  1. 1년에 한번 이자를 계산하는 경우
  2. 6개월마다 이자율을 계산하는 경우

|풀이|
  1. $FV_{10} = ₩1,000,000 \times (1+0.12)^{10}$

$\quad = ₩1,000,000 \times 3.1058 = ₩3,105,800$

  2. 복리계산의 단위기간이 1년 미만인 경우에는 1년 동안 이자를 지급하는 회수, 즉 이자전화회수를 이용하여 기간과 이자율을 재계산하여야 한다.

$$FV_n = P_0 \cdot (1+\frac{r}{m})^{mn}$$

$\quad FV_n$: n기간 후의 일정금액(미래가치) $\qquad r$: 연 이자율

$\quad P_0$: 현재시점의 일정금액(원금) $\qquad n$: 기간

$\quad m$: 이자전화회수

$$FV_{10} = ₩1,000,000 \times (1+\frac{0.12}{2})^{2 \times 10} = ₩1,000,000 \times (1+0.06)^{20}$$

$$= ₩1,000,000 \times 3.2071 = ₩3,207,100$$

>> **예제 2**

다음의 경우는 각각 독립적이며, 이자율(또는 할인율)이 필요한 경우에는 연 10%를 가정한다.

| 물음 |

1. 원금 ₩1,000,000을 정기예금한 경우 3년 후의 미래가치는?
2. 원금 ₩1,000,000을 정기예금한 경우 5년 후의 미래가치는?
3. 일정금액을 5년동안 예금한 후에 ₩5,000,000을 찾고자 한다면, 현재 얼마를 예금하여야 하는가?
4. 모은행에서 현재 ₩2,000,000을 차입하고, 5년 후엔 ₩4,022,800을 지급하기로 하였다. 연간 이자율은 얼마인가?
5. 일정금액을 정기예금한 후 3년 후에 ₩1,000,000을 찾고, 5년 후에 또 ₩1,000,000을 찾고자 한다면 현재 얼마를 예금하여야 하는가?

| 풀이 |

1. $FV_3 = ₩1,000,000 \times (1+0.1)^3 = ₩1,000,000 \times 1.3310 = ₩1,331,000$

2. $FV_3 = ₩1,000,000 \times (1+0.1)^5 = ₩1,000,000 \times 1.6105 = ₩1,610,500$

3. $P_0 = ₩5,000,000 \times \dfrac{1}{(1+0.1)^5} = ₩5,000,000 \times 0.62092 = ₩3,104,600$

4. $P_0 = ₩2,000,000 \qquad FV_5 = ₩4,022,800$

   $₩4,022,800 = ₩2,000,000 \times (1+r)^5$ 따라서 $(1+r)^5$은 2.0114이다.
   복리표에서 $r=5$일 때 복리이자요소가 2.0114인 이자율은 15%이다.

5. $P_0 = \dfrac{₩1,000,000}{(1+0.1)^3} + \dfrac{₩1,000,000}{(1+0.1)^5} = ₩1,372,236$

3) 연금의 현재가치

미래일정기간 동안 일정한 균등액의 현금흐름(유출 또는 유입)이 발생하는 경우 이러한 현금흐름을 연금이라고 한다. 또한 미래일정기간 동안의 균등현금흐름액의 전체적인 현재가치를 연금의 현재가치라고 한다. 즉 연금의 현재가치는 정해진 기간 동안 일정금액을 수취하기로 되어 있는 연금을 현재시점에서 평가한 금액이다.

할인율을 r, 기간을 n, 매기 말 현금흐름액을 A로 가정하는 경우, 연금의 현재가치 (PA_n)를 계산하는 과정은 다음과 같다.

$$PA_n = \frac{A}{(1+r)} + \frac{A}{(1+r)^2} + \frac{A}{(1+r)^3} + \cdots + \frac{A}{(1+r)^n}$$

$$= A \cdot \left(\frac{1}{(1+r)} + \frac{1}{(1+r)^2} + \frac{1}{(1+r)^3} + \cdots + \frac{1}{(1+r)^n} \right)$$

$$= A \cdot \left(\frac{1 - \frac{1}{(1+r)^n}}{r} \right)$$

$$= A \cdot \text{연금의 현가이자요소}(r, n)$$

즉 연금의 현재가치(PA_n)는 매기 말 현금흐름액(A)에 연금의 현가이자요소(r, n)를 곱하여 계산한다. 연금의 현가이자요소는 연금의 현가계수라고도 한다.

한편 연금의 특수한 형태로 영구연금이 있다. 영구연금은 매기 말 현금흐름(A)이 영구히 계속되는 연금이다. 즉 연금의 현가계수에서 n이 무한대에 접근한다면 $\frac{1}{(1+r)^n}$ 은 0에 접근하게 된다. 이에 따라 영구연금의 현재가치는 매기 말 현금흐름액(A)을 할인율(r)로 나누어 계산한다. 예를 들어, 할인율이 10%인 경우 매년 말에 ₩100,000을 영구적으로 지급하는 영구채권의 현재가치는 ₩1,000,000이 된다.

$$PA(영구) = \frac{A}{r}$$

PA(영구) : 영구연금의 현재가치
A : 매기 말 현금흐름액
r : 할인율

>> 예제 3

다음의 문제는 각각 독립적인 것이다. 이자율 또는 할인율이 필요한 경우에는 연 12%를 가정한다.

|물음|
1. 3년 동안 매년 초 ₩100,000씩 정기적금을 하고 3년 후에 찾는다면 얼마나 될까?
2. 매년 말 ₩100,000씩 5년간 연금으로 지급받기로 약속된 금액을 현재 일시금으로 받고자 한다. 얼마나 받을 수 있을까?
3. 도준씨는 정년퇴직을 하면서 퇴직금 수령을 위하여 아래의 네 가지 제안 중 하나를 선택하고자 한다. 어느 안을 선택하여야 할 것인가?
   제안 1 : 현재 ₩200,000을 받는다.

제안 2 : 매년 말에 ₩ 37,000씩 10년간 받는다.

제안 3 : 매년 말에 ₩ 23,000씩 영구히 받는다.

제안 4 : 1년 말에 ₩ 13,800을 받고, 그 후 매년 말에 ₩ 26,400씩 영구히 받는다.

4. 5년 후에 ₩ 1,000,000이 필요하다. 5년 동안 일정금액을 적립하는 정기적금을 들고자 하는 경우 연간 적금불입액은 얼마인가? 적금불입은 매년 초에 한다.

5. 매년 초에 ₩ 300,000을 영구히 받고자 한다면 지금 얼마를 준비해두어야 하겠는가?

| 풀이 |

1. $\text{₩ } 100,000(1+0.12)^3 + \text{₩ } 100,000(1+0.12)^2 + \text{₩ } 100,000(1+0.12)$

$= \text{₩ } 100,000 \times [(1+0.12)^3 + (1+0.12)^2 + (1+0.12)]$

$= \text{₩ } 100,000 \times 3.7793 = \text{₩ } 377,930$

2. $P_o = \dfrac{\text{₩ } 100,000}{(1+0.12)} + \dfrac{\text{₩ } 100,000}{(1+0.12)^2} + \dfrac{\text{₩ } 100,000}{(1+0.12)^3} + \dfrac{\text{₩ } 100,000}{(1+0.12)^4} + \dfrac{\text{₩ } 100,000}{(1+0.12)^5}$

$= \text{₩ } 100,000 \times 3.6048 = \text{₩ } 360,480$

연도	12%의 현가계수	연금액	현재가치
1	0.8929	₩ 100,000	₩ 89,290
2	0.7972	100,000	79,720
3	0.7118	100,000	71,180
4	0.6355	100,000	63,550
5	0.5673	100,000	56,730
계	3.6047*	₩ 500,000	₩ 360,470

* 3.6048과의 차이는 반올림에 따른 결과이다.

3. 각 대체안의 현재가치를 계산하면 아래와 같다.

제안 1 : ₩ 200,000

제안 2 : ₩ 37,000 × 5.6502(10년, 12%의 연금현가계수) = ₩ 209,057

제안 3 : ₩ 23,000 ÷ 0.12 = ₩ 191,667

제안 4 : $\left[\text{₩ } 13,800 + \dfrac{\text{₩ } 26,400}{0.12}\right] \times 0.8929$(1년, 12%의 현가계수) = ₩ 208,760

따라서 제안 2의 현재가치(₩ 209,057)가 가장 크므로, 제안 2를 채택하는 것이 가장 유리하다.

4. 매년의 적금불입액을 A라고 하면 다음 식이 성립된다.

$\text{₩ } 1,000,000 = A[(1+0.12)^5 + (1+0.12)^4 + (1+0.12)^3 + (1+0.12)^2 + (1+0.12)]$

$= A \times (1+0.12) \times 6.3528$(5년, 12%의 연금미래가치계수)

$= 7.115136A$

따라서 A는 ₩ 140,545이다.

5. $\mathbb{W}\,300,000 \times (1 + \frac{1}{0.12}) = \mathbb{W}\,2,800,000$

 * 매년 말이 아니라 매년 초이기 때문에 ₩ 300,000을 더 필요로 한다.

4) 불규칙한 현금흐름의 현재가치

 연금은 매년의 현금흐름이 균등한 경우이다. 그러나 투자에 따른 현금유입은 각 기간마다 일정하지 않은 것이 일반적이다. 이와 같이 매 기간의 현금흐름이 불규칙한 경우에는 기간별 현금흐름의 현재가치를 합계하여 투자기간 동안 현금유입액의 총현재가치를 계산하여야 한다.

 불규칙한 현금흐름의 현재가치를 계산하는 식은 다음과 같다.

$$P_0 = \frac{CI_1}{(1+r)} + \frac{CI_2}{(1+r)^2} + \cdots + \frac{CI_n}{(1+r)^n} = \sum_{t=1}^{n} \frac{CI_t}{(1+r)^t}$$

   P_0 : 현재가치　　　CI_t : 기간 t의 현금흐름액

   r : 할인율　　　　t : 기간

 예를 들어, 투자안의 연간 현금유입이 1년 말에 ₩ 50,000, 2년 말에 ₩ 70,000, 3년 말에 ₩ 100,000, 4년 말에 ₩ 80,000으로 예상된다고 하자. 할인율을 10%로 가정한다면, 이 투자안의 현금유입액의 현재가치는 ₩ 233,080이다.

연도	현금흐름액	현재가치계수	현재가치
1	₩ 50,000	0.9091	₩　45,455
2	70,000	0.8265	57,855
3	100,000	0.7513	75,130
4	80,000	0.6830	54,640
계			₩ 233,080

>> 예제 4

(주)홍지는 상호배타적 투자안 X, Y의 현금흐름을 비교하고자 한다. 두 투자안의 현금유입액은 다음과 같이 예상된다. 할인율은 8%를 가정한다.

연도	1	2	3	4	5
투자안 X	₩ 70,000	₩ 40,000	₩ 30,000	₩ 10,000	₩ 5,000
투자안 Y	–	₩ 20,000	₩ 40,000	₩ 50,000	₩ 70,000

| 물음 |

투자안 X, Y의 현재가치를 비교하시오.

| 풀이 |

$$PV_x = \frac{₩70,000}{(1+0.08)} + \frac{₩40,000}{(1+0.08)^2} + \frac{₩30,000}{(1+0.08)^3} + \frac{₩10,000}{(1+0.08)^4} + \frac{₩5,000}{(1+0.08)^5} = ₩133,672$$

$$PV_y = \frac{₩20,000}{(1+0.08)^2} + \frac{₩40,000}{(1+0.08)^3} + \frac{₩50,000}{(1+0.08)^4} + \frac{₩70,000}{(1+0.08)^5} = ₩133,290$$

따라서 투자안 X의 현재가치가 투자안 Y보다 ₩ 382만큼 크다.

연도	8%의 현가계수	투자안 X		투자안 Y	
		현금유입액	현재가치	현금유입액	현재가치
1	0.9259	₩ 70,000	₩ 64,813	–	–
2	0.8573	40,000	34,292	₩ 20,000	17,146
3	0.7938	30,000	23,814	40,000	31,752
4	0.7350	10,000	7,350	50,000	36,750
5	0.6806	5,000	3,403	70,000	47,642
계		₩ 155,000	₩ 133,672	₩ 180,000	₩ 133,290

5) 현금흐름

자본예산은 투자로 인하여 기대되는 미래의 현금흐름을 예측하여 이를 분석하는 과정이다. 현금흐름이란 투자로 인한 모든 현금의 움직임을 말한다. 투자활동을 통하여 현금은 유출되며, 투자의 결과로 현금의 유입이 나타난다. 이에 따라 자본예산모형의 대부분은 투자로 인한 현금유입액과 투자활동을 위한 현금유출액의 차인 순현금흐름을 측정하여 의사결정한다. 현금흐름의 개념에 있어 종합예산에서의 현금유입과 현금유출은 본 장에서의 개념과는 다소 상이하다. 본 장에서의 현금유입은 투자로 인한 매기 영업활동에 의한 순현금유입액이며 이는 매년의 현금유입액(수익)에서 매년의 현금유출액(비용)을 차감하여 계산된 것이다. 반면에 현금유출은 투자지출액을 말한다.

(1) 현금흐름추정의 기본원칙

투자의 경제성 분석은 정확한 현금흐름의 추정으로부터 시작된다. 현금유입과 현금유출로 구분되는 현금흐름의 추정시 지켜야 할 대체적인 기본원칙은 다음과 같다.

❶ 현금흐름은 특정 시점에서 포착되며 투자지출인 현금유출은 기초시점에, 현금유입은 기말시점에 발생한 것으로 가정한다.

❷ 현금흐름은 법인세비용차감후기준으로 추정된다. 왜냐하면 법인세도 현금지출을 수반하기 때문이다.

❸ 이자비용과 배당금은 현금유출에 포함시키지 않는다. 이들 자본비용은 자본조달결과에 따라 나타나는 것이므로 현금흐름추정시 포함시키면 이중계산이 된다.

❹ 감가상각비는 비현금지출비용이기 때문에 매년의 현금유출에 포함시켜서는 안된다.

❺ 감가상각비에 따라 매년의 현금유입액이 달라지므로 잔존가치, 추정내용연수, 감가상각방법을 합리적으로 결정하여야 한다.

❻ 다른 용도에 이용할 수 있는 자원을 특정 투자에 사용하는 경우에는 투자에 따른 기회원가를 현금흐름에 고려하여야 한다.

❼ 현금흐름추정 시 인플레이션을 일관성있게 고려하여야 한다.

❽ 현금흐름은 증분기준을 이용하는 것이 합리적이다.

(2) 투자액의 계산

투자안을 선택하는 경우 가장 먼저 고려할 요소는 투자실행을 위하여 언제, 얼마만큼의 자금이 소요되는지를 파악하는 것이다. 투자에 따른 자금소요액은 투자안의 현금유출액을 말한다. 즉 현금유출액은 투자에 따른 현금지출액 또는 투자소요액을 말한다.

투자에 따른 현금유출액, 즉 투자소요액은 다음의 세 가지로 나눌 수 있다.

❶ 시초투자액 : 시초투자액은 투자안을 채택하는 경우 최초로 나타나는 투자액이다. 대부분의 시설투자는 시초에 나타난다. 또한 본 교재의 자본예산에 대한 설명에 있어서 대부분의 예는 시초투자액만을 가정한다.

❷ 추가투자액 : 추가투자액은 투자안을 채택하고 실행하는 중간지점에서 나타나는 투자액이다. 이는 시초투자액과 마찬가지로 자본적 지출을 말한다.

❸ 투자에 따른 추가적 운전자본 : 대개 투자실행에 따른 현금, 재고자산, 외상매출금 등의 운전자본이 증가되는 경향이 있다. 따라서 추가적 운전자본이 필요한 경우 이를 투자액에 포함시켜야 한다. 추가적 운전자본은 투자의 시초시점에서 발생하고, 투자종료시점에서 회수된다. 그러나 본 교재의 대부분의 예는 추가적 운전자본을 고려하지 않고 있다. 그 이유는 설비투자액에 비하여 운전자본의 비중은 아주 낮고, 추가적 운전자본은 투자안의 내용연수가 다하면 다시 회수되기 때문이다.

투자액의 계산 시 신규투자는 별 어려움이 없으나 대체투자의 경우는 다소 복잡하다. 대체투자 시는 구 설비의 처분가치와 처분손익에 따른 법인세효과 등을 고려하여 신 설비의 순투자액을 계산하여야 한다. 즉 구 설비의 처분손실은 법인세비용의 절감을, 구 설비의 처분이익은 법인세비용의 증가를 야기하기 때문에 처분손익의 법인세효과(처분손익×법인세율)를 고려하여야 한다. 구 설비를 새로운 설비로 대체하는 경우, 신 설비의 순투자액은 다음과 같이 계산한다.

신 설비 순투자액＝신 설비의 취득원가－구 설비의 처분가치＋구 설비의 처분익에 따른 법인세액(또는 －구 설비의 처분손실에 따른 법인세절감액)

>> 예제 5

(주)홍지는 구형컴퓨터를 최신형컴퓨터로 대체하고자 한다. 신형컴퓨터의 취득원가는 ₩300,000이며 내용년수는 3년, 잔존가치는 없을 것으로 추정된다. 새로운 컴퓨터이용 시 연간 현금운영원가를 ₩90,000씩 절감할 수 있을 것으로 기대된다. 한편 구형컴퓨터는 7년 전에 구입하여 4년간 사용하였다. 구형컴퓨터의 취득원가는 ₩280,000이며 내용연수는 7년, 잔존가치는 없는 것으로 추정하였다. 이 회사는 감가상각시 정액법을 이용하며, 법인세율은 20%이다.

| 물음 |
구형컴퓨터의 처분가치가 다음과 같은 경우 신형컴퓨터의 대체에 따른 순투자액은 얼마인가?
 1. 처분가치가 ₩120,000인 경우
 2. 처분가치가 ₩100,000인 경우
 3. 처분가치가 ₩150,000인 경우

| 풀이 |

1. 구형컴퓨터의 처분에 따른 손익은 발생하지 않는다.

$$₩ 300,000 - ₩ 120,000 = ₩ 180,000$$

2.

구형컴퓨터 취득원가	₩ 280,000	신형컴퓨터 취득원가	₩ 300,000
감가상각누계액	(160,000)	구형컴퓨터 처분원가	(100,000)
구형컴퓨터 장부가격	120,000	법인세절감액	(4,000)
처분가치	100,000	신형컴퓨터 순투자액	₩ 196,000
처분손실	20,000		
법인세절감액(20%)	₩ 4,000		

3.

구형컴퓨터 취득원가	₩ 280,000	신형컴퓨터 취득원가	₩ 300,000
감가상각누계액	(160,000)	컴퓨터 처분원가	(150,000)
구형컴퓨터 장부가격	120,000	법인세증가액	6,000
처분가치	150,000	신형컴퓨터 순투자액	₩ 156,000
처분이익	30,000		
법인세증가액(20%)	₩ 6,000		

(3) 현금유입액의 계산

현금유입액은 투자기간 중의 영업활동에 의한 현금유입뿐만 아니라 투자종료시점에서의 현금유입액을 포함한다.

❶ 영업활동에 의한 현금유입 : 투자기간 중의 영업활동에 의한 현금유입액의 계산 시 다음을 가정한다.

　㉠ 수익은 현금유입과 일치한다.

　㉡ 감가상각비를 제외한 모든 비용은 현금지출을 수반한다. 즉 비현금지출원가는 오직 감가상각비뿐이다.

　㉢ 법인세비용차감 후 현금유입액을 이용한다.

　㉣ 자본조달비용인 이자비용, 배당금 등은 고려하지 않는다.

　영업활동에 의한 현금유입액계산시 중요한 것은 감가상각비이다. 감가상각비는 비용이므로 법인세를 감소시키는 역할을 하는데 이를 감가상각비의 감세효과라고 한다. 감가상각비는 비현금지출비용이므로 현금유입액계산 시 감가상각비금액뿐만 아니라 감각상각비에 법인세율을 곱한 감가상각비의 감세효과액만큼 현금유입액을 증가시키게 된다. 이에 따라 감가상각비로 인한 현금유입액의 증가는 감가상각방법에 따라 상이하다.

일반적으로 정액법보다는 정률법·연수합계법 등의 가속상각법이 절세효과가 더 크다. 두 방법이 전 기간에 걸친 감가상각비 총액은 동일하나, 가속상각법은 초기에 더 많은 상각을 하여 법인세액의 일부를 미래로 이연하기 때문이다.

매기간의 영업활동에 의한 순현금유입액을 계산하기 위해서는 다음의 과정을 거친다.

- 신규투자의 경우는 신규투자로 인한 증분수익에서 감가상각비를 제외한 증분비용을 차감하여 현금유입액을 계산한다. 대체투자의 경우는 대체투자로 인한 증분수익 또는 원가절감액이 현금유입액이 된다.
- 위의 현금유입액에서 감가상각비(대체투자의 경우는 감가상각비증가액)를 차감하여 법인세비용차감전이익을 계산한다.
- 법인세비용차감전이익에서 법인세비용을 차감하여 법인세비용차감후이익(이는 당기순이익임)을 계산한다.
- 법인세비용차감후이익에 감가상각비(대체투자의 경우는 감가상각비증가액)를 더하여 순현금유입액을 계산한다.

신규투자의 경우 순현금유입액(이는 법인세차감 후 현금유입액임)을 계산하는 과정을 보다 단순화된 식으로 표현하면 다음의 ① 또는 ②와 같다.

① (증분수익－증분비용*)×(1－법인세율)＋감가상각비
② (증분수익－증분지출비용)×(1－법인세율)＋(감가상각비×법인세율)

   * 증분비용＝증분지출비용＋감가상각비

>> 예제 6

[예제 5]의 자료를 이용한다.

| 물음 |
투자기간 동안의 매년 영업활동에 따른 현금유입액을 계산하시오.

| 풀이 |

현금운영원가 절감액	₩ 90,000
감가상각비 증가액	(60,000)*
법인세비용전이익	30,000

법인세비용(20%)	6,000
법인세비용후이익	24,000
감가상각비 증가액	60,000
세후현금유입액	₩ 84,000

*신형컴퓨터의 연 감가상각비	₩ 100,000
구형 컴퓨터의 연 감가상각비	40,000
감가상각비 증가	₩ 60,000

≫ 예제 7

(주)홍지는 취득원가가 ₩ 400,000인 기계를 구입해 새로운 제품을 생산·판매하고자 한다. 이 기계의 내용연수는 4년, 잔존가치는 없는 것으로 추정되며 연수합계법을 이용하여 감가상각을 행할 예정이다. 신제품 생산·판매로 인한 수익과 현금지출비용은 다음과 같이 예상되며, 법인세율은 20%이다.

연도	현금수익액	현금지출액
1	₩ 1,200,000	₩ 800,000
2	1,500,000	900,000
3	1,300,000	850,000
4	800,000	700,000

| 물음 |
매년도의 영업활동에 의한 현금유입액을 계산하시오.

| 풀이 |

항목	1년도	2년도	3년도	4년도
현금수익	₩ 1,200,000	₩ 1,500,000	₩ 1,300,000	₩ 800,000
현금지출비용	800,000	900,000	850,000	700,000
감가상각비	160,000	120,000	80,000	40,000
세전이익	240,000	480,000	370,000	60,000
법인세비용(20%)	48,000	96,000	74,000	12,000
세후이익	192,000	384,000	296,000	48,000
감가상각비	160,000	120,000	80,000	40,000
순현금유입	₩ 352,000	₩ 504,000	₩ 376,000	₩ 88,000

❷ 투자종료시점의 현금유입 : 투자안의 내용연수가 끝나는 투자종료시점에서는 투자한 운전자본이 회수되며 투자자산의 처분에 따른 현금유입이 발생한다. 운전자본의 회수

는 시초투자액의 회수와 동일하므로 법인세비용에 영향을 미치지 아니한다. 그러나 투자자산의 처분에 따른 현금유입액은 처분손익의 발생여부에 따라 차이를 보이게 된다. 즉 투자자산의 투자종료시점에서의 순장부가액만큼의 현금유입이 나타난다. 그러나 처분손익이 발생하는 경우에는 처분손익이 법인세비용에 영향을 미치게 된다. 처분손실이 발생하면 법인세감세효과가 나타나고, 처분이익이 발생하면 법인세증가액이 나타난다. 투자종료시점에서 투자자산의 처분으로 인한 실제현금유입액을 계산하면 다음과 같다.

투자설비의 처분가액
$-$처분이익의 법인세증가액
실제현금유입액

투자설비의 처분가액
$+$처분손실의 법인세절감액
실제현금유입액

처분손익이 발생하는 경우 투자자산의 처분이 나타나는 투자종료연도의 현금유입액은 다음과 같이 계산한다. 이 계산식은 기간 중의 영업활동에 따른 현금유입액과 투자자산의 처분에 따른 현금유입액을 모두 고려한 것이다.

영업활동에 따른 현금유입액
$-$감가상각비$+$투자자산처분이익<small>(또는 $-$ 투자자산처분손실)</small>
법인세비용차감전이익
$-$법인세비용
법인세비용차감후이익
$+$감가상각비$+$투자자산의 순장부가액
순현금유입액

≫ 예제 8

[예제 7]의 자료를 이용한다. 다만 기계의 취득원가 중 10%를 잔존가치로 추정하고 연수합계법에 의하여 감가상각비를 계산하였다.

ㅣ물음ㅣ
다음 각 경우에 따른 4차년도의 순현금유입액을 계산하시오.
 1. 기계의 처분가액이 ₩40,000인 경우
 2. 기계의 처분가액이 ₩50,000인 경우
 3. 기계의 처분가액이 ₩36,000인 경우

| 풀이 |

항목	1. 처분가액 ₩ 40,000 경우	2. 처분가액 ₩ 50,000 경우	3. 처분가액 ₩ 36,000 경우
현금수익	₩ 800,000	800,000	₩ 800,000
현금지출비용	(700,000)	(700,000)	(700,000)
감가상각비*	(36,000)	(36,000)	(36,000)
기계처분손익	0	10,000	(4,000)
법인세전이익	64,000	74,000	60,000
법인세비용(20%)	12,800	14,800	12,000
법인세후이익	51,200	59,200	48,000
감가상각비	36,000	36,000	36,000
기계장부가액	40,000	40,000	40,000
순현금유입액	₩ 127,200	₩ 135,200	₩ 124,000

* (₩ 400,000 − ₩ 40,000)×1/10 = ₩ 36,000

4. 자본예산모형

투자안에 대한 경제성 분석, 즉 투자분석을 하는 자본예산모형은 크게 전통적 모형과 현금흐름할인모형으로 나눌 수 있다. 전통적 모형은 화폐의 시간적 가치를 고려하지 않고 행하는 투자분석모형으로 비할인모형이라고도 한다. 이에는 회수기간법과 회계적 이익률법이 포함된다. 반면에 현금흐름할인모형(DCF법: Discounted Cash Flow method)은 화폐의 시간적 가치를 고려하는 투자분석기법으로 순현재가치법, 수익성지수법, 내부 수익률법이 포함

◇ 그림 8-2 자본예산모형

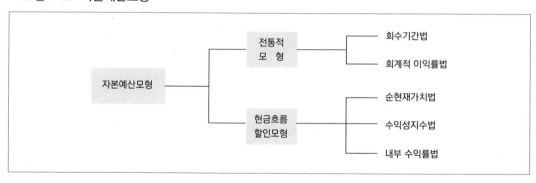

된다. 자본예산모형을 설명하면서 예외적인 경우를 제외하고 투자자금은 시초투자소요액만이 나타난다고 전제한다.

1) 회수기간법

(1) 의의

회수기간 또는 자본회수기간이란 투자에 소요되는 자금(투자소요액)을 회수할 수 있는 기간을 말한다. 즉 회수기간이란 매년의 현금유입액의 누적액이 투자소요액과 일치되는 기간을 말한다. 회수기간법은 투자안의 회수기간을 계산하고 이를 기준으로 의사결정을 하는 방법이다. 이 방법을 이용한 투자의사결정을 다음과 같이 행한다.

❶ (단일)투자안의 선택 여부는 미리 설정된 최장 회수기간과 투자안의 회수기간을 비교하여 결정한다. 즉 투자안의 회수기간이 설정된 최장 회수기간보다 짧으면 채택하고, 반대의 경우라면 기각한다.

❷ 상호배타적 투자안의 경우에는 각 투자안의 산출된 회수기간을 비교하여 회수기간이 가장 짧은 투자안을 선택한다.

❸ 투자안들의 우선순위를 결정하는 경우에는 각 투자안의 산출된 회수기간을 비교하여 회수기간이 짧은 투자안부터 선택한다.

(2) 회수기간의 계산

일반적 회수기간은 화폐의 시간가치와 중도처분가치를 고려하지 않고 계산한다. 이를 나중에 설명할 특수한 회수기간과 구별하기 위하여 전통적 회수기간이라고 한다. 회수기간은 매년의 현금유입액의 일정성 여부에 따라 다음 두 가지로 구분된다.

❶ 매년의 현금유입액이 일정한 경우 : 이 경우에는 투자소요액을 매년의 현금유입액으로 나누어서 회수기간을 계산한다.

$$\text{회수기간} = \frac{\text{투자소유액}}{\text{매년의 현금유입액}}$$

❷ 매년의 현금유입액이 불규칙적인 경우 : 이러한 경우는 회수기간은 투자소요액과 매년 현금유입액의 누적액이 일치하는 기간이다. 따라서 제1차 연도부터 현금유입액의 누적액을 순차적으로 계산하여 투자소요액과 일치하는 회수기간을 계산한다.

>> 예제 9

(주)홍지는 ₩ 200,000을 투자하여 내용연수가 다한 구 기계를 새로운 기계로 교체하고자 한다. 기계는 A, B 두 가지가 있다. 두 기계는 모두 내용연수가 4년, 잔존가치는 없을 것으로 추정된다. 법인세율은 40%이고, 감가상각은 정액법을 이용한다. 기계 A, B에 따른 매년 노무원가 절감액은 다음과 같이 추정된다.

기계	1년도	2년도	3년도	4년도
A	₩ 80,000	₩ 80,000	₩ 80,000	₩ 80,000
B	₩ 120,000	₩ 80,000	₩ 60,000	₩ 50,000

구 기계의 처분가치는 없으며, 장부가액도 없다.

| 물음 |
두 기계이용에 따른 매년의 법인세후현금유입액을 계산하고, 회수기간법에 따라 투자의사결정을 하시오.

| 풀이 |

1. 매년의 법인세후 현금유입액의 계산

   매년의 노무원가절감액이 다른 경우 법인세후현금유입액은 다음과 같다.

항목	₩ 120,000 경우	₩ 80,000 경우	₩ 60,000 경우	₩ 50,000 경우
원가절감액	₩ 120,000	₩ 80,000	₩ 60,000	₩ 50,000
감가상각비	(50,000)	(50,000)	(50,000)	(50,000)
법인세전이익	70,000	30,000	10,000	0
법인세비용(%)	28,000	12,000	4,000	0
법인세후이익	42,000	18,000	6,000	0
감가상각비	50,000	50,000	50,000	50,000
현금유입액	₩ 92,000	₩ 68,000	₩ 56,000	₩ 50,000

2. 회수기간의 계산 및 의사결정

   ① 기계 A를 이용하는 경우 : 회수기간 $= \dfrac{₩ 200,000}{₩ 68,000} = 2.94$년

   ② 기계 B를 이용하는 경우 :

연도	현금유입액	누적현금유입액
1	₩ 92,000	₩ 92,000
2	68,000	160,000
3	56,000	216,000
4	50,000	266,000

$$\text{회수기간} = 2년 + \frac{₩200,000 - ₩160,000}{₩56,000} = 2.71년$$

따라서 기계 B를 이용하는 경우의 회수기간이 짧으므로 기계 B를 구입한다.

(3) 회수기간법의 장·단점

회수기간에 의한 투자의사결정을 하는 회수기간법은 다음과 같은 장점을 갖는다.

❶ 회수기간의 계산이 간편하고 이해하기 쉽다.
❷ 미래의 불확실성이 큰 투자안의 경우 유용한 방법이다.
❸ 투자액의 회수기간이 긴 투자일수록 미래의 불확실성이 크므로 회수기간이 짧은 투자안을 선택함으로써 불확실성을 가능한 최소화시킬 수 있다.
❹ 회수기간이 짧은 투자안으로 기업의 유동성을 증대시켜 흑자도산을 방지할 수 있다.
❺ 화폐의 시간가치개념을 도입하는 경우에도 쉽게 이용할 수 있다.

반면에 회수기간법은 아래와 같은 문제점을 갖는다.

❶ 원칙적으로 화폐의 시간가치개념을 고려하지 않는다.
❷ 이 방법은 회수기간 이후의 현금흐름을 무시하고 투자의사결정을 행한다.
❸ 투자의사결정기준이 수익성이 아닌 시간성이다.
❹ 단일투자안의 채택여부결정 시 이용되는 미리 설정된 최장 회수기간이 주관적이고 이론적 근거를 갖지 못한다.

2) 회계적 이익률법

(1) 의의

회계적 이익률법은 회계적 이익을 투자액 또는 평균투자액으로 나누어 계산한 회계적 이익률을 기준으로 투자분석을 행하는 방법이다. 회계적 이익률(ARR: Accounting Rate of Return)은 평균이익률(ARR: Average Rate of Return)이라고도 하며 연평균세후순이익을 투자액 또는 평균투자액으로 나눈 비율이다.

회계적 이익률계산 시 분모는 최초 투자액을 이용하거나 평균투자액을 이용하며 평균투자액은 최초 투자액과 추정잔존가치의 합계를 2로 나눈 값이다.

또한 분자의 연평균순이익은 매년의 세전현금유입액이 일정하고 정액법을 이용하여 감가상각을 하면 매년의 세후순이익과 동일하다. 그러나 매년의 세전현금유입액이 상이한 경우에는 매년의 세후순이익은 상이하므로 투자기간 동안의 평균순이익을 계산하여야 한다. 매년의 세후순이익계산 시 이자비용은 차감하지 아니한다.

한편 매년의 세전현금유입액이 일정한 경우 정액법 이외의 감가상각방법을 이용한다면 매년의 세후순이익은 달라진다. 그러나 어떤 감가상각방법을 이용하더라도 투자기간 동안의 연평균순이익은 동일하다. 왜냐하면 내용연수 동안 감가상각비로 계상되는 금액은 어떠한 감가상각방법을 이용하더라도 똑같기 때문이다. 따라서 감가상각방법에 따른 연평균순이익의 차이는 나타나지 아니한다.

$$회계적이익률 = \frac{연평균순이익}{최초\ 투자액(또는\ 평균투자액)}$$

$$평균투자액 = (최초\ 투자액 + 추정잔존가치) \div 2$$

회계적 이익률법은 투자안의 회계적 이익률을 계산하고 이를 기준으로 투자의사결정을 하는 방법이다. 이 방법을 이용한 투자의사결정은 다음과 같이 행한다.

❶ (단일)투자안의 채택 여부는 투자안의 회계적 이익률이 기업이 미리 설정해놓은 목표 이익률보다 크면 채택하고 작으면 기각한다.

❷ 상호배타적인 투자안의 경우에는 각 투자안이 회계적 이익률을 비교하여 회계적 이익률이 가장 큰 안을 선택한다.

❸ 투자안들의 우선순위를 결정하는 경우에는 기업이 미리 설정해놓은 목표이익률보다 큰 투자안들 중에서 회계적 이익률이 가장 큰 투자안부터 선택한다.

(2) 회계적 이익률법의 장·단점

회계적 이익률법이 지니는 가장 큰 장점은 회수기간법과 마찬가지로 계산이 간편하고 이해하기 쉽다는 것이다. 이 방법의 또 다른 장점은 회계상의 이익을 이용하므로 쉽게 이용할 수 있으며, 모든 내용연수 동안의 이익을 고려하기 때문에 회수기간법보다는 우수한 기법으로 평가된다. 또한 이 방법은 연도별 수익성을 평가할 수 있다. 즉 매년의 기초투자액 또는 기초와 기말의 평균투자액을 분모로 사용하여 매년의 회계적 이익률을 계산할 수 있다.

반면에 회계적 이익률법은 다음과 같은 단점을 내포하고 있다.

❶ 회수기간법과 마찬가지로 비할인모형이기 때문에 화폐의 시간적 가치를 무시하고 있다.
❷ 현금흐름이 아닌 회계적 이익을 이용하고 있다.
❸ 투자회수기간이 장기일수록 실제이익률보다 높게 평가될 가능성이 크다.
❹ 비교기준인 미리 설정되는 목표이익률의 결정이 임의적이고 주관적이다.

>> 예제 10

(주)홍지는 신 설비 구입안을 고려하고 있다. 신 설비의 취득원가는 ₩180,000이며, 추정내용연수는 5년이다. 신 설비의 잔존가치는 없다. 감가상각은 연수합계법을 이용하고자 한다. 신 설비이용으로 매년 세전현금유입액은 ₩62,000이 증가할 것으로 예상된다. 법인세율은 20%이다.

| 물음 |
1. 매년의 회계적 이익과 현금유입액을 계산하시오.
2. 회계적 이익률을 계산하시오.
3. 이 회사는 목표이익률을 20%로 설정하고 있다. 이 투자안을 채택하여야 하는가?
4. 회수기간을 계산하시오.

| 풀이 |

1. 회계적 이익과 현금유입액의 계산

항목	1년도	2년도	3년도	4년도	5년도
세전현금유입액	₩ 62,000	₩ 62,000	₩ 62,000	₩ 62,000	₩ 62,000
감가상각비	(60,000)	(48,000)	(36,000)	(24,000)	(12,000)
법인세전이익	2,000	14,000	26,000	38,000	50,000
법인세비용(20%)	400	2,800	5,200	7,600	10,000
법인세후이익	1,600	11,200	20,800	30,400	40,000
감가상각비	60,000	48,000	36,000	24,000	12,000
현금유입액	₩ 61,600	₩ 59,200	₩ 56,800	₩ 54,400	₩ 52,000

2. 회계적 이익률의 계산

연평균순이익 : (₩ 1,600 + ₩ 11,200 + ₩ 20,800 + ₩ 30,400 + ₩ 40,000) ÷ 5 = ₩ 20,800

(1) 최초 투자액에 의한 회계적 이익률 $= \dfrac{₩20,800}{₩180,000} = 11.56\%$

3. 목표이익률이란 기업이 내부적으로 설정해놓은 투자안의 채택 여부를 결정하는 기준이다. 투자안의 평균투자액에 대한 회계적 이익률(11.56%)이 목표이익률(20%)에 미치지 못하므로 기각하여야 한다.

4. 회수기간의 계산

연도	매년 현금유입액	누적현금유입액
1	₩ 61,600	₩ 61,600
2	59,200	120,800
3	56,800	177,600
4	54,400	232,000

회수기간 $= 3년 + \dfrac{₩180,000 - ₩177,600}{₩54,400} = 3.04년$

3) 순현재가치법

앞에서 설명한 회수기간법과 회계적 이익률법은 장기적 투자기간에 걸쳐 나타나는 현금흐름에 대한 화폐의 시간적 가치를 고려하지 않는 비할인모형이었다. 그러나 현재시점과 미래시점의 동일한 금액이라도 그 시간적 가치가 다르기 때문에 화폐의 시간적 가치를 고려한 현금흐름할인모형이 개발되었다. 현금흐름할인모형 중 대표적인 방법으로는 순현재가치법, 수익성지수법, 내부 수익률법을 들 수 있으며, 이들 방법이 비할인모형보다 우수한 투자분석기법으로 받아들여지고 있다. 우선 순현재가치법을 살펴보기로 한다.

(1) 의의

순현재가치법(NPV법: Net Present Value method)이란 투자로 인한 총현금유입액의 현재가치에서 총투자지출액의 현재가치를 차감한 순현재가치를 기준으로 투자안의 의사결정을 하는 기법이며, 줄여서 순현가법이라고도 한다. 이 방법은 다른 분석방법에 비하여 많은 장점을 갖고 있어 가장 많이 이용되는 방법이다. 따라서 순현재가치법을 이용하기 위해서는 할인율, 매년의 현금유입액, 투자지출액을 알 수 있어야 한다. 순현재가치법의 할인율은 자본비용 또는 최저 필수수익률의 의미로 사용된다. 순현재가치계산을 위해서는 우선 자본비용을 계산하여야 하며 투자내용연수 동안 매기마다의 현금유입액을 규명하여야 한다.

순현재가치법에 의한 순현가의 계산식은 다음과 같다.

$$NPV = \sum_{t=1}^{n} \frac{CI_t}{(1+r)^t} - \sum_{t=0}^{n} \frac{CO_t}{(1+r)^t}$$

NPV : 순현재가치
CI_t : 시점 t의 현금유입액
CO_t : 시점 t의 투자지출액
n : 내용연수
r : 할인율(자본비용)

만일 투자지출액이 원초시점에서 모두 발생된다면 총투자지출액의 현재가치 $\left\{ \sum_{t=0}^{n} \frac{CO_t}{(1+r)^t} \right\}$ 는 원초투자액이 된다. 또한 투자지출은 현재시점($t=0$)부터 발생하나 현금유입은 1년도 말($t=1$)부터 나타나게 된다. 이는 현금흐름을 가정할 때 유출은 기초시점, 유입은 기말시점에서 나타나는 것으로 하였기 때문이다.

(2) 의사결정기준

순현재가치법은 투자분석기법 중 가장 일반적으로 이용되며 의사결정기준은 다음과 같다.

❶ (단일)투자안의 채택 여부는 순현재가치에 의하여 결정된다. 즉 투자안의 순현재가치가 0보다 크면 채택하고, 0보다 작으면 기각한다.

❷ 상호배타적 투자안의 경우에는 각 투자안의 순현재가치를 비교하여 순현재가치가 가장 큰 투자안을 선택한다.

❸ 투자안들의 우선순위를 결정하는 경우에는 각 투자안의 순현재가치를 비교하여 순현재가치가 큰 투자안 순서로 채택한다.

순현재가치는 투자안의 기업가치에의 공헌도를 의미하므로 자본예산모형 중 가장 우수한 기법이 순현재가치법으로 받아들여지고 있다. 그러나 이 방법은 상호배타적인 투자안평가 시 투자규모가 상이한 경우 대개 투자규모가 큰 투자안의 순현재가치가 크기 때문에 투자규모가 큰 투자안이 채택된다. 이런 문제점을 개선하기 위하여 제시된 방법이 순현재가치법을 변형한 수익성지수법이다.

>> **예제 11**

(주)홍지는 ₩180,000을 이용하여 신 기계 A, B중 어느 하나를 선택할 것인가 하는 투자분석을 행하려고 한다. 두 기계의 법인세와 감가상각비를 모두 고려한 후의 매년 현금유입액은 다음과 같다. 또한 자본비용은 10%이다.

연도	기계 A	기계 B
1	₩ 120,000	₩ 65,000
2	100,000	65,000
3	60,000	65,000
4	0	65,000
5	0	65,000

|물음|

1. 회수기간법에 의한 의사결정을 하시오.
2. 순현재가치법에 의한 의사결정을 하시오.
3. 순현재가치법은 자본비용을 전제한다. 자본비용이 높아진다면 투자안이 채택될 가능성은 어떻게 변화하는가?

|풀이|

1. 기계 A의 회수기간 $= 1년 + \dfrac{₩180,000 - ₩120,000}{₩100,000} = 1.6년$

   기계 B의 회수기간 $= 2년 + \dfrac{₩180,000 - ₩130,000}{₩65,000} = 2.77년$

   따라서 기계 A를 구입한다.

2. 순현재가치법 이용 :

기계 A의 $NPV = \left[\dfrac{₩120,000}{(1+0.1)} + \dfrac{₩100,000}{(1+0.1)^2} + \dfrac{₩60,000}{(1+0.1)^3} \right] - ₩180,000$

$= (₩109,091 + ₩82,645 + ₩45,079) - ₩180,000 = ₩56,815$

기계 B의 $NPV = [₩65,000 \times 연금의\ 현가계수(n=5,\ r=10\%)] - ₩180,000$

$= (₩65,000 \times 3.7908) - ₩180,000 = ₩66,402$

따라서 기계 B를 구입한다.

3. 자본비용, 즉 할인율이 높아진다면 매년 현금유입액의 현재가치는 작아지게 되어 투자안이 채택될 가능성은 상대적으로 작아진다.

4) 수익성 지수법

(1) 의의

수익성지수법(profitability index method)이란 수익성지수를 기준으로 하는 투자평가방법이다. 수익성지수(PI: Profitability Index)란 총현금유입액의 현재가치를 총투자소요액의 현재가치로 나눈 값이다. 이는 초과현재가치지수라고도 한다.

$$수익성지수 = \frac{현금유입액의\ 현재가치}{투자소요액의\ 현재가치} = \frac{\sum\limits_{t=1}^{n} \dfrac{CI_t}{(1+r)^t}}{\sum\limits_{t=0}^{n} \dfrac{CO_t}{(1+r)^t}}$$

순현재가치가 총현금유입액의 현재가치에서 총투자소요액의 현재가치를 차감한 절대적으로 계산됨에 비하여, 수익성지수는 비율로 계산된다. 만일 투자지출이 원초시점에서만 발생된다면 수익성지수는 투자된 자금 ₩1당 현금유입액의 현재가치크기를 의미한다.

(2) 의사결정기준

수익성지수법을 이용한 의사결정의 과정은 다음과 같다.

❶ (단일)투자안의 경우, 수익성지수가 1보다 크면 채택하고 1보다 작으면 기각한다. 수익성지수가 1이라면 순현재가치가 0임을 의미한다.

❷ 상호배타적 투자안의 경우, 각 투자안의 수익성지수를 비교하고 가장 큰 것을 선택한다.
❸ 투자의 우선순위를 결정하는 경우에는 수익성지수가 가장 큰 투자안대로 선택한다.

(3) 순현재가치법과 수익성지수법의 비교

투자분석대상이 되는 투자안들의 투자규모가 동일한 경우에는 순현재가치법과 수익성지수법에 의한 결과가 동일하다. 두 방법의 관계를 보면 아래와 같다.

순현재가치법	수익성지수법	의사결정
$NPV > 0$	$PI > 1$	선택
$NPV = 0$	$PI = 1$	무차별
$NPV < 0$	$PI < 1$	기각

따라서 두 방법은 단일투자안의 선택여부결정 및 투자규모가 같은 투자안들의 평가 시 동일한 평가결과를 가져온다. 그러나 투자규모가 상이한 상호배타적 투자안평가나 투자우선순위결정 시 수익성지수법에 의한 평가결과는 순현재가치법에 의한 평가결과와 상이할 수 있다. 만일 투자자본제한이 없는 상태에서 두 방법에 의한 평가결과가 상이할 경우에는 순현재가치법에 의한 의사결정이 바람직하다.

왜냐하면 순현재가치는 투자안의 기대되는 경제적 공헌임에 비하여 수익성지수는 투자안의 수익성을 나타내기 때문이다. 기업의 투자를 통한 궁극적 목표는 기업가치(이는 절대액임)를 증대시키는 것이다.

순현재가치법과 수익성지수법에 의한 투자분석결과가 상반되는 이유는 각 투자안의 투자규모가 상이할 뿐만 아니라 투자안의 매년 현금유입액이 상이하기 때문이다. 이에 따라 투자규모가 상이한 경우 투자안의 단순한 수익성지수가 아닌 가중평균수익성지수($WAPI$: Weighted Average Profitability Index)를 이용한다면 순현재가치법에 의한 경우와 동일한 결론을 얻을 수 있다. 가장 간편한 가중평균수익성지수는 여유자금에 대한 수익성지수를 1(즉 순현재가치를 0으로 봄)로 보고 투자안의 수익성지수를 가중평균한 수익성지수이다.

(4) 수익성지수와 순현재가치지수의 비교

수익성지수는 투자에 따른 총현금유입액의 현가를 총투자지출액의 현재가치로 나누어 계산한 값이다. 이와 유사한 개념이 순현재가치지수이다. 순현재가치지수($NPVI$: Net Present

Value Index)는 투자금액 ₩1당 순현재가치를 의미한다.

$$순현재가치지수 = \frac{투자안의\ 순현재가치}{투자소유액의\ 현재가치}$$

순현재가치지수는 투자의 효율성을 나타내는 지표이며, 순현재가치지수가 클수록 유리한 투자안이 된다. 투자규모가 상이한 투자안의 평가 시 수익성 지수 또는 순현재가치지수를 기준으로 의사결정하는 것이 합리적이다. 투자자금에 제한이 없는 경우에는 투자규모가 상이함을 고려하지 말고 순현재가치법에 의하여 투자결정을 하여야 한다. 그러나 투자자금에 제한이 있는 경우에는 수익성지수 또는 순현재가치지수를 기준으로 하는 것이 바람직하다.

>> 예제 12

(주)홍지는 두 설비 A, B 중 하나를 선택하고자 한다. 두 설비의 취득원가는 상이하다. 그러나 두 설비의 내용연수는 3년, 잔존가치는 없는 것으로 추정된다. 두 설비이용에 따른 투자활동내용은 다음과 같이 추정된다. 자본비용은 연 10%이다.

연도	설비 A	설비 B
0	(₩60,000)	(₩100,000)
1	20,000	30,000
2	25,000	40,000
3	30,000	55,000

|물음|

1. 순현재가치법을 이용하여 의사결정을 하시오.
2. 수익성지수법을 이용하여 의사결정을 하시오.
3. 여유자금의 수익성지수를 1로 보는 경우, 가중평균수익성지수를 이용하여 의사결정을 하시오.
4. 순현재가치지수를 계산하고 투자의 효율성을 평가하시오.

|풀이|

1. 설비 A의 순현재가치 $= \left[\dfrac{₩20,000}{(1+0.1)} + \dfrac{₩25,000}{(1+0.1)^2} + \dfrac{₩30,000}{(1+0.1)^3} \right] - ₩60,000 = ₩1,382$

   설비 B의 순현재가치 $= \left[\dfrac{₩30,000}{(1+0.1)} + \dfrac{₩40,000}{(1+0.1)^2} + \dfrac{₩55,000}{(1+0.1)^3} \right] - ₩100,000 = ₩1,653$

   따라서 순현재가치법 이용 시는 설비 B를 구입하여야 한다.

2. 설비 A의 수익성지수 = $\dfrac{\text{₩}\,61,382}{\text{₩}\,60,000}$ = 1.023, 설비 B의 수익성지수 = $\dfrac{\text{₩}\,101,653}{\text{₩}\,100,000}$ = 1.0165

   따라서 수익성지수법 이용 시는 설비 A를 구입하여야 한다.

3. 설비 A의 가중평균수익성지수 = $\dfrac{\text{₩}\,60,000}{\text{₩}\,100,000} \times (1.023) + \dfrac{\text{₩}\,40,000}{\text{₩}\,100,000} \times (1.0)$ = 1.0138

   설비 B의 가중평균수익성지수 = $\dfrac{\text{₩}\,100,000}{\text{₩}\,100,000} \times (1.0165)$ = 1.0165

   따라서 가중평균수익성지수법을 이용하는 경우 설비 B를 구입하여야 한다.

4. 설비 A의 순현재가치지수 = $\dfrac{\text{₩}\,1,382}{\text{₩}\,60,000}$ = 0.0230, 설비 B의 순현재가치지수 = $\dfrac{\text{₩}\,1,653}{\text{₩}\,100,000}$ = 0.0165

   따라서 순현재가치지수법 이용 시는 설비 A의 투자효율성이 높다.

5) 내부수익률법

(1) 의의

내부수익률법(IRR법: Internal Rate of Return method)은 투자안의 내부 수익률을 계산하고 이를 자본비용과 비교함으로써 투자의사결정을 하는 방법이다. 내부수익률은 투자에 소요되는 현금유출액의 현재가치와 투자로부터 기대되는 현금유입액의 현재가치를 동일하게 하는 할인율이다. 즉 내부수익률은 투자안의 순현재가치(NPV)를 ₩0이 되게 하는 할인율이다. 내부수익률을 식으로 정의하면 다음과 같다.

$$\sum_{t=0}^{n} \frac{CO_t}{(1+r)^t} = \sum_{t=1}^{n} \frac{CI_t}{(1+r)^t}$$

$\quad r$: 내부수익률

$\quad n$: 투자내용연수

$\quad CO_t$: 시점 t의 현금유출액(투자소요액)

$\quad CI_t$: 시점 t의 현금유입액

투자기간이 길고 매년의 기대현금유입액이 불규칙한 경우에는 컴퓨터나 재무용계산기를 사용하면 내부수익률을 손쉽게 계산할 수 있다. 그러나 컴퓨터 등을 사용하지 아니하는 경우 내부수익률은 시행착오법을 이용하여 계산하여야 한다.

그러나 매년의 기대현금유입액(CI_t)이 균등하고 투자가 최초 시점(t = 0시점)에서 모두 수행되는 경우에는 투자액을 연간 기대현금유입액으로 나누어서 연금의 현가요소(기간 : n, 할인율 : r)를 계산한 후 연금현가표를 이용하여 할인율을 찾으며 이때의 할인율이 내부 수익률이다. 그러나 연금현가표에서 정확한 할인율을 찾을 수 없으면 보간법(interpolation)을 이용하여 내부수익률을 계산하여야 한다.

(2) 의사결정기준

내부수익률법에 의한 의사결정은 자본비용과 투자안의 내부수익률을 비교하여 다음과 같이 행한다.

❶ (단일)투자안의 채택 여부는 내부수익률이 자본비용보다 크면 채택하고, 내부수익률이 자본비용보다 작으면 기각한다.
❷ 상호배타적인 투자안의 경우에는 각 투자안의 내부수익률을 비교하여 내부수익률이 가장 큰 투자안을 채택한다.
❸ 투자안들의 우선순위를 결정하는 경우에는 내부수익률이 자본비용보다 큰 투자안들 중에서 내부수익률이 큰 투자안 순서로 채택한다.

(3) 회수기간의 역수

투자안의 매년 기대현금유입액이 일정하고 최초 투자만이 이루어지는 경우 회수기간의 역수(payback reciprocal)는 투자안의 연간 기대현금유입액을 최초 투자액으로 나누어서 계산한다.

$$회수기간의\ 역수 = \frac{연간\ 균등현금유입액}{최초\ 투자액} = \frac{1}{회수기간}$$

다음의 두 가지 조건을 충족시키는 경우 내부수익률의 대체적인 추정치로 사용할 수 있다.

❶ 투자안의 내용연수가 회수기간의 2배 이상이다.
❷ 투자기간 동안 매년의 현금유입액은 균등하다.

회수기간의 역수는 내부수익률보다 항상 높으나 투자안의 내용연수가 무한대로 접근하면 회수기간의 역수는 내부수익률에 수렴하게 된다. 이 과정을 식으로 보면 다음과 같다.

$$I_0 = \frac{S}{(1+r)} + \frac{S}{(1+r)^2} + \frac{S}{(1+r)^3} + \cdots + \frac{S}{(1+r)^n}$$

$$= \frac{S}{r}\left\{1 - \frac{1}{(1+r)^n}\right\}$$

I_o : 최초 투자액

S : 매년의 균등현금유입액

n : 투자안의 내용연수

r : 내부수익률

이 식에서 n이 무한대라면 내부수익률(r)은 회수기간의 역수(S/I_o)와 일치하게 된다. 따라서 투자안의 내용연수가 아주 길면서 앞서 설명한 두 가지 조건이 충족되는 경우에는 회수기간의 역수를 계산하여 내부수익률의 대체적인 추정치로 사용할 수 있다.

➤➤ 예제 13

(주)홍지는 다음의 두 가지 설비에 대한 평가를 하고자 한다.

설비	내용연수	최초 투자액	매년 균등현금유입액
A	3년	₩ 187,110	₩ 70,000
B	20년	200,000	30,000

| 물음 |

1. 두 설비의 내부수익률을 계산하시오.
2. 두 설비의 회수기간의 역수를 계산하시오.
3. 내부수익률과 회수기간의 역수를 비교하시오.

| 풀이 |

1. 내부수익률의 계산

설비 A : 연금현가계수 $= \dfrac{₩187,110}{₩70,000} = 2.673$

$n = 3$일 때 연금현가표에서 보면 내부 수익률은 6%이다.

설비 B : 연금현가계수 $= \dfrac{₩200,000}{₩30,000} = 6.667$

$(n = 20,\ r = ?)$

$$\text{내부 수익률}=13\%+\frac{7.0248-6.6667}{7.0248-6.6231}=13.89\%$$

2. 회수기간의 역수 계산

설비 A : $\dfrac{\text{₩}70,000}{\text{₩}187,110}=37.41\%$

설비 B : $\dfrac{\text{₩}30,000}{\text{₩}200,000}=15\%$

3. 설비 A의 경우, 투자안의 내용연수(3년)와 회수기간(2.67년)과는 거의 차이가 없다. 이에 따라 회수기간의 역수(37.41%)와 내부수익률(16%)과는 거리가 멀다. 반면에 설비 B의 경우에는 투자안의 내용연수(20년)는 회수기간(6.67년)의 2배 이상으로 차이가 크다. 이에 따라 회수기간의 역수(15%)는 내부수익률(13.89%)과 비슷하게 나타난다. 따라서 내부수익률을 시행착오법으로 계산하는 경우 우선 내부수익률을 15%로 놓고 순현재가치를 계산하게 된다.

5. 자본배분

투자할 자본에 제한이 없다면 순현재가치가 0보다 큰 투자안은 모두 선택하는 것이 기업의 가치를 극대화시킬 수 있다. 그러나 현실적으로 투자가능한 자본은 제한되어 있기 때문에 투자가능자본의 범위 내에서 투자안을 선택할 수밖에 없다. 이와 같이 제한된 자본을 합리적으로 배분하는 것을 자본배분 또는 자본할당이라고 한다.

1) 투자안의 조합

제한된 자본하에서는 순현재가치, 또는 내부수익률 등 우선순위결정기준을 마련하고 제한된 자본 내에서 투자가능한 투자안의 조합을 만들어야 한다. 또한 각 투자안에 대하여 부분투자가 가능한지의 여부를 확인하여야 한다. 부분투자란 투자대상자산의 일부만을 구입하는 것이다. 부분투자가 가능한 경우에는 보다 많은 투자안의 조합이 가능하다.

우리는 앞서 투자안들을 상호관련성에 따라 독립적 투자, 종속적 투자, 상호배타적 투자로 구분하였다. 투자안들이 상호독립적인 경우에는 제한된 자본범위 내에서 기대수익률이 높은 순서대로 투자를 하면 된다. 그러나 종속적이거나 상호배타적인 관계에 있는 투자안이 있다면 이를 투자하기 위한 자본배분에 반영하여야 한다.

예를 들어, 투자안 P와 투자안 Q가 종속적인 경우에는 투자안 P, Q를 묶어서 하나의 투자안(P+Q)으로 생각하여야 한다. 비록 투자안 P가 투자가치가 없다 하여도 만일 투자안 Q를 택하여야 하는 경우에는 투자안 P와 투자안 Q의 동시적 투자에 따른 자본배분액과 투자결과 등을 분석하여야 한다. 또한 투자안 S와 투자안 T가 서로 상호배타적인 경우에는 두 투자안이 동시에 채택될 수는 없다. 따라서 제한된 자본의 배분은 투자안 간의 상호관련성에 따른 종속성이나 상호배타성을 고려해야 한다.

2) 의사결정기준

제한된 자본하의 투자결정은 투자안의 조합구성시 어느 투자안을 우선적으로 선택할 것인가 하는 우선순위결정문제와 투자안의 조합 중 어느 것을 선택할 것인가 하는 투자안조합의 선택문제로 나누어진다.

(1) 우선순위결정

투자의사결정의 가장 일반적 기준은 순현재가치이다. 그러나 제한된 자본하에서는 투자규모의 상이함을 고려하여야 한다. 이에 따라 절대금액인 순현재가치를 기준하기보다는 투자금액 ₩1당으로 계산되는 수익성지수(PI: Profitability Index)나 순현재가치지수($NPVI$: Net Present Value Index)를 우선순위결정기준으로 이용하는 것이 합리적이다. 이들에 대하여는 이미 설명하였다. 그러나 부분투자가 불가능한 경우에는 자본제약으로 인하여 수익성지수 또는 순현재가치지수가 높은 순서대로 채택하지 못하는 경우도 발생한다. 자본제약이 있는 경우에는 먼저 투자안의 조합에 대한 결정을 해야 한다.

(2) 투자안조합의 선택

투자안의 조합 중에서 어느 안을 선택할 것인가는 순현재가치 또는 가중평균수익성지수를 기준으로 한다. 가중평균수익성지수($WAPI$: Weighted Average Profitability Index)란 특정 투자안조합을 선택한 경우 이에 속한 각 투자안의 수익성지수에 투자비율(투자비중)을 가중하여 평균한 수익성지수이다. 투자비율은 개별 투자안의 투자소요액을 제한된 자본액으로 나눈 값이다.

투자안조합의 총투자액이 제한된 자본에 미달하지만 부분투자가 허용되지 않는 경우에는 여유자금이 남게 된다. 여유자금은 순현재가치가 ₩0, 즉 수익성지수가 1인 곳에 투자된다고 가정하는 것이 일반적이다. 이때 순현재가치 또는 가중평균수익성지수를 이용한 의사결정결과는 동일하다. 따라서 순현재가치를 이용하는 방법이 보다 간편하다. 이는 가중평균수익성지수의 계산과정이 수고를 요하기 때문이다. 또한 투자의 시점이 상이한 투자안이 투자안조합에 고려되는 경우에는 가중평균수익성지수를 기준한 의사결정은 잘못될 수 있다.

>> **예제 14**

(주)홍지는 다음과 같은 다섯 가지 투자안을 고려하고 있다. 회사가 조달가능한 총투자자금은 ₩1,000,000이다. 다음은 각 투자안의 투자소요액과 자본비용 10%하에서의 순현재가치이다. 부분투자는 허용되지 않는다.

투자안	투자소요액	NPV
A	₩500,000	₩125,000
B	150,000	−15,000
C	350,000	70,000
D	450,000	72,000
E	200,000	44,000

| 물음 |

1. 투자안들이 서로 독립적이라면, 어떠한 투자안조합이 최적인가?
2. 투자안 A와 B는 상호종속적인 투자안이라면, 어떠한 투자안조합이 최적인가?
3. 투자안 A와 B는 상호종속적인 투자안이며 투자안 C와 D는 상호배타적인 투자안이다. 최적의 투자안조합은 무엇인가?

| 풀이 |

1. 우선 각 투자안의 수익성지수를 계산한다.

투자안	투자소요액	NPV	수익성지수	우선순위
A	₩500,000	₩125,000	1.25	1
B	150,000	−15,000	0.90	5
C	350,000	70,000	1.20	3
D	450,000	72,000	1.16	4
E	200,000	44,000	1.22	2

투자안 B는 수익성지수가 1보다 작으므로 배제하여야 한다. 분석대상 투자안조합은 (A+C), (A+D), (A+E), (C+D+E)이다.

투자안조합	총투자액	NPV	가중평균수익성지수*
A+C	₩ 850,000	₩ 195,000	1.195
A+D	950,000	197,000	1.197
A+E	700,000	169,000	1.169
C+D+E	1,000,000	186,000	1.186

* A+C : $(1.25 \times \frac{500}{1,000}) + (1.20 \times \frac{350}{1,000}) + (1 \times \frac{150}{1,000}) = 1.195$

　A+D : $(1.25 \times \frac{500}{1,000}) + (1.16 \times \frac{450}{1,000}) + (1 \times \frac{50}{1,000}) = 1.197$

　A+E : $(1.25 \times \frac{500}{1,000}) + (1.22 \times \frac{200}{1,000}) + (1 \times \frac{300}{1,000}) = 1.169$

　C+D+E : $(1.25 \times \frac{350}{1,000}) + (1.16 \times \frac{450}{1,000}) + (1.22 \times \frac{200}{1,000}) = 1.186$

따라서 투자안 A와 D를 선택한다.

2. 분석대상투자안조합은 (A+B+C), (A+B+E), (C+D+E)이다.

투자안조합	총투자액	NPV	가중평균수익성지수
A+B+C	₩ 1,000,000	₩ 180,000	1.180
A+B+E	850,000	154,000	1.154
C+D+E	1,000,000	186,000	1.186

따라서 투자안 C, D, E의 조합을 선택한다.

3. 가능한 투자안조합은 (A+B+C), (A+B+E), (C+E), (D+E)이다. (C+E)의 NPV는 ₩ 114,000, (D+E)는 ₩ 116,000이다. 그러므로 (A+B+C)투자안조합이 최선이며 NPV는 ₩ 180,000이다.

연습문제

1   (주)홍지는 새로운 설비투자를 계획하고 있다. 최초 투자액은 ₩ 4,120,000이다. 설비의 추정내용연수는 8년이며, 추정잔존가치는 ₩ 120,000이다. 정액법을 이용하여 감가상각한다. 신 설비투자는 연간 현금지출비용을 ₩ 800,000 절감할 수 있을 것으로 기대된다. 자본비용은 8%이며, 법인세율은 20%이다.

| 물음 | **1.** 연간 세후순현금유입액은 얼마인가?
             2. 회수기간은 얼마인가?
             3. 평균투자액을 이용한 회계적 이익률은 얼마인가?

2   (주)홍지는 최초 투자액이 ₩ 450,000인 설비투자를 계획하고 있다. 이 투자안의 내용연수는 4년, 잔존가치는 ₩ 50,000으로 추정된다. 설비투자로 인한 순현금수익은 매년 ₩ 180,000으로 예상된다. 법인세율은 40%이며, 감가상각은 연수합계법을 이용하고자 한다. 자본비용은 12%이다.

| 물음 | 다음을 계산하시오.
             1. 회수기간
             2. 평균투자액의 회계적 이익률
             3. 할인된 회수기간

3   (주)홍지는 구 설비를 보다 효율적인 것으로 추측되는 새로운 설비로 대체할 것을 고려하고 있다. 설비의 대체를 위한 자료는 다음과 같다.

(1) 구 설비와 신 설비는 다음과 같은 차이를 보인다.

	구 설비	신 설비
취득원가	₩ 7,200,000	₩ 6,840,000
내용연수	9년	7년
경과연수	2년	−
잔존가치	₩ 0	₩ 750,000
연매출액	₩ 8,000,000	₩ 10,000,000
연간현금운영비	₩ 4,500,000	₩ 4,000,000

(2) 구 설비의 처분가치는 ₩1,500,000이며, 감가상각은 정액법을 이용한다.

(3) 법인세율은 40%이며, 최저 필수수익률은 16%이다.

(4) 아지율 16%, 7년, ₩1의 현재가치는 0.3538, ₩1의 정상연금현가는 4.0389이다

| 물음 | 다음을 계산하시오.

1. 설비의 대체투자액
2. 매년의 순현금유입액
3. 순현재가치
4. 수익성지수

4 (주)홍지수산은 자료처리의 신속화와 정확화를 위하여 새로운 전산정보시스템을 설치하고자 한다. 이 설비의 원초투자액은 ₩480,000이며, 설비이용으로 인하여 연간 ₩400,000의 노무비를 절약할 수 있을 것으로 기대된다. 그러나 설비의 보수유지와 교육훈련을 위하여 추가로 ₩200,000의 운영경비가 증대될 것이다. 이 설비의 내용연수는 6년이며 잔존가치는 없고 정액법으로 감가상각을 행한다. 법인세율은 30%이며, 자본비용은 20%이다. 화폐의 시간가치계산 시 할인율의 현가 및 연금현가는 소숫점 이하 세 자리까지만 이용하고자 한다. (단, 이자율 20%, 6년, ₩1의 정상연금현가는 3.32555이다)

| 물음 | 다음을 계산하시오.

1. 연간순현금유입액
2. 회수기간
3. 순현재가치
4. 수익성지수

5 (주)홍지는 새로운 제품인 원심펌프를 개발하고 이를 생산하고자 한다. 원심펌프의 생산을 위해서는 설비 A와 B가 이용될 수 있다. 두 설비는 내용연수가 똑같이 3년인 것을 제외하고 여러 가지 면에서 다음과 같은 차이를 보이고 있다.

	설비 A	설비 B
제품단위당 판매가격	₩800	₩600
제품단위당 변동원가	300	400
연간현금지출고정원가	40,000	20,000
취득원가	250,000	90,000
잔존가치	40,000	–

이 회사는 설비의 감가상각방법으로 정액법을 이용하고자 한다. 자본비용은 12%이다. $n=3$, $r=12\%$일 때 현가계수는 0.71이며, 정상연금현가계수는 2.40이다. 법인세는 무시한다. 판매는 매년 균등하게 이루어질 것으로 예상된다.

| 물음 | 1. 두 설비의 원초취득가액에 의한 회계적 이익률을 동일하게 하는 연간 제품의 판매수량은 약 몇 단위인가?
2. 매년의 기대판매수량이 300단위라면 순현재가치법 이용시 어느 설비를 이용하는 것이 유리한가?

6 (주)홍지는 총투자가능액 ₩1,000,000을 이용하여 새로운 투자계획을 수립하고자 한다. 이 회사는 다음과 같은 다섯 개의 투자안을 검토하고 있다. 이들은 모두 독립된 투자안이다. 따라서 투자안의 우선순위를 결정하려고 한다.

	A	B	C	D	E
현금유입액의 총현재가치	₩300,000	₩297,500	₩500,000	₩260,000	₩172,500
최초 투자액	(250,000)	(250,000)	(400,000)	(200,000)	(150,000)
순현재가치	₩50,000	₩47,500	₩100,000	₩60,000	₩22,500

| 물음 | 1. 각 투자안에 대한 부분투자가 가능한 경우, 달성 가능한 최대 순현재가치는 얼마인가?
2. 각 투자안에 대한 부분투자가 불가능한 경우, 달성 가능한 최대 순현재가치는 얼마인가?

책임회계와 성과평가

PART 09

책임회계와 성과평가

여러 종류의 제품을 생산하고, 여러 지역에 산재하며, 계층적 구조를 지닌 전형적인 현대기업 내에서는 좀 더 다양한 정보를 기준으로 한 성과평가의 문제가 발생한다. 조직 내에서 누가 특정 의사결정을 내리는 데 있어 책임과 권한을 가질 것이냐에 관한 질문과 어떤 방법으로 그러한 의사결정을 한 사람이 평가받고 보상받을 것이냐에 관해서는 좀 더 광의의 시각에서 해답을 구해야 할 것이다. 이를 위해 이 장에서는 분권화된 조직단위의 평가와 관리에서 발생하는 수익성, 원가 그리고 특수한 문제점 등과 같은 분권화된 조직개념을 도입하고자 한다.

1. 책임회계와 분권화조직

1) 집권화와 분권화

책임회계는 조직이란 공통의 목표를 위하여 일하는 개인들의 집단이라는 개념에 그 중심이 있다. 개인이 그의 임무수행에 있어, 보다 더 많은 협조를 받을수록 조직은 그것이 정해 놓은 목표에 도달할 가능성이 높다.

책임회계는 분권화된 기업조직의 효율적 통제를 위해, 조직활동을 각 개인들의 권한을 가지는 과업들로 분할하고, 각 부문 관리자에게 할당된 과업의 달성 정도를 회계측정치에 의한 성과보고서를 통해 평가하는 회계시스템이다. 여기서 분권화란 가능한 한 하위계층에 많은 권한을 위양하여 하위경영층이 자유롭게 의사결정을 할 수 있는 것이다.

집권화와 분권화는 대조적인 개념이다. 집권화란 상위계층에 모든 권한이 집중되어 있어, 의사결정의 재량권이 하위계층에 없는 경우이다. 이에 반해 분권화란 권한의 비집중화로서 하위계층에 의사결정의 재량권이 많이 있는 경우이다. 즉 집권화와 분권화는 의사결정권한을 조직의 상위계층에 집중할 것인가, 또는 권한을 광범위하게 하위계층에 위양하여 관리계층을 확산할 것인가의 문제이다. 그러나 현대기업의 조직은 완전 집권화나 완전분권화조직인 경우가 거의 없다. 따라서 집권화와 분권화는 권한위임정도의 문제로서 [그림 9－1]과 같이 나타낼 수 있다.

✧ 그림 9-1 집권화와 분권화

[그림 9－1]에 나타난 바와 같이, 집권화된 조직에서는 제약조건이 많고 하위부문의 재량권이 적은 반면에, 분권화된 조직은 가능한 한 제약조건을 줄이고 재량권을 하위부문에 많이 부여한다. 책임회계가 적절히 수행되기 위해서는 분권화의 정도가 높은 경향이 있다.

2) 분권화의 장·단점

현실적으로 대부분의 조직은 의사결정상 완전한 자율성을 의미하는 극단적인 분권화와 자율성이 전혀 없이 모든 의사결정이 중앙(최고경영층)에서 이루어지는 극단적인 집권화의 어느 중간에 위치한다. 그러므로 최고경영자의 입장에서는 어느 정도의 분권화를 이루는 것이 최적 수준인가 하는 문제를 해결해야 한다. 이론적인 측면에서 보면 분권화의 정도는 분권화로 인한 효익의 원가초과분이 최대가 되는 관점에서 이루어져야 한다. 실제로는 최고경영자가 이러한 효익의 원가를 계량적으로 계산할 수는 없다.

분권화의 효익을 세 가지로 나누어 보면 다음과 같다.

첫째, 하위부문 경영자는 자신의 책임단위사정에 대한 최고의 정보를 가지므로 상위부문 경영자보다 더 나은 의사결정을 할 수 있다.

둘째, 하위부문 경영자는 의사결정능력배양과 조직의 상위경영층으로 승진하게 되는 데 도움을 주는 기타경영기술을 획득할 수 있다.

셋째, 하위부문 경영자는 독립적인 더 높은 지위를 향유할 수 있으며 더 나은 동기부여를 받게 된다.

이에 상응하는 분권화의 단점을 두 가지로 나누어 보았다.

첫째, 추가적 원가가 소요된다. 경영자들은 다른 조직의 희생으로 그들 자신의 부문성과를 개선하거나 다른 목적에 적합한 사실을 인식하지 못하기 때문에 조직 전체에 최상의 이익이 되지 않는 의사결정을 할 수 있다. 따라서 최고경영층은 분권단위와 그 경영자들을 평가하는 데 책임회계보고서가 필요하기 때문에 부문 경영자들의 정보수집 및 정보처리의 원가가 자주 발생한다.

둘째, 분권화조직에서는 분권조직단위 사이에서 발생하는 재화, 서비스의 거래에 드는 시간과 노력을 낭비할 수 있다.

3) 이익중심점과 분권화

이익중심점(profit center: 수익과 비용에 대한 책임회계단위)과 분권화(의사결정의 재량권)를 혼동해서는 안 된다. 이익중심점이 분명히 분권화를 도와줄 수 있는 회계개념이라 할지라도 두 개념은 완전히 상이하다. 특정 부서에 대하여 원가중심점으로 할 것인지 아니면 이익중심점으로 할 것인지를 결정함에 있어서 기본적인 문제는 분권화의 정도가 문제되는 것이 아니다. 분권화 정도보다는 어느 책임중심점이 기업의 목표에 얼마나 일치하는가 또는 경영통제제도의 문제점을 더 잘 해결할 수 있느냐에 달려 있다. 예컨대 어떤 이익중심점 관리자들 중에는 설비구입, 인사결정, 납품업자의 선택, 노무계약의 체결 등에 상당한 재량권을 갖고 있는 경우가 있다. 이와 대조적으로 어떤 이익중심점 관리자들은 이러한 의사결정에 대해 최고경영자의 허가를 반드시 얻어야 할 경우가 있다.

2. 책임회계제도의 시행과 예시

1) 책임회계제도의 시행

책임회계제도를 보다 쉽게 이해하기 위하여 동부지역 담당회사인 (주)홍지를 가정하여 보고, 그 회사에 관련된 자료들을 살펴보자. (주)홍지의 조직은 [그림 9-2]에 나타나 있다.

먼저 (주)홍지의 책임계층은 사장, 생산담당이사, 부장, 직장으로 나누어져 있다. 책임의 계층은 직장에서부터 시작하여 조직의 위 단계로 올라가며, 위 단계로 올라갈수록 책임의 범위가 넓어지고 있다. 이를 회계자료에 의해 볼 수 있는데 이 자료는 [표 9-1]에 나타나 있다.

✧ 그림 9-2 (주)홍지의 조직도

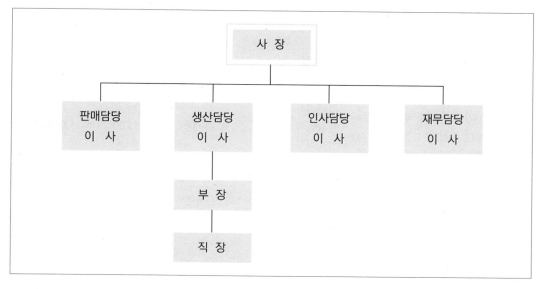

[표 9 – 1]에서와 같이 성과보고서에는 책임의 상향적 흐름과 통합적 현상이 잘 요약되어 표현되고 있다. 이른바 성과보고서는 책임회계를 뒷받침하는 회계보고서의 일종인 것이다. 이 보고서는 맨 밑에서 시작하여 위로 올라가며, 각 관리자는 자신의 성과에 대해서뿐만 아니라 차츰 위의 관리자의 업적에 관한 정보를 파악할 수 있다.

성과보고서는 업적보고서이며 책임회계보고서이다. 이 보고서를 작성할 때 고려해야 할 사항은 다음과 같다.

❶ 목적에 따라 보고서를 작성해야 한다.
❷ 필요한 정보만을 간단명료하게 작성해야 한다.
❸ 적시성을 중시하여 작성해야 한다.
❹ 책임단위의 실제성과, 예산, 양자 간의 차이가 분명하도록 작성해야 한다.
❺ 보고제도의 타당성을 검토해야 한다.
❻ 이용자가 이해할 수 있도록 작성한다.
❼ 앞으로 발생할 회계사상을 예측해야 한다.
❽ 동기부여기능을 가져야 한다.

✦ 표 9-1 (주)홍지 책임회계보고서

책임 계층	책임의 범위	계층별 책임보고			
사장	사장이 받아보는 성과보고서는 회사 전체에 대한 자료가 요약된다. 차이에 대한 자료가 제공되기 때문에 사장 자신이나 그의 어느 부하에 집중되어야 하는지를 결정하려면 필요에 따라 차이를 회사조직에 따라 추적할 수 있다.	**사장 앞**			
		책임중심점 :	예산	실적	차이
		판매이사	××××	××××	××××
		생산이사	₩ 130,000	₩ 145,000	₩ 15,000(불리) ◄
		설계이사	××××	××××	××××
		인사이사	××××	××××	××××
		재무이사	××××	××××	××××
		영업이익	₩ 270,000	₩ 305,000	₩ 35,000(불리)
이사	각 생산부서의 원가·수익의 합계액이 요약되어 생산담당이사에게 제공된다. 생산담당이사에게 보고된 자료들이 요약되어 윗 단계의 사장에게 전해진다.	**생산담당이사 앞**			
		책임중심점의 수익	예산	실적	차이
		책임중심점의 비용	××××	××××	××××
		절단부문	××××	××××	××××
		조립부문	××××	××××	××××
		완성부문	₩ 55,000	₩ 62,500	₩ 7,500(불리)
		포장부문	××××	××××	××××
		계	××××	××××	××××
		영업이익	₩ 130,000	₩ 145,000	₩ 15,000(불리)
부장	각 직장관할부서 원가의 합계액에 부장이 하위에 위임하지 않은 활동에 따른 원가를 가산한 금액을 이사에게 보고한다.	**완성부문의 부장 앞**			
		책임중심점 :	예산	실적	차이
		세척작업	××××	××××	××××
		배선작업	₩ 25,000	₩ 29,000	₩ 4,000(불리) ◄
		검사작업	××××	××××	××××
		영업이익	₩ 55,000	₩ 62,500	₩ 7,500(불리)
직장	직장들은 관할부문의 원가합계액을 보고받고 이 보고서들은 다시 요약되어 부장에게 전해진다.	**배선작업의 직장 앞**			
		변동비 :	예산	실적	차이
		직접재료비	××××	××××	××××
		직접노무비	××××	××××	××××
		제조간접비	××××	××××	××××
			₩ 25,000	₩ 29,000	₩ 4,000(불리)

2) 책임보고의 흐름

[표 9-1]에 나타난 책임회계보고서는 네 개의 책임계층으로 구성되어 있다. 책임계층의 수는 회사의 종류와 규모라든가 조직구조와 필요에 따라 다르다. [표 9-1]에 의한 책임회계보고서의 내용을 계층별로 보다 상세히 설명하면 다음과 같다.

(1) 네 번째 책임계층

가장 낮은 책임계층은 배선작업을 감독하는 직장이다. 이 경우 직장을 위하여 작성되는 성과보고서에는 직접재료원가, 직접노무원가, 제조간접원가들의 예산자료와 실적자료 및 차이를 보여주고 있다. 이 보고서에 포함된 정보는 상세한 차이분석과 함께 부장에게 전달된다.

(2) 세 번째 책임계층

세 번째 책임계층은 배선작업의 직장뿐만 아니라 세척 및 검사작업의 직장들까지도 감독하는 완성부문의 부장이다. 이때 완성부문의 부장은 그 부문 각 작업의 요약된 보고 자료를 받는다. 만일 그가 요약하여 보고된 차이(₩7,500 불리한 차이)의 원인에 대해 알고 싶은 경우, 각 작업별로 상세하게 작성된 개별적인 성과보고서를 참고할 수 있다.

(3) 두 번째 책임계층

두 번째 책임계층은 생산부문의 모든 활동에 대해 책임을 지는 생산담당이사이다. 따라서 생산담당이사는 완성부문의 성과보고서 이 외에도 그의 책임하에 있는 다른 부문의 성과보고서도 받는다. 보고된 보고서를 적절히 이용함으로써 생산담당이사는 실제성과와 예산 간에 큰 차이가 있는 경우, 이에 대하여 철저한 원인규명과 필요한 수정조치를 취할 수 있는 권한을 행사할 것이다. 이것이 바로 예외의 관리(management by exception) 개념이다.

이처럼 책임회계제도는 예산과 실적을 비교한 차이를 검토함으로써 어떤 부문에 경영자의 노력이 가장 유효적절하게 활용되어야 하는가를 평가할 수 있게 해주어 예외의 관리를 이행할 수 있게 해준다.

(4) 첫 번째 책임계층

첫 번째 책임계층인 회사의 사장은 모든 원가와 수익에 대해 궁극적인 책임을 진다. 그

러므로 사장의 성과보고서에는 회사의 모든 활동이 재검토를 위하여 요약되지 않으면 안
된다. 따라서 사장은 모든 책임계층으로부터의 성과보고서에 대한 세부사항이 그에게 제출
되어질 것을 요구할 수 있다. 또는 사장은 중요한 결과에만 관심을 갖고, 보다 상세한 자료
의 검토는 생산담당이사와 같은 하위책임계층의 관리자에게 맡길 수도 있다. 이처럼 이 제
도는 매우 신축적으로 운영될 수 있으므로 특정한 관리자의 요구와 관심에 따라 제공되는
자료가 확대되거나 축소될 수 있다.

책임회계제도가 없을 경우에 관리자는 그들과 그들의 부하들이 책임지는 분야에서 무엇
이 행하여지고 있는지 잘 알 수가 없다. 특히 오늘날과 같이 고도의 경쟁적인 경영환경 속
에서 원가통제가 얼마나 잘되고 있는지를 모르고서는 회사의 수익성 있는 운영을 제대로
꾀할 수 없을 것이다.

3. 책임중심점의 분류

분권화경영이 효율적으로 이루어지기 위해서는 조직활동을 부문 관리자들이 권한을 가
지는 책임중심점으로 할당하는 과정이 필요하다. 각 회사가 도입하는 책임중심점의 형태는
분권경영에 따라 다양한데 [그림 9−3]과 같이 일반적으로 원가중심점, 이익중심점, 투자
중심점의 세 가지 형태로 나눈다.

✧ 그림 9-3 투자·이익·원가중심점

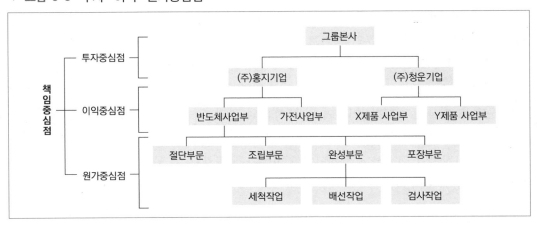

책임중심점의 분류는 기업의 상황에 따라 다르다. 또한 성과보고서는 책임중심점에 부여
된 책임의 내용에 대한 평가에 국한되어야 한다. 즉 어떤 관리자가 원가에 대한 책임을 지

나 수익을 통제할 수 없는 입장이라면 성과보고서는 원가에 한정시키고 수익을 포함시켜서는 안 될 것이다.

1) 원가중심점

원가중심점(cost center)이란 특정 원가발생에 대해서만 통제책임을 지는 책임중심점이다. 원가중심점은 수익창출이나 투자재원의 사용에 대해서는 통제를 행할 필요가 없다. 여기서는 원가절감 및 원가의 극소화를 주된 목표로 삼는다. 이러한 원가중심점은 크게 공학적 원가중심점(engineered cost center : 단순원가중심점)과 재량적 원가중심점(discretionary cost center : 임의적 원가중심점)으로 나눌 수 있다.

공학적 원가중심점이란 예산의 계획 및 통제를 사전에 결정된 표준원가를 기초로 수행한다. 표준원가가 사전에 결정되어 있으므로 원가중심점의 관리자는 제품생산량에 따른 투입물의 소비수량만을 통제할 수 있고, 표준원가 그 자체를 통제할 수 있는 재량권은 없다.

재량적 원가중심점은 본래 재량원가가 경영자의 재량에 의하여 결정되는 것이기 때문에 사전에 결정된 표준원가라는 것이 존재하지 않는다. 재량적 원가중심점은 화폐단위로 측정할 수 없는 산출물을 생산하는 조직단위나, 투입물과 산출물 간의 상관관계가 강하지 않은 조직단위에 적합하다. 그 예로는 일반관리부문(노사관계, 교육훈련, 회계), 연구개발부문과 광고·판매촉진 등과 같은 마케팅부문을 들 수 있다. 즉 일반관리부문에서는 산출물을 객관적으로 측정하는 것이 거의 불가능하기 때문에 효과와 효율을 측정하는 것이 그리 쉬운 일은 아니다.

원가책임중심점의 성과평가에서는 효율성 척도가 중심이 된다. 즉 일정기간의 성과를 달성하는 데 최소의 원가를 투입할 것을 중시하는 것이다. 이러한 성과보고서는 부문별, 원가항목별로 표준원가와 실제원가와의 차이를 분석하는 것으로 이를 이용해 업적을 평가한다.

2) 이익중심점

이익중심점(profit center)이란 원가와 수익 모두에 통제책임을 지는 책임중심점이다. 이러한 이익중심점은 [그림 9-3]에 나타난 바와 같이 하나의 사업부 그 자체가 될 수도 있고, 사업부 내에서의 개별 판매팀과 같이 특정 부문으로 구성될 수도 있다. 이익중심점에 의한 성과평가는 효율성과 효과성도 평가하게 되며, 부문의 순이익이나 공헌이익 등의 이익척도를 이용하게 된다. 다만 이익중심점도 원가중심점과 마찬가지로 투자재원의 사용에 대하여는 통제하지 않는다.

한편 부문의 수익측정에 있어 기업 외부로부터 획득한 수익의 측정에는 특별한 문제가 발생하지 않는다. 그러나 기업 내부의 책임단위에의 제품판매로 인한 수익의 측정에서는 기업 내부에서 타부문과의 거래로 발생하는 단위조직 간의 재화이전에 적용되는 가격, 즉 사내 이전가격이 결정되어야 한다. 부문 관리자의 업적평가를 목적으로 한 사내 이전가격은 공급부문에서는 수익이 되고 수요부문에서는 원가가 되어 부문 관리자의 성과보고서에 직접적인 영향을 주게 된다.

3) 투자중심점

투자중심점(investment center)이란 원가와 수익에 대하여 통제할 수 있을 뿐만 아니라 투자재원의 사용에 대해서도 통제할 수 있는 조직상의 책임중심점이다. 여기서 투자재원의 사용에 대한 통제권이란 책임중심점이 제품구성, 가격결정 및 제조방법에 관한 단기의 업무적 의사결정뿐만 아니라 투자의 수준 및 형태의 결정, 영업에 필요한 적절한 운전자본유지 등에 통제를 행할 수 있음을 말한다.

(주)홍지의 각 사업부가 이러한 목적을 위한 투자에 대해 통제권을 갖는다면 투자중심점이 될 수 있다. 그 이유는 투자중심점은 측정된 이익이 그 중심점의 자산 또는 투자기준과 비교되기 때문에 이익중심점의 개념을 확장한 것이다. 소위 투자중심점이 이익중심점으로도 일반적으로 설명되어지는데, 그것은 투자중심점의 수익성 척도가 이익중심점에서 유래된 것이기 때문이다.

일반적으로 투자중심점의 경영자는 투자수익률의 극대화를 부문의 목표로 삼기 때문에 투자중심점과 이익중심점을 구별하는 것이 좋다. 투자중심점의 성과는 경영자가 특정이익을 달성하기 위해 주어진 자원을 얼마나 효율적으로 사용했는가를 평가하기 위하여 투자수익률, 잔여이익 또는 경제적 부가가치 등이 이용될 수 있다.

4. 책임중심점의 기간이익계산

1) 성과평가측정치로서의 이익

만일 책임중심점의 경영자들이 자산에 대한 투자수준을 결정할 권한이나 책임을 갖지 못한다면 그 중심점의 성과평가를 하는 데 있어 유일한 최선의 측정치는 이익이다. 적절히 측정된다면 이익은 자원의 처분과 요소의 획득으로부터 가치를 창출하는 경영자의 능력에 대한 포괄적인 측정치가 된다. 경영자는 일상적인 업무의사결정에 거의 완전한 책임을 지고 있다.

이익을 중시하는 회계는 미래를 희생시킴으로써 현재의 이익을 증대시키려는 단점을 갖고 있지만, 분권화된 이익중심점의 성과를 평가하는 데 대표적인 기준이 되는 것은 이익이다. 그런데 이익에도 여러 종류가 있어서 성과평가치로서 어느 개념의 이익을 선택할 것인가 하는 문제가 야기된다. 이익중심점의 다양한 이익을 계산하기 위해서는 다음과 같은 세 가지 측면에서의 원가분류가 전제된다.

❶ 매출액 또는 매출량 등의 조업도와 관련한 원가행태에 따라 원가를 변동원가와 고정원가로 분류한다.

❷ 이익중심점 관리자의 통제가능성에 따라 통제가능원가와 통제불능원가로 분류한다. 변동원가는 통제가능원가이나 고정원가는 권한의 위양정도에 따라 통제가능한 부분과 통제불가능한 부분으로 나누어야 한다.

❸ 각 이익중심점에의 추적가능성에 따라 공통원가와 분리가능원가로 분류하여야 한다. 개별 이익중심점에 직접 추적이 가능한 분리가능원가는 이익중심점의 개별 원가이다. 반면에 공통원가는 이익중심점에 서비스를 제공하기 위하여 개별 이익중심점 이외의 부문(이는 대체로 스태프부문임)에서 발생한 원가이다. 공통원가는 본사원가 또는 중앙원가라고도 한다.

2) 이익지표의 선택

이익중심점의 성과지표로서의 이익은 수익에서 어떠한 원가까지를 차감하여 계산하느냐에 따라 몇 가지로 구분된다. 즉 앞서 설명한 세 가지 측면에서의 원가분류를 기준하여 이익을 계산하면 다양한 개념의 이익이 나타난다. 성과측정치로의 이익중심점의 이익은 [표 9−2]의 예와 같다. 여기서는 이익책임단위로서의 사업부 A, B를 전제하고 있다. 또한 사업부 B는 네 가지 종류의 제품을 생산·판매하는 부문이다. 특정 사업부의 성과를 평가하기 위하여 우리는 [표 9−2]에 제시된 네 가지 측정치 중 하나를 선택할 수 있다.

✦ 표 9-2 사업부별 손익계산서

	회사전체	두 사업부의 분석		사업부 B만의 분석				
		사업부 A	사업부 B	미배분	제품 1	제품 2	제품 3	제품 4
매출액	₩15,000	₩5,000	₩10,000		₩3,000	₩2,000	₩1,000	₩4,000
변동원가	10,000	3,000	7,000		1,800	1,700	700	2,800
(1) 변동공헌이익	5,000	2,000	3,000		1,200	300	300	1,200
사업부 관리자에 의한 통제가능고정원가(광고비의 일부, 판매촉진비, 판매원 급료, 기술비, 조사연구비 등)	1,900	1,100	800	450	100	60	40	150
(2) 통제가능공헌이익	3,100	900	2,200	(450)	1,100	240	260	1,050
타인에 의한 통제가능 고정원가(감가상각비, 재산세, 보험료, 사업부관리자의 급료 등)	700	200	500	200	30	150	40	80
(3) 사업부공헌이익	2,400	700	1,700	(₩650)	₩1,070	₩90	₩220	₩970
본사의 일반관리비 배부액	1,350	450	900					
(4) 법인세차감전순이익	₩1,050	₩250	₩800					

(1) 변동공헌이익

변동공헌이익은 매출액에서 변동원가를 차감한 이익이며, 한계이익을 말한다. 사업부의 변동공헌이익 ₩5,000은 사업부 내의 원가－조업도－이익의 관계를 이해하는 데 중요하지만 성과를 평가하는 데는 그다지 유용하지 않다. 사업부의 경영자는 적어도 고정원가들 중의 몇 가지는 통제할 수 있다. 따라서 사업부 경영자의 성과에 최소한 통제가능고정원가를 포함시켜야 한다.

(2) 통제가능공헌이익

통제가능공헌이익 ₩3,100은 변동공헌이익으로부터 사업부 관리자에 의해 통제가능한 고정원가를 차감한 금액이다. 이것은 사업부 관리자의 성과를 평가하는 데 사용될 수 있는 이익개념으로 사업부 관리자가 통제할 수 있는 비용만을 고려하여 산출된 사업부 관리자의 공헌이익이다.

통제가능공헌이익은 경영자가 자원을 자신의 통제 및 권한하에 두고 효과적으로 사용할 수 있는 능력을 반영해주는 것이기 때문에 사업부 경영자의 업적을 평가하는 최선의 측정치가 될 것이다. 이 측정치의 중요한 한계는 통제가능고정원가와 통제불능고정원가를 구분하기 어렵다는 데 있다. 예를 들면, 고정자산에 대한 감가상각비, 보험료, 재산세 등은 경영자가 이 재산을 임의로 처분할 수 있는 권한이 있다면 통제가능한 원가가 될 것이나, 만일 경영자가 이와 같은 자유재량권을 가지고 있지 않으면 통제불능한 원가가 된다. 또한 노동자 및 감독자의 임금수준은 본부에서 결정될 수도 있지만, 사업부의 관리자가 그 사업부에서 몇 명의 노동자와 감독자를 고용할 것인가를 결정하는 재량권을 가지고 있을 수도 있다.

(3) 사업부공헌이익

사업부 관리자 통제가능공헌이익이 관리자 개인의 성과를 평가하는 것이라면 사업부공헌이익은 사업부의 성과를 평가하는 이익개념이다. 사업부공헌이익은 타인의 통제가능고정원가를 사업부 관리자 통제가능공헌이익으로부터 차감한 것이다. 일반적으로 이 이익개념은 단기간 내에는 통제불능한 기초고정원가를 포함하고 있으므로 사업부 관리자의 단기적 성과를 평가하려는 목적으로 사용되어서는 안 된다. 그러나 이익측정치는 경제적 투자단위로서의 사업부의 성과를 평가하는 데는 유용한 개념이다. 왜냐하면, 사업부공헌이익은 본사의 이익에 사업부가 얼마나 공헌하는가를 표시하는 측정치로서 사업부 경영자의 통제가능성에 관계 없이 특정 사업부에서 발생하거나 특정 사업부에 귀속가능한 모든 원가를 고려한 이익개념이기 때문이다.

(4) 사업부의 법인세차감전순이익

이것은 보통 작성되는 손익계산서의 순이익으로 법인세를 차감하기 전의 것이다. 사업부의 법인세차감전이익을 계산하기 위해서는 법인세를 제외한 본사의 모든 비용을 각 사업부에 배분한다. 이때 배분기준은 각 사업부로 인하여 발생한 비용 또는 각 사업부가 해당비용으로 인하여 받는 혜택일 것이다. [표 9−2]에서는 본사원가 ₩ 1,350을 각 사업부의 매출액을 기준으로 배분하였다.

3) 본사원가의 배분논쟁

이익책임단위의 업적평가 시 각 사업부에 직접 추적할 수 없는 공통원가인 본사원가가 각 이익중심점에 배분되어야 할 것인가에 대하여는 찬반양론으로 나누어지고 있다. 회계학자들이 본사원가의 배분은 인위적이고 자의적이기 때문에 이익중심점업적평가를 위한 본사원가배분이 유용성을 갖지 못한다고 주장함에도 불구하고 실무적으로 본사원가의 이익중심점배분은 상당히 일반적이다.

본사원가를 이익중심점에 배분하지 말고 사업부공헌이익을 기준으로 업적평가를 하여야 한다는 본사원가배분부정론의 근거를 요약하면 다음과 같다.

첫째, 합리적 기준에 의거하지 않고 임의로 배분된 원가는 사업부수준에서 통제할 수 없는 성질의 것이다. 따라서 예상치 못한 원가배분액의 증가로 각 사업부의 이익이 예산이익과 차이가 나게 될 때, 이러한 차이에 대한 책임을 사업부 경영자에게 전가시켜서는 안 된다.

둘째, 회사 전체비용을 사업부에 배분하는 기준은 일반적으로 자의성이 개재될 가능성이 높다. 회사 전체비용과 배분된 비용 사이에 명확한 인과관계를 발견하기 어려운 경우가 많다는 것이다. 통상적인 배분기준으로는 사업부별 매출액, 자산 또는 점유면적 등의 비율이 이용되는데 이 절차에 따르면 배분된 비용에 통제불능요소가 추가적으로 도입되는 것이다. 왜냐하면, 매출액이나 자산과 같은 배분기준의 수준이 다른 사업부에서 변화하면 특정 사업부에 배분된 비용의 비율이 자신의 조업도수준이 변화하지 않더라도 변화할 것이기 때문이다.

셋째, 본사원가는 현장부문인 이익중심점의 활동과 직접적인 연관성이 없으며, 이익중심점관리자가 통제할 수 있는 부분이 아니기 때문에, 본사원가의 이익중심점배분은 이익중심점의 이익목표를 혼란시키고, 이익중심점의 반발 또는 불신을 야기한다.

그러나 본사원가의 배분시스템이 부적당하여도 본사원가의 배분이 이익중심점 관리자들에게 동기유발하도록 이용될 수 있다는 주장도 있다. 즉 자원의 최적 활용, 예산여유(budgetary slack)의 감소, 본사원가의 증가추세 등에 비추어 본사원가를 이익중심점에 배분하고 사업부법인세전이익을 기준으로 업적평가하여야 한다는 것이다. 왜냐하면 사업부의 수익이 본사원가를 포함한 모든 원가를 초과해야만 이익이 실현되기 때문이다.

따라서 사업부 관리자들은 본사에서 발생되는 비용(공통원가: 사장실의 비용, 법률비용, 회계감사비용 등)에 관심을 가지게 되고, 이러한 관심은 사업부 관리자의 행동이 회사 전체의 입장에서 이루어지도록 자극한다. 고로, 사업부의 법인세전이익은 회사 전체의 장기적 수익창출능력의 측정치로서 중요한 역할을 한다고 할 수 있다.

공헌이익법에 의한 손익계산서는 원가배분방식에 따른 다양한 공헌이익개념을 포괄하고 있다. 그러나 이 손익계산서에서 다양하게 분류된 공헌이익은 그 객관성의 정도가 각각 다르다고 할 수 있다. 즉 [표 9-2]의 손익계산서에서 아래로 내려갈수록 이익개념의 객관성은 감소하고 주관성은 증가한다.

>> 예제 1

홍지대학교는 컴퓨터부문에서 공과대학과 의과대학에 컴퓨터서비스를 제공하고 있다. 변동예산에 따르면 월 고정원가는 1억원이고 변동원가는 컴퓨터사용시간당 20만원이었다. 장기적으로 사용량을 예측한 결과 고정원가를 공과대학에 30%, 의과대학에 70%씩 일괄적으로 배분할 것을 결정하였다.

| 물음 |

1. 실제로 발생한 원가와 변동예산상의 금액은 일치한다. 어느 달에 공과대학은 210시간, 의과대학은 420시간을 사용한 경우 대학별 총배분액을 계산하시오.
2. 고정원가를 실제사용시간을 기준으로 배분한 경우를 제외하고 모든 사실이 위의 문제와 동일하다고 하자. 각 단과대학에 배분될 총금액은 얼마인가?
3. [물음 2]의 방법에 대하여 논하시오.

| 풀이 |

1.

	공과대학	의과대학
월고정원가	₩30,000,000(1억 원의 30%)	₩70,000,000(1억 원의 70%)
변동원가(시간당 20만 원)	42,000,000(210시간)	84,000,000(420시간)
총원가	₩72,000,000	₩154,000,000

2.

	공과대학	의과대학
월고정원가	₩33,333,000*	₩66,667,000
변동원가(시간당 20만 원)	42,000,000	84,000,000
총원가	₩75,333,000	₩150,667,000

* (210시간/630시간)×1억 원 = ₩33,333,000

3. 실제사용시간기준시 의과대학의 사용시간에 의하여 공과대학의 원가배분액이 변화한다. 이는 원가배분의 주요한 준거인 독립성 원칙에 어긋난다. 분권화에 따라 한 부문의 행위가 다른 부문에도 영향을 미칠 수 있는 외부 효과문제가 발생한다. 따라서 원가배분 시 외부 효과문제를 해결할 수 있는 장기적 예산사용시간을 기준으로 고정원가를 배분하는 것이 바람직하다.

5. 투자수익률

1) 투자수익률의 의의

대부분의 경영자들은 이익을 창출하는 투자자산을 생각하지 않고 순이익이나 이익률만을 수익성 척도로 생각한다. 이미 앞에서 언급한 바와 같이 수익성을 비교적 잘 나타내는 척도는 투자수익률이다.

투자수익률(ROI : Return On Investment)은 투하자본에 대한 투자이익의 비율을 나타내는 수익성 지표이며, 매출이익률에 자산회전율을 곱한 것이다. 여기서 매출이익률은 투자중심점의 수익(매출)에 관련된 영업비용의 통제능력에 대한 측정치이다. 수익에 대한 영업비용이 낮으면 낮을수록 매출이익률은 높아진다. 자산회전율은 영업자산수준에서 투자중심점이 수익창출노력을 얼마나 기울였는가를 나타내는 측정치이다. 따라서 투자수익률의 산식은 다음과 같다.

$$투자수익률 = 매출이익률 \times 자산회전율$$

$$매출이익률 = \frac{영업이익}{매출액} \qquad 자산회전율 = \frac{매출액}{영업자산}$$

$$투자수익률 = \frac{영업이익}{매출액} \times \frac{매출액}{영업자산} = \frac{영업이익}{영업자산}$$

과거에는 관리자들이 매출이익률에만 관심을 가지고 자산회전율은 눈여겨보지 않았다. 어느 정도는 매출이익률이 관리자의 성과를 평가할 수 있는 매우 값진 척도임에는 틀림이 없다. 그러나 이것만으로는 관리자의 책임 중의 주요한 영역인 영업자산에의 투자관리를 소홀하게 한다. 영업자산에의 과다한 투자는 과다한 영업비용과 같이 수익성을 매우 낮출 것이다. 투자수익률공식의 중요한 장점은 그것이 관리자로 하여금 영업자산에의 투자뿐만 아니라 제비용, 매출총이익률 및 매출량 등을 통제하는 데 도움을 준다는 것이다.

많은 기업들이 이용하고 있는 투자수익률공식은 투자중심점을 통제할 수 있는 권한을 가진 관리자의 가장 좋은 성과척도로서 널리 인식되어지고 있다. 투자수익률 공식은 관리자의 책임경영에 대한 여러 측면을 하나의 수치로 함축해주기 때문에, 경쟁적 위치에 있는 다른 투자중심점 및 동일산업 내의 다른 기업과 성과를 비교하는 데도 유용하다.

2) 투자수익률의 계산

(1) 영업이익률과 영업자산의 이용

투자수익률공식에서는 순이익보다도 영업이익이 쓰여지고 있다. 영업이익은 이자비용과 법인세비용을 차감하기 전 이익이다. 영업이익을 이용하는 이유는 관계되는 자산기준과 일치해야 하기 때문이다. 즉 투자수익률 계산공식의 자산회전율에 쓰이는 자산이 영업자산이므로 이익은 영업이익을 사용한다.

영업자산은 영업목적으로 보유하는 현금, 매출채권, 재고자산, 유형자산 등을 포함한다. 그러나 미래의 공장부지로 사용할 목적으로 현재 보유하고 있는 토지 등은 영업자산에 포함시키지 않는다. 즉 영업자산은 사용중인 총자산을 말하며 사용가능한 총자산에서 현재 영업활동에 사용하고 있지 않은 건설가계정, 유휴자산, 장기투자부동산 등을 차감한 자산이다. 결국 영업자산은 투자중심점이 현재영업활동에 사용할 목적으로 보유하고 있는 모든 영업용 자산을 말한다. 또한 일반적으로 투자수익률공식에 쓰이는 영업자산은 당해 연도의 기초와 기말의 평균값을 영업자산의 금액으로 이용한다.

(2) 설비투자자산의 가치

자산의 평가에 있어서 순장부가치와 총장부가치의 구별은 매우 중요하다. 투자수익률 공식에 쓰이는 영업자산항목 중 설비투자자산의 가치를 평가하는 일 역시 중요하다. 순장부가치는 관련 감가상각비를 차감한 순가액의 자산보유액이고, 총장부가치는 감가상각비를 차감하기 전 자산보유가액으로 원초취득원가이다.

예를 들어, 취득원가가 ₩600,000이며 내용연수가 3년이고, 3년 후 잔존가치가 없는 설비자산을 보유하는 사업부가 있다. 이 사업부의 감가상각비차감전영업이익은 매년 ₩260,000으로 동일하며, 정액법을 이용하여 감가상각을 행하고 있다. 순장부가치와 총장부가치에 의한 매년의 투자수익률은 [표 9-3]에서 보는 바와 같다.

✦ 표 9-3 설비자산의 순장부가치와 총장부가치

연도	감가상각비차감전 순영업이익	감가상각비	영업이익	평균투자액과 *ROI*			
				순장부가액	*ROI*	총장부가액	*ROI*
1	₩260,000	₩200,000	₩60,000	₩500,000[*]	12%	₩600,000	10%
2	260,000	200,000	60,000	300,000[**]	20%	600,000	10%
3	260,000	200,000	60,000	100,000	60%	600,000	10%

[*] (₩600,000 + ₩400,000)÷2 = ₩500,000
[**] (₩400,000 + ₩200,000)÷2 = ₩300,000

순장부가액에 의한 투자수익률은 사용연도가 지나감에 따라 증가하고, 영업이익이 감소하더라도 마찬가지로 수익률은 증가한다. 반면에 총장부가액에 의한 수익률은 영업이익이 변동하지 않는다면 변화하지 않고, 영업이익이 감소한다면 수익률은 감소한다. 이 두 가지 방법은 영업자산금액이나 투자수익률이 서로 차이가 있음에도 불구하고 실무에서 모두 사용된다.

관리자들은 일관성을 가장 중요한 사항으로 간주한다. 이는 대부분의 기업들이 투자수익률을 계산할 때 순장부가액접근법을 사용하는 데에서도 알 수 있다. 이 책에서도 특별한 지시가 없는 한 순장부가액접근법을 사용하도록 한다. 또한 기초와 기말시점의 영업자산을 알 수 있다면 평균영업자산을 이용하여 투자수익률을 계산하는 것이 바람직하다.

>> **예제 2**

투자중심점인 홍지사업부의 당기 영업활동에 관한 자료를 수집한 바, 영업이익 ₩40,000, 매출액 ₩400,000, 기말영업자산 ₩200,000이었다.

|물음|
1. 홍지사업부의 투자수익률을 계산하시오.
2. 만일 기초의 영업자산이 ₩160,000이었다면, 투자수익률은 얼마인가?

|풀이|

1. 투자수익률 $= \dfrac{40,000}{400,000} \times \dfrac{400,000}{200,000} = 0.1 \times 2 = 20\%$

2. 투자수익률 $= \dfrac{영업이익}{평균영업자산} = \dfrac{₩40,000}{₩180,000} = 22.22\%$

3) 투자수익률의 관리

투자수익률공식을 살펴보면, 투자수익률을 증가시키는 방법에는 매출액의 증가, 비용의 감소, 영업자산의 감소 등 세 가지가 있음을 알 수 있다. 이 세 가지 방법에 의하여 투자수익률이 어떻게 관리될 수 있는가를 살펴보면 다음과 같다.

(1) 매출액을 증가시킬 경우

투자수익률 공식을 보면 매출액은 매출이익률의 계산을 위한 분모와 자산회전율의 계산을 위한 분자에 나타나기 때문에 약분되어 의미가 없는 것처럼 판단될 가능성이 있다. 그러나 다음의 두 가지 이유 때문에 약분하지 않는 것이 바람직하다고 본다.

첫째, 투자수익률은 매출이익률과 자산회전율을 변수로 한 함수인 것을 잊기 쉽다.

둘째, 투자수익률 공식에서 매출액을 약분하여 제거시키면 매출액의 변화가 책임단위의 매출이익률과 자산회전율에 미치는 영향을 파악할 수 없다. 일반적으로 변동원가는 매출액에 비례하여 변동하지만 고정원가는 그렇지 않기 때문에 변동원가와 고정원가를 합한 총원가는 매출액에 비례하지 않는다. 대개의 경우에는 매출액의 변화가 매출이익률에 영향을 미친다. 그러므로 투자수익률을 증대시키고자 할 때에는 매출액의 증대에 노력하여야 한다.

>> 예제 3

[예제 2]에서 경영자가 매출액을 ₩400,000에서 ₩440,000으로 증가시켰는데 사업부비용의 대부분이 고정원가였기 때문에 영업이익은 ₩40,000에서 ₩48,000으로 증가하였다. 이 경우 기말 영업자산을 이용하여 홍지사업부의 새로운 투자수익률을 계산하시오.

| 풀이 |

$$투자수익률 = \frac{48,000}{440,000} \times \frac{440,000}{200,000} = 0.1091 \times 2.2 = 24\%$$

(2) 비용의 감소

수익성을 증가시키고 투자수익률을 높이는 방법 가운데 가장 널리 사용되고 있는 방법은 비용의 감소, 즉 원가절감을 도모하여 조직의 군더더기를 제거하는 것이다. 수익성이 악화되는 경우 경영자가 가장 먼저 검토하는 것이 원가측면이며 특히 재량고정원가의 절감을 우선적으로 검토한다. 즉 원가를 절감시킬 필요가 있는 기업은 짧은 휴식시간까지도 없앨 수 있을 것이다.

이렇듯 급박한 상황에 있어서 무엇보다도 중요한 것은 구성원들의 건전한 원가의식이라 할 수 있다. 그리고 변동원가를 감소시킬 수 있는 가장 평범한 방법은 값이 싼 재료를 사용하는 것이다. 또한 다른 방법은, 특히 대량생산의 경우 가능하면 생산공정을 자동화하도록 힘써야 한다.

>> 예제 4

[예제 2]에서 경영자가 원가를 ₩4,000만큼 줄일 수 있어서 영업이익이 ₩40,000에서 ₩44,000으로 증가한다. 기말 영업자산을 이용하여 홍지사업부의 새로운 투자수익률을 계산하시오.

| 풀이 |

$$투자수익률 = \frac{44,000}{400,000} \times \frac{400,000}{200,000} = 0.11 \times 2 = 22\%$$

(3) 영업자산의 감소

대부분의 경영자들이 매출액, 영업비용, 영업이익률 등의 통제에 관하여 매우 민감하다. 그러나 그들은 영업자산의 통제에는 민감하지 않은 것 같다.

경영성과를 평가하기 위해 투자수익률법을 채택한 기업에 있어서 투자중심점의 관리자들의 첫 번째 반응은 자기부문의 영업자산에 대한 최적 규모를 결정하는 것이다. 그 이유는 영업자산에의 과잉투자는 자산회전율과 투자수익률에 악영향을 미치기 때문이다. 그러므로 매출채권의 회수기간단축 등과 같이 영업자산에의 투자를 줄이면, 보다 효율적인 투자효과를 얻을 수 있게 된다.

영업자산에의 투자를 유효하게 통제하려면 쓸모가 없거나 너무 많은 재고자산은 줄이도록 힘써야 한다. 또한 매출채권의 회수를 촉진할 수 있는 여러 가지 방법을 궁리하여 볼 필요가 있다. 매출채권에의 투자수준을 조금이라도 줄일 수만 있다면, 자산회전율을 증가시킬 수 있을 것이다.

>> 예제 5

[예제 2]에서 경영자가 기말 영업자산을 ₩200,000에서 ₩160,000으로 감소시킬 수 있다고 할 때 기말 영업자산을 이용하여 투자수익률을 계산하시오. 단, 매출액과 영업이익은 변동이 없다.

| 풀이 |

$$투자수익률 = \frac{40,000}{400,000} \times \frac{400,000}{160,000} = 0.1 \times 2.5 = 25\%$$

(4) 투자수익률에 대한 비판

투자수익률(ROI)이 성과평가에 널리 이용되고 있긴 하지만, 전혀 문제가 없는 것은 아니다. 이 방법은 다음과 같은 비판을 받고 있다.

❶ ROI는 장기수익성보다는 단기성과를 강조하는 경향이 있다. 현 수준의 ROI를 유지하기 위해 관리자는 수익성이 있는 투자기회를 기각하기도 한다. 즉 투자중심점의 관리자는 회사 전체의 최저 필수수익률보다 높은 수익률을 제공하는 양호한 투자안이라 하더라도, 만일 그 투자안의 수익률이 자기 투자중심점의 평균투자수익률보다 낮은 경우에는 이를 거부하게 되므로 회사 전체적으로는 준최적화밖에 달성할 수 없게되는 일도 발생한다.

준최적화(sub-optimization)란 개별 투자중심점의 입장에서는 최적의 의사결정이지만 그 의사결정이 회사 전체의 관점에서는 최적이 아닌 경우를 말한다. 이와 같은 의사결정은 기업 전체입장에서는 목표불일치 의사결정이 된다.

❷ ROI를 사용하여 성과를 평가하면 자본예산분석기법에 의한 성과평가와 서로 상충된 결과를 초래할 수 있다.

❸ ROI는 기존고정원가의 존재 때문에 부문 관리자가 완전히 통제할 수 없는 수치이다. ROI에 대한 통제불가능성이 관리자 자신의 성과와 투자중심점으로서의 부문성과와의 구별을 어렵게 한다.

❹ ROI는 단순한 비율비교이기 때문에 투자중심점의 사업내용이나 연륜 등 질적 요소는 전혀 고려하지 않는다.

6. 잔여이익과 경제적 부가가치

1) 잔여이익의 개념

앞에서 설명한 바와 같이 투자중심점의 목적은 영업자산에 대한 투자수익률을 최대화하는 것이어야 한다. 그러나 투자수익률은 투자중심점과 기업 전체의 목표불일치 문제를 야기할 수 있기 때문에 이를 해결하기 위하여 고안된 투자중심점의 성과측정방법으로 잔여이익법이 있다. 잔여이익(RI: Residual Income)이란 투자중심점이 사용하는 영업자산으로부터 그 중심점이 획득하여야 하는 최소한의 이익을 초과하는 순영업이익이다. 이것은 다음의 공식으로 나타낼 수 있다.

$$잔여이익 = 투자중심점의\ 영업이익 - 투자중심점의\ 영업자산에\ 대한\ 내재이자$$
$$= 투자중심점의\ 영업이익 - 최저\ 필수수익률 \times 투자중심점의\ 영업자산$$

내재이자(imputed interest)는 투자중심점이 보유하고 있는 영업자산에 대해 최소한 받아들일 수 있는 이자로, 투자로 인하여 기업이 실제로 현금을 지출하였든, 안 하였든 발생하리라고 생각되는 이자이다. 이는 투자중심점의 영업자산에 기업이 요구하는 최저 필수수익률(required rate of return)을 곱하여 계산한다. 따라서 내재이자는 자본비용과 비슷한 것이다. 내재이자는 보통 투자액에 대한 이자율로 표시된다.

예를 들어, 최저 필수수익률을 15%로 가정하고 (주)홍지의 A 사업부의 평균영업자산은 ₩ 400,000, 영업이익은 ₩ 80,000이라고 하자. 이때 A 사업부의 잔여이익은 ₩ 20,000 (₩ 80,000 − ₩ 400,000×0.15)으로 계산된다. 즉 사업부영업이익이 내재이자보다 많으므로 이 사업부는 일단 수익성이 있는 것으로 판단된다. 그러나 타사업부의 잔여이익과 비교하여 더 높은 수익성을 나타내고 있는지 상대적으로 평가되어야 할 것이다.

2) 동기부여와 잔여이익

잔여이익법이 투자수익률법보다 성과평가방법으로 더 좋은 방법이라고 주장하는 사람이 많다. 그 이유는 성과를 투자수익률법으로 평가한 경우, 회사 전체의 관점에서 유리한 투자임에도 불구하고 투자중심점의 관리자가 그 투자안을 기각하는 경우가 있다. 이때, 이러한 투자안이 수락될 수 있도록 투자중심점의 관리자에게 동기부여할 수 있는 방법이 잔여이익법이다. 잔여이익법으로 투자안을 평가할 때, 투자자금에 여유가 있는 한 최저 필수수익률을 초과하는 투자안은 모두 수락하게 되므로 투자중심점과 회사 전체의 잔여이익을 동시에 극대화시킬 수 있다.

예를 들어 설명하여 보자. 앞의 (주)홍지의 예에서 A 사업부에 18%의 투자수익률을 올릴 수 있는 새로운 투자안에 ₩ 100,000의 자금이 필요하다고 가정하자.

✦ **표 9-4 투자수익률에 의한 새로운 투자안평가**

	현재	새로운 투자안	합계
평균영업자산	₩ 400,000	₩ 100,000	₩ 500,000
영업이익	80,000	18,000	98,000
투자수익률	20%	18%	19.6%

　투자수익률을 기준으로 하는 경우 [표 9-4]에 나타난 바와 같이 A 사업부의 관리자는 이 새로운 투자안을 기각할 것이다. 그 이유는 이미 20%의 투자수익률을 실현하고 있기 때문에 18%의 새로운 투자안을 수락하면 전체의 투자수익률이 20%에서 19.6%로 감소하며, 이에 따라 이 투자안을 기각하는 의사결정을 하게 된다.

　A 사업부 관리자의 성과가 투자자산에 대한 최고 수익률에 따라 평가되기 때문에 그는 현재의 투자수익률을 감소시키는 어떠한 투자안도 수락하기가 어렵다. 비록 기각되는 투자안이 회사 전체로 보아 수익성이 있는 투자안일지라도 수락할 가능성은 희박하다.

✦ **표 9-5 잔여이익에 의한 투자안 평가**

	현재	새로운 투자안	합계
평균영업자산	₩ 400,000	₩ 100,000	₩ 500,000
영업이익	₩ 80,000	₩ 18,000	₩ 98,000
내재이자	60,000	15,000	75,000
잔여이익	₩ 20,000	₩ 3,000	₩ 23,000

　반면, [표 9-5]에 나타난 바와 같이 새로운 투자안을 수락함으로써 전반적으로 잔여이익이 증가한다. 따라서 A 사업부의 관리자는 새로운 투자안을 수락함으로써 자신의 성과를 높게 평가받으려고 한다. 그 이유는 그의 성과가 투자수익률이 아닌 잔여이익에 의하여 평가되기 때문에 최저 필수수익률 15% 이상의 수익률만 올리면 새로운 투자안을 수락한다. 이렇게 의사결정함으로써 A 사업부뿐만 아니라 회사 전체의 이익을 극대화할 수 있다.

　잔여이익법은 투자수익률에 의한 준최적화 의사결정문제를 해결할 수 있는 유용성이 있지만 매우 커다란 단점을 지니고 있다. 그것은 각기 다른 규모의 투자중심점들을 평가할 때 직접적으로 비교할 수 없다는 점이다. 왜냐하면, 잔여이익은 비율이 아니라 절대값으로 계산되기 때문에 규모가 큰 투자중심점이 규모가 작은 투자중심점보다 더 많은 잔여이익을 기대하는 것이 일반적이다. 이러한 현상은 부문 관리자가 부문을 잘 경영하였기 때문이 아니라 단지 규모가 컸기 때문에 나타난 것이다. 투자수익률이 자본비용을 초과하는 투자를 행하거나, 자본비용보다 낮은 투자수익률을 얻고 있는 투자를 제거시키면 잔여이익은 증대하게 된다.

이러한 문제를 해결하기 위해서 투자중심점의 규모나 위험에 대한 차이를 고려하여 최저 필수수익률을 조정할 수 있다. 즉 투자안의 위험크기에 따라 상이한 자본비용을 이용할 수 있다. 이와 같이 투자수익률법은 사업부에 따라 상이한 위험조정자본비용(risk adjusted capital cost)을 기준하지 않지만 잔여이익법은 성과평가 시 사업에 따라 상이한 위험조정자본비용을 적용할 수 있다.

결론적으로 투자중심점의 성과평가방법으로 투자수익률법과 잔여이익법 중 어느 것을 선택하느냐 하는 문제는 각기 평가방법의 장점 및 한계점을 인식하여 복합적인 평가에 의하여 선택하는 것이 바람직하다. 예컨대, 투자자본이 적은 경우에는 자본의 효율성을 강조하는 투자수익률법으로 평가를 하고 투자자본의 규모가 커서 자본의 여유가 많은 경우에는 잔여이익법으로 평가함으로써 투자에 대한 동기부여를 유발할 수 있다.

>> 예제 6

(주)홍지는 가전사업부와 중전기사업부를 운영하고 있다. 새로운 사업부로 사무기기사업부를 추가하려고 한다. 이들 사업부의 영업자산, 영업이익 등의 자료는 다음과 같다.

	기존사업부		신규사업부
	가전사업부	중전기사업부	사무기기사업부
영업자산	₩ 100,000	₩ 500,000	₩ 1,000,000
영업이익	30,000	125,000	200,000
투자수익률	30%	25%	20%

기존사업부의 투자수익률은 25.83%(₩ 155,000÷₩ 600,000)로써 25% 이상의 투자수익률을 실현하고 있다. 최저 필수수익률은 15%이다.

| 물음 |

1. 신규사업에 투자할 경우 기업 전체의 투자수익률을 구하시오.
2. 각 사업부의 잔여이익을 계산하시오.
3. 회사 전체의 관점에서는 신규사업부를 운영하여야 하는가?
4. 잔여이익에 근거하여 신규사업부를 평가하고자 한다. 신규사업부의 연간 총고정비는 ₩ 160,000, 제품단위당 변동비는 ₩ 1,600, 예상제품판매량은 400단위이다. 신규사업부는 제품단위당 최저 판매가격을 얼마로 설정하여야 하는가?

| 풀이 |

1. ₩ 355,000 ÷ ₩ 1,600,000 = 22.19%

2.

	가전사업부	중전기사업부	사무기기사업부
영업이익	₩ 30,000	₩ 125,000	₩ 200,000
내재이자	15,000	75,000	150,000
잔여이익	₩ 15,000	₩ 50,000	₩ 50,000

3. 신규사업부의 *ROI*가 기존 사업부의 *ROI*보다는 낮아도 최저 필수수익률을 초과하기 때문에 신규사업부를 운용하는 것이 바람직하다.

4. 제품단위당 판매가격을 P라고 하자.

영업이익 ₩ 400 P - ₩ 800,000

잔여이익 (₩ 400 P - ₩ 800,000) - (₩ 1,000,000 × 0.15)

= ₩ 400 P - ₩ 950,000 ≥ 0   ∴ P ≥ ₩ 2,375

따라서 제품단위당 최저 판매가격은 ₩ 2,375이 된다.

7. 다원적 평가

1) 다원적 평가의 의의

투자중심점에 대한 성과평가지표로 투자수익률, 잔여이익, 경제적 부가가치 등이 대표적이지만, 이들 기준이 갖는 문제점을 극복하기 위하여 다양한 성과기준들을 이용하는 것이 일반화되고 있다. 즉 단기적 성과지표인 기간이익이나 투자수익률, 잔여이익 및 경제적 부가가치 등이 책임중심점의 수익성 및 활동성 정도만을 측정할 수 있기 때문에 보다 장기적 이익을 보장하는 지표들을 성과평가에 포함시키고 있다.

다원적 평가는 이익 등의 정량적 요소뿐만 아니라 장기적 성과와 관련되는 정성적 요소들을 동시에 고려하게 된다. 다원적 기준을 이용한 성과평가는 단일기준이용 시 나타나는 하이젠버그 불확실성 원칙(Heisenberg uncertainty principle)의 문제를 극복할 수 있다. 하이젠버그 불확실성 원칙은 피평가자들이 성과평가로 사용되는 측정치 이외의 다른 중요한 요소들을 무시하면서까지 성과측정치의 극대화를 달성하기 위해 노력하는 현상을 말한다.

다원적 평가모형을 이용하는 경우에는 정성적 요소들을 계량화할 수 있는 과정을 거쳐야 하며, 평가지표의 선정과 선정된 평가지표별 중요도를 구분하여 가중치를 부여하여야 한다. 평가지표별 가중치를 부여하는 경우 고려할 사항은 다음과 같다.

❶ 가중치는 고정된 것이 아니므로 책임단위별로 상이하게 적용하여야 한다. 생산부문과 판매부문이 추구하는 목표는 상이하므로 동일한 지표라도 가중치를 상이하게 적용하여야 한다.

❷ 평가지표뿐만 아니라 지표별 가중치도 경영환경의 변화에 따라 변화할 수 있어야 한다.

❸ 단기적 목표보다는 장기적 목표에 보다 높은 가중치를 부여하여야 한다.

2) 다원적 평가의 요소들

다원적 기준을 이용한 투자중심점의 평가는 포함되어야 하는 지표들을 투자중심점의 규모, 제품, 연륜, 특성 등에 따라 상이하게 설정할 수 있다. 따라서 획일적인 기준은 오히려 바람직하지 않다. 다원적 평가시 재무적 지표와 비재무적 지표가 균형을 이루도록 하는 것이 바람직하다. 다원적인 성과측정요소로 대표되는 것은 General Electric(GE)사가 1953년도에 개발한 사업부의 평가를 위한 공통의 척도이다. GE사는 사업부성과평가의 공통된 척도로 다음의 8가지를 제시하였다.

❶ 수익성(profitability)

❷ 시장지위(market position)

❸ 생산성(productivity)

❹ 제품의 리더십(product leadership)

❺ 인재육성(personal development)

❻ 종업원의 태도(employee attitude)

❼ 공공책임(public responsibility)

❽ 단기목표와 장기목표의 조화(balance between short-range and long-range goals)

많은 기업들이 다원적 기준을 이용하고 있으나 아직도 평가요소의 대부분은 이익 및 매출액을 포함한 재무적 요소들을 이용하고 있다. 다만 최근 들어 품질, 시간 등의 비재무적 측정치를 포함하는 기업들이 늘고 있다.

3) 균형성과평가모형

(1) 균형성과평가모형의 의의

전통적인 성과평가시스템의 재무적 측면강조는 변화하는 환경하에서 그 본래적 기능을 발휘하는 것이 부적합하다. 특히 전통적 성과시스템은 재무적 결과인 이익지표를 너무 강조하고 이익의 주요한 동인인 고객이나 기업의 프로세스 측면은 별반 고려대상이 되지 않고 있다.

균형성과표(BSC: Balanced Score Card)는 주로 기업 전체를 대상으로 한 다원적 평가의 방법으로 제시되고 있으나 이익책임단위 또는 투자책임단위에도 그대로 적용할 수 있는 다원적 성과평가모형이다. 즉 균형성과표는 기업 전체나 책임단위가 장기적인 이익의 원인이 되는 다양한 측면에서의 균형을 이룰 수 있도록 기업의 활동을 통제하는 시스템이라 할 수 있다. 균형성과표는 성과평가의 척도를 재무적 관점에 한정하지 않고 고객 관점, 내부 프로세스 관점, 학습과 성장(또는 혁신과 학습) 관점의 네 가지로 구분하여 성과평가의 영역을 확장하고 있다. 또한 균형성과표는 성과평가지표의 설계 시 다음과 같은 네 가지 측면에서의 상호균형과 조화를 추구한다.

첫째, 단기적 지표와 장기적 지표의 균형이다. 즉 단기적 성과는 재무 및 후행적 척도를 이용하고 장기적 성과는 비재무적 및 선행적 척도를 이용하여 측정한다. 기업의 장기적 가치는 미래수익력의 원천이 되는 고객 및 기업 내부 조직의 건전성에 의하여 달라지게 된다.

둘째, 재무적 지표와 비재무적 지표의 균형이다. 재무적 성과는 과거의 결과에 의하여 나타나는 것이며, 미래의 재무적 성과는 현재의 비재무적 성과에 의하여 귀결된다. 그러므로 미래이익의 잠재력은 현재의 재무적 지표보다는 비재무적 지표에 의하여 예측될 수 있다.

셋째, 후행적 지표와 선행적 지표의 균형이다. 후행적 성과는 이미 실현된 성과를 나타내는 것으로 과거의 성과측정결과에 의한 것이다. 반면에 선행적 성과는 미래의 성과를 보다 높게 담보할 수 있는 고객만족지수, 종업원만족지수, 교육 및 훈련의 노력, 신제품 개발 노력 등이다.

넷째, 내부 지표와 외부 지표의 균형이다. 기업의 발전은 내부적인 인적·물적 자원의 효과적이고 효율적인 배분을 통하여 외부의 고객, 주주, 노동조합 등 외부 정보이용자들의 부를 증대시키는 과정을 통하여 이루어질 수 있다.

(2) 균형성과평가모형의 네 가지 관점

균형성과표는 다원적 성과평가시스템이며 성과의 핵심지표들을 크게 네 가지 관점으로 구분한다. 관점이란 조직가치창출의 원천 혹은 전략적 성과지표들의 묶음으로 정의될 수 있다. 즉 관점은 기업가치를 창출하는 근원적인 원천이며 이러한 원천의 관리를 통하여 가치를 증대시킬 수 있게 된다. 다만 균형성과표의 네 가지 관점은 서로 상호연계되어 그 관련성을 가지기 때문에 균형을 이룰 수 있도록 하여야 한다. 네 가지 관점은 기업의 재무적 성과의 원인이 되는 주요한 요소들에 대한 평가과정을 하나의 계통도(flowchart)로 표시하며 재무적 관점, 고객 관점, 내부 프로세스 관점, 학습과 성장 관점 등 네 가지 측면의 성과지표군을 이용한다.

❶ 재무적 관점(financial perspective) : 기업은 주주를 위한 가치를 어떻게 창조할 수 있는가? 기업가치 또는 주주의 가치는 이익창출을 통하여 시장가격의 증대로 이루어진다. 그동안 많은 기업들이 재무적 결과만을 이용하여 성과평가를 하여 왔다. 그러나 재무적 성과는 기업의 프로세스관리를 통하여 인적, 물적 자원을 효과적이고 효율적으로 활용함으로써 관리될 수 있다. 즉 비재무적 관점에 대한 지표관리는 기업의 장기적인 재무적 성과의 증대를 이루는 길인 것이다. 성과지표로는 투자수익률, 잔여이익, 경제적 부가가치, 주당 순이익, 현금흐름, 자본구조, 종업원 1인당 공헌이익, 매출이익률 등이 이용될 수 있다.

❷ 고객 관점(customer perspective) : 기존의 또한 새로운 고객들은 우리 기업으로부터 무엇을 얻고자 하는가? 많은 현대적 관리패러다임은 고객을 최고의 기업이 추구하여야 할 대상으로 삼고 있다. 이러한 견해는 어떻게 하면 기업이 고객의 욕구를 충족시킬 수 있는가를 평가하고자 한다. 이때 고객의 욕구는 기업의 관점이 아닌 고객 자신의 관점에서 파악하여야 한다. 고객 측면은 네 가지 요소, 즉 품질, 시간, 성과 그리고 서비스를 고려하여야 한다. 그러므로 각 요소별로 구체적인 목표를 설정하고 얼마나 달성하였는가 하는 성공정도를 측정할 수 있는 지표를 마련하여야 한다. 고객의 욕구 파악과 마찬가지로 지표의 마련도 고객입장에서 설정되어야 한다. 성과지표로는 시장점유율, 고객만족지수, 고객별 수익성, 새로운 고객유치율, 브랜드자산력, 고객클레임 건수, 고객인지도 등이 이용될 수 있다.

❸ 내부 프로세스 관점(internal business process perspective) : 기업은 재무적 목적과 고객목적을 달성하기 위하여 어떠한 프로세스들을 잘 관리할 수 있어야 하는가? 즉 내부 관리 관점은 기업의 가치사슬 내에서 제품과 서비스가 고객만족을 달성하고 경쟁기업보다 앞서 가기 위해서는 무엇을 해야 하는지를 구체화하는 과정이다. 기업의 궁극적 목표인 기업가치증대는 이익을 통하여 실현되며 이익의 원천인 수익은 고객으로부터 나오기 때문에 내부 관리과정의 업무프로세스는 고객의 입장에서 프로세스를 개선하고 변화시킬 필요가 있다. 즉 고객과 시장의 변화는 기업에 끊임없는 변화를 요구하고 있으며 기업의 변화는 관리과정의 변화를 통해서 이룰 수 있어야 한다. 성과지표의 예는 리드타임(lead time), 정시배달률, 품질수준, 생산성향상률, 원가절감률, 납기지연건수 등이다.

❹ 학습과 성장 관점(learning and growth perspective) : 기업은 미래가치를 창조하고 증대시킬 수 있는가? 즉 기업의 장기적인 경쟁력에 대한 투자가 기업의 성장을 이끌어 낼 수 있다는 사고에서 무형의 자산 또는 지적 자산에 대한 투자를 어떻게 수행하고 있는가를 평가하고자 하는 관점이다. 이는 기업의 장기적 역량을 높이기 위한 지표들이 포함되며 기업성장의 주체는 종업원이므로 인적 자원의 개발에 대한 평가지표들이 중요하다고 인식되고 있다. 성과지표로 연구개발활동, 신제품개발건수, 교육훈련시간과 비용, 이직률, 종업원만족도, 지식경영구축도, 특허수, 시스템구축률 등이 이용될 수 있다.

이상과 같은 균형성과모형에 의한 성과평가의 특징과 네 가지 관점의 특징을 요약하면 [그림 9-4]와 같다.

◇ 그림 9-4 균형성과평가모형의 요약

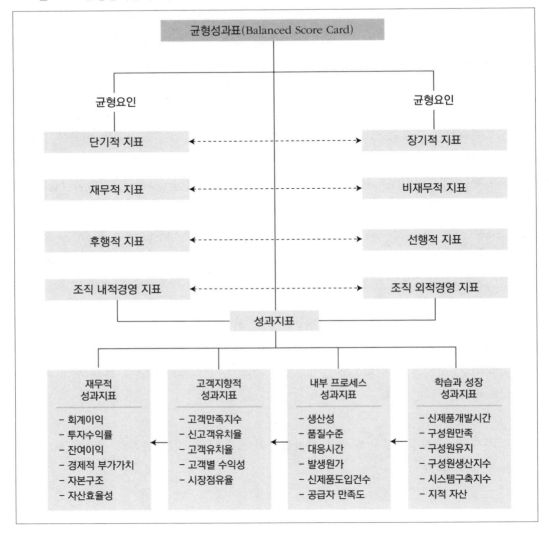

(3) 전략과의 연결

균형성과평가모형은 재무적 성과지표와 비재무적 성과지표의 균형을 통한 성과관리기법
이다. 균형성과평가모형이 제대로 기능하기 위해서는 기업의 전략과 성과지표를 연결하는
것이 필요하다. 전략의 핵심은 고객지향성과 경쟁우위의 확보로 요약될 수 있다. 그러므로
균형성과 평가모형을 설계하는 과정을 통하여 종업원들이 전략수립과정에 참여하고 이를
통하여 전략달성을 더욱 촉진할 수 있도록 하여야 한다. 균형성과표에 의한 성과지표들이

기업의 전략과 연결되면 종업원들에게 기업의 비전을 보여줄 수 있으며 내부 프로세스의 개선에 유인을 제공할 수 있게 된다. 그러므로 균형성과 평가모형의 구축에 있어 무엇보다 중요한 것은 기업의 전략을 명확히 하고 이를 구체적인 성과지표와 연결하는 것이다.

연습문제

1 (주)홍지는 최근 몇 달 동안 계속 손실을 보았다. 이 회사에서 작성한 지난 1/4분기의 손익계산서는 다음과 같다.

매출액	₩ 20,000
변동원가	7,800
공헌이익	12,200
고정원가	12,500
영업이익	₩ (300)

회사는 지역별 책임회계제도를 채택하고 있으며, 이에 따라 동부권, 서부권, 남부권 세 지역으로 사업부를 구성하고 있다. 각 사업부에 대한 정보는 다음과 같다.

	동부권	서부권	남부권
매출액	₩ 80,000	₩ 5,000	₩ 7,000
변동원가율	30%	52%	40%
통제가능고정원가	₩ 4,000	₩ 3,200	₩ 3,500

| 물음 |
1. 지역별 손익계산서를 작성하시오.
2. 시장조사연구기관의 설문조사결과 남부지역에 분기에 ₩ 440의 추가적 광고비를 지출하면 매출액이 20% 증가한다고 한다. 당신은 이 추가적 광고를 권장하겠는가?

2 (주)홍지의 식품사업부는 ₩ 100,000,000의 영업자산에 ₩ 30,000,000의 영업이익을 기록하고 있다. 이 사업부는 ₩ 5,000,000을 투자하여 새로운 식품을 생산판매하는 투자안을 검토하고 있다.

| 물음 |
1. 동 사업부의 투자수익률은 얼마인가?
2. 최저 필수수익률이 15%라고 가정할 경우, 잔여이익을 계산하시오.
3. 성과측정 투자수익률을 이용하면, 사업부 경영자의 행동에 어떠한 영향을 주는가?
4. 잔여이익을 성과측정지표로 사용할 경우, 사업부 경영자는 어떠한 행동을 취할 것으로 예상되는가?

3 홍지전자주식회사의 예산자료는 다음과 같다.

외상매출금		₩ 150,000
재고자산		₩ 100,000
고정자산		₩ 250,000
총자산		₩ 500,000
고정원가		₩ 120,000
변동원가	단위당	₩ 500
목표투자수익률(영업이익 ÷ 총자산)		20%
추정매출량		1,000단위

| 물음 |
1. 목표투자수익률을 충족시키기 위한 단위당 판매가격은 얼마인가?
2. 자산회전율은 얼마인가?
3. 매출이익률은 얼마인가?
4. 판매가격과 단위당 변동원가가 변하지 않는다고 가정할 때 매출량이 50% 늘어난다고 하면 영업자산의 투자수익률은 얼마인가?
5. 이 회사는 새로이 비디오사업부를 설치할 것을 고려하고 있다. 비디오사업부의 투자액은 ₩ 200,000이며, 연간 영업이익은 ₩ 35,000으로 예상된다. 이 사업부의 최저 필수수익률은 15%이다. 만일 비디오사업부의 성과를 투자수익률과 잔여이익에 의하여 평가하는 경우, 회사는 비디오사업부를 추가하여야 하는가?

4 (주)홍지는 4개의 지점을 거느리고 있는데 각 지점의 영업상황은 다음과 같다. 이 회사의 최저 필수수익률은 20%이고 가중평균자본비용은 8%이다.

지점별	투자액	영업이익
강동지점	₩ 250,000	₩ 60,000
강서지점	200,000	50,000
강남지점	100,000	30,000
강북지점	150,000	30,000
합계	₩ 700,000	₩ 170,000

| 물음 |
1. ① 영업이익 ② 투자수익률 ③ 잔여이익의 세 가지 방법에 의하여 각 지점별 성과측정의 우선순위를 결정하시오.
2. 위의 각 방법에 대한 유용성을 설명하시오.
3. 최저 필수수익률이 5% 상승하였을 때와 5% 하락하였을 때 잔여이익법에 의한 순위에는 변동이 있는가?

5 도준씨는 카메라 제조업체인 (주)홍지의 생산부장으로 근무하고 있다. 카메라의 가격결정기준으로는 정상조업도에서의 원가자료가 이용되고 있으며, 원가요소는 크게 변하지 않는 속성을 지니고 있다. 아래 원가자료를 이용하여 다음의 물음에 답하시오.

단위당 변동원가 (원재료비, 노무비, 기타)	₩ 396
고정제조간접원가	₩ 900,000
목표투자수익률	20%
정상조업도	30,000대
투자금액(총자산)	₩ 2,700,000

| 물음 |

1. 투자수익률 20%를 달성하기 위해서는 판매단가를 얼마로 책정해야 하는가?
2. 판매량 20,000대일 때와 40,000대일 때의 투자수익률은 각각 얼마인가?
3. 동사는 생산량과 이익에 따른 인센티브 연말 상여금지급을 계획하고 있다. 판매대수가 2만 대, 3만 대, 4만 대일 때, 각 상황하에서의 적당한 상여금지급방법의 결정기준에 대하여 언급하시오.

6 균형성과평가모형의 특징을 설명하고, 금융기관인 (주)홍지은행과 자동차를 생산·판매하는 (주)홍지자동차의 네 가지 관점에 대한 성과지표가 어떻게 다를 수 있는가를 설명하시오.

활동기준회계

활동기준회계

1. 활동기준원가회계의 본질

1) 활동기준원가회계의 생성

최근 활동기준원가회계(ABC : Activity-Based Costing) 또는 활동기준회계(activity based accounting)가 주목을 받고 있는 것은 일본 기업의 세계시장장악 및 서구기업, 특히 미국 기업의 경쟁력 약화와 무관하지 않다. 일본기업의 놀라운 성장에 자극을 받은 서구세계는 여러 방면에서 자국기업의 회복책을 강구하고 있다. 한편에서는 일본기업의 경영방식을 모방하면서, 다른 한편에서는 새로운 경영방식의 개발에 노력을 경주하고 있다. 이러한 상황하에서 회계학계의 일각과 업계에서는 전통적인 원가계산제도의 결함을 경쟁력 약화의 원인으로 분석하고 이에 대한 해결책으로 활동중심원가회계제도의 채택을 주장하고 있다.

따라서 활동기준원가회계는 제조간접원가의 상대적 비중이 확대된 제조상황하에서 정확한 원가계산뿐만 아니라 배후에 원가정보의 전략적 활용이라는 사고를 동반하고 있다. 이러한 사고는 기업의 경영을 활동의 연속구조로 파악하여 가치창출활동의 효율을 극대화하고 가치창출불능활동을 제거함으로써 경쟁우위를 확보할 수 있다. 회계학 분야에서는 이러한 아이디어를 수용하여 회계정보의 전략적 이용을 목적으로 하는 전략회계를 발전시키고 있으며, 활동기준회계는 전략회계의 기초적인 과정으로 파악할 수 있다. 즉 활동기준원가회계는 단순히 정확한 원가계산만을 추구하는 것이 아니라 투자관리 · 성과평가 · 원가관리 등 경영전반에 대한 종합적인 정보제공시스템으로 이해되고 있다.

2. 활동기준원가회계의 의의와 구성요소

1) 활동기준원가회계의 의의

활동기준원가회계는 기업의 목표를 달성하기 위해 수행하고 있는 각각의 활동별로 그 성과를 측정하고 관련되는 원가를 추적함으로써, 보다 정확한 원가정보를 산출하고 전사적인 관점에서 비능률을 제거할 수 있는 원가정보를 체계적으로 산출하는 시스템이다. 즉 활동기준원가회계는 활동은 자원을 소비하고 제품은 활동을 소비한다는 전제로 모든 원가를 활동을 중심으로 파악하며 제품원가계산도 활동별로 파악된 원가에 근거하여 행하여진다. 활동기준원가회계는 원가를 발생시키는 활동을 체계적으로 분석하고 활동별로 원가정보를 산출하여 궁극적으로는 보다 정확한 제품별 원가계산을 행하는 방법으로, 제조간접원가 배부를 합리적으로 수행할 수 있다.

2) 활동기준원가회계의 구성요소

활동기준원가회계를 구성하는 중요한 개념으로는 활동과 활동원가 그리고 원가동인을 들 수 있다.

❶ 활동과 활동원가 : 활동이라 함은 작업(work)을 할 수 있도록 하는 하나의 과정 혹은 하나의 절차를 일컫는 것으로, 이는 원가를 발생시키는 기본적인 분석단위이며, 부문이나 제품은 활동을 수요하는 이차적 분석단위이다. 활동은 어떤 기능의 목적을 수행하기 위하여 필요로 하는 행위이며, 이는 기능을 보다 세분화한 것이다. 활동은 자원의 소비를 통하여 원가를 발생시키는 원인요소이다. 활동의 일반적인 예로는 구매활동, 설비재조정활동, 제조준비활동, 기계가동활동, 재고보관활동, 품질검사활동, 예약활동, 판매촉진활동 등을 들 수 있다. 활동기준원가회계를 이용하는 경우 활동을 몇 개로 분류할 것인가를 결정하여야 한다.

활동에 따라 자원의 소비를 활동원가라고 한다. 따라서 활동원가의 구분은 활동의 구분을 의미한다. 활동원가는 다음 네 가지로 분류할 수 있다.

- 단위 level의 활동원가 : 제품단위수에 비례해서 소비되는 활동의 원가이다. 이는 직접재료원가, 직접노무원가, 에너지비용, 기계사용비용(예 : 기계감가상각비, 기계수선유지비 등) 등과 같이 단기변동원가로 불리는 원가들이다.
- 벳치 level의 활동원가 : 제품벳치(batch: 정량 묶음) 수에 비례하여 소비되는 활동의

원가이다. 예를 들어, 기계가동준비비용 · 작업준비비용 · 구매비용 등이다. 즉 원재료의 1회 주문량이 많든 적든 간에 동일한 구매주문서작성비용이 발생한다.

- 제품 level의 활동원가 : 제품종류수에 비례하여 발생하는 활동의 원가이다. 공정설계비용 · 제품개선비용 등은 특정 제품라인을 추가할수록 증가하나 제품생산량이나 뱃치 수에 상관없이 일정하게 발생한다.
- 설비 또는 공장 level의 활동원가 : 설비수준 또는 공장의 관리에 따른 활동의 원가이다. 공장의 일반관리비 · 공장건물과 토지의 유지비 및 재산세 등이 이에 포함된다. 이들 원가는 다소 주관적 기준을 이용하여 배부하며, 일괄배부하는 것이 일반적이다.

❷ 원가동인 : 원가동인(cost driver)은 활동별로 집계된 원가를 제품에 배부할 때의 배부기준이다. 원가동인은 활동원가를 발생시키거나 또는 발생정도에 영향을 미치는 요소이며, 활동의 측정치이다. 활동기준원가회계에서는 활동에 따라 상이하고 다양한 배부기준을 이용하여 제조간접원가를 제품별로 배부한다.

활동과 원가동인의 구분이 자세하면 자세할수록 정확한 원가계산을 행할 수 있다. 원가동인의 수는 원가시스템의 정확성과 제품의 다양성에 의하여 결정된다. 따라서 원가동인을 선택할 때는 인과관계, 수혜관계(이득), 공정성과 합리성을 갖고 원가를 배부할 수 있는지를 고려해야 한다. 원가동인의 선택 시에는 활동별 원가와 상관성을 갖는 비재무적 변수인 거래기준원가동인이 많이 이용된다. 거래기준원가동인의 예로는 발주회수, 선적회수, 주문처리회수, 생산준비회수, 작업지시서수, 검사회수가 있다.

3. 활동기준원가계산

1) 활동기준원가계산의 의의

활동기준원가계산은 '제품들은 활동을 소비하고 활동들은 자원을 소비한다.'는 개념에 바탕을 두고 있다. 따라서 활동기준원가계산은 모든 원가를 활동(activity)을 중심으로 파악한다. 즉 기본적인 원가대상을 활동으로 설정하며 부문 · 제품 · 고객 등 전형적인 원가대상의 원가는 활동별로 파악한 원가에 근거하여 계산한다. 활동은 원가를 발생시키는 기본적 분석단위라고 정의할 수 있으며, 부문이나 제품은 활동을 필요로 하는 이차적인 분석단위라고 할 수 있다. 활동의 일반적인 예로는 구매활동, 설비재조정활동, 기계가동활동, 재고보관활동, 판매활동 등을 들 수 있다. 물론 기업의 특성에 따라 또는 분석의 요구수준에 따라 활동의 세분화 정도는 상이해진다.

기본적인 원가대상을 활동으로 설정함에 따라 기본적인 원가대상을 제품중심으로 하는 전통적인 원가계산과는 다음과 같은 점에서 비교가능하다.

❶ 원가의 분류방식이 상이하다. 전통적인 원가계산은 원가를 형태별로 구분하여 직접재료원가, 직접노무원가, 제조간접원가로 분류한다. 활동기준원가계산에서는 원가를 활동별로 분류하여 재료관련 활동원가, 노무관련 활동원가, 구매활동원가, 설비재조정활동원가, 기계가동활동원가, 재고보관활동원가, 판매활동원가 등으로 세분한다. 즉 전통적인 원가계산에서의 제조간접원가를 활동에 따라 독립적인 원가범주로 구분한다.

❷ 활동기준원가계산은 장기적인 관점을 취한다. 전통적인 원가계산에서는 단기의 생산량변화와 원가수준과의 관계에서 변동원가와 고정원가의 분류를 채택하고 있으나, 활동기준원가계산에서는 제품생산량의 변동이 아니라 활동의 관점에서 원가를 파악하므로 모든 원가는 원칙적으로 활동수준에 의하여 변동하는 변동원가이다.

❸ 제조간접원가의 배부기준이 상이하다. 전통적인 원가계산에서는 제조간접원가의 배부 시 대개 재무적인 수치인 직접노무시간·직접재료원가 등 생산량과 관계된 단일 혹은 소수의 기준만을 사용한다. 그러나 활동기준원가계산은 각각의 활동 또는 활동원가마다 고유의 배부기준인 원가동인을 사용함으로써 제조간접원가의 배부과정을 정교화한다. 또한 제조간접원가의 배부기준으로 제품의 부품수, 검사기간, 주문회수 등과 같은 비재무적인 변수들이 자주 이용된다.

❹ 원가집합(cost pool)의 수가 확대된다. 전통적인 원가계산은 부문별 또는 공장 전체에 대하여 제조간접원가집합이 하나 또는 둘에 불과하다. 그러나 활동기준원가계산에서는 가급적 세분화된 활동별로 제조간접원가집합을 설정하기 때문에 제조간접원가집합이 상당히 증가한다.

❺ 제품뿐만 아니라 제품 이외의 것도 원가계산대상으로 삼을 수 있다. 예를 들어, 고객에 대한 서비스원가를 개별 고객을 대상으로 하여 고객별 수익성 분석을 행할 수 있다. 활동기준원가계산은 병원, 항공사, 회계법인 등과 같은 서비스기업에도 적용가능하다.

결국 활동기준원가계산에서의 활동은 원가와 동전의 양면과 같은 동일물이라고 할 수 있다. 즉 원가란 활동에 필요한 자원의 소비량을 화폐로 평가한 것임에 불과하다. 따라서 활동기준회계에서는 원가와 원가대상 간의 인과관계가 본질적으로 만족된다고 할 수 있으며, 전통적인 원가계산에서 발생하는 조업도기준원가배분의 임의성으로 인한 제품원가의 왜곡가능성 문제를 해결할 수 있다.

2) 활동기준원가계산의 구조

◇ 그림 10-1　활동기준원가계산의 모형

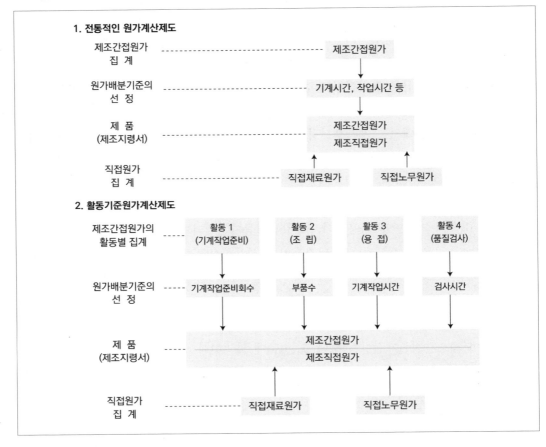

활동기준원가계산과 전통적인 원가계산을 비교하면 [그림 10-1]과 같이 요약할 수 있다. 활동기준원가계산은 제조원가뿐만 아니라 판매원가와 일반관리원가도 대상으로 한다. 그러나 설명을 간편화하기 위하여 제조원가만을 대상으로 하기로 한다.

전통적인 원가계산제도하에서 제조간접원가는 공장 전체배부율을 이용하거나 부문별 계산시 부문별 배부율을 이용하여 제품별로 나누어진다. 그러나 활동기준원가계산은 제조간접원가를 활동별로 구분하여 활동원가집합을 만들고 이를 각 제품의 활동량에 따라 배부한다. 따라서 전통적인 원가계산제도와 활동기준원가계산제도의 근본적인 차이는 제조간접원가를 어떻게 파악하고 집계하며 어떻게 배부하는가에 있다.

3) 제조간접원가의 배부

제조간접원가배부방법의 선택은 원가대비효과에 바탕을 두고 의사결정을 해야 한다.

활동기준원가계산 시 제조간접원가의 배부절차를 살펴보기 위하여 전통적인 원가계산의 제조간접원가배부구조를 비교목적으로 도시하면 [그림 10-2]와 같다. 전통적 원가계산 시 제조간접비의 배부는 대체로 부문별 원가계산을 따른다. 부문별 원가계산시 제조간접원가의 배부절차는 다음과 같다.

✧ 그림 10-2 전통적 제조간접원가의 배부과정

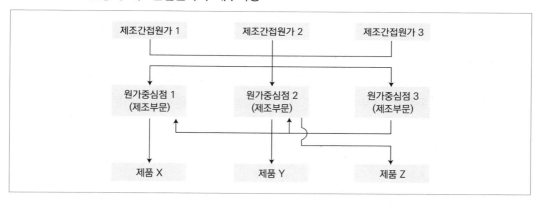

❶ 제조간접원가는 그것이 발생한 제조부문과 보조부문별로 분류·집계한다. 즉 제조간접원가를 원가중심점별로 파악한다.

❷ 보조부문으로 집계된 원가는 적당한 기준에 따라 제조부문에 배부한다.

❸ 제조부문으로 집계된 원가는 당해 제조부문을 통과한 제품별로 일정한 기준에 따라 배부한다.

반면에 활동기준원가계산의 제조간접원가배부과정은 [그림 10-3]과 같다. 즉 활동기준원가계산의 첫 단계는 활동을 수행하는 데 필요한 자원을 파악하고 활동단위별로 자원의 소비액, 즉 원가를 측정한다. 두 번째 단계는 각 활동원가의 원가동인을 파악하고 활동단위별 배부율을 계산한 후 각 제품이 소비하거나 수요한 만큼의 활동에 비례하여 각 제품에 배부한다.

◇ 그림 10-3 활동기준원가계산의 제조간접원가배부과정

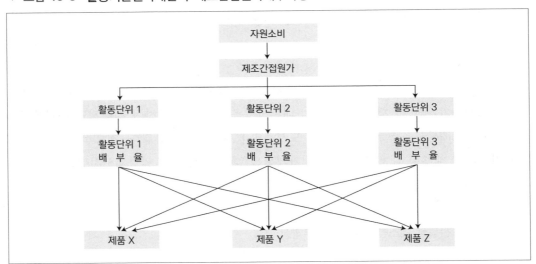

활동기준원가계산은 공정별 원가계산이나 개별 원가계산과 결합하여 사용될 수 있다. 특히 활동기준원가계산은 공정별 원가계산과 아주 흡사하다. 공정별 원가계산 시의 공정을 보다 세분화된 활동으로 구분하고 세분화된 활동별로 간접원가를 파악한 후 제품별 원가계산을 수행하는 것이 활동기준원가계산이다.

활동기준원가계산 시 제조간접원가의 배부절차를 보다 구체적으로 나누어보면 다음과 같다.

❶ 활동을 구분하고 각 활동을 분석한다. 활동분석은 활동의 원가와 성과를 정확히 측정하기 위한 기초가 된다. 활동분석은 거대하고 복잡한 조직을 개별 세부활동으로 나누어 분석함으로써 각 활동이 어떤 자원을 사용하는지, 기업의 목표를 달성하는 데 얼마나 기여하는지를 파악하도록 해준다.

❷ 활동의 원가를 결정한다. 활동원가는 활동을 수행하는 데 필요한 모든 자원의 원가를 추적함으로써 얻어진다.

❸ 활동원가의 원가동인을 결정한다. 원가동인은 활동원가를 가장 직접적으로 변동시키는 활동이며, 이는 활동원가배부기준이다. 제품원가계산을 위해서는 소비된 활동의 수량을 파악하여야 하는데, 이는 원가동인의 단위로 측정된다.

❹ 활동원가를 활동수량으로 나누어 활동의 단위당 원가를 계산한다.

❺ 원가동인에 의하여 제품이 소비한 활동의 수량을 측정하고 이에 활동의 단위당 원가를 곱하여 제품별 배부액을 계산한다.

❻ 제품별 원가를 계산한다. 즉 ❺에서 계산된 제조간접원가배부액과 직접제조원가를 합계하여 제품별 또는 제조지령서별 총제조원가를 계산한다.

>> 예제 1

(주)홍지는 화장용 경대를 생산하고 있다. 이 회사의 제조작업활동은 재료처리, 절삭, 조립, 도색 등 네 가지로 구분되며 제10기의 제조작업활동관련 자료는 다음과 같다. 이 회사는 직접노무원가의 비중이 작아서 제조원가를 직접재료원가와 가공원가로 구분하여 원가계산하며, 가공원가를 작업활동별로 배부하고 있다.

작업활동	제10기의 가공원가예산액	배부기준	배부기준단위당 가공원가
재료처리	₩ 2,000,000	부품의 수	@₩ 2.50
절삭	20,000,000	부품의 수	25.00
조립	50,000,000	직접작업시간	250.00
도색	10,000,000	도색된 제품수	220.00

화장용 경대는 도색작업을 하는 표준형과 도색작업을 하지 않고 원목의 색깔을 그대로 유지하는 자연형 두 가지 유형으로 구분된다. 제10기 8월 중의 생산관련 자료는 다음과 같다.

제품	생산수량	직접재료원가	부품의 수	조립 시 직접작업시간
표준형	5,000개	₩ 6,000,000	100,000개	7,500시간
자연형	1,000	6,850,000	15,000	1,100

| 물음 |
표준형 경대와 자연형 경대의 단위당 제조원가를 계산하시오.

| 풀이 |

		표준형 경대		자연형 경대
직접재료비		₩ 6,000,000		₩ 6,850,000
가공비				
재료처리	100,000×2.5	250,000	15,000×2.5	37,500
절삭	100,000×25	2,500,000	15,000×25	375,000
조립	7,500×250	1,875,000	1,100×250	275,000
도색	5,000×220	1,100,000		–
총제조원가		₩ 11,725,000		₩ 7,537,500
생산량		5,000개		1,000개
단위당 제조원가		@₩ 2,345		@₩ 7,537.50

>> 예제 2

(주)홍지중공업은 세 종류의 엔진부품 A, B, C를 생산판매하고 있다. 이 회사는 제조간접원가를 활동별로 분석한 결과 재료처리, 생산일정계획, 작업준비, 기계가동, 마무리, 포장, 선적의 일곱 가지 주요 활동으로 구분하였다. 제8기 중의 연간 활동별 원가발생액과 활동별 배부기준은 다음과 같다.

활동	연간원가	배부기준
재료처리	₩ 1,500,000	부품수
생산일정계획	58,500	제조지시서의 수
작업준비	320,000	작업준비회수
기계가동	5,280,000	기계시간
마무리	810,000	직접노동시간
포장	80,000	제품생산량
선적	151,800	선적회수

한편 제품 A, B, C에 대한 제8기의 자료는 다음과 같다.

항목	제품 A	제품 B	제품 C
생산량	1,000개	5,000개	2,000개
단위당 직접재료비	₩ 250	₩ 180	₩ 330
단위당 부품수	30개	50개	110개
단위당 직접노동시간	4시간	5시간	8시간
단위당 기계시간	6시간	8시간	10시간
제조지시서수	20매	125매	50매
작업준비회수	10회	50회	20회
선적회수	40회	100회	80회

| 물음 |
1. 활동별 제조간접원가배부율을 계산하시오.
2. 제품단위당 제조간접원가를 계산하시오.
3. 직접노동시간을 기준으로 제조간접원가를 일괄배부하는 경우의 제품단위당 제조간접원가를 계산하시오.

| 풀이 |
1. ① 재료처리활동
   부품 수 : $(30 \times 1,000) + (50 \times 5,000) + (110 \times 2,000) = 500,000$

₩ 1,500,00÷500,000 = ₩ 3/개

② 생산일정계획활동

제조지시서 수 : 20 + 125 + 50 = 195

₩ 58,500÷195 = ₩ 300/매

③ 작업준비활동

작업준비회수 : 10 + 50 + 20 = 80

₩ 320,00÷80 = ₩ 4,000/회

④ 기계가동활동

기계시간 : (6×1,000) + (8×5,000) + (10×2,000) = 66,000

₩ 5,280,000÷66,000 = ₩ 80/시간

⑤ 마무리활동

직접노동시간 : (4×1,000) + (5×5,000) + (8×2,000) = 45,000

₩ 810,000÷45,000 = ₩ 18/시간

⑥ 포장활동

생산량 : 1,000 + 5,000 + 2,000 = 8,000

₩ 80,000÷8,000 = ₩ 10/개

⑦ 선적활동

선적회수 : 40 + 100 + 80 = 220

₩ 151,800÷220 = ₩ 690/회

2.

활동	제품 A	제품 B	제품 C
재료처리	₩ 90,000	₩ 750,000	₩ 66,000
생산일정계획	6,000	37,500	15,000
작업준비	40,000	200,000	80,000
기계가동	480,000	3,200,000	1,600,000
마무리	72,000	450,000	288,000
포장	10,000	50,000	20,000
선적	27,600	69,000	55,200
합계	₩ 725,600	₩ 4,756,500	₩ 2,718,200
생산량	1,000개	5,000개	2,000개
단위당 제조간접원가	₩ 725.6	₩ 951.3	₩ 1,359.1

3. 총제조간접원가 : ₩ 1,500,000 + ₩ 58,500 + ₩ 320,000 + ₩ 5,280,000 + ₩ 810,000 + ₩ 80,000

+ ₩ 151,800 = ₩ 8,200,300

총직접노동시간 : 45,000시간

제조간접원가배부율 : ₩ 8,200,000÷45,000 = ₩ 182.229/시간

	제품 A	제품 B	제품 C
직접노동시간	4,000시간	25,000시간	16,000시간
제조간접원가배부율	₩ 182.229	₩ 182.229	₩ 182.229
제조간접원가	₩ 728,916	₩ 4,555,725	₩ 2,915,664
생산량	1,000개	5,000개	2,000개
단위당 제조간접원가	₩ 728.92	₩ 911.15	₩ 1,457.83

4) 활동기준원가계산의 특징

활동기준원가계산은 자본 및 기술집약적 생산시스템하에서 제조간접원가의 상대적 비중이 크거나 다품종 소량생산형태의 경우, 전통적 원가계산방법보다 정확한 원가계산을 수행할 수 있다. 즉 활동기준원가계산은 고객의 욕구에 부응하여 다양한 제품을 생산하는 시스템을 유지하기 위한 원가를 활동별로 파악하고 적합한 원가동인을 이용하여 적절하게 제품이나 고객별로 배부하는 제도이다.

✦ 표 10-1 전통적 원가계산과 활동기준원가계산의 비교

항목	전통적 원가계산	활동기준원가계산
① 제조환경	노동집약적	자본·기술집약형
② 생산제품	소품종 대량생산	다품종 소량생산
③ 제조원가구성	직접노무원가가 큼	제조간접원가가 큼
④ 원가계산초점	제품	활동
⑤ 원가추적	제품별로 추적	활동별 추적 후 제품별 추적
⑥ 간접원가배부기준	재무적 기준(직접노무원가, 직접재료원가, 직접노동시간 등)	비재무적 기준의 강조 (부품수, 검사시간, 주문회수 등)
⑦ 간접원가집합	공장 전체 또는 부문별로 소수의 원가집합	다수의 활동영역별로 다수의 원가집합
⑧ 원가행태	단기조업도에 따라 변동원가와 고정원가로 구분	변동원가는 단기변동원가, 고정원가는 장기변동원가로 구분하며 원가는 장기적으로 모두 변동원가임
⑨ 원가계산대상	제조원가	제조원가 및 판매원가와 일반관리원가
⑩ 원가발생주체	각 제품은 자원을 소비함	활동이 자원을 소비함

활동기준원가계산의 특징을 파악하기 위하여 여러 가지 측면을 전통적 원가계산과 비교하면 [표 10 − 1]과 같다.

>> 예제 3

(주)홍지산업은 그동안 개별 원가계산제도를 채택하였으나, 이를 활동기준원가계산제도로 변형하려고 한다. 이 회사의 작업활동을 재료처리, 선반, 절삭, 연마 및 선적활동으로 구분하였으며, 제20기 중의 예산편성자료는 다음과 같다.

활동	배부기준	배부기준단위당 예정원가
재료처리	부품의 수	₩ 50
선반작업	선반기계회전수	20
절삭작업	기계시간	500
연마작업	부품의 수	100
선적	선적회수	20,000

개별 원가계산 시 제조간접원가는 단일의 제조간접비계정으로 집계되어 직접작업시간을 기준으로 배부되며, 직접작업시간당 배부율은 ₩5,000이다. 새로운 원가계산제도하에서 제조지령서 #101과 #102에 대한 원가계산을 하고자 한다. 제조지령서 #101과 #102의 자료는 다음과 같다.

항목	지령서 #101	지령서 #102
직접재료원가	₩ 1,150,000	₩ 3,890,000
직접노무원가	₩ 120,000	₩ 580,000
직접작업시간	50시간	250시간
부품의 수	500	2,000
기계시간	100시간	900시간
선반기계회전수	4,000	6,000
선적회수	1회	1회
제품생산량	20개	100개

| 물음 |

1. 전통적 개별 원가계산제도에 의한 제조지령서별 단위당 제조원가를 계산하시오.
2. 활동기준원가계산제도에 의한 제조지령서별 단위당 제조원가를 계산하시오.
3. [물음 1, 2]의 계산결과를 비교하고, 제품단위당 제조원가가 상이한 이유를 설명하시오.

| 풀이 |

1. 개별원가계산 :

	지령서 #101	지령서 #102
직접재료원가	₩ 1,150,000	₩ 3,890,000
직접노무원가	120,000	580,000
제조간접원가	250,000	1,250,000
총제조원가	₩ 1,520,000	₩ 5,720,000
생산량	20개	100개
단위당 제조원가	₩ 76,000	₩ 57,200

2. 활동기준원가계산 :

	지령서 #101	지령서 #102
직접재료원가	₩ 1,150,000	₩ 3,890,000
직접노무원가	120,000	580,000
제조간접원가		
재료처리	₩ 25,000	₩ 100,000
선반작업	80,000	120,000
절삭작업	50,000	450,000
연마작업	50,000	200,000
선전	20,000	20,000
합계	₩ 225,000	₩ 890,000
총제조원가	₩ 1,495,000	₩ 5,360,000
단위당제조원가	₩ 74,750	₩ 53,600

3. 두 방법의 비교

제품단위당 제조원가가 다르게 계산되는 이유는 다음과 같다.

① 개별원가계산은 단일의 제조간접원가배부율을 모든 활동에 일괄하여 적용하나, 활동기준원가계산은 활동별로 상이한 제조간접원가배부율을 적용한다.

② 개별적인 활동의 배부기준으로 가장 합리적인 원가동인을 적용하는 것이 활동기준원가계산이므로 이 방법이 전통적인 제조간접원가의 일괄배부법보다 바람직하다.

4. 활동기준원가회계의 관리적 유용성과 한계

1) 활동기준원가회계의 관리적 유용성

활동기준원가회계는 보다 정확한 제품원가의 계산을 통하여 경영관리활동에 기여를 할 수 있다. 활동기준원가회계는 많은 장점을 가지나, 가장 실질적인 유효성은 활동기준관리, 수익성의 정확한 분석, 비부가가치활동의 배제, 실질적 성과평가의 가능 등을 들 수 있다.

(1) 활동기준관리

활동기준원가계산에 의한 원가정보는 경영관리활동에 이용되며, 활동기준원가정보를 이용한 관리를 활동기준관리라고 한다. 즉 활동기준원가계산은 개별 활동에 따른 원가정보를 산출하여 제품 및 용역의 생산·판매에 불필요한 비부가가치활동을 제거하고 꼭 필요한 활동만을 수행하도록 유인하는 활동기준관리시스템에 필요한 원가정보를 제공한다. 활동기준관리는 활동기준원가계산에 의한 원가정보를 활용하여 영업을 개선시키는 것이다.

활동기준관리는 활동기준회계를 의미한다. 활동기준회계는 보다 정확한 원가계산뿐만 아니라 원가정보의 전략적 활용이라는 사고를 동반하고 있다. 즉, 고객들을 만족시키고 이익을 개선시키기 위하여 활동기준원가계산정보를 활용하는 의사결정을 말한다. 활동기준관리모형을 보면 [그림 10-4]와 같다.

✧ 그림 10-4 **활동기준관리모형**

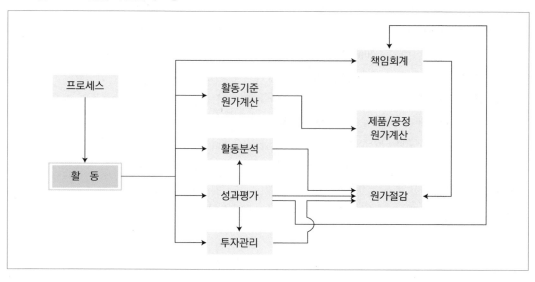

활동기준관리는 활동분석을 통한 활동별 원가정보, 원가발생요인분석을 통한 비부가가
치정보 등을 필요로 한다. 이들 정보를 이용하여 낭비의 지속적 제거, 고객과 재료를 위하
여 불필요한 지체의 감소, 품질의 개선, 원가의 절감, 인력의 개발, 지속적 노력 등을 이루
어 내려는 것이 활동기준관리의 핵심이다. 결국 활동기준관리는 제품의 설계부터 판매 후
보증까지의 모든 과정에서 고객의 욕구를 충족시키는 부가가치만을 산출함으로써 기업의
수익성을 향상시키려는 관리시스템이다.

(2) 수익성의 정확한 분석

활동기준원가계산은 다품종 생산 시보다 유용하다. 다품종 생산 시 제품 및 고객별 정확
한 수익성 분석은 필연적이다. 제품 및 고객별 수익성 분석은 강조해야 할 제품 및 고객계
층에 대한 전략적 의사결정을 할 수 있도록 한다. 제품 및 고객별 수익성 분석은 기업의
수익과 비용을 그것을 유발한 제품 및 고객별로 배부하여 원가관리·고객관리 등에 유용한
정보를 얻는 것이다. 이러한 분석은 제조원가뿐만 아니라 제품개발원가, 유통원가, 마케팅
원가, 고객서비스원가, 보증 및 책임이행원가 등 제품설계부터 고객에의 사후보증(A/S:
After Service)활동까지의 원가를 대상으로 한다.

전열기를 생산·판매하는 K회사의 고객에 대한 수익성 분석의 예를 살펴보기로 하자.

K회사의 자료

① 고객관련원가는 회사비용의 34%이다.

② 1회 고객주문의 이행은 구입수량에 관계 없이 거액의 고정원가가 발생한다. 예를 들어, 100단위
　 씩 10번의 주문이행은 1,000단위로 1회 일시주문고객보다 10배의 주문이행원가가 발생한다.

③ 만일 고객이 주문한 품목에 대한 재고가 없다면 주문품목생산에 추가원가가 발생한다.

④ 1회당 주문원가는 ₩ 700, 보유하고 있는 품목의 처리비용은 ₩ 300, 재고부족품목의 처리비용은
　 ₩ 2,300이다. 따라서 판매관련원가는 재고보유품목은 ₩ 1,000(₩ 700 + ₩ 300)이며, 재고부족품
　 목은 ₩ 3,000(₩ 700 + ₩ 2,300)이다. 이 비용은 순수변동비이다.

⑤ 지난 한 해 동안 80회의 주문이 있었다. 주문 중 30회는 재고보유품목의 주문이었으며, 50회는
　 재고부족품목에 대한 주문이었다.

⑥ 지난 해 주문에 따른 제조원가는 ₩ 680,000, 매출액은 ₩ 890,000이었다.

K회사의 자료를 이용하여 영업이익을 계산하면 ₩ 30,000이다.

매출액		₩ 890,000
비용		
매출원가	₩ 680,000	
재고보유품목의 판매관련원가	30,000	
재고부족품목의 판매관련원가	150,000	860,000
영업이익		₩ 30,000

　이러한 분석의 결과 K회사는 재고부족품목에 대한 구입이 빈번한 고객의 판매관련 원가가 매우 크다는 사실을 확인하였다. 또한 활동기준원가계산을 이용하여 고객의 10%가 회사영업이익의 120%에 상당하는 영업손실을 발생시키고 있음도 확인하였다. 이에 따라 고객별 매출액이 비슷한 경우에도 고객별 수익성은 그들의 주문형태에 따라 현저한 차이를 보이고 있다는 결론을 얻었다.

　이와 같은 분석을 토대로 이 회사는 원가경쟁력을 제고하기 위하여 다음과 같은 정책을 마련하였다.

❶ 1회 주문당 고정원가와 판매관련원가를 절감한다.
❷ 고객에게 주문횟수를 줄이고 1회 주문량을 늘이도록 유인책을 제시한다.
❸ 고객으로 하여금 정상적인 재고보유품목의 구입을 장려한다.

>> 예제 4

(주)홍지산업은 콘덴서를 생산하여 전기회사에 판매하고 있다. 이 회사는 고객 A, B, C전기회사를 대상으로 수익성 분석을 실시하고자 한다. 제5기의 고객별 매출자료는 다음과 같다.

항목	고객 A	고객 B	고객 C
매출액	₩ 18,000	₩ 15,000	₩ 15,000
매출원가	13,760	11,500	12,000

그 동안 이 회사는 고객에 대한 판매관련 비용은 매출액의 18%를 배부하고 수익성 분석을 행하였다. 그러나 이 회사의 심사부장은 이러한 분석은 문제가 있어 대학에서 공부한 활동기준원가계산을 이용하기로 하였다. 심사부장은 고객관련 원가가 고객별 수익성에 크게 영향을 미칠 것으로 판단하고 판매관련 비용의 두 가지 주요한 요인은 주문회수와 주문품목의 재고보유 여부라고 확신하였다.

심사부장의 분석결과 1회 주문당 비용은 ₩ 20이며, 재고보유품목의 처리비용은 ₩ 40, 재고부족품목의 처리비용은 ₩280임을 발견하였다. 이들 원가는 모두 주문회수에 정비례한다. 고객 A, B, C의 제5기 중 주문내역은 아래와 같다.

	고객 A	고객 B	고객 C
재고보유품목주문회수	4회	20회	3회
재고부족품목주문회수	20	4	3
총주문회수	24회	24회	6회

| 물음 |

1. 매출액의 18%를 판매관련비용으로 배부하는 방법을 이용하는 경우 고객별 영업이익을 계산하시오.
2. 활동기준원가계산을 이용하여 고객별 영업이익을 계산하고 수익성을 비교하시오.

| 풀이 |

1.

	고객 A	고객 B	고객 C
매출액	₩ 18,000	₩ 15,000	₩ 15,000
매출원가	(13,760)	(11,500)	(12,000)
판매관련비용	(3,240)	(2,700)	(2,700)
영업이익	₩ 1,000	₩ 800	₩ 300

2.

	고객 A	고객 B	고객 C
매출액	₩ 18,000	₩ 15,000	₩ 15,000
매출원가	(13,760)	(11,500)	(12,000)
재고보유품목 처리비용*	(240)	(1,200)	(180)
재고부족품목 처리비용**	(6,000)	(1,200)	(900)
영업손익	(₩ 2,000)	₩ 1,100	₩ 1,920

* (₩20+₩40)×주문회수   ** (₩20+₩280)×주문회수

따라서 전통적인 판매관련 비용배부시와 활동기준원가접근법을 이용하는 경우의 고객별 수익성은 정반대로 나타나고 있다. 즉 활동기준원가접근법 이용 시 1회 주문량을 많이 하여 주문회수가 적은 고객 C의 수익성이 가장 크다. 고객 A, B의 비교에서도 재고부족품목의 주문이 많았던 고객 A의 수익성이 보다 나쁘게 계산된다.

(3) 비부가가치활동의 배제

활동기준원가회계의 전제는 활동분석이다. 활동분석은 제품의 기능·품질·인지된 가치 등 제품의 속성을 유지하는데 필요한 부가가치활동과 불필요한 비부가가치활동을 구분할 수 있다. 비부가가치활동이란 생산·판매되는 제품의 가치를 증대시키지 못하면서 불필요한 원가를 발생시키는 활동이다. 이는 재화에 가치를 부가하지 않는 모든 활동이나 절차이며, 낭비를 의미한다.

활동분석은 공정가치분석이다. 공정가치분석은 제조과정에서 이루어지는 모든 활동을 대상으로 각 활동들이 왜, 무엇 때문에, 얼마만큼 자원이 필요한가를 분석하는 과정이다.

비부가가치활동은 소비자기호를 충족시킬 제품의 설계, 생산계획의 적절한 수립, 원재료 취급의 효율화, 제품에 사용되는 부품수의 절감, 작업준비시간의 단축 등을 통하여 제거될 수 있다. 비부가가치활동의 파악과 제거는 활동의 개선을 필요로 한다. 이러한 활동의 개선은 종전의 재무적 측정치와는 다른 비재무적 측정치를 이용한 성과평가를 통하여 이루어질 수 있다.

GE(General Electric)사의 의료기구를 조립하는 공장에서의 부가가치/비부가가치 접근법은 다음과 같은 3단계로 수행되고 있다.

✦ 표 10-2 비부가가치활동과 그 원가동인

비부가가치활동	원가동인의 예
원재료와 재공품 재고	창고위치, 구입·출고 절차, 조립가공순서, 제품당 부품수
원재료의 긴급주문	재고량추정오류, 주문오류, 재료수율차이, 생산일정의 변경, 원재료품질, 납품업자의 성실도
원재료의 이동(운반)	공장의 배치, 공정의 배치, 운반장비
재작업	조립오류, 파손의 처리, 원재료품질
검사와 확인	제품설계, 종업원 교육·훈련, 품질문제

❶ 제1단계 : 소비자에게 가치있다고 판단되는 제품의 속성을 확인한다. 이러한 속성들은 품질, 신뢰성, 가격 등이다.

❷ 제2단계 : 제조공정에서 작업을 유발하는 활동을 확인하고, 각 활동이 가치를 부가하는 활동인지의 여부를 평가한다. 즉 각 활동은 부가가치활동(예: 조립시간), 비부가가치활동(예: 재작업시간), 중간영역(예: 품질검사, 작업배정)으로 분류한다.

❸ 제3단계 : 비부가가치활동의 원인을 분석하고 이를 제거한다. [표 10-2]는 GE사가
확인한 주요한 비부가가치활동과 그 원가동인의 예이다.

(4) 성과평가 비교

활동기준원가회계는 전통적인 회계제도와는 다르게 성과평가의 기준과 방법을 변화시킨
다. 즉 활동기준원가계산에 의한 성과평가는 원가자체의 통제보다는 장기적·전략적 성과
지표인 품질, 탄력성 등 비재무적 측정치에 대한 강조로 회사 전체의 유효성을 강조한다.
전통적인 성과평가제도와 활동기준성과평가제도를 비교하면 [표 10-3]과 같다.

✦ 표 10-3 전통적 성과평가제도와 활동기준성과평가제도의 비교

항목	전통적 성과평가	활동기준성과평가
주된 형태	표준원가계산, 예산부문별, 공정별	활동분석
최적화	부문별·공정별 최적화	전사적 최적화
기준	원가·이익 등 재무적 측정치	품질·탄력성·리드타임의 단축 등 비재무적 측정치
관리초점	원가통제	장기적 원가절감, 지속적 개선
평가대상원가	주로 제조원가	제품개발원가부터 판매 후 원가까지의 제품수명주기원가
목표	정태적 표준	과정의 개선

활동기준성과평가는 성과측정 자체보다는 성과관리과정에 초점을 맞춘다. 따라서 바람
직한 성과측정치의 선택은 다음과 같은 점을 고려하여 마련되어야 한다.

❶ 성과측정치는 활동원가에 대한 통제가 어느 정도 이루어지고 있는가를 측정할 수 있
어야 한다.
❷ 대부분의 원가동인이 제품설계 및 제조작업에 관련되어 있기 때문에 성과측정치의
대다수가 비재무적인 성격을 띤다.
❸ 성과측정치는 환경변화에 적응하여 정기적으로 추가 또는 수정될 수 있도록 검토되
어야 한다.
❹ 성과측정치들은 장기적인 원가절감 등과 같은 지속적 개선을 추구할 수 있어야 한다.

❺ 성과측정은 종업원의 행동에 영향을 미치는 주요 요소이므로 성과측정치는 모호함 없이 이해하기 쉬워야 한다.

❻ 성과측정치의 수는 가급적 적어야 한다.

❼ 성과결과는 적절한 시기에 수시로 보고될 수 있어야 한다.

❽ 성과평가의 결과는 가시적이어야 한다.

❾ 성과측정치에 대한 최고경영자의 전폭적인 지지가 있어야 한다.

❿ 성과측정치는 종업원의 평가과정과 명백한 관련을 맺어야 한다.

2) 활동기준원가회계의 한계 및 개선모형

제조업에서의 원가관리목적은 제품의 정확한 원가계산을 통하여 얻어진 원가정보를 기업의 제품가격정책에 적절히 반영시킴으로써 기업의 수익성을 극대화하는 데 있다. ABC는 원가절감과 제조간접원가배부와 관련하여 획기적인 경영관리도구로 제시되었고, 생산성 향상과 회계시스템을 개선할 목적으로 도입되었다.

즉, 과거 공장자동화단계가 진행됨에 따라 전통적 원가계산방법으로는 간접부문에 대한 정확한 제품원가계산이 어렵다는 단점이 대두되었기 때문에 1980년대 초 활동기준원가계산(ABC)방법이 도입되었다. 다시 말해, ABC는 원가절감과 제조간접원가배부와 관련하여 획기적인 경영관리도구로 제시되었다. 그러나 ABC의 한계점으로 많은 기업에서 도입을 포기하고 있다.

활동기준원가회계를 적용할 때 나타날 수 있는 한계점은 다음과 같다.

❶ 활동을 명확히 정의하고 구분하는 기준이 존재하지 않는다.

❷ 원가동인의 선택이 여전히 자의적일 수밖에 없으며, 공장장의 급료와 같이 본질적으로 원가동인을 발견하기 어려운 활동원가도 있다.

❸ 이는 모든 기업이 활용할 수 있는 제도가 아니라 다품종 제품의 생산과 판매와 높은 제조간접원가를 갖는 기업 등에 유용하다.

이와 같은 한계점을 갖고 있는 ABC방법을 보완하기 위하여 Kaplan과 Anderson에 의해 시간동인활동기준원가계산(TDABC: Time-Driven ABC) 방법이 개발되었다. 이 방법은 기존 ABC방법에 비하여 훨씬 간편한 방법으로 제품원가를 계산할 수 있을 뿐만 아니라, 유휴조업도를 통하여 사용자원에 대한 효율성을 고려할 수 있는 의사결정을 위한 기법이다.

  TDABC방법은 무수히 많은 활동들의 방대한 데이터를 관리할 필요 없이 공정 또는 업무 프로세스 소요시간에 대한 시간방정식으로 제품원가를 계산한다. 또한 기존 전통적 원가계산방법이나 ABC방법은 이론적 조업도를 가정하지만, TDABC방법에서는 실질조업도를 가정함으로써 보다 현실적인 원가를 반영한다. 그리고 유휴조업도에 의한 유휴조업도원가를 산출함으로써 적정 희소자원배치에 관한 의사결정을 유도할 수 있다는 큰 장점을 가지고 있다.

연습문제

1 활동기준원가계산제도는 전통적인 원가계산제도와는 많은 차이를 보이고 있다. 활동기준원가계산제도의 특징을 중심으로 이를 전통적인 원가계산제도와 비교하여 설명하시오. 또한 활동기준원가계산제도를 이용하여 산출된 원가정보는 관리적 의사결정에 어떻게 활용될 수 있는가를 설명하시오.

2 (주)홍지는 원심펌프에 사용되는 부분품인 모터를 생산하는 사업부를 운영하며, 활동기준원가계산제도를 채택하고 있다. 다음 자료는 이 회사의 8월 중 원가자료이다.

(1) 8월 중 모터생산량은 200단위이며, 모터 단위당 재료원가는 ₩25,000이다.
(2) 모터 한 단위당 생산·소비되는 부품수량은 70개, 기계작업시간은 2시간이다.
(3) 이 회사는 제조원가를 재료원가와 가공원가로 구분하고 있다.
(4) 제조활동에 따른 원가동인과 원가동인 단위당 가공원가는 아래와 같다.

제조활동구분	원가동인	원가동인 단위당 가공원가
재료처리활동	부품의 수	₩ 250
기계작업활동	기계작업시간	4,800
조립작업활동	부품의 수	600
품질검사활동	제품의 수	1,500

| 물음 |
1. 8월 중 생산된 모터의 단위당 제조원가와 총제조원가를 계산하시오.
2. 이 회사는 판매가격을 결정하기 위하여 총원가를 계산하려고 한다. 회사는 연구개발·시장조사 등의 상위활동(upstream activities)을 분석하여 모터사업부에 ₩2,500,000을 배부하고, 유통·판매촉진·고객서비스 등과 같은 하위활동(downstream activities)을 분석하여 모터사업부에 ₩6,000,000을 배부하기로 하였다. 모터의 단위당 판매가격은 총원가에 20%의 이익을 가산하여 설정된다. 모터의 단위당 판매가격은 얼마인가?

3 (주)홍지는 세 가지 제품 X, Y, Z를 생산·판매하고 있다. 이 회사는 그동안 채택하였던 원가계산제도를 활동기준계산으로 전환하였다. 이는 활동기준원가계산이 제품원가에 대한 정확한 인식을 가능하게 하고, 보다 의사결정에 적합한 원가정보를 제시할 수 있을 것으로 판단하였기 때문이다. 다음은 제20기 동안의 작업활동에 대한 자료이다.

작업활동	연간 예산액	배부기준
재료배합	₩ 2,584,000	부품의 수
생산설계	1,140,000	생산주문수
작업준비	800,000	작업준비회수
기계가동	3,510,000	기계가동시간
마무리	1,092,000	직접작업시간
포장 및 선적	500,000	주문선적수

제20기 동안의 각 제품에 대한 예산은 다음과 같다.

	X	Y	Z
예정생산단위	1,000개	500개	80개
단위당 직접재료비	₩ 80	₩ 50	₩ 110
단위당 부품의 수	30개	50개	120개
단위당 직접작업시간	2시간	5시간	12시간
단위당 기계가동시간	7시간	7시간	15시간
생산주문수	300회	70회	30회
작업준비회수	50회	25회	25회
주문선적수	50회	40회	10회

| 물음 | 1. 작업활동별 원가배부율을 계산하시오.
　　　 2. 제품별 제조간접비예산액을 계산하시오.

4   (주)홍지제약은 제품별 사업부제도를 채택하고 있으며 드링크사업부를 보유하고 있다. 드링크사업부는 원삼정, 힘톤, 알지오의 세 가지 제품을 생산·판매하고 있다. 세 가지 제품은 동일한 생산과정을 거쳐 완성되며, 활동기준원가시스템에 의하여 원가계산을 행하고 있다. 생산공정은 자동화되어 컴퓨터통제시스템에 의하여 운영되기 때문에 제조원가는 재료원가와 제조간접원가로 구분하고 있다. 제조간접원가는 아래와 같은 여섯 가지 활동으로 구분된다. 지난 3월 중의 드링크사업부의 원가계산자료는 다음과 같다.

(1) 제조간접원가의 활동별 원가동인 및 배부율

활동	원가동인	배부율	
생산일정계획	제조지시서수	지시서당	₩ 600
원료투입	원료수	원료당	10
분쇄	분쇄기계시간	시간당	180
충전	충전기계시간	시간당	300
검사	생산량	리터당	40
포장·선적	제조지시서수	지시서당	760

(2) 3월 중 원삼정은 700ℓ, 힘톤은 500ℓ, 알지오는 300ℓ를 생산하였다.

(3) 3월 중 원삼정과 알지오의 제조활동관련 자료는 다음과 같다.

항목	원삼정	알지오
제조지시서수	20매	15매
ℓ당 원료수	25가지	30가지
분쇄기계시간	300시간	180시간
충전기계시간	301시간	500시간

| 물음 | 1. 제품 중 원삼정과 알지오의 리터당 제조간접원가는 얼마인가?

2. 만일 충전기계시간의 배부율이 시간당 ₩ 300에서 ₩ 150으로 감소되었다면 원삼정과 알지오의 제조간접원가는 어떻게 변화할 것인가?

5 (주)홍지는 제조부문 1에서 제품 A와 B를 생산하고, 제조부문 2에서 제품 C와 D를 생산하고 있다. 이 회사의 보조부문은 구매부·운송부·동력부로 구성되어 있다. 3월 중 생산관련 원가자료는 다음과 같다.

	제조부문 1		제조부문 2	
	제품 A	제품 B	제품 C	제품 D
생산량	1,000개	800개	1,000개	500개
직접재료원가	₩2,000,000	₩1,280,000	₩3,000,000	₩1,500,000
직접노무원가	600,000	320,000	600,000	1,000,000

이 회사는 활동기준 원가계산제도의 적용을 위하여 다음의 자료를 수집하였다.

활동	원가동인	제품별 배부기준수				
		A	B	C	D	합계
기계조정	기계조정시간	15	3	6	3	27시간
감독	기계시간	50	150	20	30	250시간
기계가동	기계시간	50	150	20	30	250시간
원재료구매	제품단위당 원재료량	2	5	5	4	–
주문처리	주문처리건수	10	10	30	50	100건
운송	운송회수	10	40	20	30	100회
동력	기계시간	50	150	20	30	250시간

또한 제조부문의 공통적 제조간접원가는 기계조정원가 ₩270,000, 감독원가 ₩50,000, 기계가동원가 ₩100,000으로 나타났다. 보조부문비는 운송부비 ₩250,000, 동력부비 ₩150,000, 구매부비 ₩320,000이다. 구매부는 원재료 구매활동뿐만 아니라 주문처리활동도 수행하며, 구매부비 중 20%는 주문처리비용이다.

|물음| 1. 전통적인 원가계산제도를 이용한 제품별 단위당 제조원가를 계산하시오. 단, 제조간접비는 기계시간을 기준으로 배부한다.
2. 활동기준원가계산제도에 의한 제품별 단위당 제조원가를 계산하시오.

6 (주)홍지는 A, B 두 제품을 생산하고 있다. A제품은 소량생산품목으로 연간 5,000단위를 판매하고, B제품은 대량생산품목으로 연간 20,000단위를 판매하고 있다. 두 제품 모두 완성품으로 만드는 데 소요되는 직접작업시간은 2시간이며, 연간 총직접작업시간은 다음과 같다.

제품	시간
A제품 : 5,000단위×2시간	10,000시간
B제품 : 20,000단위×2시간	40,000시간
총직접작업시간	50,000시간

또한 제품별 직접재료원가와 직접노무원가는 다음과 같으며, 연간 제조간접원가는 ₩875,000이다.

	A제품	B제품
직접재료원가	₩25	₩15
직접노무원가(시간당 ₩5)	10	12

| 물음 |
1. 직접작업시간에 의해 제조간접원가를 배부한다면 A제품과 B제품 1단위에 대해서 배부되는 제조간접원가는 얼마인가?
2. (주)홍지는 활동분석을 실시한 결과 제조간접원가는 5개의 활동을 하는 과정에서 발생한다는 것을 알았다. 5개의 활동과 관련된 자료는 다음과 같다.
활동기준에 의해 제품 A와 B 1단위에 대해서 배부되는 제조간접원가는 각각 얼마인가?

활동	추적가능원가	사건 또는 거래수		
		합계	A제품	B제품
기계작업준비	₩230,000	5,000	3,000	2,000
품질검사	160,000	8,000	5,000	3,000
제조지령서	81,000	600	200	400
기계작업시간	314,000	40,000	12,000	28,000
재료인수	90,000	750	150	600

3. [물음 1과 2]에 의한 단위당 원가를 비교하시오.
4. 활동기준원가계산에 의할 때 A제품에 배부되는 단위당 제조간접원가가 상대적으로 많이 계산되었다. 그 이유는 무엇인가?

재고자산관리

재고자산관리

1. 재고자산관리의 본질

1) 재고자산관리의 의의

재고자산이란 기업이 생산활동이나 판매활동을 위해 일시적으로 보유하고 있는 자산이다. 상품매매업의 경우 재고자산에는 상품만이 있으나 제조기업의 경우에는 원재료, 재공품, 제품, 반제품, 저장품 등이 있을 수 있다.

어떤 자산에 있어서나 기업이 보유하고 있는 자산에는 적정한 보유수준이 있다. 예를 들어, 어느 기업이 적정수준 이상의 현금을 보유하면 그 기업의 수익성이 낮아지게 되며, 그와 반대로 적정수준 이하의 현금을 보유할 때에는 유동성을 상실하게 되어 원활한 기업활동을 할 수 없게 된다. 이와 같은 문제는 재고자산관리에도 마찬가지로 나타나는 현상이다. 재고의 보유가 부족하면 기업의 생산과 판매활동을 원활히 수행할 수 없는 위험이 발생하며, 반대로 과다한 재고를 보유할 때에는 이로 인한 과대한 경비지출, 투자지출, 그리고 재고자산의 진부화 등 수익성이 악화될 위험이 증가된다.

그러므로 재고관리의 초점은 이러한 두 가지 위험을 어떻게 조화시켜서 적절한 수준의 재고를 유지하느냐 하는 것이다.

기업의 이익을 증대시키는 데 있어서 재고자산의 효율적 관리는 매우 중요한데 그 이유가 다음과 같다.

❶ 제품의 수요와 공급 사이에 존재하는 시간적 간격을 메워줌으로써 생산수준을 평준화시키고 연속생산을 가능하게 하며, 미래의 불확실성에 대처하는 완충역할을 한다.

❷ 재고의 과다보유는 보관비·보험료 등 재고유지비용을 과다하게 발생시키며, 과소보유는 판매기회의 상실 등의 재고고갈비용을 발생시키므로, 적정재고는 기업의 수익성에 직결된다.

이러한 이유로 인하여 재고관리는 기업에서 매우 중요한 문제로 인식되고 있다. 재고관리의 목적은 판매에 지장이 없는 범위 내에서 재고자산을 최소로 유지하여 기업의 수익성을 높이는 데 있다.

2) 재고수준의 결정요인

적정재고수준을 결정하는 것은 경영자가 직면하는 가장 어려운 문제 중 하나이다. 재고자산의 적정한 수준은 각 기업의 경영정책과 그 기업이 속해 있는 환경에 따라 차이가 있을 수 있으며 흔히 기대되는 판매량, 생산공정기간, 완제품의 내구성, 재료공급의 계절적 변동, 공급자의 신용, 재고관리상의 비용 등의 요인이 있다.

이들 요인을 고려하여 결정한 적정재고수준은 다음과 같은 기업의 목적을 충족시킬 재고를 포함하게 된다.

❶ 거래적 동기 : 기업이 정상적인 영업활동을 하는 데 필요한 기본적인 재고
❷ 예비적 동기 : 미래에 예측하지 못한 돌발적인 일이 발생하였을 때 기업의 활동을 지속적으로 수행하기 위한 안전재고
❸ 투기적 동기 : 기업을 성장시키기 위한 전략적인 재고

3) 재고관리원가

기업의 재고관리에 수반되는 원가는 재고유지원가와 재고의 고갈(부족)로 야기되는 기회원가 및 재고자산을 주문하거나 인수하는 데 드는 주문원가 등으로 분류할 수 있는데 이는 [표 11 – 1]에 나타나 있다.

재고유지원가는 재고자산을 유지하고 보관하는 데 드는 원가로 이에는 재고자산에 투자되어 동결되어 있는 자본의 원가와 도난, 부패 등으로 인한 재고자산가치 하락에 따른 손실, 보험료, 보관시설비, 감가상각비, 재산세 등이 포함된다. 일반적으로 연간 총재고유지원가는 재고자산총액과 원점을 지나는 일차함수관계를 가지며, 평균재고량에 정비례한다고 보는 것이 보통이다.

주문원가는 필요한 자산을 주문해서 그것이 입고될 때까지 구매 및 조달에 수반되는 모든 비용을 말한다. 이에는 통신료와 같은 발주원가(cost of placing order), 재료의 운송 등에 관계되는 취급원가(handling cost), 대량구입불능에 따르는 할인기회의 상실 등이 포함된다. 일반적으로 주문원가는 주문회수에 대한 증분원가로 변동원가일 수도 있으나 이 원가의

주요구성요소인 급료는 단계원가로서 재고모형의 분석에 문제가 발생한다.

✦ 표 11-1 재고관리원가

Ⅰ. 재고유지원가
  1. 동결되어 있는 자본의 비용
  2. 보관비
  3. 보험료
  4. 재산세
  5. 감가상각과 진부화비용, 질적 손상
Ⅱ. 주문원가
  1. 발주비용
  2. 선적 및 취급비용
  3. 대량구입불능으로 인한 할인기회의 상실
Ⅲ. 재고고갈로 인한 기회원가
  1. 판매기회의 상실
  2. 고객의 불신감
  3. 생산계획의 차질

재고의 고갈로 인한 기회원가는 재고의 부족으로 인한 모든 비용을 말하며, 재고고갈원 가라고도 한다. 즉 재고가 불충분하여 발생하는 판매기회의 상실, 이로 인한 고객으로부터 의 불신, 재고부족으로 인하여 생산계획의 차질에 따른 손실 등도 재고고갈원가의 중요한 요인이다.

재고자산관련 원가에는 위에서 언급한 원가 이외에도 품질원가(예: 검수비용 등), 재고관리 시스템을 위해서 드는 원가, 주문을 지연시킴으로써 발생하는 원가, 생산장애로부터 오는 원가 등이 있다.

많은 기업들은 JIT시스템을 사용하지 않고, 최적 재고수준유지정책을 쓰고 있다. 일반적 으로 재고자산의사결정목적은 적합원가를 최소화하는 것이라고 말할 수 있다. 다만 취득원 가 또는 매입원가가 여러 대체안에 대해 동일한 금액일 경우 부적합원가로 생각되어 재고 정책을 결정하는 의사결정모형에서 제외시키고 있다.

재고고갈상태를 배제하는 경우 [표 11-1]에 나타난 바와 같이 재고자산관리의 적합원 가는 재고유지원가와 주문원가를 합한 금액이다. 이들 두 원가는 서로 상반된다. 예를 들 어, 재고자산을 과다보유하면 주문원가는 낮아질 것이나 유지원가는 높아질 것이다.

재고관리시스템을 결정하는 요인은 주문량과 주문시기의 의사결정문제이다. 주문량은 1회의 주문량을 결정하는 문제이고, 주문시기는 재주문시점과 안전재고를 결정하는 문제이다.

2. 경제적 주문량

1) 주문량의 선택

재고자산관리에 있어서 주요 관점 중 하나는 주문량이다. 즉 재고정책의 가장 중요한 문제는 원재료구입주문량 또는 공장에 대한 제조주문량의 최적 규모를 결정하는 것이라고 할 수 있다.

이 최적 규모를 경제적 주문량(*EOQ* : Economic Order Quantity)이라고 하는데 이것이 재고자산의 총연간 비용을 최소화하는 규모이다. 경제적 주문량을 생산활동에 대한 경제적 롯트규모(*ELS* : Economic Lot Size)라고도 하는데 이것은 제품에 대한 연간 총주문원가, 생산준비원가와 재고유지원가를 최소화하는 1회의 최적 생산량을 말한다.

>> 예제 1

㈜홍지는 LP를 고객에게 대여·판매하는 회사이다. 현금투자수익률은 12%이고 매입-주문조달기간은 2주이다. 이 회사는 납품회사들로부터 LP를 상자당 ₩200씩 구입한다. 납품회사가 운임비용을 부담하며, 이 납품회사는 좋은 품질의 LP를 공급한다는 평판이 있으므로 별도의 입고검수는 하지 않는다. 연간 수요는 1주당 200상자씩 10,400상자이다.

원가자료는 다음과 같다.

매 주문당 주문원가 :		₩625
연간 상자당 재고유지원가 :		
연간 요구수익(12%×₩200)	₩24	
연간 보험료 및 취급비용 등	₩28	₩52

| 물음 |
LP에 대한 경제적 주문량은 얼마인가?

| 풀이 |
다음 1에서는 여러 주문량 크기에 따라 연간 주문원가와 재고자산유지원가를 나타낸 표이다. 주문량이 많으면 많을수록 연간 재고유지원가는 높아지고 연간 주문원가는 낮아진다. 2에서는 그래프로 두 원가함수의 행태를 분석하고 있다. 연간 총적합원가는 총매입주문원가와 총재고유지원가가 같은 경우에 최소가 될 것이다. 이에 따라 연간 총관련원가를 최소화할 수 있는 *EOQ*는 500상자이다.

1. 여러 주문량에 따른 주문원가와 재고유지원가

총수요량(D):	10,400	10,400	10,400	10,400	10,400	10,400	10,400
주문량(Q)	50	100	400	500	600	1,000	10,400
평균재고량($Q/2$)	25	50	200	250	300	500	5,200
주문회수(D/Q)	208	104	26	20.8	17.33	10.40	1
연간 주문원가 ($D/Q \times P$)	₩130,000	₩65,000	₩16,250	₩13,000	₩10,830	₩6,500	₩625
연간 유지원가 ($Q/2 \times C$)	₩1,300	₩2,600	₩10,400	₩13,000	₩15,600	₩26,000	₩270,400
총적합원가	₩131,300	₩67,600	₩26,650	₩26,000	₩26,430	₩32,500	₩271,025

* D : 연간 수요량(10,400상자) P : 1회당 주문원가(₩625)
  Q : 주문량 C : 재고 1단위의 유지원가(₩52)

위 표에서 보면 1회 주문량이 500상자보다 적어질수록 주문회수가 증가하여 연간 주문원가는 증가하나, 보유재고는 감소하여 연간 재고유지원가는 감소한다. 그러나 연간 재고유지원가의 감소액보다 연간 주문원가의 증가액이 더 크게 발생한다.
반면에 1회 주문량이 500상자보다 많아질수록 주문회수는 감소하여 연간 주문원가는 감소하나 보유재고의 증가로 연간 재고유지원가는 감소한다. 이때 연간 주문원가의 감소액보다 연간 재고유지원가의 증가액이 더 크게 발생한다.

2. 주문원가와 재고유지원가의 그래프 분석

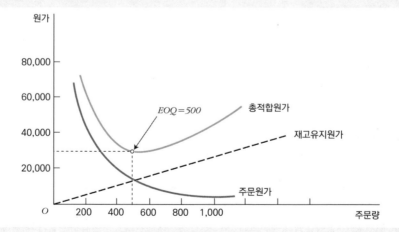

2) 경제적 주문량 모형의 가정

경제적 주문량(EOQ) 모형은 재고관리와 관련하여 발생하는 재고관리원가를 최소화시켜주는 최적 주문량을 결정하기 위한 계량적 모형이다. 이 모형은 재고자산의 보유동기 중 정상적인 영업활동을 하는데 필요한 기본적 재고의 보유를 목적으로 하는 거래동기만을 고려한다. 그러므로 이 모형은 주문원가와 재고유지원가만을 고려하며 재고부족원가는 고려하지 않으며 다음과 같은 기본적 가정을 전제로 하고 있다.

❶ 각 재주문점에서의 주문량은 동일하다.
❷ 필요량(수요량), 주문원가, 유지원가는 확실하고, 발주시점과 인도시점의 기간인 매입－주문조달기간 역시 일정하며 그 기간을 확실히 알 수 있다.
❸ 재고자산의 단위당 매입가격은 주문량에 의해 영향을 받지 않으며, 이것은 경제적 주문량을 결정하는데 매입원가가 무관련 원가임을 가정하는 것이다.
❹ 재고부족은 없다. 재고부족으로 인한 비용이 많이 들기 때문에 경영자는 가능한 이 잠재적 원가를 회피하기 위해 재고부족을 발생시키지 않는다고 가정한다.
❺ 주문량을 결정할 때 경영자는 재고자산의 유지원가와 주문원가의 범주 속에 포함시켜 품질원가를 고려한다.
❻ 일정 기간(예: 1년)을 전제한다.

이상의 가정에서 보면 매입원가, 부족원가(고갈원가), 품질원가는 무시되고 최적 EOQ모형에서 총적합원가는 주문원가와 유지원가를 합한 금액이 된다.

3) 경제적 주문량의 기본모형

앞의 가정들이 비현실적이기는 하나 EOQ모형을 쉽게 설정하기 위하여 만들어진 가정이다. 경제적 주문량을 결정하는 모형을 구체적으로 살펴보기 위해 사용될 기호와 경제적 주문량은 아래와 같다.

$$EOQ = \sqrt{\frac{2DP}{C}}$$

EOQ : 경제적 주문량 D : 연간 필요량(수요량)
P : 1회당 주문원가 C : 단위당 연간 재고유지원가

앞 절에서 살펴본 바와 같이 재고고갈이 발생하지 않으므로 총재고관리적합원가(TRC:

Total Relevant Costs)는 다음과 같이 표시될 것이다.

총적합원가＝총주문원가＋총재고유지원가

$$TRC = \frac{DP}{Q} + \frac{QC}{2}$$

위 식에서 살펴볼 수 있는 바와 같이 연간 총주문원가는 주문회수(D/Q)에 1회 주문원가(P)를 곱한 값$\left(\frac{D}{Q} \times P\right)$이다. 또한 연간 총재고유지원가는 평균재고량($Q/2$)에 단위당 연간재고유지원가(C)를 곱한 값$\left(\frac{Q}{2} \times C\right)$가 된다. 즉 연간 필요량(수요량)은 일정 기간 동안 균등하게 소비되는 것으로 가정하므로 평균재고량은 1회 주문량의 $\frac{1}{2}$이다.

경제적 주문량은 총적합원가함수를 최소화시키는 1회의 최적 주문량이므로 위 식을 극소화시키는 Q의 값이 EOQ가 된다. 따라서 위의 총적합원가함수를 Q에 대해서 미분하여 그 일차 도함수가 0이 될 때의 Q값을 구하면 된다.

$$\frac{dTRC}{dQ} = -\frac{DP}{Q^2} + \frac{C}{2} = 0$$

$$\frac{DP}{Q^2} = \frac{C}{2} \qquad Q^2 = \frac{2DP}{C} \qquad EOQ = \sqrt{\frac{2DP}{C}}$$

한편 경제적 주문량일 때 최적 주문회수와 최소 적합원가(재고관리원가: TRC)를 구하면 다음과 같다.

$$TRC = \frac{DP}{Q} + \frac{QC}{2}$$

$Q = \sqrt{\frac{2DP}{C}}$ 를 대입하여 풀면 TRC는 $\sqrt{2DPC}$로 계산된다.

계산식과 같이 경제적 주문량하에서는 연간 주문원가와 연간 재고유지가 일치한다. 이때 주문회수의 공식은 다음과 같이 구할 수 있다.

$$주문회수 = \frac{D}{EOQ} = \frac{D}{\sqrt{\dfrac{2DP}{C}}} = \sqrt{\frac{CD}{2P}}$$

예를 들어, 어느 상품의 단위당 구입가격은 ₩3, 연간 매입량은 338,000개, 1회 주문비용 ₩24, 단위당 연간 유지비용은 구입가격의 20%라면 경제적 주문량은 5,200개, 총재고관리 원가는 ₩3,120, 최적 주문회수는 65회로 계산된다.

$$EOQ = \sqrt{\frac{2 \times 338,000 \times ₩24}{₩3 \times 0.2}} = 5,200개$$

$$TRC = \sqrt{2 \times 338,000 \times ₩24 \times ₩3 \times 0.2} = ₩3,120$$

최적주문회수 = 338,000 ÷ 5,200 = 65회

>> **예제 2**

|물음|

[예제 1]과 모든 조건이 같을 때 공식에 의거하여 ① 경제적 주문량, ② 총적합원가, ③ 주문회수 를 계산하시오.

|풀이|

① 경제적 주문량 = $\sqrt{\dfrac{2DP}{C}} = \sqrt{\dfrac{2 \times 10,400 \times 625}{52}} = 500$상자

② 총적합원가 : $Q = 500$일 때의 값을 $TRC = \dfrac{DP}{Q} + \dfrac{QC}{2}$ 또는 $\sqrt{2DPC}$에 대입하여 풀면 된다.

$$TRC = \frac{10,400 \times ₩625}{500} + \frac{500 \times ₩52}{2}$$

$$= ₩13,000 + ₩13,000 \text{ 또는 } \sqrt{2 \times 10,400 \times ₩625 \times ₩52} = ₩26,000$$

③ 주문회수 : $\dfrac{D}{EOQ} = \dfrac{10,400}{500} = 20.8$(회)

3. 재주문점의 결정

지금까지 경제적 주문량의 결정에 대하여 살펴보았으나 이 절에서는 재고보충을 어느 시점에서 결정해야 하는가에 관하여 설명하고자 한다. 여기서 재주문점은 거래처에 재고자 산의 주문을 하는 시점에 있어서의 재고수준을 말한다. 경제적 주문량 모형의 가정 중에서 사용량과 조달기간이 일정하다고 하였는데 이들 가정은 불확실성으로 말미암아 현실적으 로 성립하기 어렵다.

그런데 재주문점은 조달기간과 사용량에 따라 결정해야만 한다. 그러므로 확실성하에서 의 재주문점을 결정하는 방법과 불확실성하에서의 재주문점을 결정하는 방법으로 나누어

설명한다.

1) 확실성하의 재주문점 결정

사용량이 변하지 않고 조달기간이 일정하다고 가정하면 재주문점은 기간단위당 사용량 (매출량)에 조달기간을 곱하여 계산한다. 이때 시간은 일 또는 주로 조달기간의 측정단위를 의미한다. 즉 재고자산이 입고된 후 일정한 사용률로 사용하면 재고수준은 감소하게 되며, 재주문점에서 최적 주문량만큼의 재고자산을 다시 주문하여야 한다.

재주문점＝기간단위당 사용량×조달기간

[예제 1]에서 ㈜홍지의 재주문점을 계산해보면 다음과 같다.

경제적 주문량	500상자
주당 매출량	200상자
조달기간	2주

재주문점＝주당 매출량×조달기간
＝200상자×2주＝400상자

한편 재주문점은 [그림 11 - 1]과 같이 나타낼 수 있는데 이미 설명한 바와 같이 그래프는 각 주 동안에 수요가 동일하다고 가정한 것이다.

◇ 그림 11-1 확실성하의 재주문점 결정

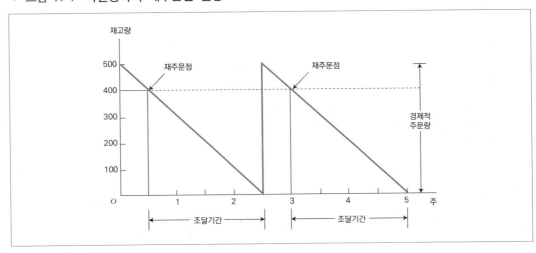

2) 불확실성하의 재주문점 결정

(1) 재주문점과 안전재고

확실성하에서의 재주문점 결정은 수요량, 조달기간이 일정하다고 가정하고 결정하였다. 그러나 현실적으로 다음과 같은 현상이 발생하는 불확실성하에서는 재고부족현상이 나타난다.

❶ 조달기간이 일정하더라도 수요량이 일정하지 않은 경우
❷ 수요량이 일정하더라도 조달기간이 일정하지 않은 경우
❸ 수요량, 조달기간이 모두 일정하지 않은 경우

재고부족현상 중 ❶과 ❷를 그림으로 표시하면 [그림 11-2], [그림 11-3]과 같다.

✧ 그림 11-2 수요량의 증가로 인한 재고부족

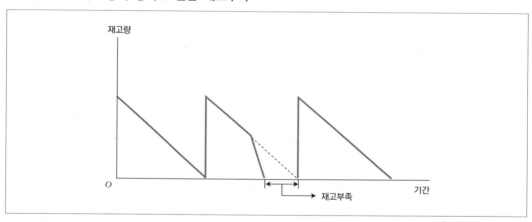

✧ 그림 11-3 조달기간의 지연으로 인한 재고부족

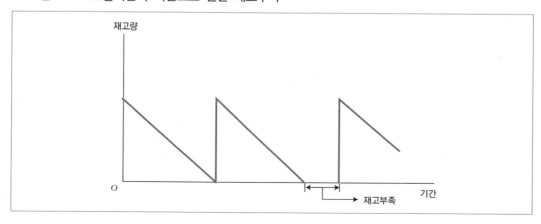

기업에서는 재고부족으로 인한 기회원가와 미래기업활동상의 차질에 대비하여 일정량의 재고를 유지하고 있어야 하는데, 이 일정량의 재고를 안전재고라 한다. 즉 안전재고는 장래의 불확실성에 대비하여 미리 계획된 여유분의 재고량을 말하는 것이다. 안전재고는 재고부족원가를 감소시키는 반면에, 재고유지원가를 증가시킨다.

안전재고수준은 수요예측의 불확실성, 재고고갈로 인한 기회비용, 재고자산도착이 지연될 가능성 등이 크면 클수록 높아지게 되며, 재고유지비용이 커지면 커질수록 낮아지게 된다.

안전재고수준은 상황에 따라 달라지게 되지만 주로 수요예측의 불확실성, 재고고갈로 인한 기회비용, 도착의 지연가능성, 재고유지비용의 네 가지 요인에 의해 결정된다.

안전재고를 보유할 경우에 재주문점은 안전재고만큼 높아질 것이다. 즉 다음의 등식이 성립한다.

재주문점 = 기간단위당 사용량 × 조달기간 + 안전재고량

[그림 11-4]를 통해 안전재고의 개념을 살펴보자. 앞 절의 확실성하에서의 재주문점에서 보았듯이 ㈜홍지의 경우를 살펴보자. ㈜홍지의 경제적 주문량은 500상자, 주당 매출량이 200상자, 조달기간은 2주, 안전재고량은 80상자라고 가정한다. 이때 재주문점은 다음과 같다.

재주문점 = 주당 매출량 × 조달기간 + 안전재고량
= 200 × 2 + 80 = 480(상자)

◇ 그림 11-4 불확실성을 고려한 안전재고

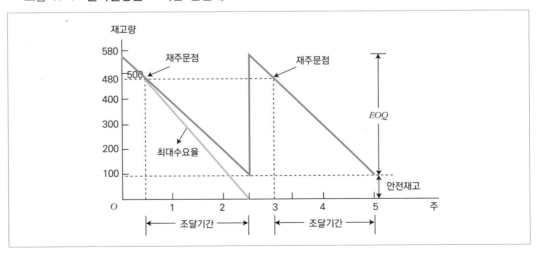

㈜홍지의 최초의 주문량은 경제적 주문량 500상자와 안전재고량 80상자를 합한 580상자이다. 그 다음부터는 재고량이 안전재고량 80상자와 조달기간 동안의 사용량 400상자(2×200상자)를 합한 480상자가 될 때 경제적 주문량 500상자를 주문한다.

만약 조달기간 2주 동안에 평균 사용량보다 많은 주당 480상자를 사용한다면 이때의 재고는 [그림 11-4]와 같이 기울기가 급격히 낮아진다. 이에 따라 안전재고량 80상자까지도 사용해야 한다. 만일 조달기간 동안의 사용량이 480상자를 초과하면 재고부족의 상황이 초래된다.

(2) 안전재고의 계산

❶ 수요량의 불확실성 : 적정수준의 안전재고를 결정하기 위해서는 재고부족으로 인한 기회원가, 안전재고를 유지하는데 드는 재고유지원가, 재고부족이 발생할 확률 등을 구체적으로 고려하여야 할 것이다. 최적 안전재고수준은 안전재고를 유지하는 원가가 재고부족으로 인한 기회원가에 의해 상쇄될 때 존재한다. 이는 연간 재고부족원가와 안전재고의 연간 재고유지원가의 합을 극소화하는 수준일 것이다.

예를 들어, ㈜홍지는 과거의 자료로부터 조달기간 동안의 수요량에 대한 확률분포를 [표 11-2]와 같이 가정하였다. ㈜홍지가 재고부족을 무시하고 재주문점을 400상자로 결정할 경우, 수요량이 480, 560, 640상자일 경우는 재고부족이 발생하며 이때 재고부족발생확률은 0.30(0.20+0.06+0.04)이다.

✦ 표 11-2 조달기간 동안의 수요량과 확률분포

수요량(상자)	확 률
160	0.04
240	0.06
320	0.20
400	0.40
480	0.20
560	0.06
640	0.04

㈜홍지는 재고부족의 위험을 줄이기 위하여 안전재고수준을 0, 80, 160, 240상자 수준을 고려하여 그 중에서 최적 안전재고수준을 결정하려고 할 것이다.

만약 (주)홍지의 단위당 재고부족원가를 ₩40으로 가정하고 각 안전재고수준에 있어서의 연간 재고부족원가의 기대치와 재고유지원가를 계산해보면 [표 11-3]과 [표 11-4]와 같다.

✦ 표 11-3 안전재고수준별 재고부족량 계산

재고부족확률	0.40	0.20	0.06	0.04
조달기간 동안의 실제총수요량	400	480	560	640
조달기간 동안 예상수요량	400	400	400	400
안전재고수준별 재고부족량 :				
0	0	80	160	240
80	0	0	80	160
160	0	0	0	80
240	0	0	0	0

✦ 표 11-4 적정안전재고의 계산

안전재고 수준 (1)	재고부족 수량 (2)	재고부족 확률 (3)	재고부족원가			재고유지원가 (7) = (1)×₩52	총원가 (8) = (6)+(7)
			재고부족원가 (4) = (2)×₩40	연간 주문 회수 (5)	연간 재고부족 원가의 기대치 (6) = (3)×(4)×(5)		
0	80	0.20	₩3,200	20.8	₩13,312		
	160	0.06	6,400	20.8	7,987		
	240	0.04	9,600	20.8	7,987		
					₩29,286	₩ 0	₩29,286
80	80	0.06	₩3,200	20.8	₩ 3,994		
	160	0.04	6,400	20.8	5,325		
					₩ 9,319	₩ 4,160	₩13,479
160	80	0.04	₩3,200	20.8	₩ 2,662	₩ 8,320	₩10,982
240	0	0	0	20.8	0	₩12,480	₩12,480

연간 재고부족원가의 기대치 = 재고부족수량×단위당 재고부족원가
×재고부족확률×연간주문회수

[표 11 - 3], [표 11 - 4]에서 볼 수 있는 바와 같이 안전재고수준이 0(즉, 재주문점이 400 상자임)이면 조달기간 동안의 수요량이 480, 560, 640상자일 때 재고부족이 80, 160, 240상자가 생기게 되며 그 확률은 0.20, 0.06, 0.04이다. 그리고 연간 재고부족원가의 기대치는 다음과 같이 계산된다.

[표 11 - 4]에서 제시된 안전재고수준에서 총원가가 가장 작은 안전재고수준은 160상 자이며 그때의 총원가는 ₩10,982이다. 그러므로 홍지비디오의 최적 안전재고수준 은 160상자이며 재주문점은 560상자(400 + 160)이다.

❷ 조달기간의 불확실성 : 앞의 예에서는 안전재고의 필요성이 재고수요량의 불확실성에만 기인한 것으로 간주하였다. 그러나 재고부족현상은 조달기간이 예상보다 길어지기 때문에 발생할 수 있다. ㈜홍지의 자료를 이용하여 조달기간이 불확실한 경우를 살펴 보자. 우선 조달기간은 2주(14일)로 확정된 것이 아니라 다음과 같은 확률분포를 보일 것으로 예상된다.

조달기간(일)	확률
13	0.25
14	0.50
15	0.25

재고부족상황은 조달기간이 15일일 때 발생하며, 이때 재고부족수량은 약 28상자 (200상자÷7일)이다. 따라서 안전재고수준은 [표 11−5]에서 보는 바와 같이 0 또는 28 상자이다.

✦ 표 11-5 적정안전재고의 계산

안전재고 수준	재고부족 확률	재고부족 수량	재고부족원가			재고유지 원가	총원가
			재고부족원가	연간 주문회수	연간 재고부족 원가의 기대치		
0	0.25	28	₩ 1,120	20.8	₩ 5,824	₩ 0	₩ 5,824
28	0	0	0	20.8	0	1,456	1,456

[표 11−5]에서 보면 최적 안전재고수준은 28상자이며 이때 총원가는 ₩ 1,456이다. 이에 따라 재주문점은 428상자(400＋28)이다.

❸ 수요량과 조달기간의 불확실성 : 적정한 안전재고수준을 결정하기 위하여는 수요량의 확률분포와 조달기간의 확률분포를 동시에 고려하여야 한다. (주)홍지의 자료를 이용하여 수요량의 확률분포와 조달기간의 확률분포가 상호독립적이라고 가정할 경우 결합 확률분포와 안전재고가 없는 경우의 재고부족의 크기는 [표 11−6]과 같다.

[표 11−6]에서 살펴볼 수 있는 바와 같이 안전재고를 고려하지 않을 경우(즉, 재주문 점이 400상자일 경우) 조달기간 동안의 수요량이 480상자이고 조달기간이 15일일 가능 성은 0.05(수요량이 480상자일 확률×조달기간이 15일 확률)이 되며, 이때의 재고부족량은 재 주문점을 초과한 수요량 80상자(480−400)와 조달기간이 하루 지연됨으로써 발생한 재고부족량 34상자(480/14)를 합한 114상자가 된다. 또한 조달기간 동안의 수요량이 480상자이고 조달기간이 13일일 가능성은 0.05이며 이때 재고부족량은 재주문점을

초과한 80상자에서 조달기간이 하루 단축됨으로써 줄어든 34상자를 차감한 46상자가 된다.

[표 11-6]에서 산출한 결합확률과 재고부족량을 기초로 하여 재고부족으로 인한 재고부족원가와 안전재고유지원가의 합계인 총원가가 최소가 되는 적정안전재고수준을 결정할 수 있다.

✦ 표 11-6 수요량과 조달기간의 결합확률분포와 재고부족량

수요량(상자)	확률	조달기간(일)	확률	결합확률	재고부족(상자)
160	0.04	13	0.25	0.01	0
		14	0.50	0.02	0
		15	0.25	0.01	0
240	0.06	13	0.25	0.015	0
		14	0.50	0.03	0
		15	0.25	0.015	0
320	0.20	13	0.25	0.05	0
		14	0.50	0.10	0
		15	0.25	0.05	0
400	0.40	13	0.25	0.10	0
		14	0.50	0.20	0
		15	0.25	0.10	28ㄱ)
480	0.20	13	0.25	0.05	46ㄴ)
		14	0.50	0.10	80
		15	0.25	0.05	114ㄷ)
560	0.06	13	0.25	0.015	120
		14	0.50	0.03	160
		15	0.25	0.015	200ㄹ)
640	0.04	13	0.25	0.01	194ㅁ)
		14	0.50	0.02	240
		15	0.25	0.01	286ㅂ)

* ㄱ) 200상자 ÷ 7일 = 28상자 ㄴ) 80 − (480÷14일) = 46상자
　ㄷ) 80 + (480÷14일) = 114상자 ㄹ) 160 + (560÷14일) = 200상자
　ㅁ) 240 − (640÷14일) = 194상자 ㅂ) 240 + (640÷14일) = 286상자

단위당 재고부족원가를 ₩ 40, 단위당 연간 재고유지원가를 ₩ 52으로 하여 총원가를 계산한 결과는 [표 11−7]과 같다. [표 11−7]에서 보는 바와 같이 총원가가 가장 낮은 안전재고수준은 160상자이며 그때의 총원가는 ₩ 11,482이다. 그러므로 ㈜홍지의

최적 안전재고수준은 160상자이며 재주문점은 560상자(400＋160)가 된다.

✦ 표 11-7 최적 안전재고의 계산

안전재고 (1)	재고 부족량의 증분(2)	재고부족 원가(3) = (2)×₩ 40	누적확률 (4)	재고부족 원가의 기대치(5) = (3)×(4)	연간 재고 부족(6) = (5)의 누적 기대치×20.8회	재고유지 원가(7) = (1)×₩ 52	총원가 (8) = (6)＋(7)
286	0	0	0	0	₩ 0	₩ 14,872	₩ 14,872
240	46	1,840	0.01	18.4	383	12,480	12,863
200	40	1,600	0.03	48	1,381	10,400	11,781
194	6	240	0.045	10.8	1,606	10,088	11,694
160	34	1,360	0.055	74.8	3,162	8,320	11,482
120	40	1,600	0.085	136	5,990	6,240	12,230
114	6	240	0.10	24	6,490	5,928	12,418
80	34	1,360	0.15	204	10,733	4,160	14,893
46	34	1,360	0.25	340	17,805	2,392	20,197
28	18	720	0.30	216	22,298	1,456	23,754
0	28	1,120	0.40	448	31,616	0	31,616

3) 재주문점을 알려주는 신호

경제적 주문량과 재주문점이 결정되면 재주문을 하도록 알려주는 장치가 필요하다. 필요성을 알리는 신호체계로 다음과 같은 것이 있다.

❶ 계속기록법(perpetual inventory system) : 계속기록법은 모든 시점의 실제재고수준을 계속 기록하다가 재주문점에 도달할 때 재주문을 하도록 알려주는 방법이다. 이 방법은 재고자산원가가 큰 품목이나 중요한 품목에만 적용하였으나, 컴퓨터의 발달로 모든 품목에 대하여 이 방법이 널리 쓰이게 되었다. 계속기록을 하는 데에는 적지 않은 비용이 소요된다는 단점이 있다.

❷ 투빈시스템(two-bin system) : 두 개의 창고를 준비하여 주문한 재고자산이 도착하면 먼저 재주문점에 해당하는 재고수량만큼을 두 번째 창고에 저장하고 나머지는 첫 번째 창고에 저장해두었다가 첫 번째 창고가 비게 되면 재주문을 하고 조달기간 동안에는 두 번째 창고의 재고를 사용하는 재고관리방법이다.

이 재고관리방법은 매우 많은 노력 없이 재고를 관리할 수 있는 단순한 방법으로서 대량저가품목의 재고자산을 관리하는데 매우 효과적이다.

❸ 정기주문법(constant order system) : 정기주문법이란 미리 설정된 계획에 따라 재고자산을 정기적으로 재주문하는 제도이다. 이 제도는 주문처리를 순조롭게 할 수 있고 주문원가를 감소시킬 수 있으나 다른 제도보다 안전재고수준을 높게 유지해야 하고 조달기간 내의 수요량 변화에 대처할 수 없다는 단점을 갖고 있다.

4. 기타 재고관리방법

1) ABC접근방법

ABC접근방법은 재고자산을 품목의 가치나 중요도에 따라 분류하여 중요하다고 판단되는 재고자산을 중점적으로 관리하는 방법이다. 특히 이 방법은 재고의 수량이 적은 품목이 단위당 원가가 높아 연간 재고관리원가를 많이 발생한다는 가정하에서 이루어진다. 결과적으로 재고수량이 많은 품목은 단위당 원가가 낮아 연간 재고관리원가가 적게 발생한다는 것을 의미한다.

예를 들면, 모든 원재료, 부품을 A, B, C의 세 집단으로 분류한다. A품목은 원가가 높고 수량이 적은 것, B품목은 A, C의 중간인 것, C품목은 원가는 낮으나 수량이 많은 것으로 한다.

ABC접근방법의 주된 관심은 가장 큰 재고자산원가를 구성하는 A품목이다. A품목에 대한 재고수준을 줄일 수 있다면 재고자산투자에 따른 원가를 상당부분 감축할 수 있다. B품목은 통상 몇 개의 품목을 통합하여 주문을 행하는 것이 경제적이다. C품목은 분기별 또는 반년마다의 주문 등 매우 느슨한 주문을 행한다. 다만 C품목이라도 품목의 부족이 생산을 심하게 저해할 수도 있다.

[표 11-8]과 [표 11-9]에 나타난 바와 같이 원재료를 각 품목별로 연간 총매입원가를 나누고 연간 소비원가의 총액을 체감하는 순서대로 나눈다. 이 기법이 ABC접근방법이다. 원재료에 대한 재고관리를 ABC접근방법으로 할 때 분석절차는 다음과 같다.

❶ 1단계 : 평균사용량에 대하여 단가를 곱하여 총원가를 얻는다.
❷ 2단계 : 5,000개의 항목을 총소비원가가 체감하는 순서대로 나열하되, 이들을 세 집단으로 분류한다.

✦ 표 11-8 원재료의 품목별 자료

품목*	평균사용량	단가	총소비원가
H20	100	₩ 200	₩ 20,000
H21	100	10	1,000
H22	500	20	10,000
H23	1,100	10	11,000
H24	5,000	2	10,000
⋮	⋮	⋮	⋮

* 품목의 총수는 5,000개이다.

✦ 표 11-9 ABC의 원가항목군

	품목		금액	
분류	품목의 수	비율	총원가	비율
A	250	5%	₩ 14,400,000	72%
B	1,250	25	3,800,000	19
C	3,500	70	1,800,000	9
합계	5,000	100%	₩ 20,000,000	100%

* 연간 원재료원가의 합계는 필요한 품목과 단위당 원가에 의하여 결정된다. 여기서 중요한 것은 단위당 원가라기보다는 총원가이다. 따라서 5,000단위에 단위원가 ₩ 2로 투자하는 것은 500단위에 단위원가 ₩ 20으로 재고투자하는 것과 동일한 총원가인 것이다.
** 예를 들면, 위의 항목 중 H20은 A분류에 속할 가장 유력한 항목으로 생각되고 있다. 이것은 총소비원가가 ₩ 20,000 으로 가장 높기 때문이다.

[표 11-9]의 ABC의 원가항목군에서 보면 5%의 A분류가 총원가의 72%를 차지하고 있음을 보여주고 있다. 일반적으로 이들 A군의 항목들은 연간소비액이 크므로 재고자산투자액도 그만큼 큰 것이다. 이는 집중적으로 재고자산에 투자할 수 있음을 보여준다.

이것은 A군에 속해 있는 품목의 주문 및 후속 주문원가가 재고자산의 과다보유로 인한 재고유지원가보다 상대적으로 낮은 데에 그 원인이 있다.

판매예측은 새로운 계획을 위한 초석이 되고, 생산계획은 다시 직접재료원가 및 부품사용계획 등으로 세부화된다. 이러한 세분화는 구입계획의 작성을 필요로 하며, 구입계획은 다시 조달기간, 계획적인 재고변경 및 감손 등을 고려하여 적절히 조정된다.

예를 들면, A군과 B군에 속하는 품목들에 대해서는 일별로 예산을 편성하는 것이 보통이다. 그 이유는 재고유지원가가 너무 크므로 많은 재고량을 확보하는 것이 무리이기 때문이다. A군과 B군에 속하는 품목을 관리하기 위하여 재료원장이 이용되며, 재료원장에는 통상수량만 기록된다.

2) 적시재고관리방법

(1) JIT의 개념

JIT(Just-In-Time)개념의 요체는 어떤 활동이 필요하거나 요구될 때 즉시 수행하는 데 있다. 이 개념이 생산활동에 적용되는 경우에는 제품에 대한 수요가 있을 때 재고로써 충족시키지 않고 즉시 생산하여 충족시키는 것을 말하며, 구매활동에 적용시키는 경우에는 재료나 부품이 필요할 때 즉시 구매하는 것을 말한다. 따라서 이 개념은 제조업에서 출발하였지만 서비스업, 금융업, 병원 등 어떤 업종에도 적용할 수 있다.

JIT는 낮은 재고비용, 낮은 원가, 그리고 질 좋은 제품을 얻어낼 수 있다.

(2) *EOQ*와 JIT

적시에 필요로 하는 양만큼을 불량품 없이 만든다는 취지의 JIT가 이상적으로 실현되게 되면 재고수준은 거의 0(zero)이 된다. JIT는 재고 자체를 비부가가치적인 낭비요소로 보고 이를 줄이는 것이다. 외견상 주문 또는 생산준비원가, 보관유지와 재고고갈비용(재고부족원가)을 최적화하는 것으로 보이는 *EOQ*모델은 분명히 재고자산을 보유함에 따른 원가를 과소평가하였다. 따라서 *EOQ*에 지나치게 의존하는 것은 다음과 같은 문제를 야기시킨다.

❶ *EOQ*는 대개 비교적 대규모의 롯트크기를 최적해로 제시하여 결과적으로 전체제조시간이 길어지게 된다.
❷ 경영자들은 *EOQ*공식에 의해 적정의 롯트크기와 생산준비 등이 잘 다루어졌으려니 하고 믿는 가운데 사후적으로 실제소요시간의 파악이나 과연 생산작업이 제시간에 완료되었는지를 파악함을 소홀히 하기 쉽다.
❸ 기존의 생산준비원가, 주문원가 등을 주어진 것으로 받아들이는 마음가짐의 문제가 여전히 해결되지 않은 채로 남는다.

JIT는 재고수준의 감소, 납기엄수, 원가절감 등에서 실무적인 효익을 얻고 있다. 또한 JIT는 품질향상, 소롯트생산, 고객욕구변화에의 신속한 대응 등이 가능하다. 이에 따라 더 이상 제조원가의 절감과 불량률 간에는 상반관계가 존재하는 것으로 믿지 않는 오늘에 있어서는 더욱 더 *EOQ*의 사고를 받아들이기 곤란해졌다.

*EOQ*모델이 생산준비원가나 주문원가 등을 주어진 것으로 간주하는 입장을 취하는 반면, JIT는 생산을 최적화함에 있어서 보다 동적인 견해를 취하여, 롯트크기를 최적화하려고 하기보다는 생산준비시간을 최소화하고자 한다. 생산준비 또는 주문시간이 단축되고 원가가 무시해질 만하게 되면 최적(생산 또는 주문) 롯트크기는 자연히 필요량에 접근하게 된다.

3) 자재소요계획

자재소요계획(MRP: Material Requirements Planning)은 원재료가 구입되고 부분품이 제조되는 시점을 결정하기 위하여 제조기업이 이용하는 재고계획에 대한 접근방법이다. 즉 자재소요계획은 생산일정계획과 재고계획을 통합하여 제조, 주문, 배달 등의 활동을 통합적으로 계획하는 것이다. *EOQ*와 재주문점은 재료나 부품에 대한 과거의 경험으로부터 결정할 수 있으나 MRP는 종합생산계획을 기준으로 하여 이루어지기 때문에 미래지향적인 방법이다.

종합생산계획은 생산설비에 대한 제약을 고려한 이후에 예산매출수량을 언제, 얼마나 생산할 것인가를 나타내준다.

일단 종합생산계획이 수립되면 재료나 부분품의 소요량을 분석하여야 한다. 재료나 부품을 언제 주문하고, 생산을 언제 시작할 것인가를 결정하기 위하여 조달기간을 결정해야 한다. 재료나 부품의 수요량이 결정되면 생산에 추가로 필요한 단위를 결정하기 위하여 소유하고 있는 재고자산과 소요량을 비교한 다음 재료의 주문수량과 생산량의 크기를 결정하기 위하여 주문수량과 롯트크기를 결정하는 규칙이 이용된다. 그 결과 생산에 필요한 모든 재료와 부품의 소요량을 나타내주는 명세표가 작성된다.

연습문제

1 ㈜홍지전자는 연간 10,000대의 계산기를 매일 균등하게 판매하고 있다. 1년 동안 재고 자산 1단위의 재고유지원가는 ₩4이고, 주문원가는 1회 주문당 ₩320이다.

| 물음 | 1. 경제적 주문량을 결정하시오.
2. EOQ하의 연간 주문원가와 연간 재고유지원가를 결정하시오.
3. 최적 주문회수를 계산하시오.

2 ㈜홍지컴퓨터는 연간 20,000대의 모니터가 필요하다. 과거 홍지컴퓨터는 4,000대씩 5회 주문을 하였으며 그 결과 연간 주문원가는 ₩400이고 재고유지원가는 ₩10,000 이 발생하였다.

| 물음 | 1. 1회의 주문원가와 모니터의 단위당 연간 재고유지원가를 결정하시오.
2. 경제적 주문량을 결정하시오.
3. ㈜홍지컴퓨터가 안전재고수준을 유지하지 않는 경우 경제적 주문량을 이용하여 얻을 수 있는 연간 원가절감액을 결정하시오.

3 ㈜홍지화학은 2개월 동안 50,000상자의 원료를 사용하고 있다. 이 회사의 1일 원료사 용량은 일정하다고 한다. 주문비용이 1회 ₩10,000이고, 2개월간의 원료상자당 재고 유지원가는 ₩40이다.

| 물음 | 경제적 주문량을 계산하시오.

4 ㈜홍지는 제품 홍실의 재고관리원가를 최소화할 수 있는 안전재고수준을 결정하려고 한다. 관련된 정보는 다음과 같다.

- 단위당 재고부족원가   :   ₩320
- 재고유지원가   : 연간 단위당   ₩2
- 주문회수   : 연간   5회
- ㈜홍지가 선택할 수 있는 안전재고수준 확률은 다음과 같다.

안전재고수준	안전재고가 재고 부족이 될 확률	재고부족가능 평균수량
10개	50%	40개
20	40%	33
30	30%	30
40	20%	25
50	10%	20
55	5%	10

|물음| 연간 재고관리원가를 최소화시킬 수 있는 안전재고수준을 결정하시오.

5 홍지약국은 특정 제품의 롯트크기를 250단위로 하여 주문하고 있다. 대한 추가정보는 다음과 같다.

- 연간 수요량   6,000단위
- 주문원가   ₩ 30(주문당)
- 단위당 구입원가   ₩ 20
- 재고유지원가는 단위당 구입원가의 20%로 추정된다.

|물음| 1. 이 제품의 최적 주문량을 구하시오.
2. 현재의 주문량과 [물음 1]에서 계산된 주문량에 대한 연간 총주문원가와 재고유지원가를 결정하시오.
3. 홍지약국의 연간 영업일수가 300일이며 재고의 1일 평균수요량이 일정하고, 조달기간 은 5일이라고 가정하여 최적 재주문점을 구하시오.

6 (주)홍지자동차는 매년 특정의 자동차 부품을 납품업자로부터 롯트(lot)단위로 구매하고 있는데 그 롯트의 크기는 10단위이다. (주)홍지자동차의 이 품목에 대한 연간 사용량은 250단위이다. 주문원가는 주문당 ₩ 20이다. 보관비는 연간 단위당 ₩ 4이다.

|물음| 1. (주)홍지자동차의 현재의 주문량에 관련되어 발생하는 연간 총주문원가와 재고유지원가 를 계산하시오.
2. 이 품목에 대한 경제적 주문량을 계산하시오.

7 MK25시는 전국적으로 슈퍼마켓체인점을 운영하고 있다. 가장 잘 팔리는 음료수는 사과주스이다. 20×1년 4월에는 나뭇골점에서 사과주스가 약 6,000상자 팔릴 것으로 예상하였다. 상자당 수량은 24캔이다. 20×1년 3월 나뭇골점은 상자당 매입주문원가(P)를 ₩30으로 추정하였고, 재고유지원가(C)는 ₩1으로 추정하였다. 나뭇골점은 창고료가 인상될 것으로 예상되어 재고유지원가를 상자당 ₩1.50으로 재추정하였다. 20×1년 3월 MK25시는 거래하는 납품업자의 수를 600업소에서 180업소로 감소시켰다. 품질검사는 슈퍼마켓으로 운송되기 전에 납품업자가 시행한다. 납품계약이 이루어진 납품업자와 나뭇골점을 컴퓨터 통신망으로 연결시켜서 주문원가를 ₩5 정도로 감소시킬 수 있을 것으로 추정되었다. MK25시의 20×1년 4월의 영업일수는 30일이다.

| 물음 | 1. EOQ모형을 이용하여 다음 각 경우 사과주스에 대한 20×1년 4월 경제적 주문량을 계산하시오.
① 수요량 6,000상자, 단위당 주문원가 ₩30, 단위당 재고유지원가 ₩1
② 수요량 6,000상자, 단위당 주문원가 ₩30, 단위당 재고유지원가 ₩1.50
③ 수요량 6,000상자, 단위당 주문원가 ₩5, 단위당 재고유지원가 ₩1.50
2. [물음 1]에 대한 대답이 JIT매입정책과 관련하여 제시하는 점은 무엇인가?

8 (주)홍지물산은 제품 A의 생산에 이용되는 주요재료 x의 재고관리에 관심을 쏟고 있다. 주요재료 x의 제 8기 중 예산재료는 아래와 같다.

- 연간 kg당 재고유지원가 : ₩ 625
- 1회 주문원 : ₩ 10,000
- 연간 소요량 : 5,000kg
- 조달기간 : 10일
- kg당 재고부족원가 : ₩ 600
- 연간 작업일수는 250일로 가정함

| 물음 | 1. 최적의 연간 주문원가는 얼마인가?
2. 재고부족원가를 추정함에 있어 고려하여야 하는 요소들을 설명하시오.

가격과 이전가격의 결정

PART 12

가격과 이전가격의 결정

1. 가격결정의 기초

1) 제품가격결정

일반적으로 기업이 시장에 제품이나 용역을 판매하려고 할 때 그 값을 어떻게 결정할 것인가에 대한 고민은 그리 크지 않다. 그 이유는 기존시장에서 형성된 동일제품이나 용역의 대가에 맞추어 결정하면 되기 때문이다. 즉 고객은 제품의 가격이 비싸면 구입하지 않을 것이고, 기업은 제품가격이 싸면 제품을 팔지 않을 것이다. 이러한 상황에서는 제품가격이 수요와 공급에 의해 결정된다. 이때 가격결정의 문제보다는 최적 판매량(생산량) 결정문제가 발생한다. 그러나 기업은 제품가격을 결정할 필요가 제기될 때가 있다. 이때 경영자가 직면한 가격결정문제는 단순한 문제가 아니다. 제품가격은 직접적으로 기업의 수익성·존속여부에 영향을 미칠 수도 있으므로 경영자의 가격결정이 더욱 어렵다.

2) 가격정책과 가격결정

가격정책이란 제품이나 용역의 가격결정에 대한 경영자의 태도를 의미한다. 정책은 가격을 결정하는 것이 아니라 가격결정에 고려해야만 하는 요인들을 설정하는 것이다. 경영자는 기업의 전반적 목표를 반드시 고려해서 가격정책을 수립해야 한다. 예를 들면, 이익극대화, 목표이익의 달성, 목표투자수익률의 달성, 시장점유율 제고 등과 같은 목표의 설정은 단기적으로 볼 때 목표는 서로 상충될 수 있지만 목표의 계층화가 이루어져 있어야 한다. 즉 시장점유율을 높이기 위해 단기적으로 이익극대화를 희생시킬 수 있다.

가격결정이란 특정 제품이나 용역에 대하여 구체적으로 가격을 결정하는 것이다. 제품의 가격결정은 가격정책과 경제상황에 따라 시장에서 경쟁력이 유지되면서 수익성이 보장될 수 있도록 결정되어야 한다. 가격결정에 영향을 미치는 주요한 요소는 고객(소비자), 경쟁회사, 원가이다.

❶ 고객 : 고객은 여러 가지 제품 중에서 구매조건에 맞는 제품을 선택한다. 따라서 경영자는 항상 고객의 관점에서 가격결정문제를 검토·분석하여야 한다. 어떤 기업의 제품가격이 오르면 경쟁회사의 제품을 구입할 수도 있고, 낮은 가격의 대체상품을 선택할 수도 있다. 예를 들어, 유리가격이 오르면 유리병을 용기로 이용하던 고객이 병 대신 대체상품인 알루미늄캔을 선택하는 경우이다. 따라서 기업은 고객들이 수용할 수 있는 가격을 설정하여야 한다.

❷ 경쟁회사 : 경쟁회사의 반응도 가격결정에 영향을 줄 것이다. 예를 들어, 경쟁이 극심한 상황에서는 기업의 경쟁력 회복을 위해 가격을 내리게 될 것이고, 역으로 경쟁이 없는 경우에는 기업들이 더 높은 가격을 설정할 수 있을 것이다. 경쟁회사의 원가를 알게 되면 경쟁력 있는 가격을 설정하는 데 가치 있는 정보가 될 것이다.

❸ 원가 : 원가행태는 매출액과 매출량에 의해 발생하는 이익에 대한 정보를 제공해준다. 제품가격이 원가보다 낮게 책정되면 궁극적으로 기업의 부가 유출된다. 이에 따라 가격결정은 제품의 원가분석을 전제로 한다.

또한 가격결정은 기간적인 고려에 따라 단기적 또는 장기적일 수 있다. 단기적 가격결정은 생산설비의 변경 없이 가격이 결정된다. 장기적 가격결정은 생산설비의 변경도 고려하며 제품의 생산·판매·관리에 필요한 모든 원가를 회수할 수 있도록 가격이 결정된다.

2. 경제학적 모형에 의한 가격결정

1) 경제학적 모형

미시경제이론의 많은 부분이 가격결정에 관하여 설명하고 있다. 미시경제이론에서 기업은 이익극대화를 목표로 하며, 수익과 원가함수가 알려져 있다고 가정한다. 그런데 수익함수의 기본형태는 시장의 경쟁도에 따라 달라진다.

완전경쟁시장에서는 많은 공급업자가 경쟁하며 그 누구도 시장가격에 영향을 미칠 수 없다. 이러한 상황에서 기업은 가격을 결정할 수 없다. 왜냐하면 기업의 모든 생산물은 시장가격으로 판매할 수밖에 없기 때문에 기업이 더 낮은 가격으로 판매한다면 손실이 발생하게 된다.

한편 시장가격 이상으로 판매한다면 판매량은 '0'이 될 것이다. 이익은 한계원가와 시장가격이 동일하게 될 때까지 생산하고 판매함으로써 극대화된다. 독점 또는 독점적(불완전)

경쟁시장에 참여하는 기업은 가격결정을 할 수 있다.

일반적으로 제품가격이 높을수록 수요는 낮아진다. 수요곡선이 우하향하는 이유는 [그림 12-1]의 (a)에 나타난 것처럼 경제적 의미의 수익함수에서 기울기가 감소하기 때문이다.

◇ 그림 12-1 경제학적 접근방법에 의한 가격결정

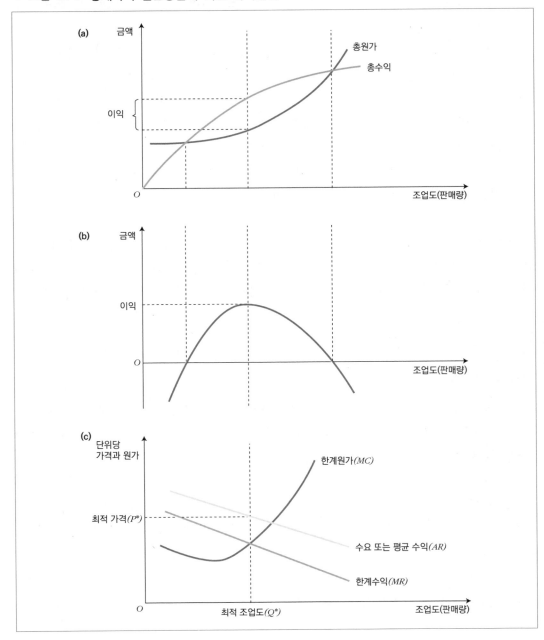

[그림 12 – 1]의 (a)에서 이익과 손실은 총원가와 총수익의 차이로 나타난다. [그림 12 – 1]의 (a)와 (b)에서 나타난 것처럼 이익이 극대화되는 판매량은 한계원가와 한계수익이 동일하게 되는 점에서 이루어진다. 한계원가와 한계수익은 여러 조업도에서의 총수익과 총원가의 단위당 변화율을 뜻한다. 경제학자들의 한계개념은 회계학자들의 증분개념과 동일한 것이다. [그림 12 – 1]의 (c)를 보면 최적 판매량은 한계수익과 한계원가가 교차하는 점이다. 최적 가격은 이 교차점을 지나 수요 또는 평균수익선과 만나는 점이다.

이와 같은 경제학적 모형에 의한 가격결정과정을 요약하면 다음과 같다.

❶ 단위당 판매가격에 수요함수를 곱하여 총수익함수를 결정한다.
❷ 총수익함수와 총원가함수를 판매량에 대해 1차 미분하여 한계수익함수와 한계원가함수를 도출해낸다.
❸ 한계수익과 한계원가가 일치하는 최적 판매량을 계산한다.
❹ 최적 판매량을 수요함수 또는 가격함수에 대입하여 최적 판매가격을 계산한다.

>> 예제 1

(주)홍지는 시계를 제조·판매하고 있다. 시계의 판매시장은 제한되어 있으며 판매가격에 따라 판매수량이 결정된다. 결과적으로 (주)홍지는 시계의 판매수량과 판매가격을 경제학적 개념을 이용하여 결정하기로 하였다. 시장조사에 의하여 판매가격과 판매가격에 따른 수요량의 관계를 기준으로 경영자는 다음과 같은 수요함수를 도출하였다.

$D = 2,000 - 2P$
D = 연간 수요량(판매량)
P = 단위당 판매가격

다음 해의 예상제조원가와 판매비 및 관리비는 다음과 같다.

변동원가 :
제조원가   단위당   ₩   100
판매비와 관리비   단위당   50
고정원가 :
제조원가   연간   ₩ 30,000
판매비와 관리비   연간   10,000

| 물음 |

1. (주)홍지의 이익을 극대화하기 위한 최적 판매량과 최적 판매가격을 결정하시오.

2. [물음 1]에서의 총수익, 총원가, 이익을 구하시오.

| 풀이 |

1. 기업의 총수익함수와 총원가함수를 알 수 있으면 최적 판매수량(수요량 또는 생산량 : D^*)과 최적 판매가격(P^*)을 구할 수 있다. 총원가(TC)는 변동원가와 고정원가의 합이다.

$$TC = 150D + 40,000$$

판매량(수요)함수는 $D = 2,000 - 2P$이다. 이 판매량(수요)함수를 P에 대하여 풀면 가격함수가 정해진다.

$$P = 1,000 - \frac{1}{2}D$$

총수익함수(TR)는 가격에 수요량(판매수량)을 곱한 것이다.

$$TR = PD = 1,000D - \frac{1}{2}D^2$$

한계원가(MC)와 한계수익(MR)은 총원가함수와 총수익함수의 1차도함수이다.

$$MR = \frac{dTR}{dD} = 1,000 - D$$

$$MC = \frac{dTC}{dD} = 150$$

최적 판매수량(수요량)은 한계수익과 한계원가가 일치하는 점이므로 다음과 같이 구할 수 있다.

$$1,000 - D = 150 \qquad D = 850$$

따라서 최적 판매수량(D^*)은 850단위로 최적 판매가격(P^*)은 $D = 850$을 가격함수에 대입해 풀면된다.

$$P = 1,000 - \frac{1}{2}D \text{ 에서 } P = 1,000 - \frac{1}{2} \times 850 \qquad P^* = ₩575$$

2. 최적 판매량이 850단위일 때 총수익과 총원가는 다음과 같다.

$$TR = 1,000D - \frac{1}{2} \times D^2 \text{이므로 } D = 850 \text{을 대입하면 } TR = 1,000 \times 850 - \frac{1}{2} \times 850^2 = ₩488,750$$

$TR = 150D + 40,000$이므로 $D = 850$을 대입하면 $TC = 150 \times 850 + 40,000 = ₩ 167,500$

이익(π)은 총수익에서 총원가를 뺀 값이다.

$\pi = TR - TC$이므로 $\pi = 850 = D - \frac{1}{2}D^2 - 40,000$

$D^* = 850$을 대입하여 풀면 이익(π)은 ₩ 321,250이다.

이 문제를 도함수의 성질을 이용하여 풀어보면 다음과 같다.

$$\pi = 850D - \frac{1}{2}D^2 - 40,000$$

$\frac{d\pi}{dD} = 0$일 때 최적 판매수량이 된다.

$$\frac{d\pi}{dD} = 850 - D = 0 \qquad\qquad D^* = 850$$

이 방법을 이용하여 풀 때 유의할 점은 2차도함수의 부호를 살펴보아야 한다. 만약 2차도함수 $\left(\frac{d^2\pi}{dD^2}\right)$가 음(−)일 때에는 기업의 이익을 극대화시키는 판매수량이 되지만, 2차도함수가 양(+)일 때는 이익을 극대화시키는 것이 아니라 손실을 극대화시키는 판매량이 된다. 따라서 본 예제는 $\frac{d^2\pi}{dD^2} = -1 < 0$이므로 850단위는 이익을 극대화시키는 판매수량이다.

2) 경제학적 모형의 한계점

앞에서 경제학적 관점에서 살펴보았듯이 경제학적 모형은 이론적인 관점에서 가격결정을 설명하기 때문에 다음과 같은 한계점을 갖는다.

첫째, 경제학적 접근방법에 의한 가격결정은 기업의 이익극대화 과정에서 이루어진다. 많은 영리기업에서는 이익극대화보다는 '만족할 만한 이익'을 얻고자 한다. 또한 경영자는 기업의 이익이라는 목적보다는 투자자의 이익, 종업원들의 직장보장, 환경개선 등 여러 가지 목적을 동시에 달성하고자 한다. 이에 따라 기업은 장기적인 존속을 위하여 이익극대화보다 적정이익추구를 목표로 한다.

둘째, 원가함수 및 수익함수를 알고 있다고 가정하나 이 측정치는 개략치이지 정확한 것이 아니다. 대부분의 경우 기업 내부의 자료만으로 이들 함수를 추정하기란 매우 힘들다.

셋째, 앞서의 경제학적 모형은 독점상황에서만 적용될 수 있다. 따라서 이 모형은 경쟁상태가 과점인 상황에서는 적용될 수 없다. 과점시장에서는 가격변동에 대해 경쟁기업들이 민감하게 반응하기 때문이다.

넷째, 수요량의 변동을 가격변수에 의해서만 설명하였다. 수요량은 판매촉진전략, 제품설계, 유통경로 등에 의해서도 많은 영향을 받는데 경제학적 모형은 수요량의 변동을 가격변수에 의해서만 설명하고 다른 변수들을 무시하고 있다.

위와 같은 여러 가지의 한계점들이 가격결정의 경제학적 모형을 전적으로 이용할 수 없게 하지만 이 모형은 가격결정자에게 가격결정에 대한 개념적 틀을 제공한다는 점에서 매우 유용하다. 개념적인 관점에서의 가격결정문제는 가격결정의 출발점을 제시한다는 점에서 그 의의가 크다.

3. 원가기준에 의한 가격결정방법

경영자들이 결정해야 할 어려운 문제 중의 하나가 가격결정문제이다. 경영자들의 가격결정은 동일한 방법에 의해 결정되는 것이 아니라, 기업의 재무상태나 가격정책 등을 고려하여 결정하는 것이다. 한편 가격결정은 장기적 요소는 물론 장단기효과를 고려하여 결정해야만 한다. 이 결정에 수많은 요소들이 영향을 미치므로 경영자들은 최대의 이익보다는 만족스러운 이익에 초점을 맞춘다. 그 이유는 최대 이익이 얼마가 될지 확신할 수 없기 때문이다. 가격결정방법은 흔히 원가를 기초로 하고 이에 일정한 이익을 가산하여 목표판매가격을 결정한다. 원가를 기준으로 한 모형은 일정한 원가에 이익을 가산하여 판매가격을 결정하는 방법으로 원가가산가격결정방법(cost plus pricing)이라고 불린다.

목표판매가격 = 원가 + 이익 = 원가 × (1 + 이익가산율)

이때 어떠한 원가를 기준으로 하느냐에 따라 여러 가지 방법이 있다. 가장 대표적인 원가기준은 변동원가, 전부원가, 총원가이다. 모회사의 연간 생산판매량이 100만 단위이며 단위당 변동제조원가는 ₩12, 단위당 변동판매비와 관리비는 ₩1.10이다. 또한 연간 고정제조간접원가는 ₩3,000,000이고 고정판매비와 관리비가 ₩2,900,000인 경우를 가정하자. 가격결정의 기준으로 이용될 수 있는 각 원가를 계산하면 [표 12-1]과 같다.

✦ 표 12-1 이용가능한 원가기준들

	가격결정기준원가		
	변동원가	전부원가	총원가
변동제조원가	₩ 12.00	₩ 12.00	₩ 12.00
변동판매비 및 관리비	1.10		1.10
I. 총변동원가	₩ 13.10		
고정제조간접원가		3.00*	3.00
II. 전부원가(흡수원가)		₩ 15.00	
고정판매비 및 관리비			2.90**
III. 총원가			₩ 19.00

* 고정제조간접원가 ₩ 3,000,000÷1,000,000 = ₩ 3.00
** 고정판매비 및 관리비 2,900,000÷1,000,000 = ₩ 2.90

4. 이전가격의 본질

1) 이전가격의 의의

이전가격(transfer price)이란 어떤 조직의 한 관리단위가 동일 조직의 다른 관리단위에 제공하는 재화나 용역에 부과되는 교환가치를 뜻한다. 이것은 사내대체가격 혹은 대체가격이라고도 불린다.

이러한 이전가격이 어떻게 결정되느냐에 따라 이익중심점인 각 사업부의 성과평가는 크게 달라진다. 즉 이전가격은 공급부서에 수익이 되고 구매부서에게는 원가가 되는 양면성을 지니고 있으므로 이전가격을 얼마로 결정하느냐에 따라 이익중심점인 사업부의 성과평가가 크게 달라진다. 또한 각 사업부의 성과를 기업 전체의 입장에서 볼 경우에도 이전가격은 사업부의 의사결정에 영향을 미치므로 결과적으로 기업 전체의 성과에도 영향을 미친다. 이러한 이유로 이전가격의 결정문제는 개별 사업부의 관점에서뿐만 아니라 기업 전체의 관점에서 볼 때에도 매우 중요한 문제로 간주되고 있다.

이전가격은 다음과 같은 두 가지 역할을 수행하는데 이 두 가지 역할은 상호 상충되고 있다.

첫째, 이전가격은 일정의 가격으로서 사업부의 의사결정지침이 된다. 다시 말해서, 이전가격은 공급사업부에서 생산된 제품 중 얼마를 인도할 것인가, 그리고 구매사업부는 그 제품 중 얼마를 구입할 것인가를 결정하는 데 도움을 준다.

둘째, 이전가격과 이에 따라 측정된 이익은 최고경영자가 이익중심점을 독립된 실체로서 평가하는 데 도움을 준다. 그러나 기업에 최대의 이익을 줄 수 있는 동기를 유발시키는 일련의 이전가격은 한 사업부에게는 손실을 보면서 영업활동을 하도록 할지도 모른다. 이와 같이 의사결정과 성과평가 사이의 상충관계는 이전가격설정문제의 가장 핵심적인 부분이다. 그러므로 이전가격은 사업부의 입장과 기업 전체의 입장에서 모두 이익을 극대화할 수 있도록 책정되어야 한다.

이와 같은 두 가지의 이전가격역할에 비추어 이전가격과 관련된 관리적 의사결정의 문제는 크게 두 가지로 요약된다. 하나는 기업의 입장에서 사내 이전거래를 할 것인가의 의사결정이며, 다른 하나는 사내 이전거래 시 어떻게 이전가격을 결정할 것인가의 의사결정이다.

따라서 이전가격은 각 사업부의 이익에 여러 가지로 작용하지만 무엇보다도 바람직한 이전가격은 다음과 같은 세 가지 요건을 갖출 필요가 있다.

❶ 각 사업부에 적정한 이익을 보장할 수 있어야 한다.
❷ 회사 전체의 이익과 일치하여야 한다.
❸ 각 사업부의 성과평가에 모순이 있어서는 안 된다.

2) 이전가격결정의 기준

이전가격의 결정은 어떤 이전가격을 선택하는 것이 기업이 이윤을 추구하는 데 최적 이전가격이 되는가가 문제의 핵심이 되고 있다. 이전가격은 사업부의 책임범위결정, 내부 이전거래의 수익성 평가, 재고자산평가액의 결정, 자원흐름의 측정에 사용할 수 있다. 이러한 용도를 모두 충족시킬 수 있는 이전가격이 존재하기란 불가능하다. 따라서 이전가격을 결정할 때에는 다음과 같은 세 가지 선택기준을 신중히 고려해야 한다.

(1) 목표일치성 기준

이전가격이 각 사업부의 목표뿐만 아니라 회사 전체의 목표도 극대화시킬 수 있는지의 여부를 나타내는 기준이다. 즉 각 사업부의 관리자가 사업부를 위해 의사결정을 하는 것이 최고경영자가 추구하는 기업 전체로서의 목적과 일치하거나 조화될 때 목표일치가 달성되는 것이다.

이에 반해, 기업 전체의 관점에서는 부문간 제품의 이전이 바람직하나 각 사업부 관리자의 관점에서 보면 그러한 이전은 자기 부문에 손해를 끼치거나 바람직한 것이 안된다고 생각하여 이전을 거부하는 경우가 있다. 이것이 목표불일치의 예이다.

그러므로 각 사업부 관리자들이 기업의 최고경영자가 내렸을 의사결정과 같은 의사결정을 할 수 있도록 이전가격이 결정되어야 한다.

(2) 원가관리상의 동기부여문제

동기부여란 일정한 목표를 달성하고자 하는 필요에 따라 목표를 달성하려는 행동에 영향을 미치는 욕구(유인)의 문제라고 할 수 있다. 동기부여가 없더라도 목표일치는 달성될 수 있으나, 목표일치의 달성을 위해서는 사업부 관리자에게 적절히 동기를 부여시킬 필요가 있다. 성과평가는 동기부여를 향상시키는 수단이 되고 있는데 이것은 대부분 사람들이 그러한 피드백을 예상할 경우에 더 낫게 행동하여 더 좋은 결과를 얻고자 하기 때문이다.

따라서 이전가격은 각 사업부 관리자의 성과를 공정하게 평가하는 데 도움이 되도록 결정되어야 한다. 성과평가기준은 이전가격을 이용한 사업부 경영자의 성과평가가 공정하게 이루어질 수 있는지의 여부를 나타내는 기준이다.

(3) 자율성 기준

사업부 관리자는 자기 사업부의 수익성을 향상시킬 수 있도록 자기 사업부에 관련된 의사결정을 자율적으로 내릴 수 있어야 한다. 자율성 기준은 이전가격을 결정함에 있어서 사업부 관리자들이 자기 사업부를 평가하는 기준이다.

즉 자율성은 각 부문 관리자의 독립성을 의미한다. 독립성이란 각 관리자가 자주적으로 의사결정을 할 수 있는 것으로 자기 부문을 위한 최선의 의사결정을 하는 것이다.

자기 부문을 위해서는 어떤 이전가격을 받아들일 수 없으나 기업 전체를 위해서는 받아들여야 하는 경우에도 거부할 수 있는 것이, 진정한 자율성과 독립성이 있는 경우이다. 공급부문이 기업 내부의 다른 부문에 판매하지 않을 권리나, 구매부문이 기업 내부의 부문으로부터 구입하지 않고 외부에서 구입할 수 있는 자유가 이에 해당한다.

5. 이전가격의 결정방법

1) 일반적인 이전가격결정방법

이전가격결정에 있어서 경영자의 목적은 사업부서별 관리자들 간의 목표일치성을 고취시키기 위한 것이다. 목표일치성을 보장하는 일반적인 이전가격결정방법은 다음과 같다.

$$이전가격 = 재화이전으로 인한 단위당 추가지출원가$$
$$+ 재화이전으로 발생되는 단위당 기회원가$$

일반적인 이전가격결정방법은 두 원가요소의 합계로써 이전 가격을 결정한다.

첫 번째 요소는 이전되는 재화나 용역을 생산한 사업부에 의해 발생된 지출원가이다. 지출원가는 제품 또는 용역의 직접변동원가와 제품 또는 용역을 이전시킴으로써 발생된 기타지출원가이다. 두 번째 요소는 사업부가 재화나 용역을 이전시킴으로써 발생시킨 기회원가이다. 이미 알고 있는 바와 같이 기회원가란 어떤 특정 행위를 선택함으로써 포기한 효익이다.

>> 예제 2

㈜홍지는 전자제품을 생산·판매하는 회사이다. 전자제품은 광명공장에서 생산하는데 상자당 제조원가는 ₩ 39이고 서울의 영업부문에서 판매한다. 광명에서 서울까지 제품을 수송하는 데 드는 비용은 상자당 ₩ 1이다. 이 제품을 광명의 제조부문에서 외부 구매자에게 상자당 ₩ 60의 시장가격으로 판매할 수 있다고 한다.

| 물음 |
1. 초과 생산(유휴생산시설이 없음)이 불가능한 경우 이전가격은 얼마인가?
2. 초과 생산(유휴생산시설이 있음)이 가능한 경우 이전가격은 얼마인가?

| 풀이 |
1. 지출원가(상자당) :

표준제조변동원가	₩ 39
표준운송원가	1
총지출원가	₩ 40
기회원가 :	
외부 시장 단위당 판매가격	₩ 60
표준제조 및 운송변동원가	40
기회원가	₩ 20

일반적인 이전가격결정방법

$$이전가격 = 지출원가 + 기회원가 \qquad ₩ 60 = ₩ 40 + ₩ 20$$

즉 생산부서에서 여유분의 제품이 없기 때문에 회사의 판매부서로 제품을 이전시킬 때마다 외

> 부 시장에 판매할 수 있는 기회를 상실하게 된다. 즉 판매부서로 이전되는 제품만큼 외부 시장
> 에 판매할 수 있는 제품이 줄어드는 결과를 가져온다.
>
> **2.** 생산부서의 생산능력이 제품의 총 수요량보다 크기 때문에 제품에 대한 외부 수요를 모두 충족
> 시킬 수 있다. 일반적 이전가격은 다음과 같다.
>
> 이전가격＝지출원가＋기회원가　　　　₩ 40 ＝ ₩ 40 ＋ ₩ 0

[예제 2]처럼 기회원가를 항상 측정할 수 있는 것은 아니다. 기회원가를 측정하기가 곤란
한 이유는 외부 시장이 항상 완전경쟁시장이 아니라는 데 있다. 불완전경쟁시장에서 외부
시장가격은 생산자의 생산결정에 좌우된다.

따라서 이전가격결정은 외부 시장가격과 일치시키는 경우가 가장 보편적인 방법이다.

이전가격＝지출원가＋기회원가
　　　　＝제조 및 운송변동원가＋외부 판매포기로 상실한 공헌이익
　　　　＝₩ 40 ＋ (₩ 60 － ₩ 40) ＝ ₩ 60
이전가격＝외부 시장가격＝₩ 60

2) 시장가격

사업부간에 이전되는 중간제품의 가격이 형성되는 기존시장이 있고 한 회사가 가격에
영향을 줄 수 없는 경우에는 시장가격이 이상적인 이전가격이 된다. 시장가격은 제품의 이
전이 있을 당시 공급부문이 외부 시장에서의 가격보다는 높지 않게, 즉 비슷하게 가격을
설정하는 것으로서 구매부문이 외부 시장에 판매하는 경우에 지불하는 가격이다. 이는 대
체가격이 시장가격의 한 형태로 결정된 경우를 보여주고 있는 것이다.

시장가격이 이전가격으로 사용되기 위해서는 다음의 세 가지 지침이 지켜져야 한다.

❶ 시장가격 또는 협상시장가격이 사용되어야 한다.
❷ 판매부문은 제품을 기업 내부에 판매하지 않을 수 있는 선택권을 갖고 있다. 반대로
　구매부문도 제품을 기업 내부에서 구매하지 않을 수 있는 선택권을 갖고 있다. 이것
　을 기피권이라고 한다.
❸ 중재절차가 분쟁을 해결하기 위해 이용되어야 한다.

이러한 세 가지 지침은 시장가격을 이전가격결정의 기준으로 이용하는 경우, 각 부문관리자들이 외부 시장에 접근하는 데 있어서 완전경쟁적이어야 한다는 것을 의미한다.

시장가격은 때때로 변형되어 시장가격차감기준이 되기도 한다. 이것은 공급부문이 기업외부에 판매하지 않고 내부에 판매함으로써 접대비, 광고(선전)비, 판매촉진비, 운송비, 외상매출금회수비, 대손상각 등을 회피할 수 있어 그 금액만큼 차감하여 주는 것이다. 왜냐하면 외부 시장에의 판매와는 달리 내부 거래의 경우에 공급부문측에서 보면 일부 원가가 절약되기 때문이다.

사업부 관리자가 충분한 자율성을 갖고 의사결정을 하며, 각 사업부가 자신의 이익에 책임을 지는 사실상 독립적 사업체로 간주될 수 있는 경우에는 시장가격에 의해 이전가격을 결정하는 것이 바람직하다. 각 사업부들을 별개의 독립된 기업과 같이 취급하여 사업부 간의 내부 이전거래에서도 경쟁적 환경을 조성하여, 신뢰할 수 있는 시장가격이 이전가격으로 결정된다.

그러나 중간제품에 대한 경쟁시장이 존재하지 않는 경우에는 시장가격을 이전가격으로 결정할 수 없는 한계점이 있다. 또한 사내 이전되는 제품의 기회원가와 외부 시장가격이 일치하지 않는 경우에도 시장가격을 이전가격으로 이용할 수 없다.

>> 예제 3

(주)홍지의 갑 사업부는 1,000개의 부품 A를 을 사업부에 판매하거나 또는 외부 경쟁시장에 판매할 수 있는 선택권을 가지고 있다. 부품 A의 개당 시장가격은 ₩ 90이고 개당 변동원가는 ₩ 60이다. 한편 을 사업부는 부품 A를 추가가공하여 제품 B로 1,000개를 외부 시장에 판매할 수 있다. 제품 B의 개당 시장가격은 ₩ 180이고 추가가공에 따른 개당 변동원가는 ₩ 50이다.

| 물음 |
시장가격을 부품 A의 사내 이전가격으로 결정한 경우에 갑 사업부, 을 사업부 및 회사 전체의 공헌이익을 계산하시오.

| 풀이 |

	갑 사업부		을 사업부			회사 전체	
매출액	@₩ 90	₩ 90,000	@₩ 180	₩ 180,000	매출액	@₩ 180	₩ 180,000
변동원가							
재료원가 (부품 A)	60	60,000	90	90,000	갑 사업부	60	60,000
가공원가			50	50,000	을 사업부	50	50,000
공헌이익	@₩ 30	₩ 30,000	@₩ 40	₩ 40,000	공헌이익	@₩ 70	₩ 70,000

이상과 같이 시장가격기준에 의하면, 회사 전체의 공헌이익 ₩ 70,000은 갑, 을 사업부의 공헌이익 ₩ 30,000과 ₩ 40,000으로 분할되어 계상된다. 이러한 사업부별 공헌이익은 사업부의 평가자료로서 합리적으로 이용될 것이다.

>> 예제 4

[예제 3]의 자료에 있어 다른 조건에는 변화가 없으나 제품 B의 개당 시장가격이 하락하여 ₩ 135이 될 것으로 예상된다.

| 물음 |

1. 시장가격에 의한 갑·을 사업부의 공헌이익을 계산하시오.
2. 사업부 관리자들은 사업부의 입장에서 어떠한 의사결정을 해야 할 것인가?
3. 두 사업부가 대체거래 시 사업부 을이 수용가능한 최대 이전가격은 얼마인가?

| 풀이 |

1.

	갑 사업부		을 사업부	
매출액	@₩ 90	₩ 90,000	@₩ 135	₩ 135,000
변동원가				
재료원가(부품A)	60	60,000	90	90,000
가공원가			50	50,000
공헌이익	@₩ 30	₩ 30,000	@(₩ 5)	(₩ 5,000)

2. 을 사업부 관리자는 갑 사업부로부터 부품 A를 구입하지 않고 가능하다면 그 생산능력을 다른 제품의 제조판매에 이용하려 할 것이다. 그 이유는 제품 B의 시장가격이 ₩ 135으로 하락하여 을 사업부의 입장에서는 판매할 때마다 단위당 ₩ 5씩 손해를 보기 때문이다. 따라서 갑 사업부 관리자는 외부 시장에 현재의 시장가격 ₩ 90으로 A를 판매한다. 이러한 의사결정이 (주)홍지의 입장에서도 이익이 증가한다. 즉 목표일치성을 달성할 수 있다.

3. ₩ 135 − ₩ 50 = ₩ 85

3) 원가기준법

외부 시장이 존재하지 않거나 시장가격이 존재하더라도 신뢰할 수 없거나 이용할 수 없는 경우 그 대안으로 많이 이용되는 것이 원가기준의 이전가격결정이다. 이때 사용되는 원가는 전부원가일 수도 있고 변동원가일 수도 있다. 한편 단순히 원가만을 기준으로 하여 이전가격을 결정하는 경우 공급사업부의 입장에서는 이익이 실현될 수 없기 때문에 원가에 이익을 가산하여 결정하는 기준을 원가가산법 또는 이익가산원가기준이라고도 한다.

(1) 전부원가기준

전부원가기준(full-cost basis)에서는 제조원가에 일반관리비 및 판매비와 같은 비제조원가를 합친 금액으로 이전가격을 결정한다. 이와 같은 비제조원가를 포함시키는 것은 공급사업부의 손실을 없게 하기 위한 것이다. 이익가산전부원가기준은 전부원가에 일정한 이익을 가산하여 이전가격을 결정하는 것이다. 전부원가에 일정한 이익을 가산한 가격으로 이전가격을 결정하면 공급사업부는 이전거래로부터 이익을 획득할 수 있으므로 각 사업부의 이익을 기초로 한 사업부의 성과평가가 공정하게 이루어질 수 있다.

일반적으로 이전가격은 실제원가보다 표준원가에 기초를 두어야 한다. 그 이유는 원가가 생산수량의 감소나 혹은 다른 요인 때문에 변동된다면 이전가격 자체도 변동되기 때문이기도 하고, 또 보다 더 근본적인 이유는 실제원가가 사용되면 공급사업부의 비능률적인 영업비가 구매사업부에 그대로 전가되기 때문이다.

표준전부원가에 일정한 이익을 가산한 이익가산전부원가가 이전가격으로 이용될 때, 여기서 가산할 이익의 크기는 기업에 따라 다르므로 일률적으로 말하기 힘들다.

그러나 일반적으로 일정한 매출액이익률 또는 투자이익률을 기준으로 하여 결정하거나 또는 사업부 사이의 협의에 의하여 결정하게 된다. 이익가산전부원가기준이 회사 전체의 이익을 극대화하지 못함에도 불구하고 널리 이용되는 주된 이유는 이해하기 쉽고 이용하기 편리하기 때문이다. 그렇지만 이것은 자신 있게 추천할 수 있는 방법이 되지 못한다. 그 이유는 이전가격결정정책을 잘못하면 역기능을 초래할 수 있기 때문이다.

>> 예제 5

(주)홍지의 X 사업부는 부품 A를 1,000개 제조할 수 있는 유휴설비가 있다. 이러한 유휴설비의 존재는 부품 A에 대한 외부 시장의 수요가 적어, 외부 시장에 판매할 수 없음을 의미한다. X 사업부에 있어 부품 A의 표준변동원가는 개당 ₩650, 표준고정원가는 개당 ₩150이다. 한편 Y 사업부는 X 사업부로부터 부품 A를 구입하고 표준변동원가 개당 ₩500과 표준고정원가 개당 ₩100을 투입하여 제품 B를 제조하면 개당 ₩1,300에 외부 판매할 수 있다.

|물음|

위의 자료를 기초로 하여 표준전부원가를 부품 A의 사내 이전가격으로 결정한 경우에 X, Y 사업부의 이익을 계산하시오.

|풀이|

	X 사업부		Y 사업부	
매출액	@₩ 800	₩ 800,000	@₩ 1,300	₩ 1,300,000
원가				
재료비(부품 A)			800	800,000
표준변동원가	650	650,000	500	500,000
표준고정원가	150	150,000	100	100,000
이익	@₩ 0	₩ 0	@(₩ 100)	(₩ 100,000)

[예제 5]에서 X 사업부는 전혀 이익을 실현할 수 없으므로 전부원가기준에 의한 사내이전가격에 불만을 표시하게 되며 Y 사업부는 X 사업부에서 A를 구입해 제품 B를 제조·판매함에 따라 개당 ₩ 100씩의 손실을 보기 때문에 부품 A에 구입을 거절하는 결정을 하게 될 것이다. 여기서 한 가지 주의할 점은 부품 A의 생산중단을 유발시킨다는 점이다.

따라서 Y 사업부는 의사결정에 있어 자기 사업부의 입장과 회사 전체에 미칠 영향까지 고려해야만 올바른 의사결정을 할 수 있을 것이다. 이러한 경우에 사업부의 입장에서는 최적의 의사결정이지만, 회사 전체의 입장에서는 최적이 아닌 상황, 즉 부문최적화 또는 준최적화가 나타날 가능성이 항상 존재한다. 특히 이전가격의 결정에 있어 부문최적화는 일반적으로 회사 전체의 수익성을 위한 생산량보다 적게 생산 또는 이전하는 특성을 지닌다.

(2) 변동원가기준

회사 전체의 관점에서 최적 의사결정을 내리는 데 있어 변동원가는 중요한 역할을 한다. 특히 관련범위 내에서 변동원가가 한계원가와 근사하므로 공급부서에 유휴설비가 있는 경우에는 변동원가를 이전가격으로 설정하는 것이 구매부서가 회사 전체의 입장에서 최적 활동을 하게 한다. 구매부서는 자신의 변동원가가 회사 전체의 변동원가가 되기 때문에 최종 판매시장에서도 변동원가로 결정하게 된다.

그러나 변동원가를 이전가격으로 결정하는 경우 공급부서에서는 이익이 발생하지 않거나 고정원가만큼의 손실이 발생하게 된다.

한편 유휴설비가 없다면 변동원가를 한계원가의 근사값으로 사용할 수 없으므로 변동원가를 이전가격으로 하는 것은 공급부서의 대체거래를 기피하도록 하며, 이에 따라 회사 전체의 입장에서 최적 행위가 되지 못할 것이다.

이처럼 변동원가에 의한 이전가격은 회사 전체 입장에서의 의사결정은 유용하지만, 사업부의 성과평가에는 적합하지 않다. 따라서 사업부의 성과평가에 있어서 불리한 점을 없애주기 위해 이전가격을 변동원가기준에 따르되, 고정원가를 회수하고 이익을 실현할 수 있도록 일정액을 가산해주는 이익가산변동원가기준을 이용하기도 한다.

이익가산변동원가기준에는 다음과 같은 두 가지 방법이 있다.

❶ 공급부서가 고정원가를 보상하고 일정액의 이익을 얻을 수 있게 하기 위하여 공급부서에 일정액의 수수료 내지 보조금을 가산해주는 방법이 있다. 이 방법을 이용할 시 공급부문은 보조금으로 인하여 항상 이익을 보장받게 된다. 반면에 구매부문은 판매제품의 수요의 불확실성에 따른 판매가격이 어떻게 설정되는가에 따라 손실을 볼 수도 있다. 즉 최종 제품수요의 불확실성으로 인한 위험을 구매부문이 모두 부담하게 된다. 일정액의 수수료 내지 보조금의 크기는 공급부서가 구매부서를 위해 어느 정도의 생산능력을 할당했느냐에 따라 최고경영자가 직접 결정하거나 또는 사업부의 경영자에 의해 설정된 것을 승인한다.

❷ 변동원가기준으로 회사 전체의 공헌이익을 계산하고 이를 관련 있는 사업부에 적절히 배분하여 이전가격을 결정하는 방법으로 공헌이익배분법이라고도 한다. 이 방법을 이용하는 경우에는 회사 전체의 공헌이익을 계산하고 이 공헌이익을 각 사업부에 어떤 기준을 이용하여 배분할 것인가를 결정하여야 한다. 또한 공급부문의 성과는 구매부문의 판매활동에 의해 영향을 받게 된다.

결론적으로 이익가산변동원가기준은 공급부서가 유휴설비시설을 갖고 있고 변동원가가 일정한 경우에 효과적으로 적용될 수 있다.

>> **예제 6**

[예제 5]의 자료를 이용하여 다음 물음에 답하시오.

| 물음 |
1. X, Y 사업부의 공헌이익을 계산하시오.
2. 전부원가기준에 의한 이전거래의사결정의 문제점은 무엇인가?
3. 변동원가기준에 의한 이전거래의사결정을 하고 이전가격의 설정범위를 설명하시오.

|풀이|

1.

	X 사업부		Y 사업부	
매출액	@₩ 650	₩ 650,000	@₩ 1,300	₩ 1,300,000
원가				
재료비(부품A)			650	650,000
표준변동원가	650	650,000	500	500,000
공헌이익	@₩ 0	₩ 0	@₩ 150	₩ 150,000

2. 전부원가기준에 따르면 Y 사업부는 부품 A의 구입을 중지하고 제품 B의 제조 · 판매를 중단하는 의사결정을 내렸다. 이에 따라 X 사업부도 부품 A의 내부 이전을 중지하지 않을 수 없다. 그러면 X 사업부에 있어 표준고정원가의 미회수분 ₩ 150,000과 Y 사업부에 있어 표준고정원가의 미회수분 ₩ 100,000이 발생하여 회사 전체에 ₩ 250,000의 손실이 발생할 것이다.

3. 변동원가기준에 의하면 Y 사업부는 제품 B의 제조 · 판매에 아직도 개당 ₩ 150의 한계이익을 실현할 수 있으므로 제품 B의 제조 · 판매가 유리하다는 의사결정을 내릴 것이다. 이러한 의사결정은 X 사업부로부터 부품 A와 제품 B의 생산량이 변화하더라도 X 사업부와 Y 사업부의 표준고정원가는 단기적으로 영향을 받지 않는다. 따라서 제품 B의 제조 · 판매에 따라 Y 사업부가 획득한 한계이익 ₩ 150,000은 표준 고정원가의 회수에 부분적으로 공헌하여, 회사 전체로는 단지 ₩ 100,000의 손실이 발생하게 된다.

결국 변동원가기준에 의하면 회사 전체적으로 이익을 증가시키므로 목표일치성을 달성할 수 있는 올바른 의사결정을 내리게 된다. 그러나 X 사업부의 입장에서는 변동원가에 따른 이전가격은 이익을 전혀 실현할 수 없기 때문에 변동원가(₩ 650)보다 높게, 즉 ₩ 650∼ ₩ 800 사이에서 이전가격이 설정되어야 두 사업부에 모두 동기부여가 된다.

4) 이원가격

앞서 설명한 바와 같이 이전가격은 단일로 설정된다. 그러나 각 사업부의 이해관계가 상충될 경우에는 각 사업부가 이전거래를 통하여 이익을 얻을 수 있도록 이전가격을 설정할 수 있다. 이원이전가격법(dual transfer pricing)은 공급사업부와 구입사업부에 모두 이익을 보장할 수 있도록 각 부문의 이전가격을 상이하게 설정하는 방법이다. 이원가격은 중간제품시장이 존재하지 않거나 시장가격을 알 수 없는 경우에 대안으로써 이용될 수 있다.

이 방법을 이용하는 경우 공급부문의 이전가격은 구매부문의 최종 제품판매가격에서 구매부문의 추가가공 및 판매활동에 따른 증분원가를 차감한 금액으로 결정된다. 반면에 구매부문의 이전가격은 공급부문의 변동원가로 결정된다. 이와 같이 상이한 이전가격을 적용하여 공급부문과 구매부문이 상호의존하는 것이 기업 전체의 성과에 바람직한 경우 이 방법은 의미를 갖는다. 즉 이 방법은 공급부문의 이전가격설정의 전제는 기업 전체의 이익극대화이며, 두 부문 간의 이해관계의 상호의존성을 강조한다. 다만 이 방법을 이용하는 경우에는 각 부문 관리자는 원가통제에 별로 신경을 쓰지 않을 우려가 있으므로 실제원가보다 표준원가를 이용하는 것이 보다 바람직하다.

5) 협상가격

협상이전가격(negotiated transfer price)이란 상황을 적절히 고려하여 공급부서와 구매부서가 마치 외부 시장과 거래하는 것처럼 자율적인 협의를 거쳐 합의한 사내 이전가격이며, 협정가격이라고도 한다. 협상이전가격은 시장가격이 존재하지 않을 경우에 널리 이용되는 방법이지만, 시장가격이 존재하는 경우에도 유용하게 이용될 수 있다. 그 이유는 중간제품의 시장가격이 존재하는 경우에도 시장가격은 사업부 간의 이전거래에 대해 적용할 수 있는 이전가격의 상한선을 제공할 뿐이고, 이 시장가격이 그대로 이전가격으로 사용되지 않기 때문이다. 일반적으로 협상과정은 공급사업부가 가격제시 및 그와 관련된 모든 인도조건(시기, 품질 등)을 제안하는 것으로부터 시작된다. 그러면 구매사업부는 다음 네 가지 대안 중 어느 하나를 택할 것이다.

❶ 거래를 받아들인다.
❷ 더 좋은 조건의 가격을 얻기 위해 공급사업부와 협의한다.
❸ 중간제품에 대한 외부 시장이 존재하는 경우에는 외부의 공급업자와도 협의한다.
❹ 공급사업부에서 제시된 가격을 거절하고 외부 시장에서 구입하거나 중간제품을 전혀 구입하지 않는다.

위의 대안은 구매사업부가 먼저 가격을 제시한 경우에도 동일하게 적용될 수 있다. 어떠한 경우이든 협상이전가격결정에는 사업부 관리자의 자율성(autonomy)을 보장하여 주는 것을 전제로 한다. 협상이전가격이 성공적이 되기 위한 조건은 다음과 같다.

❶ 중간제품에 대한 외부 시장이 어떤 형태로든 존재하여야 한다. 이것은 협상 당사자의 힘과 기술에 따라서 큰 폭으로 변동되는 쌍무적 독점상황을 피할 수 있다.

❷ 협상자들이 모든 시장정보를 공유한다. 이렇게 하면 협상된 가격이 한 사업부 또는 바람직한 양 사업부의 기회원가에 근접할 수 있게 된다.

❸ 외부 판매 또는 구매를 자유로이 할 수 있다. 이러한 기피선언권은 협상과정에 필요한 원칙을 제공해준다.

❹ 최고경영자의 지지 및 경우에 따라서는 참여가 필요하다. 협상 당사자들은 스스로 대부분의 문제를 해결하여야 한다. 만일 그렇지 않으면 분권화의 이점이 상실될 것이다. 최고경영자는 반드시 때때로 발생하는 미해결문제를 중재하거나 협상과정이 준최적화의 의사결정에 이를 것이 분명한 때에는 개입할 수 있어야 한다. 그러나 그와 같은 개입은 반드시 협상과정을 손상시키지 않도록 절제있고 요령있게 이루어져야 한다.

협상이전가격은 사업부 관리자들의 자율성을 부여하여 사업부의 성과에 대한 책임증가와 동기부여를 이룰 수 있는 바람직한 효과를 가져올 수 있다. 그러나 협상가격기준은 다음과 같은 한계점을 지닌다.

❶ 협상과정은 부문관리자의 상당한 노력을 요한다. 따라서 관리자의 노력 중 많은 부분이 낭비될 가능성이 많다.

❷ 사업부의 성과가 사업부 관리자의 경영능력보다 협상기술 또는 사업부 관리자의 힘에 의하여 좌우되어 공평한 가격결정을 기대하기 어렵다.

❸ 외부 시장이 존재하지 않을 때 협상가격의 적정성에 대하여 판단하기가 어려우며, 원가기준 시 각 사업부의 정확한 원가정보를 전제로 한다.

❹ 사업부 간의 갈등을 유발할 수 있다.

❺ 만일 협상가격이 이전된 재화를 공급하는 데 따르는 기회원가를 초과한다면 차선적인 수준(예: 비능률의 증대)의 생산을 하도록 유도한다.

❻ 협상절차의 감독 및 분쟁조정에 최고경영자 또는 이전가격중재위원회의 노력이 요구된다.

>> 예제 7

판매부문 X는 중간제품을 생산하여 외부 시장에 단위당 ₩ 45에 판매하고 있다. 제품생산원가는 단위당 ₩ 38인데, 이 금액은 증분원가 ₩ 30과 고정제조원가배부액 ₩ 8을 합한 것이다. 한편 매입부문 Y는 이 중간제품을 외부 업자로부터 단위당 ₩ 40에 구입할 수 있기 때문에 판매부문에게도 단위당 ₩40에 공급해 줄 것을 제의하였다. 판매부문 X는 외부 고객의 주문을 전부 소화하고 있으면서도 아직 생산능력의 여유를 갖고 있다.

| 물음 |

판매부문의 관리자가 택해야 하는 최적 의사결정을 분석하시오.

| 풀이 |

판매부문의 입장에서는 유휴생산설비를 그대로 두는 것보다 매입부문의 주문을 수락함으로써 단위당 ₩10(₩40 − ₩30)만큼 추가적 공헌이익을 얻는 것이 바람직하다. 그리고 회사 전체의 관점에서도 내부 이전거래가 이루어지는 것이 이익을 증가시킬 수 있으므로 바람직하다. 이런 상황에서는 두 사업부의 관리자 간에 상호의존적인 이해관계가 존재하므로 이전가격에 대한 합의에 도달할 수 있을 것이다. 즉 이전가격은 ₩30∼₩40 사이에서 결정될 것이다. 그러나 판매부문의 관리자가 잠재적 고객에게 높은 가격(₩45)으로 판매할 수 있을 것으로 예측할 경우에 두 관리자는 합의를 보지 못할 가능성도 있다.

연습문제

1 다음 줄줄이 초콜릿에 대한 원가자료이다.

	단위당	합계
직접재료원가	₩ 10	
직접노무원가	14	
변동제조간접원가	6	
고정제조간접원가	10	₩ 70,000
변동판매비 및 일반관리비	2	
고정판매비 및 일반관리비	4	₩ 28,000

위의 원가자료는 7,000단위의 줄줄이 초콜릿을 생산·판매할 것을 전제로 한 수치이다. 이 회사는 원가가산가격결정방법을 이용하고 있으며 목표판매가격을 결정하기 위하여 가격인상폭을 제조원가에 대해 40% 또는 변동원가에 대해 50%로 설정하고 있다.

| 물음 | 1. 전부원가기준법에 의하여 목표판매가격을 계산하시오.
2. 공헌이익법에 의하여 목표판매가격을 계산하시오.

2 (주)홍지전자는 연간 30,000단위의 전자부품을 생산할 수 있다. 이 회사는 현재 단위당 ₩ 820의 판매가격으로, 연간 26,000단위를 생산할 경우의 단위당 생산원가는 다음과 같다.

직접재료원가	₩ 350
직접노무원가	₩ 200
제조간접원가	₩ 200
합계	₩ 750

이 회사는 단위당 ₩ 680의 가격으로 2,000단위의 특별주문을 받고 있다. 특별주문에 대한 판매비 및 관리비는 단위당 ₩ 80이다. 이 회사의 고정제조간접원가는 연간 ₩ 3,120,000이다. 이 회사는 아래와 같은 근거에 따라 손실이 계산되므로 특별주문을 거절하였다.

단위당 판매가격		₩ 680
단위당 원가 :		
생산원가	₩ 700	
판매비 및 관리비	80	780
단위당 손실		₩ (100)

| 물음 | 이 회사는 이러한 특별주문을 수락할 수 있겠는가? 할 수 있다면 그 이유를 밝히시오.

3   (주)홍지는 청량음료수를 연간 100,000단위를 생산·판매한다. 이에 관련된 원가자료는 다음과 같다.

변동제조원가	₩ 500,000
고정제조간접원가	₩ 200,000
변동판매비 및 관리비	₩ 60,000
고정판매비 및 관리비	₩ 300,000

이 회사의 설비투자규모는 ₩ 2,400,000이고, 법인세율은 40%이다.

| 물음 | 이 회사가 설비투자에 대해 세후투자수익률 10%를 기대할 때 제품의 단위당 판매가격은 얼마인가?

4   ㈜홍지는 두 사업부 A, B를 가지고 있다. 금년에 사업부 A에서는 사업부 B로부터 부품 단위당 ₩ 250에 연간 1,000개를 구입하였다. 그런데 사업부 B에서는 내년부터 가격을 부품단위당 ₩ 300으로 인상할 계획이다. 사업부 B에서 발생하는 원가는 부품단위당 변동원가 ₩ 235, 연간 고정제조간접원가 ₩ 500,000이다. 사업부 A에서 이 부품을 외부로부터 구입한다면 단가는 ₩ 250이다. 한편 사업부 B는 충분한 유휴설비능력을 가지고 있다.

| 물음 | 회사 전체의 입장에서 볼 때 사업부 A는 사업부 B로부터 부품을 단위당 ₩ 300에 구입하여야 하는가? 아니면 외부에서 ₩ 250에 구입하여야 하는가?

5   (주)홍지의 우주사업부에서는 항공부품을 생산하고 있다. 부품판매에 관련된 정보는 아래와 같다.

외부 시장에의 판매가격	₩	80,000
단위당 변동원가	₩	50,000
연간 고정원가	₩	5,000,000
연간 최대 생산량	₩	30,000

이 회사에서는 로봇사업부를 신설하였는데, 로봇사업부에서는 우주사업부가 생산하는 부품과 동일한 부품 6,000개가 필요하다. 만약 외부에서 부품을 구입한다면 구입단가는 ₩ 72,000이다. 현재 우주사업부에서 연간 30,000개를 생산하여 판매하고 있다고 가정하자.

| 물음 | 로봇사업부는 필요한 부품을 우주사업부에서 구입하겠는가? 구입한다면 이전가격은 얼마인가?

6   (주)홍지는 냉수사업부와 온수사업부가 있다. 온수사업부는 냉수사업부로부터 톤당
₩4,000에 연간 50,000톤을 구입하였다. 그런데 냉수사업부는 내년부터 톤당
₩6,000으로 인상할 계획이다. 냉수사업부에서의 변동원가는 톤당 ₩3,500이고 연
간 고정제조간접원가는 ₩8,000,000이다. 온수사업부에서 냉수를 외부에서 구입한
다면 톤당 ₩4,000이다. 한편 냉수사업부는 충분한 유휴설비능력이 있다.

| 물음 | 회사 전체의 입장에서 볼 때 온수사업부는 냉수사업부로부터 톤당 ₩6,000에 구입하여야
하는가? 아니면 외부로부터 톤당 ₩4,000에 구입하여야 하는가?

7   (주)홍지전자는 여러 개의 사업부를 가지고 있으며, 당사의 브라운관사업부는 TV에 사
용되는 브라운관을 생산하고 있다. 브라운관은 TV사업부에 판매될 수도, 외부 시장에
판매될 수도 있다. 금년 브라운관사업부의 영업활동은 아래와 같다.

브라운관의 단위당 판매가격	₩ 175
단위당 생산원가	130
브라운관의 수량	
연간 생산량	20,000대
외부 판매량	16,000
TV사업부 판매량	4,000

TV사업부의 판매가격과 외부 시장의 판매가격은 동일하다. TV사업부가 구입한 브라운
관은 TV생산에 이용된다. TV사업부는 ₩300을 추가로 투입하여 TV 1대당 ₩600에
판매하고 있다.

| 물음 | 1. 브라운관사업부, TV사업부, 회사 전체의 손익계산서를 작성하시오.
2. 브라운관사업부 생산능력은 20,000개임을 가정하자. 내년에 TV사업부는 5,000개의
브라운관을 브라운관사업부로부터 구입하길 원한다. 이 형의 브라운관은 외부에서 구입
할 수 없으며, 브라운관사업부만이 생산할 수 있다. 브라운관사업부는 추가되는 1,000
개의 브라운관을 TV사업부에 판매해야 하는가? 아니면 계속 그 수량을 외부에 판매해
야 하는가? 회사 전체의 입장에서 차이가 있는지 설명하시오.

연습문제 해설

PART 02 원가의 본질과 분류

1

① 간접노무원가
② 간접원가
③ 기회원가
④ 관련범위
⑤ 매몰원가
⑥ 회피가능원가

2

1. 전원원가 : ₩503,000
2. 제조원가 : ₩ 603,000
3. 기간원가 : ₩161,000
4. 총원가 : ₩ 764,000

3

1. 제조간접원가 : (₩6,200,000 + ₩2,800,000) − ₩2,240,000 − ₩4,800,000 = ₩1,960,000
   직접재료원가 + 직접노무원가 = ₩4,800,000
   제조간접원가 = 0.7 × 직접노무원가
   ∴ 직접재료원가 = ₩2,000,000
2. 가공원가 = ₩2,800,000 + ₩1,960,000 + ₩4,760,000

4

재 공 품			
월초잔액	850,000	제품	4,320,000
직접재료비	1,470,000	월말잔액	500,000
전환원가	2,500,000		
합계	4,820,000	합계	4,820,000

제 품			
월초잔액	730,000	매출원가	4,280,000
재공품	4,320,000	월말잔액	770,000
합계	5,050,000	합계	5,050,000

∴ 매출액 = ₩4,280,000 ÷ 0.8 = 5,350,000

5

1. 간접재료원가 : (₩20,000 + ₩300,000 − ₩50,000) − ₩250,000 = ₩20,000
2. 간접노무원가 : ₩50,000 + ₩40,000 + ₩30,000 = ₩120,000
3. 기본원가 : 직접재료원가 + 직접노무원가 = ₩250,000 + ₩600,000 = ₩850,000
4. 제조간접원가 : ₩20,000 + ₩120,000 + ₩36,000* = ₩176,000
   * 간접경비 : ₩25,000 + ₩3,000 + ₩8,000 = ₩36,000
5. 가공원가 : ₩600,000 + ₩176,000 = ₩776,000
6. 총제조원가 : ₩250,000 + ₩600,000 + ₩176,000 = ₩1,026,000
7. 총원가 : ₩1,026,000 + ₩155,000* = 1,181,000
   * 판매비와 일반관리비 : ₩10,000 + ₩70,000 + ₩15,000 + ₩28,000 + ₩32,000 = ₩155,000

6

1. 기초원가 : ₩1,000,000 + ₩700,000 = ₩1,700,000
2. 가공원가 : ₩700,000 + 730,000* = ₩1,430,000
   * 제조간접원가 : ₩300,000 + ₩200,000 + ₩50,000 + ₩80,000 + ₩100,000 = ₩730,000
3. 회피가능원가 : 변동원가와 고정원가 중 회피가능한 부분이다.
   ₩1,000,000 + ₩700,000 + ₩300,000 + ₩120,000 + ₩50,000 + ₩80,000 + ₩600,000 + ₩150,000** = ₩3,000,000
   * (₩200,000 + ₩100,000)×0.4 = ₩120,000
   ** ₩500,000×0.3 = ₩150,000
4. 8월말 제품재고액
   총제조원가 : ₩1,000,000 + ₩700,000 + ₩300,000 + ₩200,000 + ₩50,000 + ₩80,000 + ₩100,000 = ₩2,430,000
   제품단위당 제조원가 : ₩2,430,000÷1,000개 = ₩2,430
   8월말 제품재고액 : ₩2,430×(800개 − 770개) = ₩72,900
5. 매출원가율
   단위당 판매가격 : ₩2,926,000÷770개 = ₩3,800
   매출원가율 : ₩2,430÷₩3,800 = 64%
6. 8월의 영업손익
   ₩2,926,000 − (₩2,430×770) − ₩1,100,000 = (₩45,100)

7

1. 무관련원가는 기계의 장부가액이다.

   $\text{\textwon}1,000,000 - \text{\textwon}625,000^* = \text{\textwon}375,000$

   * 감가상각충당금 $= \text{\textwon}1,000,000 \div 8 \times 5 = \text{\textwon}625,000$

2.

	제1안	제2안	제3안
현금유입액	₩ 100,000	₩ 350,000	₩ 720,000
현금유출액	−	200,000	600,000
순현금흐름	₩ 100,000	₩ 150,000	₩ 120,000
기회원가	150,000	120,000	150,000
순차액손익	(₩ 50,000)	₩ 30,000	(₩ 30,000)

* 제3안의 평가 시 화폐의 시간가치는 무시함
따라서 제2안을 선택하는 것이 가장 합리적이다.

3.

	제1안	제2안	제3안
회피가능원가	−	₩ 200,000	₩ 600,000
현금지출원가	−	200,000	600,000

고려된 각 대체안의 회피가능원가와 현금지출원가는 동일하게 계산되고 있다.

1

순수변동원가 : ①, ⑥, ⑧   준고정원가 : ④
순수고정원가 : ②, ⑦
혼합원가 : ③, ⑤

2

1.

	ℓ당 변동비	월고정비	구분
참깨원가	₩ 6,000	–	변동원가
급료	4,500	–	변동원가
지급임차료	500	₩ 80,000	혼합원가
수도광열비	1,000	30,000	혼합원가
복리후생비	200	120,000	혼합원가
감가상각비	–	300,000	고정원가
잡비	800	70,000	혼합원가
합계	₩ 13,000	₩ 600,000	

2. $Y = ₩600,000 + ₩13,000X$
  $= ₩600,000 + (₩13,000 \times 600ℓ) = ₩8,400,000$

3. 9월의 평가원가 : $₩6,0601000 \div 420ℓ = ₩14,429$
  10월의 평균원가 : $₩7,620,000 \div ₩540 = ₩14,111$
  생산·판매량이 상이하여도 총고정원가는 ₩600,000으로 동일하다. 이에 따라 조업도가 클수록 ℓ당의 고정원가는 감소한다. 그러므로 조업도가 증가할수록 참기름 ℓ당 고정원가는 감소한다.

3

1.

병상점유율	점유병상수	월운영비
90%	720bed	₩ 3,024,000*
95%	760	3,120,000

* 720 × ₩ 140 × 30일 = ₩3,024,000

$$\text{월간 병상당}\atop\text{변동원가} = \frac{\text{₩}3,120,000 - \text{₩}3,024,000}{760 - 720} = \text{₩}2,400$$

따라서 1일 병상당 변동운영비는 ₩80(₩2,40090÷3일)이다.

2. 월간 고정운영비 : ₩3,120,000 − (760 × ₩2,400) = ₩1,296,000

   1일 고정운영비 : ₩1,296,000÷30일 = ₩43,200

3. 변동운영비 (800 × 0.92 × ₩2,400)   ₩1,766,400

   고정운영비   1,296,000

   합   계   ₩3,062,400

4

1. 최저점은 기계 C, 최고점은 기계 H이다.

   $$\text{기계시간당 변동원가} = \frac{\text{₩}8,500,000 - \text{₩}5,200,000}{3,000 - 1,500} = \text{₩}2,200$$

   고정원가 = ₩8,500,000 − (₩2,200 × 3,000) = ₩1,900,000

   기계가동시간율 X, 수선유지원가를 Y라고 한다.

   ∴ $Y = \text{₩}1,900,000 + \text{₩}2,200X$

2. $Y = a + bX$의 회귀식을 구하면 $a = \text{₩}1,227,300$, $b = \text{₩}2,449$이다.

   ∴ $Y = \text{₩}1,227,300 + \text{₩}2,449X$

3. 총변동 : $\sum(Y_1 - \overline{Y})^2 = 17,752,907$

   설명되는 변동 : $\sum(\hat{Y} - \overline{Y})^2 = 17,752,907$

   ∴ $R^2 = \dfrac{17,752,907}{21,436,000} = 0.8282$ ∴ $R = 0.91$

4. 추정의 표준오차

   $$(S_e) = \sqrt{\frac{\sum(Y_i - \hat{Y}_i)^2}{n-2}} = \sqrt{\frac{3,683,093}{15-2}} = 532$$

5

1. $Y = \text{₩}710 + \text{₩}8.2\,X$

   X에 580시간을 대입하면 $Y = \text{₩}5,466$이다.

2. 결정계수(R^2) : $(0.953)^2 = 90.82\%$

6

1. $\left\{\dfrac{180+108}{2}\right\} \div 180 = 80\%$

2.

누적단위	추가단위	단위당 평균시간	누적총시간	증분시간
1	1	180시간	180시간	180시간
2	1	144	288	108
4	2	115.2	460.8	172.8
8	4	92.16	737.28	276.48

직접재료원가(₩10,000×2)	₩ 20,000
직접노무원가(172.8시간×₩500)	86,400
변동제조간접원가(172.8시간×₩300)	51,840
합계	₩ 158,240

∴ 단위당 최저 판매가격 : ₩158,240×2÷2 = ₩158,240

3.

직접재료원가(₩10,000×4)	₩ 40,000
직접노무원가(276.48시간×₩500)	138,240
변동제조간접원가(276.48시간×₩300)	82,944
고정제조간접원가	10,000
합계	₩271,184

∴ 단위당 최저 판매가격 : ₩271,184×2÷4 = ₩135,592

7

판매처	누적생산량	증분생산량	누적평균노무시간	누적총노무시간
(주)서울	1개	1개	2,500시간	2,500시간
(주)부산	2	1	2,125	4,250
(주)부산	4	2	1,806	7,224
(주)대전	8	4	1,535	12,280
(주)대전	16	8	1,305	20,830

1.

직접재료원가(₩1,000,000×3)	3,000,000
직접노무원가(4,724시간×₩1,000)	4,724,000
변동제조간접원가(4,724시간×₩600)	2,834,400
고정제조간접원가(₩4,724,000×0.3)	1,417,200
합계	₩11,975,600

2.

직접재료원가(₩1,000,000×12)	₩12,000,000
직접노무원가(13,655시간×₩1,000)	13,656,000
변동제조간접원가(13,655시간×₩600)	8,193,600
고정제조간접원가(₩13,655,000×0.3)	4,096,800
합계	₩37,946,400

∴ 단위당 제조원가 : ₩37,946,400÷12단위 = ₩3,162,200

3. 셋째 단위의 직접노무시간 : $2,500 \times 3^{-0.2345} = 1,932$시간

$1,932 \times 3 - 4,250 = 1,546$시간

$₩1,000,000 + (1,546시간 \times ₩1,000) + (1,546시간 \times ₩600) + (₩1,546,000 \times 0.3)$
$= ₩3,937,400$

PART 04 원가·조업도·이익분석

1

1.

매 출 액(₩2,000×2,000)	₩4,000,000
변동원가(₩500×2,000)	(1,000,000)
고정원가	(1,800,000)
세전이익	₩1,200,000

2. $BEP = \dfrac{₩1,800,000}{₩2,000 - ₩500} = 1,200$개

M/S비율 $= \dfrac{2,000개 - 1,200개}{2,000개} = 40\%$

3.

매출액(₩2,000×2,000)	₩4,000,000
변동원가(₩450×2,000)	(900,000)
고정원가(₩1,800,000×1.15)	(2,070,000)
	₩1,030,000

세전이익 감소율 $= \dfrac{₩1,200,000 - ₩1,030,000}{₩1,200,000} = 14.17\%$

4. $2,000P - ₩1,000,000 - ₩1,800,000 = ₩1,800,000$

$\therefore P = ₩2,300$

5. 고정급 : $(2,500 × ₩1,500) - ₩1,800,000 = ₩1,950,000$

변동급 : $(2,500 × ₩1,200) - ₩1,300,000 = ₩1,700,000$

변동판매수수료 지급방법은 고정판매수수료 지급방법보다 이익을 ₩2500,000만큼 감소시키므로 변경하지 않는 것이 바람직하다.

6.

단위당 변동원가	₩500
단위당 목표이익(₩60,000÷400)	150
단위당 판매가격	₩650

7. 안전한계율은 법인세율과 무관하다. ∴ 40%

8. 제품단위당 판매가격을 Z라 하면

$400Z = 400 × 500 + 60,000/(1 - 0.2)$

$$400 Z = 275,000$$

$$Z = 687.5$$

2

1. $BEP(Q) = \dfrac{₩150,000}{₩200 - ₩150} = 3,000개$

   $BEP(S) = \dfrac{₩150,000}{1 - 0.75} = ₩600,000$

2. 매출액이익률 10%를 달성하기 위한 판매량을 x라고 하자.

   $(₩200\,x - ₩150\,x - ₩150,000) \times 0.8 = ₩200\,x \times 10\%$

   $\therefore x = 6,000개$

3. 공헌이익 = 고정원가 + 세전이익

   공헌이익 : 5,000개 × ₩50 = ₩250,000

   세전이익 : ₩60,000 ÷ 0.8 = ₩75,000

   고정원가 : ₩250,000 - ₩75,000 = ₩175,000

   따라서 광고비예산의 허용증가액은 ₩25,000(₩175,000 - ₩150,000)이다.

4. M/S비율 $= \dfrac{5,000개 - 3,000개}{5,000개} = 40\%$

3

1.

조업도	손익분기점	관련범위확인
0 ~ 1,000개	₩400,000 ÷ ₩500 = 800개	해당됨
1,001 ~ 1,500개	₩490,000 ÷ ₩500 = 980개	해당안됨
1,507 ~ 2,000개	₩920,000 ÷ ₩500 = 1,840개	해당됨

따라서 손익분기점은 800개와 1,840개이다.

두 가지 손익분기점 중 관련범위내의 최대 조업도의 이익을 비교한다.

1,000개 : (₩500 × 1,000) - ₩400,000 = ₩100,000

2,000개 : (₩500 × 2,000) - ₩920,000 = ₩80,000

따라서, 1,000개의 최대 조업도를 갖는 관련범위가 보다 유리하므로 목표로 해야 하는 손익분기점은 800개이다.

2. 이익극대화 조업도는 관련범위 내의 최대 조업도의 이익을 비교하여 결정한다.

1,000개 : (₩500 × 1,000) - ₩400,000 = ₩100,000

1,500개 : (₩500 × 1,500) - ₩490,000 = ₩260,000

2,000개 : (₩500 × 2,000) - ₩920,000 = ₩80,000

따라서 이익극대화 조업도는 1,500개이다.

3. 현재이익 : $(\text{₩}500\times900)-\text{₩}400,000=\text{₩}50,000$

    광고비의 최대 증가액을 x 라고 하면, 광고비증액 후 최소 이익은 ₩50,000이다.

    $(\text{₩}500\times900\times1.5)-\text{₩}490,000-x=\text{₩}50,000$

    $\therefore\ x=\text{₩}135,000$

4

1. (i) 손익분기점 $=\dfrac{\text{₩}600,000}{\text{₩}1,000-\text{₩}700}=2,000\text{set}$

    (ii) 현금분기점 $=\dfrac{\text{₩}600,000(1-0.4)-\text{₩}200,000}{\text{₩}300(1-0.4)}=889\text{set}$

2. (i) 손익분기점의 계산

      가중평균공헌이익 $=(\text{₩}300\times0.6)+(\text{₩}800\times0.4)=\text{₩}500$

      $BEP(\text{전체})=\dfrac{\text{₩}600,000+\text{₩}200,000}{\text{₩}500}=1,600\text{set}$

      $BEP(\text{설녹차})=1,600\times0.6=960\text{set}$

      $BEP(\text{쌍화차})=1,600\times0.4=640\text{set}$

    (ii) 현금분기점의 계산

      $CTP(\text{전체})=\dfrac{800,000(1-0.4)-\text{₩}300,000}{\text{₩}500(1-0.4)}=600\text{set}$

      $CTP(\text{설록차})=600\times0.6=360\text{set}$

      $CTP(\text{쌍화차})=600\times0.4=240\text{set}$

3. 가중평균공헌이익 : ₩500

    세전순이익 : $\text{₩}270,000\div(1-0.4)=\text{₩}450,000$

    $X_Q(\text{전체})=\dfrac{\text{₩}800,000+\text{₩}450,000}{\text{₩}500}=2,500\text{set}$

    $X_Q(\text{설녹차})=2,500\times0.6=1,500\text{set}$

    $X_Q(\text{쌍화차})=2,500\times0.4=1,000\text{set}$

4. 단위당 공헌이익이 큰 쌍화차의 매출비중이 예산보다 적었다. 이에 따라 회사가 목표매출액을 달성하였다 하더라도 목표공헌이익은 실제공헌이익보다 작게 된다.

5

1. $BEP(Q)=\dfrac{\text{₩}360,000+\text{₩}252,000}{\text{₩}200-\text{₩}110-\text{₩}20-\text{₩}10}=10,200\text{개}$

2. $X(Q)=\dfrac{\text{₩}360,000+\text{₩}252,000+\text{₩}150,000}{\text{₩}60}=12,700\text{개}$

3. 매출액을 x 라고 하자.

    $(x-0.7x-\text{₩}360,000-\text{₩}252,000)\times(1-0.2)=0.1x$ $\qquad\therefore\ x=\text{₩}3,497,143$

6

1. 단위당 변동원가 : $\mathbb{W}120 + \mathbb{W}150 + \mathbb{W}100 + \mathbb{W}80 = \mathbb{W}450$

   $BEP = \mathbb{W}250{,}000 \div (\mathbb{W}950 - \mathbb{W}450) = 500개$

   따라서 손익분기점 미달의 확률은 25%이다.

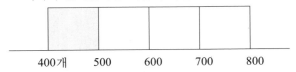

2. $X_Q = \dfrac{\mathbb{W}250{,}000 + \mathbb{W}62{,}000}{\mathbb{W}850 - \mathbb{W}450} = 780개$

   따라서 $\mathbb{W}62{,}000$ 이상 이익달성가능성은 40%이다.

7

1. $E(\pi) = (\mathbb{W}900 - \mathbb{W}400) * 2{,}000 - \mathbb{W}750{,}000 = \mathbb{W}250{,}000$

   $\sigma(\pi) = (\mathbb{W}900 - \mathbb{W}400) * 400 = \mathbb{W}200{,}000$

2. $Z = \dfrac{0 - \mathbb{W}250{,}000}{\mathbb{W}200{,}000} = -1.25$

   $P(\pi > 0) = P(Z > -1.25) = 1 - P(Z < 1.25)$

   $= 1 - 0.1056 = 0.8944 = 89.44\%$

3. $Z = \dfrac{\mathbb{W}15{,}000 - \mathbb{W}250{,}000}{\mathbb{W}200{,}000} = -0.5$

   $= 1 - 0.3085 = 0.6915 = 69.15\%$

1

1. 9월 고정제조간접비배부액 : ₩150,000 − ₩4,200 = ₩145,800

　　9월 생산량 : ₩145,800÷150 = 972개

	9월	10월
월초 재고량	0개	42개
월 생산량	972	979
월말 재고량	(42)	(63)
월중 매출량	930개	958개

　　따라서 10월 중 예산생산량은 979개이다.

2

1.

	2월	3월
월중 예산판매량	4,000개	4,500개
월말 예산재고량	450	350
합계	4,450개	4,850개
월초 예산재고량	(400)	(450개)
월중 예산재고량	4,050개	4,400개

2.

	2월	3월
월중 예산생산량의 소비량	20,250kg	22,000kg
월말 예산재고량	2,200	1,775
합계	22,450kg	23,775kg
월초 예산재고량	(2,025)	(2,200)
월중 예산재고량	20,425kg	21,575kg
kg당 예산구입원가	₩　　80	₩　　80
예산재료매입액	₩1,634,000	₩1,726,000

3

1.

항목	제품 PQ	제품 XY
예산판매량	600개	400개
기말재고량	300	60
총필요량	900개	460개
기초재고량	(250)	(150)
예산생산량	650개	310개

2.

항목	재료 a	재료 b
PQ 소비량	2,600kg	1,300kg
XY 소비량	930	1,550
기말재고량	130	220
총 필요량	3,660kg	3,070kg
기초재고량	(90)	(190)
예산매입량	3,570kg	2,800kg
표준단가	₩ 80	₩ 20
예산매입액	₩285,600	₩57,600

3.

제품	예산생산량	표준작업시간	총작업시간	표준임률	노무비예산액
PQ	650개	10시간	6,500시간	₩30	₩195,000
XY	310	15	4,650	50	232,500
합계	960개		11,150시간		₩427,500

4. 단위당 제조원가는 제품 PQ가 ₩760, 제품 XY가 ₩1,190이다.

	제품 PQ	제품 XY	합계
매출액	₩540,000	₩560,000	₩1,100,000
매출원가	456,000	476,000	932,000
매출총이익	₩ 84,000	₩ 84,000	₩ 168,000

4

(ⅰ) 10월 중 현금유입액

외상매출액(₩2,500,000 + ₩5,600,000)	₩ 8,100,000
받을 어음(₩8,400,000 × 1/2)	4,200,000
합계	₩12,300,000

(ⅱ) 10월 중 현금유출액

외상매입금(기초)	₩ 5,500,000
당월매입액(₩8,800,000 × 3/4)	6,600,000
합계	₩12,100,000

(ⅲ) 잉여(부족)현금액의 계산

₩300,000(월초 잔액) + ₩12,300,000(10월 유입액) − ₩12,100,000(10월 유출액)
− ₩800,000(최저 현금보유액) = ₩300,000(부족현금)

5

1.

	5월	6월
예산매출액	1,500개	1,800개
예산월말재고량	360	240
예산월초재고량	(300)	(360)
예산생산수량	1,560개	1,680개

2.

직접재료원가(1,560개 × 1kg × ₩40)	₩ 62,400
직접노무원가(1,560개 × 2시간 × ₩10)	31,200
변동제조간접원가(1,560개 × ₩10)	15,600
고정제조간접원가	75,000
합계	₩184,200

3.

5월 소비량(1,560개 × 1kg)	1,560kg
월말 재고량(1,680개 × 1g × 0.5)	840
월초 재고량(1,560개 × 1g × 0.5)	(780)
5월 구매량	1,620kg

∴ 재료구매예산액 : 1,620kg × ₩40 = ₩64,800

4. (i) 현금유입액의 계산

$$(1,000개 \times ₩200 \times 0.58) + (1,500개 \times ₩200 \times 0.4) = ₩236,000$$

(ii) 현금유출액의 계산

매입대금의 지급	₩ 64,800
직접노무원가	31,200
변동제조간접원가	15,600
고정제조간접원가 (₩75,000 − ₩15,000)	60,000
변동판매·관리비	30,000
고정판매·관리비 (₩20,000 − ₩8,000)	12,000
합계	₩213,600

(iii) 5월말 현금잔액의 계산 : ₩48,000 + ₩236,000 − ₩213,600 = ₩70,400

1

변동원가 (₩170,000 − ₩50,000)/150,000개 = ₩0.8/단위

예산원가 ₩0.8×200,000 + ₩50,000 = ₩210,000

2

단위당 예산		조업도수준		
판매량		4,000	5,000	6,000
매출액	₩25	₩100,000	₩125,000	₩150,000
변동원가				
직접재료	11	44,000	55,000	66,000
연료비	2	8,000	10,000	12,000
고정원가				
감가상각비		12,000	12,000	12,000
임원급료		50,000	50,000	50,000

3

	실제성과	변동예산차이	변동예산	매출조업도차이	고정예산
판매량	100,000	0	100,000	10,000[1]	90,000
매출액	₩1,008,000[3]	₩ 8,000F	₩1,000,000[2]	₩100,000F	₩900,000
변동원가	620,000	12,000U	600,000	60,000U	540,000[7]
공헌이익	388,000[4]	12,000U	400,000	40,000F	360,000
고정원가	250,000[5]	10,000U	240,000	−	240,000
영업이익	138,000[6]	₩22,000U	₩ 160,000	₩ 40,000F	₩120,000

1) 100,000 − 90,000
2) ₩900,000÷90,000 = ₩10/단위
  ₩10×100,000 = ₩1,000,000
3) ₩1,000,000 + ₩8,000
4) ₩1,008,000 − ₩620,000
5) ₩240,000 + ₩10,000
6) ₩388,000 − ₩250,000
7) ₩600,000÷100,000 = ₩6/단위
  90,000×₩6 = ₩540,000

4

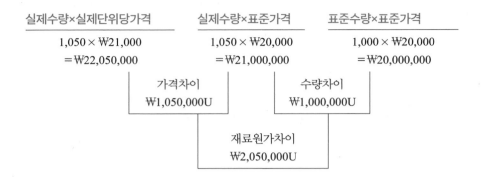

5

1. 고정예산방법에 의한 성과보고서

구분	실제성과	고정예산	고정예산차이
생산량	9,500대	10,000대	500대(U)
간접노무원가	₩390,000	₩400,000	₩10,000(F)
소모품비	96,000	100,000	4,000(F)
수선비	80,000	80,000	–
합계	₩566,000	₩580,000	₩14,000(F)

2. 변동예산방법에 의한 성과보고서(단위: 원)

항목	실제성과	변동예산	예산차이	비고
간접노무원가	390,000	380,000	10,000(U)	파업으로 인한
소모품비	96,000	95,000	1,000(U)	유휴시간과 수선
수선비	80,000	76,000	4,000(U)	원가가 증가
합계	566,000	551,000	15,000(U)	

6

1. 직접노무원가임률차이 : ₩2,100,000 − (2,500시간 × ₩750) = ₩225,000(불리)

   직접노무원가능률차이 : ₩750(2,500시간 − 2,000시간) = ₩375,000(불리)

2. 교재 참조

7

1.

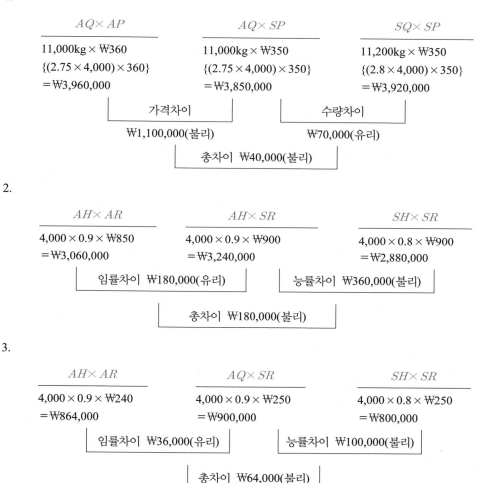

$AQ \times AP$	$AQ \times SP$	$SQ \times SP$
11,000kg × ₩360	11,000kg × ₩350	11,200kg × ₩350
{(2.75 × 4,000) × 360}	{(2.75 × 4,000) × 350}	{(2.8 × 4,000) × 350}
= ₩3,960,000	= ₩3,850,000	= ₩3,920,000

가격차이 ₩1,100,000(불리)

수량차이 ₩70,000(유리)

총차이 ₩40,000(불리)

2.

$AH \times AR$	$AH \times SR$	$SH \times SR$
4,000 × 0.9 × ₩850	4,000 × 0.9 × ₩900	4,000 × 0.8 × ₩900
= ₩3,060,000	= ₩3,240,000	= ₩2,880,000

임률차이 ₩180,000(유리)

능률차이 ₩360,000(불리)

총차이 ₩180,000(불리)

3.

$AH \times AR$	$AQ \times SR$	$SH \times SR$
4,000 × 0.9 × ₩240	4,000 × 0.9 × ₩250	4,000 × 0.8 × ₩250
= ₩864,000	= ₩900,000	= ₩800,000

임률차이 ₩36,000(유리)

능률차이 ₩100,000(불리)

총차이 ₩64,000(불리)

1

1.

증분수익 (₩900×700)	630,000
증분변동원가 (₩600×700)	(420,000)
증분고정원가	(40,000)
증분이익	₩170,000

특별주문수락 시 증분이익이 ₩170,000이므로 수락하여야 한다.

2.

변동제조원가	₩500
변동판매관리비	80
고정원가	100*
단위당 원가	₩680

　* ₩40,000÷400개＝₩100

3.

단위당 변동제조원가	₩500
단위당 변동판매관리비	60
단위당 기회비용*	150
단위당 원가	₩710

　* 기회비용은 정규판매이익의 상실액이다.
　　(₩1,000 − ₩600)×300개＝₩120,000
　　₩120,000÷800개＝₩150

4.

증분수익 (₩750×200)	₩150,000
증분변동원가 (₩580×200)	(116,000)
증분고정원가	(40,000)
감분이익	₩ 6,000

특별주문수락 시 ₩6,000의 이익이 감소하므로 수락하지 않는다.

2

1. 유휴설비로 특별주문량의 조달이 가능하다.

   단위당 변동원가 : ₩220 + ₩30 = ₩250

   따라서 특별주문수락시 ₩40,000 (₩50×800)의 이익이 증가한다.

2.

증가되는 공헌이익{(320 − ₩250)×1,500개}	₩105,000
상실되는 공헌이익{(₩400 − ₩250)×500개	(75,000)
증분고정원가	₩ 30,000

3. 특별주문의 최저 단위당 판매가격을 x라고 하자.

   특별주문수락 시 공헌이익 : $(x − ₩250)×1,200개 = 1,200x − ₩300,000$

   특별주문수락 시 감분이익 : $(₩400 − ₩250)×200개 = ₩30,000$

   $1,200x − ₩300,000 = ₩30,000$ ∴ $x = ₩275$

4. (i) 방안 Ⅰ: 특별주문수락 + 기존시장축소

증가되는 공헌이익{(310 − ₩250)×1,500개}	₩105,000	₩90,000
상실되는 공헌이익{(₩400 − ₩250)×500개		(75,000)
공헌이익증가액		₩15,000

   (ii) 방안 Ⅱ: 특별주문수락 + 설비리스

증가되는 공헌이익(₩310×1,500개)	₩465,000
상실되는 공헌이익{(₩250×1,500) + ₩100,000}	(475,000)
공헌이익감소액	(₩10,000)

   따라서 특별주문은 수락하되 설비리스를 하는 것이 아니라 기존시장을 축소시키는 것이 ₩15,000만큼 이익이 증가한다.

3

1.

	1,800개		1,000개		700개	
단위당 판매가격	₩	400	₩	500	₩	600
단위당 변동원가*		300		300		300
단위당 공헌이익	₩	100	₩	200	₩	300
판매량		1,800개		1,000개		700개
총공헌이익		₩180,000		₩200,000		₩210,000

* ₩150(직접재료비) + ₩75(직접노무비) + ₩65(변동제조간접비) + ₩10(변동판관비) = ₩300

따라서 최적의 의사결정은 단위당 판매가격이 ₩600인 경우이다.

2. 특별주문이익 : 700단위 × ₩290 × 0.2 = ₩40,600

특별주문에 따른 단위당 판매가격을 x라고 하자.

$(₩300 × 700) + ₩40,600 = 700x$ ∴ $x = ₩358$

4

1.

	부품 A	부품 B	부품 C	부품 D
외부구입단가	₩4,000	₩6,800	₩10,000	₩12,900
자가제조변동원가	3,500	7,000	9,000	10,500
자가제조여부	자가제조	외부 구입	자가제조	자가제조
자가제조시 절감액	₩ 500		₩1,000	₩ 2,400
단위당 기계시간	2시간		1시간	3시간
시간당 절감액	₩ 250		₩1,000	₩ 800
자가제조우선순위	3		1	2
필요기계시간	2,400시간		3,000시간	4,500시간

따라서 부품 A, C, D는 자가제조가 유리하다. 그러나 총기계시간이 6,000시간으로 제한되어 있으므로 부품 C를 3,000개 생산하고, 부품 D를 1,000개 생산한다. 그러므로 자가제조여부는 다음과 같이 정리된다.

	자가제조수량	외부 구입수량
부품 A	−	1,200개
부품 B	−	1,000개
부품 C	3,000개	−
부품 D	1,000개	500개

2. 부품 B의 자가제조에 소요될 시간당 절감액이 부품 D의 ₩800보다 커야 한다. 또한 부품 B의 가격인상액은 최소한 ₩2,600은 되어야 한다.

$(₩800 × 3시간) + ₩7,000 = ₩9,400$ $₩9,400 − ₩6,800 = ₩2,600$

5

1. (i) 추가가공 시 증분수익의 계산

$(120kg × ₩25,000) + (40kg × ₩18,000) − (100kg × ₩9,500) = ₩2,770,000$

(ii) 추가가공 시 증분원가의 계산

$(120kg × ₩17,000) + (40kg × ₩9,000) = ₩2,400,000$

따라서 추가가공 시 ₩370,000만큼 유리하다.

2. 매몰원가: 제품 A의 제조원가 @₩7,000

관련원가: 공정 Ⅲ에서의 제품 B, C의 추가가공원가인 ₩17,000과 ₩9,000이 관련원가

이다. 고정제조간접비는 추가가공여부의사결정시 차이가 없는 원가이므로 비관련원가
이다.

3.

제품 B, C의 매출액	₩3,720,000
제품 B, C의 추가원가	2,400,000
기회원가	₩1,320,000
제품 A의 매출액	₩ 950,000
순차액이익	₩ 370,000

4. 추가가공을 하기 위한 설비가 필요하다. 이에 따라 추가설비의 임대 시 임대료, 구입 시
구입원가·내용연수·잔존가치 등을 고려하여야 한다. 추가설비에 따른 증분원가는
₩370,000보다 작아야 추가설비를 이용하여 추가가공을 한다.

6

1. 우선 유아용화장품라인의 폐쇄 시 영업손익을 계산하면 영업손실이 ₩5,000(제품별 간
접판관비) 발생한다. 따라서 유아용화장품라인을 폐쇄하는 것이 유리하다.

2. 유아용 화장품을 생산·판매하는 경우 여성용과 유아용의 영업이익은 ₩20,000(₩35,000
−₩15,000)이다. 한편 유아용화장품 생산중단 시 여성용과 유아용의 영업이익은 ₩19,000*
이다. 따라서 유아용화장품라인이 적자임에도 불구하고 계속 유지하는 것이 유리하다.
   * {(₩80,000 − ₩15,000 − ₩10,000)×0.8} − ₩20,000 − ₩5,000 = ₩19,000

3. (ㄱ) 유아용화장품라인폐쇄로 인한 타 화장품의 매출액 변화
   (ㄴ) 제품생산라인의 신축성(타 제품의 생산가능성)
   (ㄷ) 라인폐쇄에 따른 처분가능성 및 처분가치
   (ㄹ) 미래의 시장상태 및 경쟁사 상황
   (ㅁ) 폐쇄라인종업원과 타 제품라인배치가능성

7

1. 월간 이용가능한 설비시간은 절단설비와 조립설비 모두 4,500시간(15시간×30일×10
대)이다. 최대 이익실현가능조합은 제품 A는 생산하지 않고 제품 B만 1,125단위 생산
하는 것이다.

2. 최대 이익은 제품 B만 생산·판매하는 경우이므로 제품 A에 대한 광고선전을 할 필요
가 없다.

3. 제품 A는 1,000단위, 제품 B는 125단위일 때이다.
   (1,000×₩600)+(125×₩500) = ₩662,500

1

1.

비용절감액	₩800,000
감가상각비	(500,000)
세전이익	300,000
법인세	(60,000)
세후이익	240,000
감가상각비	500,000
세후현금유입액	740,000

2. 4,120,000÷740,000＝5.57

3. 회계적이익률 $= \dfrac{240,000}{(4,120,000+120,000)/2} ≒ 6\%$

2

우선 각 연도의 현금유입액을 계산한다.

	1년	2년	3년	4년
현금수익	₩180,000	₩180,000	₩180,000	₩180,000
감가상각비	(160,000)	(120,000)	(80,000)	(40,000)
세전이익	₩ 20,000	₩ 60,000	₩100,000	₩140,000
법인세	(8,000)	(24,000)	(40,000)	(56,000)
세후이익	₩ 12,000	₩ 36,000	₩ 60,000	₩ 84,000
감가상각비	160,000	120,000	80,000	40,000
현금유입액	₩172,000	₩156,000	₩140,000	₩124,000

1. 회수기간 : $2년 + \dfrac{(₩450,000 - ₩328,000)}{₩140,000} = 2.87년$

2. 회계적 이익률 : $\dfrac{₩48,000^{*}}{₩250,000^{**}} = 19.2\%$

    * (12,000＋₩36,000＋₩60,000＋₩84,000)÷4＝₩48,000

    ** (₩450,000＋₩50,000)÷2＝₩250,000

3. 할인된 회수기간 : $3년 + \dfrac{₩450,000 - ₩377,594}{₩78,802} = 3.92년$

3

1.

신기계취득원가	₩6,840,000
구기계처분가치	(1,500,000)
구기계처분손실의 세효과	(1,640,000)*
순투자액	₩3,700,000

* $\left(₩7,200,000 \times \dfrac{7}{9} - ₩1,500,000\right) \times 0.4 = ₩1,640,000$

2.

	구기계	신기계	차이액
매출액	₩8,000,000	₩10,000,000	₩2,000,000
연간현금운영비	4,500,000	4,000,000	500,000
감가상각비	800,000	870,000	(70,000)
법인세전이익	₩2,700,000	₩5,130,000	₩2,430,000
법인세	1,080,000	2,052,000	972,000
당기순이익	₩1,620,000	₩3,078,000	₩1,458,000
감가상각비	800,000	870,000	70,000
현금흐름	₩2,420,000	₩3,948,000	₩1,528,000

3. NPV : $(₩1,528,000 \times 4.0389) + (₩750,000 \times 0.3538) - ₩3,700,000 = ₩2,736,331$

4. PI : $\dfrac{₩6,436,331}{₩3,700,000} = 1.74$

4

1. 연간순현금유입액 : $(₩400,000 - ₩200,000 - ₩80,000*) \times 0.7 + ₩80,000* = ₩164,000$
   * 감각상각비 : $₩480,000 \div 6 = ₩80,000$
2. 회수기간 : $₩480,000 \div ₩164,000 = 2.927년$
3. 순현재가치 : $(₩164,000 \times 3.326) - ₩480,000 = ₩65,464$
4. 수익성지수 : $₩545,464 \div ₩480,000 = 1.136$

5

1. 판매수량을 Q라고 하자.

$$\frac{\text{₩}500\,Q-\text{₩}110,000}{\text{₩}250,000} = \frac{\text{₩}200\,Q-\text{₩}50,000}{\text{₩}90,000} \qquad \therefore Q = 520\text{단위}$$

2.

	설비 A	설비 B
영업현금유입액 현가	₩264,000	₩96,000
잔존가치의 현가	28,400	−
원초투자액	(250,000)	(90,000)
순현재가치	₩42,400	₩6,000

6

1. 순현가지수를 계산하면 투자우선순위는 D, C, A, B, E순이다.

   $$\text{₩}60,000 + \text{₩}100,000 + \text{₩}50,000 + \text{₩}28,500^* = \text{₩}238,5000$$

   $$^*47,500 \times \frac{\text{₩}150,000}{\text{₩}250,000} = \text{₩}28,500$$

2. 투자우선순위는 D, C, A, B, E이다. 그러나 B의 투자소요액은 ₩250,000으로 D, C, A
   에 투자한 후 여유자금 ₩150,000을 초과한다. 이에 따라 투자한 E에 투자를 한다.

   $$\text{₩}60,000 + \text{₩}100,000 + \text{₩}50,000 + \text{₩}22,500 = \text{₩}232,500$$

1

1.

	회사전체	동부	서부	남부
매출액	₩200,000	₩8,000	₩5,000	₩7,000
변동원가	7,800	2,400*	2,600	2,800
공헌이익	₩ 12,200	₩5,600	₩2,400	₩4,200
통제가능고정원가	10,700	4,000	3,200	3,500
사업부공헌이익	₩ 1,500	₩1,600	₩ (800)	₩ 700
통제불능고정원가	1,800**			
법인세차감전순이익	(₩300)			

* ₩8,000 × 0.3 = ₩2,400
** ₩12,500 − ₩10,700 = ₩1,800

2. 증분원가접근법을 이용하여 분석하면 다음과 같이 순이익이 증가하므로 추가적 광고를 권장할 만하다.

매 출 액 증 가 분	₩7,000 × 20%	₩1,400
공 헌 이 익 률		× 0.6(60%)
공 헌 이 익 증 가 분		₩ 840
광 고 비 증 가 분		(440)
순 이 익 증 가 분		₩ 400

2

1. 투자수익률 $= \dfrac{영업이익}{투자액} = \dfrac{30,000,000}{100,000,0} = 0.3(30\%)$

2. 잔여이익 = 영업이익 − 투자액 × 내재이자율

   = ₩30,000,000 − ₩100,000,000 × 15%

   = ₩15,000,000

3. 투자수익률에 의한 새로운 투자안 평가

	현재	새로운 투자안	합계
평균영업자산	100,000,000	5,000,000	105,000,000
영업이익	30,000,000	750,000	30,750,000
투자수익률	30%	15%	29%

투자수익률이 30% 미만인 다른 대체안(투자기회)은 기각하고 투자수익률이 30%를 초과하는 투자안만을 받아들이려 할 것이다.

4. 잔여이익에 대한 새로운 투자안 평가

	현재	새로운 투자안	합계
평균영업자산	100,000,000	5,000,000	105,000,000
영업이익	30,000,000	750,000	30,750,000
내재이자	15,000,000	750,000	15,750,000
잔여이익	15,000,000	0	15,750,000

성과측정지표로서 잔여이익이 고려된다면 사업부 경영자는 잔여이익이 "0"보다 큰 투자안에 대해서는 모두 받아들일 용의가 있으므로 사업부의 확장가능성을 매우 높게 만들 것이다.

3

1. 목표영업이익 $= 1,000$단위 $\times @\text{₩}500 \times 0.2 = \text{₩}100,000$

   매출액 = 변동원가 + 고정원가 + 영업이익

   단위당 판매가격을 P라고 하자.

   $1,000 \times P = \text{₩}500 \times 1,000 + \text{₩}120,000 + \text{₩}100,000$

   $\therefore \ P = \text{₩}720$

2. 자산회전율 $= \dfrac{\text{매출액}}{\text{영업자산}} = \dfrac{\text{₩}720,000}{\text{₩}500,000} = 1.44$회

3. 매출이익률 $= \dfrac{\text{이익}}{\text{매출액}} = \dfrac{\text{₩}100,000}{\text{₩}720,000} = 0.1389(13.89\%)$

4. 매출량 1,500에서의 손익상황

매 출 액	@₩720	₩1,080,000
변 동 원 가	@₩500	750,000
공 헌 이 익		₩ 330,000
고 정 원 가		120,000
이 익		₩ 210,000

투자수익률 $= \dfrac{\text{₩}210,000}{\text{₩}500,000} = 0.42(42\%)$

4

1. ① 이익에 의한 순위결정

지점별	이익	순위
강동지점	₩60,000	1
강서지점	50,000	2
강남지점	30,000	3
강북지점	30,000	3

② ROI에 의한 순위 결정

지점별	이익	투자액	ROI	순위
강동지점	₩60,000	₩250,000	24%	3
강서지점	50,000	200,000	25%	2
강남지점	30,000	100,000	30%	1
강북지점	30,000	150,000	20%	4

③ RI에 의한 순위결정

지점별	이익	내재이자	RI	순위
강동지점	₩60,000	₩50,000	₩10,000	1
강서지점	50,000	40,000	10,000	1
강남지점	30,000	20,000	10,000	1
강북지점	30,000	30,000	0	4

2. 이익은 성과평가기준으로 매우 훌륭하지 못하다. 이익창출에 사용된 투자규모를 고려하지 않기 때문이다. ROI는 이익과 투자액의 비율을 비교하므로 이익에 의한 평가방법보다는 더 좋으나 이 방법은 투자규모를 완전히 무시하고 있다. RI는 이익과 투자규모의 관계, 투자규모 및 화폐의 시간가치를 고려하고 있다. 이것은 투자안의 우선순위 결정에 이용되는 3개의 기준 중 가장 합리적인 방법이다.

3. 순위가 변경된다.
① 5% 하락한 경우

지점별	이익	내재이자율 15%에 의한 이자	RI	순위
강동지점	₩60,000	₩37,500	₩22,500	1
강서지점	50,000	30,000	20,000	2
강남지점	30,000	15,000	15,000	3
강북지점	30,000	22,500	7,500	4

② 5% 상승한 경우

지점별	이익	내재이자율 25%에 의한 이자	RI	순위
강동지점	₩60,000	₩62,500	₩(2,500)	3
강서지점	50,000	50,000	0	2
강남지점	30,000	25,000	5,000	1
강북지점	30,000	37,500	(7,500)	4

5

1. $ROI = \dfrac{\text{영업이익}}{\text{투자액}}$ $20\% = \dfrac{\text{영업이익}}{₩2,700,000}$

   ∴ 영업이익 = ₩540,000

   목표수익 :

고정제조간접원가	₩ 900,000
변동원가(30,000×₩396)	11,880,000
기대영업이익	540,000
합계	₩13,320,000

   단위당 판매가격을 P 라고 하자.

   $30,000P = ₩13,320,000$ ∴ $P = ₩444$

2.

판 매 량	20,000대	30,000대	40,000대
매 출	₩8,880	₩13,320	₩17,760
변 동 원 가	7,920	11,880	15,840
고 정 원 가	900	900	900
총 원 가	8,820	12,780	16,740
영 업 이 익	₩ 60	₩540	₩1,020
투 자 수 익 률	2.2%	20%	37.8%

3. 일년은 성과를 평가하거나 상여금을 지급하기 위해 영업이익을 이용하기에는 너무 빠른 기간이다. 예를 들면 카메라 판매는 사업부 경영자가 통제할 수 없는 일반적인 경제적 상황에 의해 크게 영향을 받을 수 있다. 이에 따라 상여금도 크게 영향을 받게 된다. 또한 단기간의 제조원가절감액은 장기적으로 볼 때 불리한 결과를 초래할 수도 있다. 그 예로 수선유지, 품질관리, 생산성 향상 등을 위한 종업원의 관심이 소홀하게 나타날 수 있다. 따라서 성과평가기간을 보다 늘리고, 장기적인 기업성과를 증대시킬 수 있는 비재무적 측정치들을 평가기준에 포함시켜야 한다.

6

본문 참조

1

본문 참조

2

1.

재료원가		₩25,000
가공원가		
재료처리(₩250×70)	₩17,500	
기계작업(₩4,800×2)	9,600	
조립작업(₩600×70)	42,000	
품질검사(₩1,500)	1,500	70,600
합계		₩95,600

총제조원가 : ₩95,600×200단위＝₩19,120,000

2.

연구개발등 상위활동원가	₩ 2,500,000
제조원가	19,120,000
유통 등 하위활동원가	6,000,000
총원가	₩27,620,000

∴ 단위당 판매가격 : $\dfrac{₩27,620,000}{200단위} \times 120\% = ₩165.720$

3

1. 작업활동별 원가배부율의 계산

작 업 활 동	연 간 예산액	예정배부 기준총수	배부기준단위당 배 부 율
재료배합	₩2,584,000	64,600	@₩　40
생산설계	1,140,000	400	2,850
작업준비	800,000	100	8,000
기계가동	3,510,000	11,700	300
마무리	1,092,000	5,460	200
포장 및 선적	500,000	100	5,000

2. 제품별 제조간접비예산액의 계산

활동	제품 X	제품 Y	제품 Z	합계
재료배합	₩1,200,000	₩1,000,000	₩ 384,000	₩2,584,000
생산설계	855,000	199,500	85,500	1,140,000
작업준비	400,000	200,000	200,000	800,000
기계가동	2,1000,000	1,050,000	360,000	3,510,000
마무리	400,000	500,000	192,000	1,092,000
포장 및 선적	250,000	200,000	50,000	500,000
합계	₩5,205,000	₩3,149,500	₩1,271,500	₩9,626,000

4

1.

	원삼정	알지오
생산일정계획	₩ 12,000	₩ 9,000
원료투입	175,000	90,000
분쇄	54,000	32,400
충빈	90,300	150,000
검사	28,000	12,000
포장 · 선적	15,200	11,400
합계	₩374,500	₩304,800
생산량	700 L	300 L
ℓ당 제조간접원가	₩ 535	₩ 1,016

2.

	원삼정	알지오
총제조간접원가	₩329,350	₩229,800
ℓ당 제조간접원가	470.50	766
ℓ당 원가감소율	12%	25%

5

1.

항목	제품 A	제품 B	제품 C	제품 D
직접재료원가	₩2,000,000	₩1,280,000	₩3,000,000	₩1,500,000
직접노무원가	600,000	320,000	600,000	1,000,000
제조간접비*	228,000	684,000	91,200	136,800
총제조원가	₩2,828,000	₩2,284,000	₩3,691,200	₩2,636,800
생산량	1,000	800	1,000	500
단위당 원가	@₩ 2,828	@₩ 2,855.50	@₩ 3,691.20	@₩ 5,273.60

$$\text{* 제조간접비배부율} = \frac{₩1,140,000}{250\text{시간}} = ₩4,560/\text{시간}$$

2.

항목	제품 A	제품 B	제품 C	제품 D
직접재료원가	₩2,000,000	₩1,280,000	₩3,000,000	₩1,500,000
직접노무원가	600,000	320,000	600,000	1,000,000
제조간접원가				
제조간접원가				
기계조정	150,000	30,000	60,000	30,000
감독	10,000	30,000	4,000	6,000
기계가동	20,000	60,000	8,000	12,000
운송	25,000	100,000	50,000	75,000
동력	30,000	90,000	12,000	18,000
원재료구매	39,385	78,759	98,461	39,385
주문처리	6,400	6,400	19,200	32,000
합계	₩ 280,785	₩ 395,169	₩ 251,661	₩ 212,385
총제조원가	₩2,880,785	₩1,995,169	₩3,851,661	₩2,712,385
단위당 제조원가	@₩ 2,880.785	@₩ 2,493.46	@₩ 3,851.66	@₩ 5,424.77

6

1. 작업시간당 제조간접원가 : $\frac{₩875,000}{50,000} = ₩17.50$

  A 제품 : ₩17.50×2 = ₩35

  B 제품 : ₩17.50×2 = ₩35

2. 활동별 제조간접원가배부율의 계산

활동	A 제품 사건/거래수	A 제품 금액	B 제품 사건/거래수	B 제품 금액
기계작업준비, 작업준비당 ₩46	3,000	₩138,000	2,000	₩ 92,000
품질검사, 검사당 ₩20	5,000	100,000	3,000	60,000
제조지령서, 지령서당 ₩135	200	27,000	400	54,000
기계작업시간, 시간당 ₩7.85	12,000	94,200	28,000	219,800
재료인수, 인수증당 ₩120	150	18,000	600	72,000
제조간접비 합계		₩377,200		₩497,800
생산량		5,000		20,000
단위당 제조간접비 배부액		₩ 75.44		₩ 24.89

3.

활동	활동기준 A 제품	활동기준 B 제품	직접작업시간기준 A 제품	직접작업시간기준 B 제품
직접재료원가	₩ 25.00	₩15.00	₩25.00	₩15.00
직접노무원가	10.00	12.00	10.00	12.00
제조간접원가	75.44	24.89	35.00	35.00
제조원가합계	₩110.44	₩51.89	₩70.00	₩62.00

4. A제품은 제품설계의 복잡성으로 인해 B제품보다 더 많은 기계작업준비와 품질 검사를 필요로 하고, 작은 롯트 규모로 생산되기 때문에 B제품보다 더 많은 제조지령서를 필요로 하기 때문이다.

PART 11   **재고자산관리**

1

1. $EOQ = \sqrt{\dfrac{2DP}{C}}$ 에서 $\sqrt{\dfrac{2 \times 10,000 \times 32}{4}} = \sqrt{160,000} = 400(대)$

2. 연간주문원가 $= \dfrac{DP}{Q}$ 에서 $\dfrac{10,000 \times ₩32}{400} = ₩800$

   연간재고유지원가 $= \dfrac{QC}{2}$ 에서 $\dfrac{400 \times ₩4}{2} = ₩800$

3. $\dfrac{10,000}{400} = 25$

2

1. $P = \dfrac{400}{5} = ₩80 \qquad \dfrac{Q}{2} \times C = ₩10,000 \qquad \therefore C = \dfrac{₩10,000}{2,000} = ₩5$

2. $Q = \sqrt{\dfrac{2 \times 80 \times 20,000}{5}} = 800$ 대

3. 현재재고정책에 의한 재고적합원가

주문원가	₩400	
재고유지원가	10,000	₩10,400

   EOQ에 의한 재고적합원가

주문원가	$(20,000 \div 800) \times ₩80 = ₩2,000$	
재고유지원가	$(800 \div 2) \times ₩5 = ₩2,000$	₩4,000
$\therefore EOQ$를 이용한 원가절감액		₩6,400

3

$$EOQ = \sqrt{\dfrac{2 \times 50,000 \times 10,000}{40}} = 5,000(상자)$$

4

안전재고 수준①	재고부족 확률②	평균재고 부족량③	재고부족원가				
			재고부족 원가④ =③×₩320 ⑤	연간 주문회수 ⑤	연간재고부족 원가의 기대치 ⑥=②×④×⑤	재고유지 원가⑦ =①×₩2	총원가 ⑧ =⑥+⑦
10개	50%	40개	12,800	5	32,000	20	32,020
20개	40%	33개	10,560	5	21,120	40	21,160
30개	20%	30개	9,600	5	14,400	60	14,460
40개	20%	25개	8,000	5	8,000	80	8,080
50개	10%	20개	6,400	5	3,200	100	3,300
55개	5%	10개	3,200	5	800	100	910

∴ 최적안전재고수준은 55이며 이때에 원가는 ₩910이다.

5

1. $Q^* = \sqrt{\dfrac{2 \times 6,000 \times 30}{0.2 \times 20}} = 300$(단위)

2.

	연간주문원가			연간재고유지원가			총원가			
현재주문량	30 × 6,000 / 250	+ 4 × 250 / 2	= 1,220
최적주문량	30 × 6,000 / 300	+ 4 × 300 / 2	= 1,200

3. 1일 수요량 $= \dfrac{6,000}{300} = 20$단위

∴ 재주문점은 100단위(20×5일)이다.

6

1.

연주문원가	₩20×250/10 =	₩500
연재고유지원가	₩ 4×10/2 =	20
합계		₩520

2. $EOQ = \dfrac{2 \times 250 \times 20}{4} = 50$단위

7

1. (1) $EOQ = \sqrt{\dfrac{2 \times 6,000 \times 30}{1}} = \sqrt{360,000} = 600(\text{상자})$

   (2) $EOQ = \sqrt{\dfrac{2 \times 6,000 \times 30}{1.50}} = \sqrt{240,000} = 490(\text{상자})$

   (3) $EOQ = \sqrt{\dfrac{2 \times 6,000 \times 5}{1.50}} = \sqrt{40,000} = 200(\text{상자})$

2. JIT매입정책은 수요가 예측되는 대로 즉시 매입하여 제품을 수령하는 것이다. 주어진 주문량에 따라 매월 주문회수를 구하면 다음과 같다.

   (1) $\dfrac{D}{EOQ} = 6,000 \div 600 = 10(\text{회})$ 약 3주일마다 주문

   (2) $\dfrac{D}{EOQ} = 6,000 \div 490 = 12.3(\text{회})$ 약 2.44일마다 주문

   (3) $\dfrac{D}{EOQ} = 6,000 \div 200 = 30(\text{회})$ 약 1일마다 주문

   주문원가를 감소시키고, 재고유지원가를 증가시키면 주문회수가 빈번하다.

8

1. $EOQ = \sqrt{\dfrac{2 \times 5,000 \times 10,000}{625}} = 400\text{kg}$

   최적의 연간주문원가 : $\dfrac{5,000\text{kg}}{400\text{kg}} \times ₩10,000 = ₩125,000$

2. 긴급구매원가, 고객상실원가, 잠재적 고객상실원가, 유휴노동력 및 유휴설비의 언가, 회사신용도의 감소 등이 재고부족원가 추정시 고려할 요소들이다. 즉, 대부분의 재고부족원가는 기회원가로 추정된다.

1

1. 전부원가기준법

직접재료원가	₩10
직접노무원가	14
제조간접원가	16
제조원가의 합계	40
가격인상폭(40%×40)	16
목표판매가격	₩56

2. 공헌이익법

직접재료원가	₩10
직접노무원가	14
변동제조간접원가	6
변동판매비 및 일반관리비	2
변동원가의 합계	32
가격인상폭(50%×32)	16
목표판매가격	₩48

2

수락, 순이익을 ₩100,000 증가시킬 수 있다.

단위당 판매가격		₩ 680
단위당 변동원가 :		
직접재료원가	₩350	
직접노무원가	200	
변동제조간접원가	80*	630
단위당 공헌이익		50
주문받은 단위		×2,000
총공헌이익		₩100,000

* 26,000단위를 생산할 경우 단위당제조간접원가	₩	200
고정제조간접원가 (₩3,120,000÷26,000)		120
변동제조간접원가	₩	80

3

$$단위당\ 판매가격 = \frac{(24,000,000 \times 0.1) \div (1-0.4) + 500,000}{100,000단위} + 5.6^* = ₩14.6$$

* 단위당 변동원가 $= (₩500,000 + ₩60,000) \div 100,000 = ₩5.6$

4

사업부 A, B사이의 이전가격은 내부 이전 – 외부 구입의사결정에 관련없는 원가이다. 외부 구입단가 ₩250과 내부(사업부 B) 변동제조원가 ₩235을 비교하면 내부에서 생산하여 이전하는 것이 회사전체 입장에서 유리하다.

5

생산량이 30,000개일 때 내부 이전으로 인해 포기하는 공헌이익은 ₩30,000(₩80,000 – ₩50,000)이다. 이때 최저 이전가격은 ₩80,000(₩50,000 + ₩30,000)이다. 따라서 이전가격은 ₩72,000보다 ₩8,000 높기 때문에 내부 거래가 이루어지지 않는다.

6

온수사업부와 냉수사업부 사이의 이전가격은 내부이전 – 외부구입의 의사결정에 관련 없는 원가이다. 따라서 외부 구입단가 ₩4,000과 회사내부 냉수사업부의 변동제조원가 ₩3,500을 비교해 보면, 내부에서 생산하여 이전시키는 것이 회사전체의 입장에서 유리하다.
즉 내부이전과 외부구입이 회사전체의 현금유입액에 미치는 영향을 분석하면 다음과 같다.

	내부이전	외부구입
냉수사업부의 변동원가	₩(175,000,000)	–
냉수사업부의 총고정원가	(8,000,000)	₩ (8,000,000)
온수사업부가 지불하는 외부 구입가격	–	(200,000,000)
합계	₩(183,000,000)	₩(208,000,000)

온수사업부가 냉수사업부에서 구입하면 회사전체 입장에서 볼 때, 매년 ₩25,000,000을 절약할 수 있다.

7

1.

	브라운관사업부	TV사업부	회사전체
매출	₩3,500,000[1]	₩2,400,000[2]	₩5,200,000[3]
비용			
사업부비용	2,600,000	1,200,000	3,800,000
이전가격	–	700,000[4]	–
총비용	2,600,000	1,900,000	3,800,000
순이익	₩ 900,000	₩ 500,000	₩1,400,000

* 1) ₩175×20,000＝₩3,500,000
  2) ₩600×4,000＝₩2,400,000
  3) 브라운관 사업부의 외부 매출(₩175×16,000) ₩2,800,000
     TV사업부의 외 부매출(₩600×4,000) 2,400,000
     총외부 매출액 ₩5,200,000
  4) ₩175×4,000＝₩700,000

2. 브라운관 사업부는 1,000개를 TV사업부에 추가적으로 판매해야 한다. 먼저 브라운관사업부가 외부 판매를 실시할 경우 단위당 ₩45(₩175－₩130)의 이익이 발생한다. 그러나 TV 사업부에 판매할 경우 단위당 ₩125(₩600－₩175－₩300)의 이익이 발생하게 된다. 그러므로 회사 전체로도 브라운관 사업부가 TV사업부에 1,000개를 더 판매하는 것이 유리하다.

찾아보기

저자약력
안일준
현) 상명대학교 경영경제대학 경영학부 명예교수
경영학 및 회계학 관련 학회 임원
정부부처 자문위원 및 평가위원
상장회사 사외이사
각종 시험출제위원 및 선정위원
상명대학교 학생처장, 학생복지처장, 인문사회과학대학장, 대학원장

(저서 및 논문)
현대 관리회계(공저, 1995)
현대 원가회계(공저, 1997)
관리회계원론(공저, 2004)
회계정보의 이해(2006)
IFRS 회계정보의 이해(2008)
관리회계(2009)
IFRS 원가회계(2010)
IFRS 회계원리(공저, 2013)
관리회계(공저, 2014)
"전문감사인의 판단에 관한 연구", "정부예산시스템의 모형설계와 기본분석에 관한 연구"외 다수

김정연
현) 상명대학교 경영경제대학 경영학부 교수
회계학 및 보안 관련 학회 임원
전문자격시험 출제 및 감수위원
국가공인 교재 개발 집필 위원
정부부처 자문위원
정부산하기관 전문위원 및 평가위원

(저서 및 논문)
관리회계(공저, 2014)
ISE 국가공인 산업보안관리사(공저, 2017)
산업보안학(공저, 2019)
"위험회피회계 적용방식이 수출기업의 가치 대응변수에 미치는 영향", "환율변화가 기업의 파생상품거래 유인과 재량적 발생조정에 미치는 영향", "개인정보유출이 기업의 주가에 미치는 영향", "The Value Relevance of Financial Information considering Industry Life Cycle Evidence from Korean Internet Related Industry", "The Effect of Adopting IFRS on Financial Reports" 외 다수

관리회계

초판발행   2023년 8월 25일

지은이   안일준 · 김정연
펴낸이   안종만 · 안상준

편 집   배근하
기획/마케팅   박부하
표지디자인   BEN STORY
제 작   고철민 · 조영환

펴낸곳   (주) **박영사**
              서울특별시 금천구 가산디지털2로 53, 210호(가산동, 한라시그마밸리)
              등록   1959. 3. 11. 제300-1959-1호(倫)

전 화   02)733-6771
f a x   02)736-4818
e-mail   pys@pybook.co.kr
homepage   www.pybook.co.kr
ISBN   979-11-303-1827-1   93320

copyright©안일준 · 김정연, 2023, Printed in Korea

* 파본은 구입하신 곳에서 교환해 드립니다. 본서의 무단복제행위를 금합니다.

정 가   35,000원